國家社會科學基金重大項目『歷代孔府檔案文獻集成與研究及全文數據庫建設』（13＆ZD108）階段性成果

山東省一流學科『曲阜師範大學中國史』階段性建設成果

中華古籍保護計劃

ZHONG HUA GU JI BAO HU JI HUA CHENG GUO

·成果·

孔子博物館藏孔府檔案彙編

明代卷 1

《孔子博物館藏孔府檔案彙編》編纂委員會 編

國家圖書館出版社

圖書在版編目（CIP）數據

孔子博物館藏孔府檔案彙編．明代卷：全三册附録一册 / 《孔子博物館藏孔府檔案彙編》編纂委員會編．-- 北京：國家圖書館出版社，2018.11

ISBN 978-7-5013-6297-4

Ⅰ.①孔…　Ⅱ.①孔…　Ⅲ.①孔府—文書檔案—史料—彙編—明代　Ⅳ.①G279.275.23

中國版本圖書館 CIP 數據核字（2018）第 247570 號

國家圖書館出版社
官方微信

書　　名　孔子博物館藏孔府檔案彙編·明代卷（全三册附録一册）
著　　者　《孔子博物館藏孔府檔案彙編》編纂委員會　編
責任編輯　殷夢霞　于　浩　王亞宏
裝幀設計　敬人設計工作室

出　　版　國家圖書館出版社（100034 北京市西城區文津街 7 號）
（原書目文獻出版社　北京圖書館出版社）
發　　行　010-66114536 66126153 66151313 66175620
66121706（傳真）66126156（門市部）
E-mail　nlcpress@nlc.cn（郵購）
Website　www.nlcpress.com →投稿中心
經　　銷　新華書店
印　　裝　北京金康利印刷有限公司
版　　次　2018 年 11 月第 1 版　2018 年 11 月第 1 次印刷

開　　本　889×1194（毫米）　1/16
印　　張　127.5
字　　數　754 千字

書　　號　ISBN 978-7-5013-6297-4
定　　價　3000.00 圓

《孔子博物館藏孔府檔案彙編》指導單位

國家文物局

國家檔案局

國家圖書館（國家古籍保護中心）

山東省文化和旅游廳（山東省文物局）

山東省社會科學規劃管理辦公室

中國第一歷史檔案館

中國第二歷史檔案館

中共濟寧市委

濟寧市人民政府

中共曲阜市委

曲阜市人民政府

《孔子博物館藏孔府檔案彙編》編纂委員會

總 主 編：傅永聚　孔德平　成積春

副總主編：唐　麗　楊金泉　吴佩林　姜修憲

編　　委：魯　鳳　徐　艷　李先明　王京傳
呂厚軒　孔祥軍　楊淑娟　王秀萍
孔維亮　林　琳　馬　寧　楊孝瑜
管　傑　韋　勇　李　濤　劉　岩
魏霄鳴　韋　穎　尹　濤

《孔子博物館藏孔府檔案彙編·明代卷》編纂委員會

主　　編：孔德平　成積春

副 主 編：姜修憲　唐　麗　楊金泉

編　　委：吴佩林　李先明　魯　鳳　徐　艷

孔維亮　林　琳　馬　寧　王秀萍

楊淑娟　魏霄鳴　韋　穎　尹　濤

馮振亮

序言

孔子，華夏之聖哲也。生周之季，逢亂世，轍環天下而不遇。乃討論墳典、删述六經，木鐸金口，有教無類，發詩書之澤潤，垂萬世之師範。雖經秦燔，簡編斷缺，而漢儒網羅條理，猶不害於傳。其旨之要，曰仁曰禮；孝武而下，道統寄焉。故太史公曰：『天下君王至於賢人衆矣，當時則榮，没則已焉。孔子布衣，傳十餘世，學者宗之。』後世帝王欲承正朔、敦綱常、洽聲教、勵忠貞者，莫不推重儒典，隆禮素王。

孔子之没也，葬於泗上，子孫即所居之堂爲廟，世世祀之。主祀之宗子曩朝并錫高爵，雖鼎革而罔替。其在漢、魏曰褒成、褒尊、宗聖，在晋、宋曰奉聖，後魏曰崇聖，北齊曰恭聖，後周、隋并封鄒國，唐初曰褒聖，開元中，始追謚孔子爲文宣王，又以其後爲文宣公。宋至和二年，改衍聖公，遂成定制，至民國廿四年訖，歷八百八十秋。人以『同天并老』『與國咸休』題其柱，洵非虚譽也。

蓋其封蔭既崇，而體制益尊，俸廩益厚。歷代大光祀典，凡四仲上丁釋奠之禮，俱用太牢，服器牲酒，載在典章。至湯沐祭田，逾數萬頃，歲收租入以供廟祀，餘悉爲公府之禄養。是故邸第雖非有司，而事亦繁劇。舉凡奉祀先師、護衛林廟、經營户田學校、督率族屬并四氏之裔，俱其職掌，儀注、譜牒、契券、批劄之屬，積庭充棟。更兼迎鑾朝覲、聯絡官紳，章奏文移，無日無之。

檢點之下，其簿籍檔册貽至今者，自明嘉靖以降至民國末歲，計約三十萬件，公私兼備，蔚爲大觀。雖迭遭兵燹，而天全魯壁藏，未付昆明灰者，儒林學苑萬萬之僥幸也。今人知其美富，屢欲整飭付梓，礙其龐雜難理，雖冀望而不可得也。前歲，大事得其濟也。端賴闕里、册府諸執事戮力同心，善加擘畫，復得南北蘭臺竭力玉成，俾使孔府圖籍合其全璧，繼而編次甲乙，照摹影刊，化身千百，嘉惠學林。盛乎哉！洙泗數百年之全史得其迹矣，珍稀孤罕可兼藏用矣，兵蟲水火可保無虞矣。史家之幸甚矣！國家之幸甚矣！

余既蒙囑，述其大意，徒忝承乏，謹爲之序。

樓宇烈

總序

人類文明是一個歷史纍積的過程。中華文明五千年連綿不絶，博大精深，溯其源，孔子當爲最重要的奠基者。孔子祖述堯舜，憲章文武，作《春秋》，編《尚書》，定禮樂，序易傳，創儒學，集華夏上古文化之大成，對中華文明乃至整個人類文明貢獻巨大。

習近平總書記在紀念孔子誕辰二千五百六十五周年國際學術研討會暨國際儒學聯合會第五届會員大會開幕會上的講話中指出：『孔子創立的儒家學説以及在此基礎上發展起來的儒家思想，對中華文明産生了深刻影響，是中國傳統文化的重要組成部分。』歷代帝王尊崇孔子，或親至孔子廟堂祭祀，或遣皇子、官員致祭，隆崇至極。在尊孔崇儒的同時，對孔子後裔也是恩渥備加，代增隆重。漢魏以來，先後封孔子後裔爲褒成侯、崇聖侯、鄒國公、文宣公等，至北宋中期改封『衍聖公』，後雖有變更，但爲時甚短，直至民國二十四年（一九三五）改稱『大成至聖先師奉祀官』，歷時近九百年。

孔府是孔子嫡系後裔長期居住的府第。孔府檔案即是孔氏家族在族内外各項活動中形成的文書檔案。現存孔府檔案始於明嘉靖十三年（一五三四）[1]，止於民國三十七年（一九四八），綿延四百餘年，其中明代檔案六十二卷，清代檔案六千五百三十八卷，民國檔案二千四百二十一卷，共九千零二十一卷三十餘萬件。孔氏嫡裔兩千多年世襲罔替的貴族世家歷史，備受尊崇的社會地位和特殊的文化影響力，决定了孔府檔案歷史特色極爲鮮明，涵蓋内容异常宏富，藴含價值極其巨大。其公私兼具，官民并蓄，既有别於皇家内庫的官方檔案，頗具家族特色和地方性特點，又不同於一般望族的私家文獻，不失宏大廣博，這種情况在全國是絶無僅有的。現存孔府檔案的内容，主要包括有關衍聖公襲封、選官、朝覲、祭祀、修譜、攝族等諸項活動的記録，涵蓋政治、經濟、社會、宗族、法制、科舉、重大事件、重要典制、著名歷史人物等諸多方面，藴藏著廣泛而豐富的歷史文化信息。衍聖公需要定時進京朝覲，并與地方各級官員保持密切聯繫，故而孔府檔案中保存了大量孔府與中央和地方各級衙門彼此來往的官方公文；而衍聖公奉祀孔子、護衛林廟和統攝宗族的主要職責，又使得檔案中保存了許多孔府爲維持祭祀禮制、管理田産和宗族而留存的儀注、地契、租册、賬簿，以及家譜、族規、宗圖等民間文獻。不但如此，孔府檔案文書種類繁雜，無論是制誥敕諭、表箋章奏，還是牌票、示諭、劄付、謄黃，抑或是簿册、執照、親供、甘結，甚至稀見之排單、羽檄、批迴、揭帖等等，莫不皆備。因之，孔府檔案對研究中國封建社會，特别是封建社會後期的政治、經濟、思想、宗法關係等各個方面，均具有重要意義，具有極高的歷史學、檔案學、文獻學、法學、經濟學等價值。它不僅是瞭解世界範圍内孔氏宗族歷史變遷的窗口，還是觀照中國傳統政治生態與基層社會治理的一面鏡子，更是汲取中華優秀傳統文化精髓、傳承與弘揚向上、向善道德情感的重要思想寶庫。正因爲此，二〇一三年十一月，『歷代孔府檔案文獻集成與研究及全文數據庫建設』獲批國家社會科學基金重大項目；二〇一六年五月，《孔子世家明清文書檔案》成功入選聯合國教科文組織《世界記憶亞太地區名録》。

党和國家歷來高度重視中華優秀文化典籍的保護與整理工作。一九四八年曲阜解放後，曲阜縣人民政府接管了孔府全部財産和工作人員，成立孔府文物保護所，原地保護孔府文物。原國家檔案局局長曾三到曲阜檢查檔案工作，也曾專門對孔府檔案做出指示：『要片紙不丢，隻字不損，把檔案保護下來。』一九五六年，國家文化部、國家文物局委派故宫博物院專家單士元等人前往曲阜文物保管所對這批檔案進行搶救性整理。同年八月，國家文物局又委托國家檔案館，派南京檔案史料整理處（現中國第二歷史檔案館）專家前往曲阜對孔府檔案進行了爲期一個月左右的分類整理工作。在一九六三年第三次整理期間，中國社會科學院歷史研究所、曲阜縣文物管理委員會和曲阜師範學院（現曲阜師範大學）的部分學者、師生在楊向奎先生的組織下，對明代和清代（一八四〇年前）時期的孔府檔案進行了篩選、分類、抄録、校對、標點和擬題。這以後，曲阜縣文物管理委員會加大整理工作力度，至一九六五年，共整理出案卷八千九百八十三卷。隨後，山東大學歷史系與曲阜縣文物管理委員會合作，選録了一批近現代時期檔案。一九七八年，在中共山東省委宣傳部的領導下，由山東省社會科學研究所、曲阜縣文物管理委員會、中國社會科學院歷史研究所、山東大學、曲阜師範學院、山東省文化局、山東省出版局等單位組成了曲阜孔府檔案史料編輯委員會，對歷次選抄的檔案資料進一步加工整理，以《曲阜孔府檔案史料選編》爲題，由齊魯書社公開出版。《曲阜孔府檔案史料選編》是迄今爲止出版規模最大的孔府檔案資料選編，其後又有《孔府檔案選編》《孔府檔案選》《孔府檔案珍藏》等資料出版。但是，受時代和條件所限，存在選録數量少、内容不完整、釋録不規範等遺憾。

習近平總書記多次强調，要『讓收藏在博物館裏的文物、陳列在廣闊大地上的遺産、書寫在古籍裏的文字都活起來』。

受此感召，孔子博物館與曲阜師範大學，繼先輩之精神，承文化之擔當，再度精誠合作整理孔府檔案。此次對孔府檔案進行原貌式、整體性、體系化的整理，重在依托文獻數字化技術，在文件級著録的基礎上，將全部孔府檔案（部分散檔除外）逐頁掃描和儲存，建立全文檢索數據庫，并由國家圖書館出版社影印出版《孔子博物館藏孔府檔案彙編》。這相對於既往一鱗半爪、淺嘗輒止式的整理和選編出版，當不可同日而語。如此，長期以來被束之高閣、藏之篋笥的孔府檔案，將揭開它重重面紗，原真而完整地呈現在世人面前。并且可喜的是，此次整理工作還培養鍛煉了一支業務熟練的人才隊伍，有利於今後深化孔府檔案的研究。

子曰：『夏禮吾能言之，杞不足徵也；殷禮吾能言之，宋不足徵也。文獻不足故也。足，則吾能徵之矣。』我們有理由相信，隨著《孔子博物館藏孔府檔案彙編》的陸續面世，以孔府檔案爲基礎資料的學術研究將迎來一個嶄新的局面，甚至會形成『孔府檔案學』。對此，我們翹首以待。

是爲序。

編　者

二〇一八年十月

[1] 本次整理發現，檔案中保存的孔氏宗譜（卷〇〇〇〇六和卷〇〇〇〇七）成譜時間早於明嘉靖十三年，根據内容大致可確定不晚於正德元年（一五〇六）。另，卷〇〇五二檔案保存有洪武二年（一三六九）御賜詩一首，該檔案所記載的内容雖早，但具體抄録時間不詳，暫不作爲孔府檔案起始時間。

前言

明朝建元伊始，便將『尊孔崇儒』立爲國策。洪武元年（一三六八）二月，太祖『詔以太牢祀先師孔子於國學，仍遣使詣曲阜致祭』；八月，又詔『襲封衍聖公與所授曲阜知縣，并如前代制』；十一月，正式命孔子五十六代孫孔希學襲封衍聖公。同時置衍聖公府官署，『曰掌書，曰典籍，曰司樂，曰知印，曰奏差，曰書寫，各一人』。此後明代諸帝恩典日隆，仁宗賜宅於京師，代宗立視學陪祀之制，憲宗令『衍聖公始襲者，在監讀書一年』，神宗題准衍聖公世子服麟袍犀帶。衍聖公制度漸趨完備，爲孔府檔案的形成和保存奠定了基礎。

因年代久遠，目前所存明代孔府檔案僅六十二卷，但彌足珍貴。其内容豐富，涉及政治、經濟、社會、文化、教育、思想等諸方面，有襲封、宗族、屬員、徭役刑訟、租税、宫廷、灾异、資料、文書等九大類。其中，襲封類主要記載了衍聖公長子題授冠服、保舉世職知縣及先賢左丘明後裔争襲奉祀的相關内容；宗族類主要收録了成化、嘉靖年間修訂的兩部族譜及衍聖公對孔氏族人資助的相關内容；屬員類主要記載了衍聖公府所屬的廟庭官員、府内官員、經理租税人員及學録選任方面的内容；徭役刑訟類包括了衍聖公府處理徭役及孔氏族人、屬員、廟户、佃户和船户等幾類群體糾紛訴訟的相關内容；租税類記載了衍聖公府地畝田糧、房租、集市等經濟方面的内容；宫廷類記載了衍聖公入京朝賀進貢相關方面的内容；灾异類記載了崇禎四年（一六三一）發生的月食現象；資料類抄録了有關闕里碑記及修理京師賜第等方面的内容；文書類收録了衍聖公府處理日常事務的相關文件，以稿本爲多。文種繁多，主要有咨、劄、帖、呈、申、票、牌、保結、甘結、手本、啓狀、勘合、告文、清册等。故而，明代孔府檔案的研究價值尤顯珍貴，是考察明代政治演化、社會變遷，以及孔府與明代地方社會的絶佳資料。

二〇一六年起，孔子博物館與曲阜師範大學合作，對孔府檔案原件全部掃描，并對檔案擬定題名、標注尺寸。爲尊重既有整理成果，此次出版收録了之前整理時的各卷檔案封面、卷内目録、考證表等。本次孔府檔案明代卷的整理與出版，同時得到了國家社會科學基金重大項目『歷代孔府檔案文獻集成與研究及全文數據庫建設（13 & ZD108）』和山東省『一流學科』曲阜師範大學中國史立項建設經費的支持。期望我們的工作能爲中華優秀傳統文化的傳承創新和哲學社會科學的繁榮發展盡微薄之力。

編　者

二〇一八年十月

凡例

一、本書按二十世紀五六十年代整理順序進行編排。

二、本書將整理後之各卷檔案封面、卷内目録、考證表一并收録，并按其裝訂順序進行排列。

三、本書按《曲阜孔府檔案全宗類目索引》進行分類。

四、各卷標題按各卷檔案封面上的『案卷標題』録入，卷内目録和考證頁不再重複録入。

五、各件檔案重新擬定題名，由責任者、事由、受文者、文種、稿本、時間組成。

（一）題名中，機關責任者和受文者一般著録其約定俗成的簡稱；個人責任者和受文者，有官職爵位者，使用簡稱，實銜和虚銜同時出現時，著録與檔案内容相應的實銜；若原檔中個人責任者和受文者祇有姓氏無名字，則考證出其姓名，無法考證者，按原檔著録；責任者和受文者是衍聖公時，著録其全名；原檔中責任者和受文者有多個時，最多著録兩個，其他則用『等』代替。

（二）咨、手本、劄付等各種文種照録原文，若原檔因殘缺未明確指明，由編者依據文中内容加以擬定，并在文種處用［］標注。

（三）原檔中有兩件内容幾乎完全相同但形式不同，且無法用不同題名進行區分的檔案，在文種後用『定稿』和『草稿』進行區分。

（四）原檔中人名用字有不一致之處，皆依原文，不做改動。

六、各件檔案根據原檔標注時間，采用年號紀年。

（一）時間指檔案的形成時間。該書收録的檔案中，一件檔案祇有一個時間的，照録原檔；若公文中有多個時間的，則祇録發文時間。

（二）原檔没有時間或形成時間殘缺的檔案，根據其内容、形式等能考證出形成時間的，直接著録考證出的時間，并加［］；考證不出的，則以□表示，年月日均考證不出的，用□□□表示。

七、各件檔案標記原檔尺寸，以『寬度×高度』表示，單位爲厘米（cm）。若原檔殘缺嚴重，則著録其修復後的尺寸。

八、因版面原因，頁面中有字小不易讀的檔案，另做大圖以爲附録，單獨成册，方便大家使用。

編者

二〇一八年八月

總目録

第一册

襲封

榮典

世職知縣

先賢奉祀

宗族

家譜

第二册

徭役刑訟

徭役

刑訟

孔氏族人

屬員

廟户

佃户

船户

租税

祀田

地畝錢糧

第三册

租税

祀田

地畝錢糧

房租

集市

宫廷

朝賀進貢

灾异

資料

文書

附録册

第一—三册部分檔案大圖

目録

第一册

襲封

榮典

世職知縣

先賢奉祀

宗族

家譜

櫺星門

代号 卷号 0000C01

衍聖公府

機構或類目	案卷標題	崇禎十七年 公元一六四四年 月 日 起止
襲封	六十五代衍聖公孔胤植咨請禮部依例題授長子興燮二品冠服	

本卷張数：壹張

保管期限：

曲阜文物保管所整理

代号 卷号

卷內目錄

顺序号	作者	内容摘要	文件上的号数	文件上的日期	文件所在的张数	备註
一	衍聖公府	六十五代衍聖公孔胤植咨請礼部依例題授長子興燮二品冠服		崇禎七年 月 日	—	
				年 月 日	—	
				年 月 日	—	
				年 月 日	—	
				年 月 日	—	
				年 月 日	—	
				年 月 日	—	
				年 月 日	—	
				年 月 日	—	

填寫人

年 月 日

衍聖公府爲請依例題授衍聖公長子二品冠服事致禮部咨稿

崇禎十七年□月二十一日

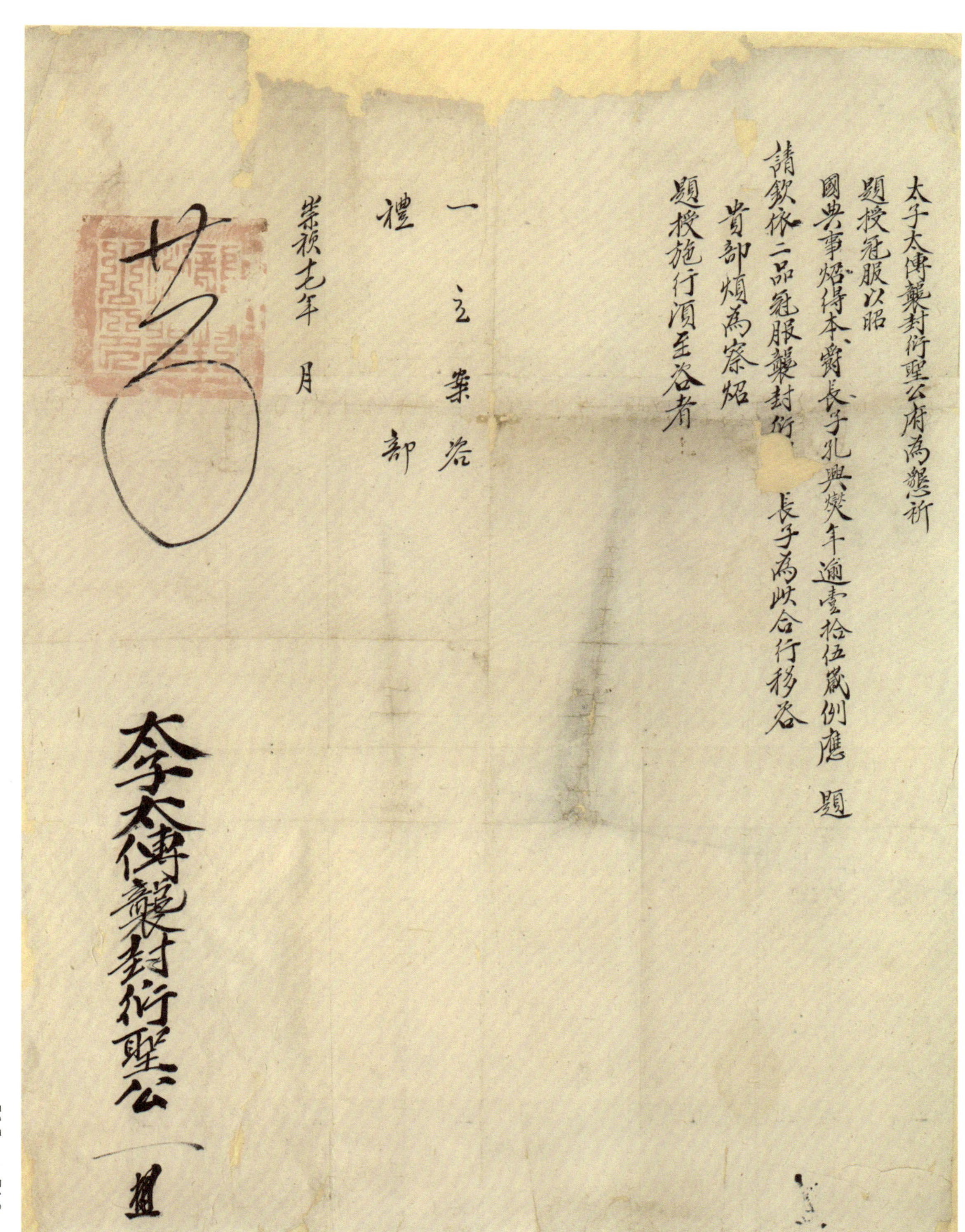

太子太傅襲封衍聖公府爲懇祈
題授冠服以昭
國典事照得本爵長子孔興燮年逾壹拾伍歲例應　題
請欽依二品冠服襲封衍聖公長子爲此合行移咨
貴部煩爲察照
題授施行須至咨者

一　立案咨
禮　部

崇禎十七年　月

廿一

太子太傅襲封衍聖公

一具

56.5cm x 74.0cm

考證表

機關代號第　　　號

保管單位第　　　號

本案卷内共有壹　張已編號之文件。

保管單位缺點的説明。

附註

檔案工作人員的職務（簽名）

公元一九六二年十二月　　日

曲阜縣官吏、里老、鄉民、鄰佑人等保舉孔承業繼任曲阜世職知縣

嘉靖二十四年

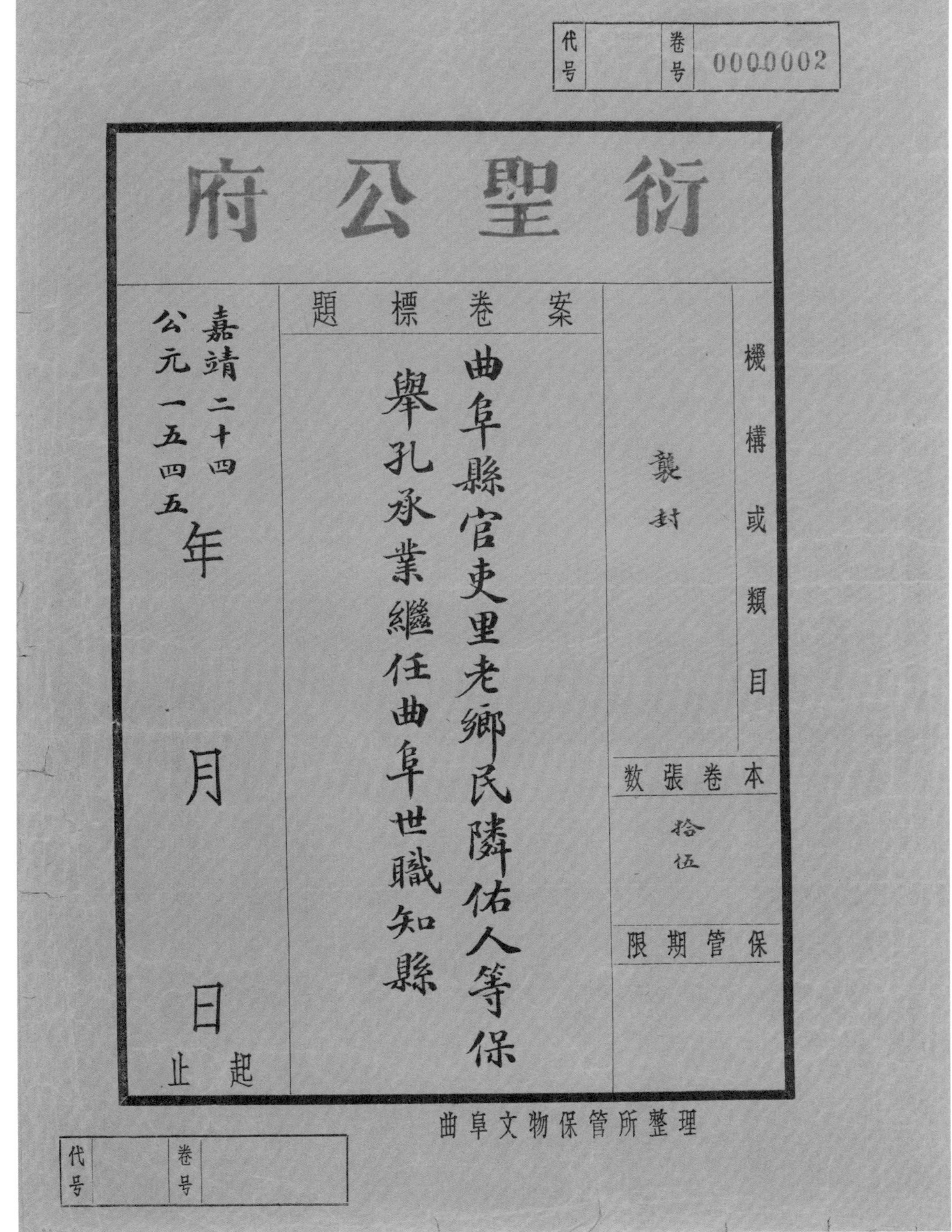
代号 卷号 0000002

衍聖公府

案卷標題

曲阜縣官吏里老鄉民隣佑人等保舉孔承業繼任曲阜世職知縣

嘉靖二十四年 公元一五四五年 月 日 起 止

機構或類目 襲封

本卷張数 拾伍

保管期限

曲阜文物保管所整理

代号 卷号

顺序号	作者	内容摘要	文件上的号数	文件上的日期	文件所在的张数	备注
一	衍聖公府	咨吏部為曲阜縣官吏里老鄉民隣佑人等保舉孔承業繼任曲阜世職知縣		嘉靖二四年 月 日	—	
二	衍聖公府	咨山東布政司以曲阜縣知縣缺官經族長族人及本縣里老等公保由同前		嘉靖二四年十二月 日	—	
三	曲阜縣丞	保結由同前		嘉靖二四年十二月 日	—	
四	曲阜縣儒學教諭	保結由同前		嘉靖二四年十二月 日	—	
五	曲阜县生員李進卿等	保結由同前		嘉靖二四年十二月 日	—	
六	孔顏孟三氏子孫教授司教授李若愚	保結由同前		嘉靖二四年十二月 日	—	
七	孔顏孟三氏子孫教授司廪增附生員孔承布等二十六人	保結由同前		嘉靖二四年十二月 日	—	
八	曲阜縣醫學	保結由同前		嘉靖二四年十二月 日	—	
九	曲阜縣陰陽學	保結由同前		嘉靖二四年十二月 日	—	

卷内目録

塡寫人

年 月 日

顺序号	作者	内容摘要	文件上的号数	文件上的日期	文件所在的张数	备註
十	孔氏族長舉事	保结由同前		嘉靖二四年十二月日	—	
二	曲阜縣東忠社免差户孔訪等	保结由同前		嘉靖二四年十二月日	—	
三	曲阜县坊郭社里老胡大本等	保结由同前		嘉靖二四年十二月日	—	
三	曲阜县東忠社鄉民史礼等	保结由同前		嘉靖二四年十二月日	—	
四	曲阜县東忠社隣佑人陳恩瑞等	保结由同前		嘉靖二四年十二月日	—	
五	衍聖公府	差本府承差馬文秀等赴京公幹所需馬匹各項札本县照例應付		嘉靖二四年十二月日	—	
				年月日	—	
				年月日	—	
				年月日	—	

卷內目錄　　填寫人　　年　月　日

衍聖公府爲保舉孔承業繼任曲阜世職知縣事致吏部咨稿

嘉靖二十四年十一月初三日

襲封衍聖公府爲缺官事據兖州府曲阜縣申稱本縣知縣孔公澤爲事革職見今缺官管理縣事申請照例保舉施行等因具申到府公同族長孔諱并族人孔鏡等及
孔顔孟三氏子孫教授司生員孔彦佩等保舉得六十代孫族人孔承業家世清白才識通敏曾遊學校屢經科目人所共服堪理縣事又據本縣里老鄉民陳思禘等亦保本
人堪任前職各具保結到府惟恐不的又經取具該縣官吏里老鄉民隣佑人等不致扶同保結申呈相同擬合就行爲此令將保舉到族人孔承業堪任知縣緣由粘連
該縣官吏里老鄉民隣佑人等不扶保結批差本府承差馬文秀伴送前赴告投外合行移咨
貴部煩請照例銓選施行

計開

公文一角 伴送族人一名孔承業

一 立案

一 咨吏部

一 批差承差 馬文秀

嘉靖二十四年十一月 日

缺官事

襲封衍聖公 押

掌書王思恭

書寫劉世臣

大圖詳見附録001頁

57.7cm x 76.3cm

衍聖公府爲保舉孔承業繼任曲阜世職知縣事致山東藩司咨稿

嘉靖二十四年十二月初三日

襲封衍聖公府為缺官事據兗州府曲阜縣申稱本縣知縣孔公澤為事革職見今缺官管理縣事申請照例保舉施行等因具申到府公同族長孔諱弟族人孔謨等及孔顏孟三氏子孫教授司生員孔彥佩等保舉得六十代孫族人孔承業家世清白才識通敏習進學校屢經科目人所共服堪理縣事又據本縣里老鄉民陳思錦等亦保本人堪任前職各具保結到府惟恐不的又經取具該縣官吏里老鄉民隣佑人等不致扶同保結申呈相同除咨

吏部照例銓選外擬合就行為此合將前項緣由合行移咨

貴司煩請知會施行

一 立 案

一 咨 山東等處承宣布政使司

嘉靖二十四年十二月 缺官事

初三日

襲封衍聖公 押

掌書王思恭

書寫劉世臣

56.2cm x 75.0cm

曲阜縣丞徐經爲孔承業堪任曲阜世職知縣事所具保結狀

嘉靖二十四年十二月初二日

兗州府曲阜縣今於

與保結爲缺官事依奉保舉得六十代孫族人孔承業德性純雅才識優長堪任知縣中間不致扶同保結是實

嘉靖二十四年十二月　初　二　日署　印　縣　丞徐經

典史張尚賢

大圖詳見附録002頁

56.3cm x 76.4cm

曲阜縣儒學教諭宋時望爲孔承業堪任曲阜世職知縣事所具保結狀

嘉靖二十四年十二月初二日

兗州府曲阜縣儒學今於

與保結爲缺官事依奉保舉得六十代孫族人孔承業德性温良才識優長堪任知縣中間不致扶同保結是實

嘉靖二十四年十二月初二日教諭宋時望

典吏缺

大圖詳見附録003頁

56.9cm x 76.0cm

曲阜縣儒學生員李進卿等爲孔承業堪任曲阜世職知縣事所具保結狀

嘉靖二十四年十二月初二日

兖州府曲阜縣儒學廩增附生員李進卿等今於

與保結爲缺官事依奉保舉得六十代孫族人孔承業才全德備練達老成素孚人服堪任知縣中間不致扶同保結是實

嘉靖二十四年十二月　　初　二　　日生　　員

李進卿
丁特治
夏希武
張世泰
秦秉清
陳忠言
秦守貴
劉守恩
劉思文
孫經
孫宗德
王大器
孟紹芳
張大緒
王維城
陳九功
朱洛相
顏溫
呂邦彥
黃裳
王仲賢
郭希業

大圖詳見附録004頁

56.5cm x 75.9cm

襲封　卷〇〇〇二

孔顏孟三氏子孫教授司教授李若愚爲孔承業堪任曲阜世職知縣事所具保結狀

嘉靖二十四年十二月初二日

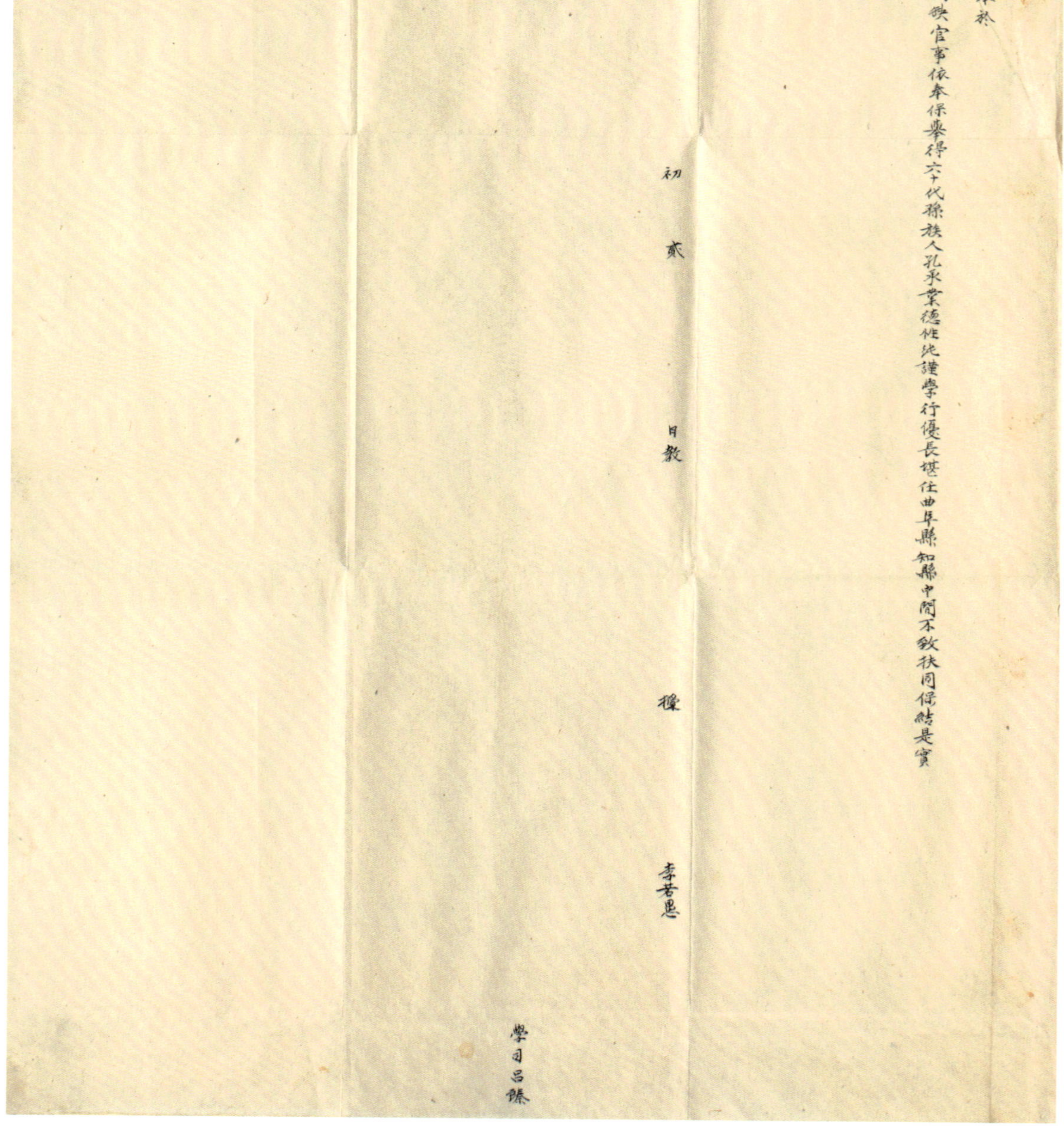

孔顏孟三氏子孫教授司今於

與保結爲缺官事依奉保舉得六十代孫族人孔承業德性純謹學行優長堪任曲阜縣知縣中間不致扶同保結是實

嘉靖二十四年十二月　初貳　日教　授　李若愚

學司呂隊

大圖詳見附録005頁

57.2cm x 75.8cm

孔顏孟三氏子孫教授司生員孔承布等爲孔承業堪任曲阜世職知縣事所具保結狀

嘉靖二十四年十二月初二日

孔顏孟三氏子孫教授司廩增附生員孔承布等今於
與保結爲缺官事依奉保舉得六十代孫族人孔承業清白傳家操若冰霜孝友持身心存儉樸堪任知縣中間不致扶同保結是實

嘉靖二十四年十二月　初　二　日保　結　廩　增　附　生　員　孔承布
孔彥伾　孔彥隆　顏重文　孔弘祺　孔弘祥　孔承科　孔承清　孔承學　孔彥滂　孔承前　孔承户　孔彥孳　孔彥訢　孔承鶴　孔承深　孔聞詩　孔弘錦　孔弘紳　孔承讀　孔弘廊　孔弘緘　孟承禮　孟彥夏　顏從儒　孔聞炳

大圖詳見附録006頁

57.3cm x 76.1cm

曲阜縣醫學訓科醫官陳言爲孔承業堪任曲阜世職知縣事所具保結狀

嘉靖二十四年十二月初二日

兗州府曲阜縣醫學今於

與保結爲缺官事依奉推舉得聖裔六十代孫孔承業情性頗異於流俗臨事不涉於狐疑堪任本縣世職知縣中間不致扶同保結是實

嘉靖二十四年十二月　初二　日訓科醫官陳言

大圖詳見附録007頁

57.7cm x 76.0cm

曲阜縣陰陽學訓術孟瑱爲孔承業堪任曲阜世職知縣事所具保結狀

嘉靖二十四年十二月初二日

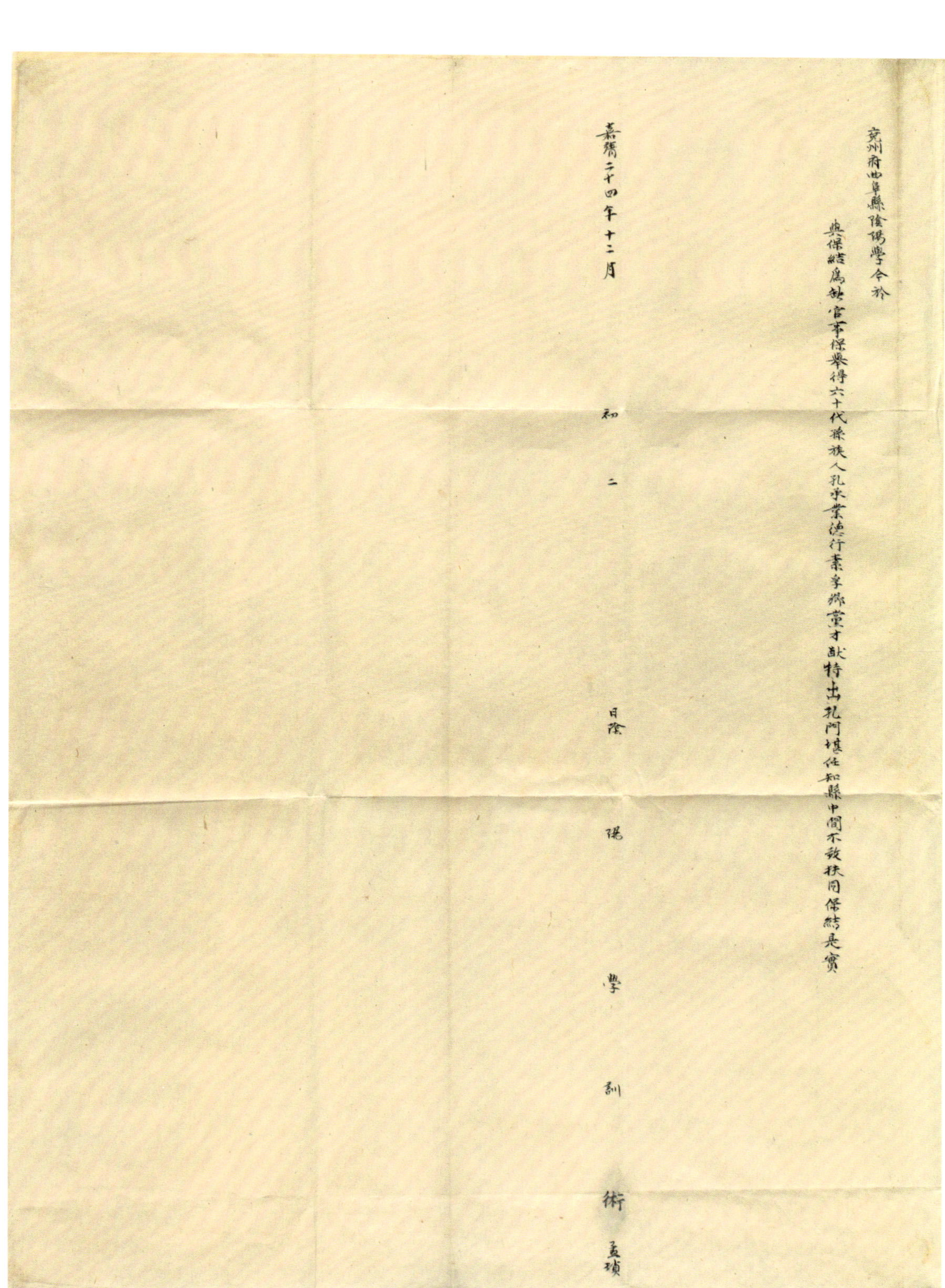

兖州府曲阜縣陰陽學今於

與保結爲缺官事保舉得六十代孫族人孔承業德行素孚鄉黨才猷特出孔門堪任知縣中間不敢扶同保結是實

嘉靖二十四年十二月　初二　日陰陽學訓術孟瑱

大圖詳見附録008頁

57.2cm x 75.3cm

孔氏族長孔譁、舉事孔公禄爲孔承業堪任曲阜世職知縣事所具保結狀

嘉靖二十四年十二月初二日

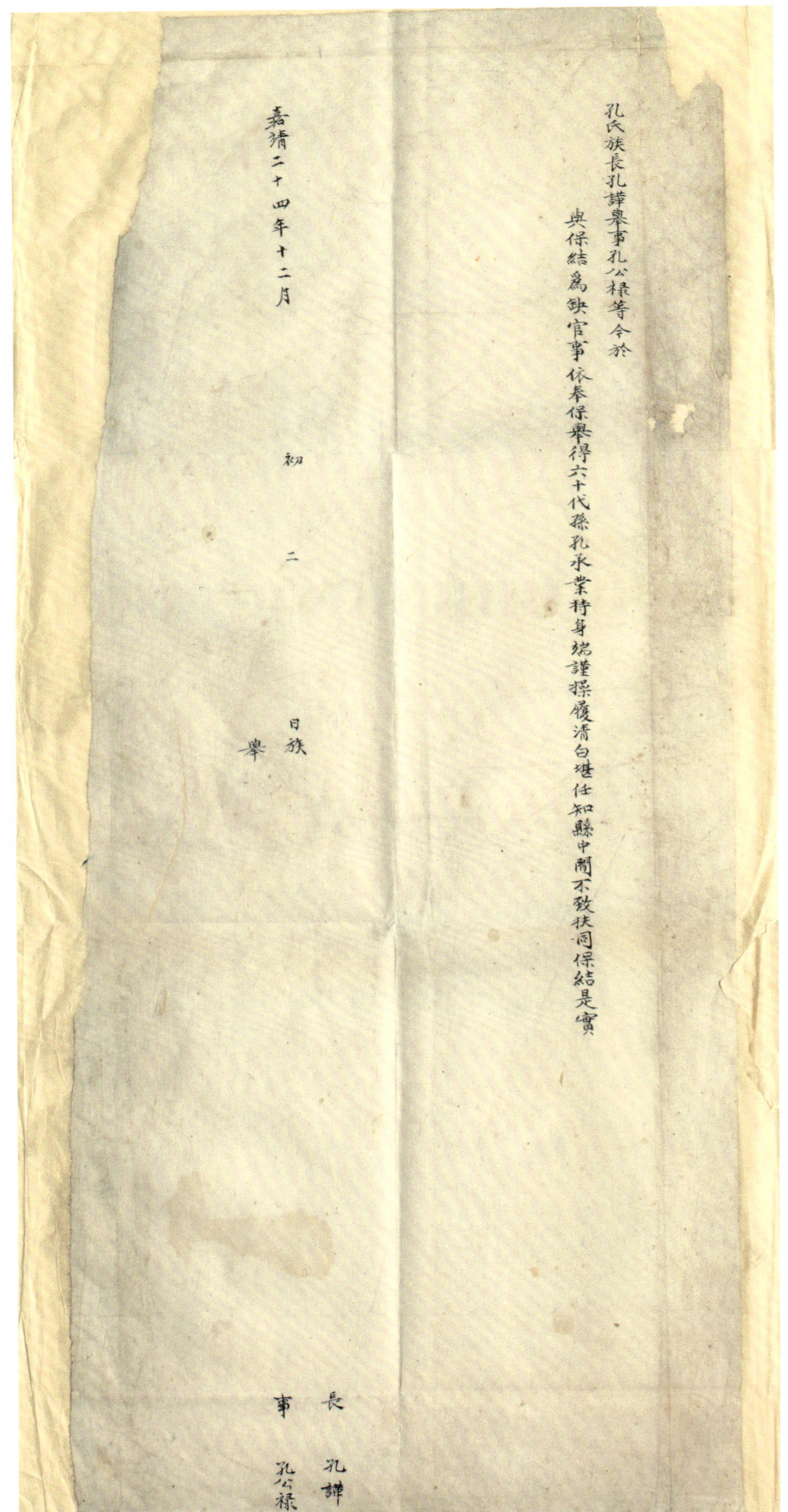
孔氏族長孔譁舉事孔公禄等今於
與保結爲缺官事依奉保舉得六十代孫孔承業持身端謹操履清白堪任知縣中間不致扶同保結是實

嘉靖二十四年十二月　初　二　日族　長　孔譁
舉　事　孔公禄

37.9cm x 75.7cm

東忠社免差户孔誘等爲孔承業堪任曲阜世職知縣事所具保結狀

嘉靖二十四年十二月初二日

曲阜縣東忠社免差戶孔誘等今於
與保結爲缺官事依奉保舉得六十代孫族人孔承業德才出衆練達老成宗族稱其孝鄉黨稱其弟堪任知縣中間不致扶同保結是實

嘉靖二十四年十二月　初二　日免　差　戶

孔誘　孔認　孔約　孔誒　孔訴　孔公泗　孔公郝　孔公洸　孔公徹　孔公簡　孔公其　孔公易　孔公祥　孔公敏　孔公義　孔彥太　孔彥勅　孔彥領　孔承述　孔承智　孔承代　孔承悅　孔弘道　孔弘傑　孔公河

大圖詳見附録009頁

56.9cm x 75.5cm

坊郭社里老胡大本等爲孔承業堪任曲阜世職知縣事所具保結狀

嘉靖二十四年十二月初二日

曲阜縣坊郭社里老胡大本等今於

與保結爲點官事依奉保舉得六十代孫族人孔承業身家清白通曉禮義堪任知縣 中間不致扶同保結是實

嘉靖二十四年十二月 初二日里老

胡大本

張仁

周全

孫子付

王山

劉宗禮

陳思賢

朱奉

胡得水

屠現

岳廷貫

張文振

薛受

宮山

艾鄉

徐繼武

陳思支

趙通

王長

芦現

薛隆

張本

王付

宮可

吳武

大圖詳見附録010頁

57.1cm x 68.9cm

東忠等社鄉民史禮等爲孔承業堪任曲阜世職知縣事所具保結狀

嘉靖二十四年十二月初二日

曲阜縣東忠等社鄉民史禮等今於

與保結爲缺官事依奉查得六十代孫族人孔承業素行勤謹恪守禮法人所願服堪任知縣中間不致扶同保結是實

嘉靖二十四年十二月　初二日鄉　民

史禮　韓敎　朱傑　張春　艾綱　宋傑　艾瑞　張見　朱旺　張得　朱漢　叢吴　柳安　王春孝　馬昇　張學　張迪　魏繼仁　張尚禮　姚住　曹山　姜位

大圖詳見附録011頁

54.7cm x 75.4cm

東忠社鄰佑陳思端、朱文漢爲孔承業堪任曲阜世職知縣事所具保結狀

嘉靖二十四年十二月初二日

曲阜縣東忠社鄰佑人陳思端等今於

與保結爲執官事依奉查得鄰佑六十代孫族人孔承業家居清白讀書好禮敦遵祖訓堪任知縣中間不致扶同保結是實

嘉靖二十四年十二月　初　二　日鄰　佑　人　陳思端

朱文漢

大圖詳見附録012頁

55.0cm x 75.8cm

衍聖公府爲差馬文秀赴京公幹請予照例應付事致曲阜縣劄付稿

嘉靖二十四年十二月初三日

襲封衍聖公府爲應付事。今差本府承差馬文秀齎送吏部公文赴京公幹，所據廪給馬匹口粮脚力，案照先准兵部被字一千六百三十號勘合，實起中等馬一匹、馬夫馬一匹，抄費達字十號符驗一道，依例廪給水路應付站舡、帶去廟丁孟廷木、趙進，俱支口粮，應付脚力。水路應付紅舡，合札本縣照例應付，仍行前路官司一体應付施行。

一　立案

一　劄付曲阜縣

嘉靖二十四年十二月　應付事

襲封衍聖公　押

掌書王道恭

書寫劉世宜

57.2cm x 75.6cm

考證表

機關代號第　　號

保管單位第　　號

本案卷内共有拾伍張已編號之文件。

保管單位缺點的説明。

附註

檔案工作人員的職務（簽名）

公元一九六二年十二月　　日

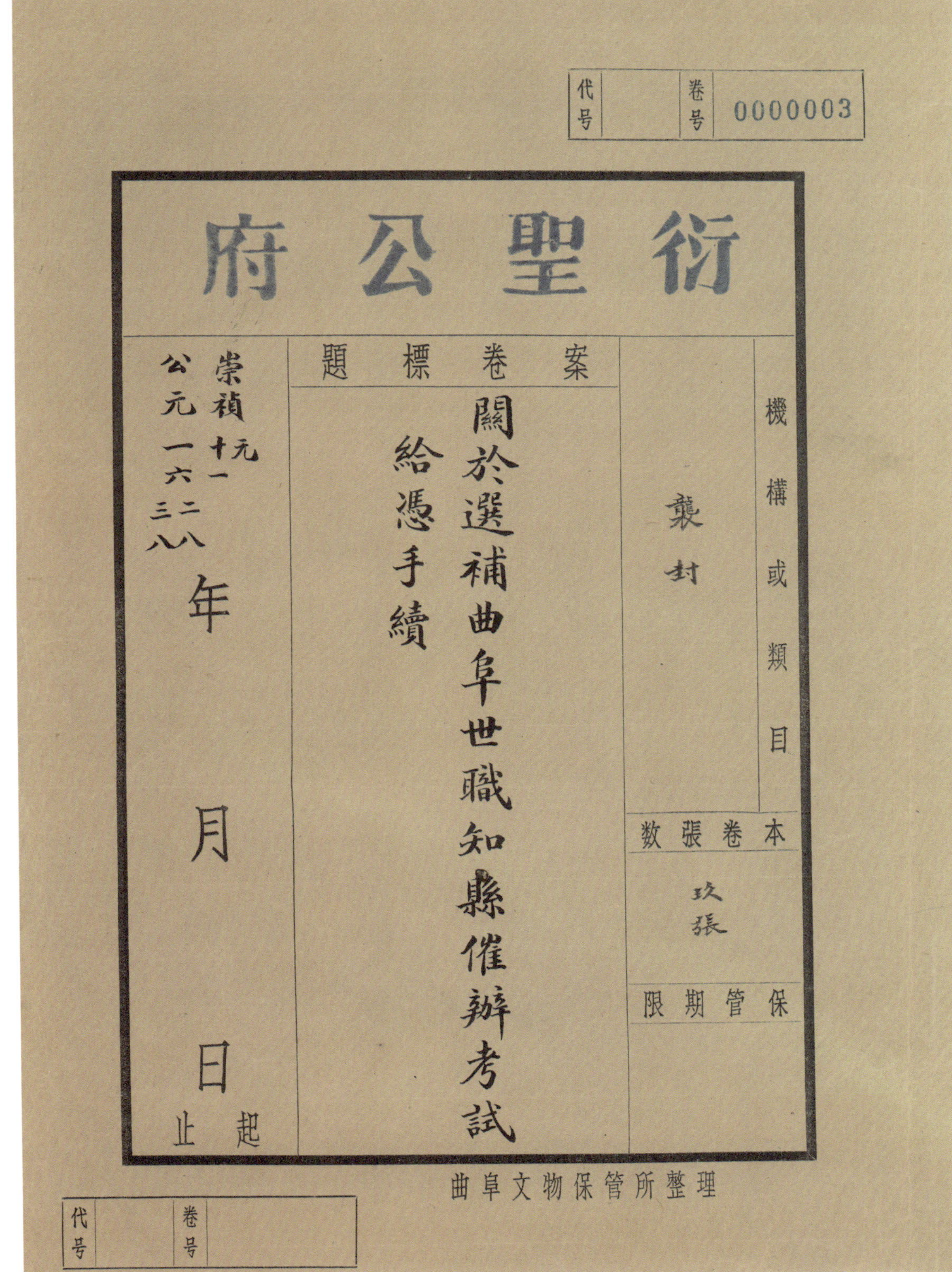

代号 | 卷号 0000003

衍聖公府

機構或類目	案卷標題	年月日起止
襲封	關於選補曲阜世職知縣催辦考試給憑手續	崇禎元 十一 公元一六二八 一六三八 年 月 日

本卷張数：玖張

保管期限：

曲阜文物保管所整理

代号 | 卷号

卷内目錄

顺序号	作者	内容摘要	文件上的号数	文件上的日期	文件所在的张数	备註
一	衍聖公府	行兖州府請考县令專責成以重地方		崇禎九年四月十二日	—	
二	衍聖公府	行兖州府以地方不靖县令悬缺徑署曲阜县事張州同冊送孔氏生員孔貞俊等請速為考補俾負專責以維地方		崇禎九年四月日	—	
三	衍聖公府	行兖州府底稿前事		崇禎九年四月日	—	
四	衍聖公府	行兖州府據生員孔貞俊等呈奉部考选知县未蒙轉送以革職孔聞簡營求復任等情請將該生等速為送考以便授官安民		崇禎九年六月日	—	
五	衍聖公府	行兖州府底稿前事		崇禎九年六月日	—	
六	衍聖公府	咨山東巡撫為世令遴选赴部已久		崇禎十一年七月日	—	
七	衍聖公府	咨山東巡撫為曲阜县正官久缺再行移咨吏部將考中生員孔貞堪題請領凴火速赴任以安地方而護聖里		崇禎十一年七月日	—	
八	衍聖公府	咨山東巡撫底稿前事		崇禎十一年七月日	—	
九	衍聖公府	與撫院顔書修廟蒙捐感已無涯更請考选世令再咨銓部查定其局		崇禎十一年七月日	—	

塡寫人　　年　月　日

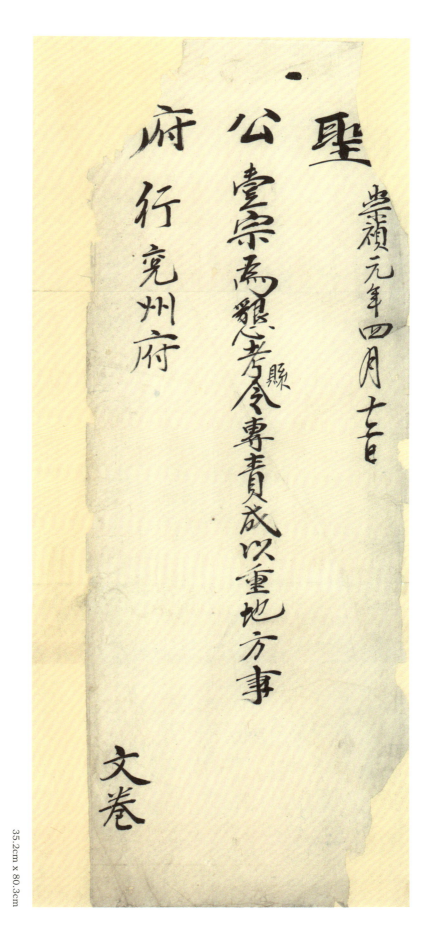

衍聖公府爲懇考縣令專責成以重地方事文卷卷面

崇禎元年四月十二日

聖
公
府
壹宗爲懇考縣令專責成以重地方事
崇禎元年四月十二日
行兖州府
文卷

35.2cm x 80.3cm

衍聖公府爲考補曲阜縣令事致兗州府手本定稿

崇禎元年四月十二日

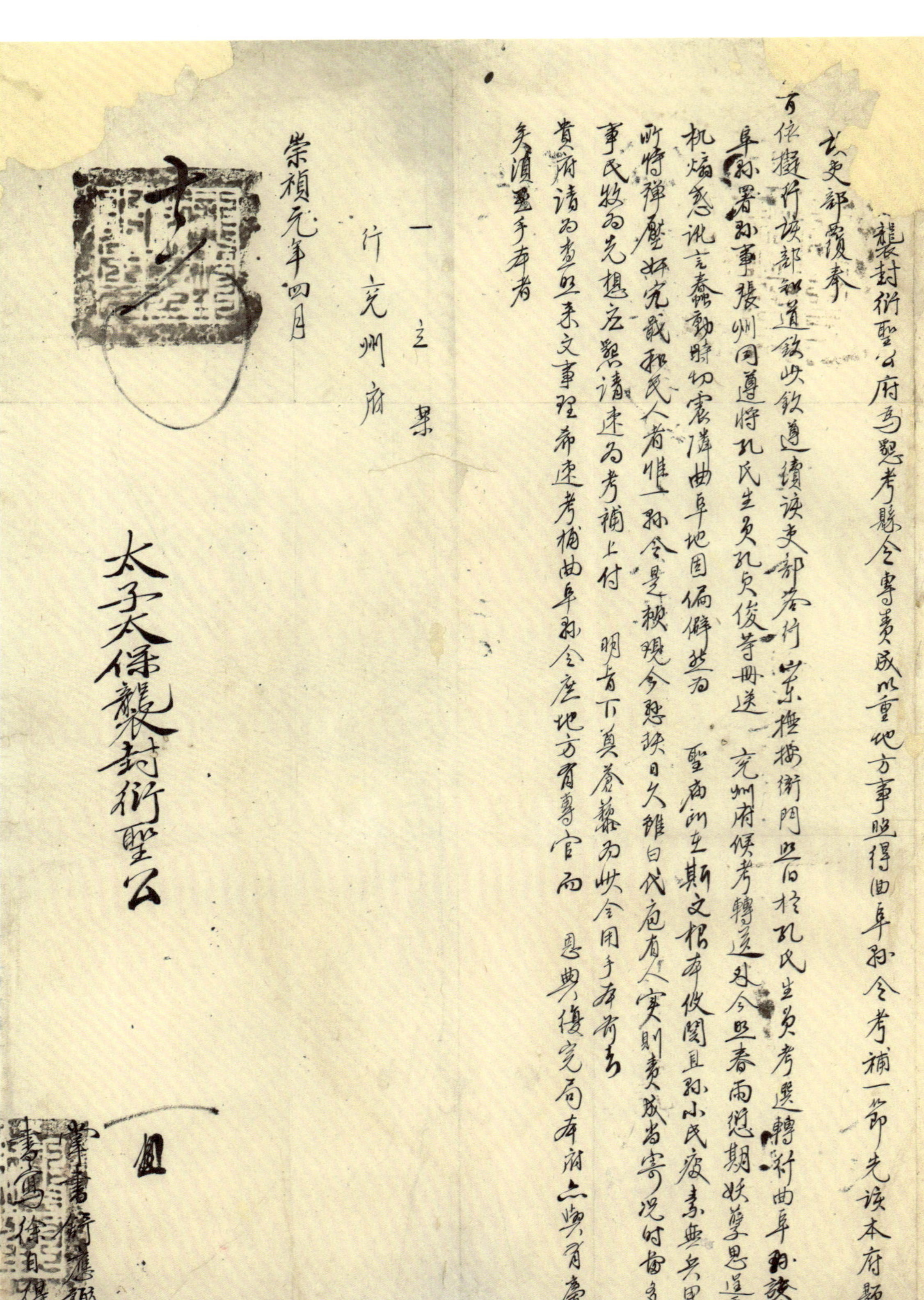
襲封衍聖公府爲懇考縣令事照得曲阜縣令考補一節先該本府題
吏部覆奉
旨依擬行該部知道欽此欽遵續該吏部咨行山東撫按衙門照舊于孔氏生員考選轉行曲阜縣該曲
阜縣署縣事張州同遵將孔氏生員孔貞俊等册送兗州府候考轉送到今照春雨愆期妖孽思逞乘
机煽惑訛言蠢動時切震憐曲阜地固偏僻然爲
聖廟所在斯文根本攸關且縣小民疲素無兵甲
所恃彈壓撫究戢和民人者惟一縣令是賴現今懸缺日久雖曰代庖有人實則責成尚寄況時當多
事民牧爲先相應懇請速爲考補上付　明旨下冀蒼藜爲此合用手本前去
貴府請爲查照來文事理希速考補曲阜縣令庶地方有專官而　恩典復完局本府亦與有慶
矣須至手本者

一　立案

行兗州府

崇禎元年四月

太子太保襲封衍聖公

56.7cm x 78.6cm

明代卷

衍聖公府爲考補曲阜縣令事致兗州府手本草稿

［崇禎元年四月］

33.1cm x 27.8cm

襲封　卷〇〇〇三

衍聖公府爲遵命考選知縣請速發案轉送事致兖州府手本定稿

崇禎元年六月

太子太保襲封衍聖公府爲懇情考官明示以便遵奉事據廪膳生員孔貞俊等呈前事開称伋等遵奉部文考選知縣

於諭旨自曲阜縣申送於五月初十日蒙兖州府考試至今未蒙發案亦未蒙轉送往来候示炎暑徬徨且近又聞

革職知縣孔聞簡營求復任雖肋有形蝸角何喜懇乞行會兖州府請乞示下倘考官可緩各生庶便歸家

舉業以免奔馳等情據此看得革職知縣孔聞簡通同奸党僞 旨假印騙賍蔑法備經法司參審明白奉

旨褫革尚有未完賍銀俱擬於孔聞簡名下徹底清楚鐵案昭然未結其曲阜知縣員缺又經本府於天啓七年十一月

内題請該吏部覆奉

聖旨是孔聞簡既经褫革員缺着撫按速照旧例於孔氏廪生内考選赴部揀補欽此欽遵隨該吏部咨送都察院

轉行山東撫按衙門通行在卷今廪生孔貞俊等見在考官懸候發案未蒙轉送固或 臺下政煩事劇無暇及此

而諸生合詞云以革官聞簡謀求復任固亦非無稽之言也妨賢病国恣毒殃民其幾又不可傾矣但事貴結局

無徹不顯今曲阜雖有署官然借才於他州終非本縣長久之寄而考官停滯人自多疑相應行請惟望

臺下俯賜詳察遵照 明旨速爲發案轉送倘以諸生李行捐難以低昂或乞列名送道使之前去聽考是一舉

手而授官安民解疑鎮靜 德澤要於無疆矣爲此今将手本前去 貴府請煩查照施行仍請回示以便轉諭諸生遵奉希勿

遲滯須至手本者

一手本 行兖州府

崇禎元年六月

太子太保襲封衍聖公

掌書舒應翀

58.3cm x 80.2cm

衍聖公府爲遵命考選知縣請速發案轉送事致兖州府手本草稿

崇禎元年六月二十日

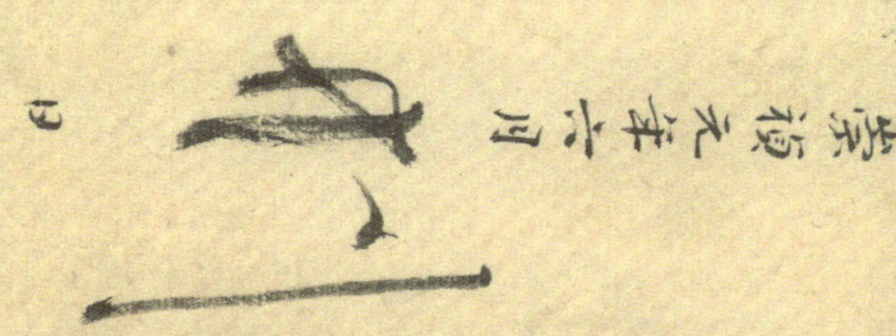

襲封 卷〇〇〇三

71.0cm x 29.3cm

衍聖公府爲世職知縣遴選赴部已久等事文卷卷面

崇禎十一年七月

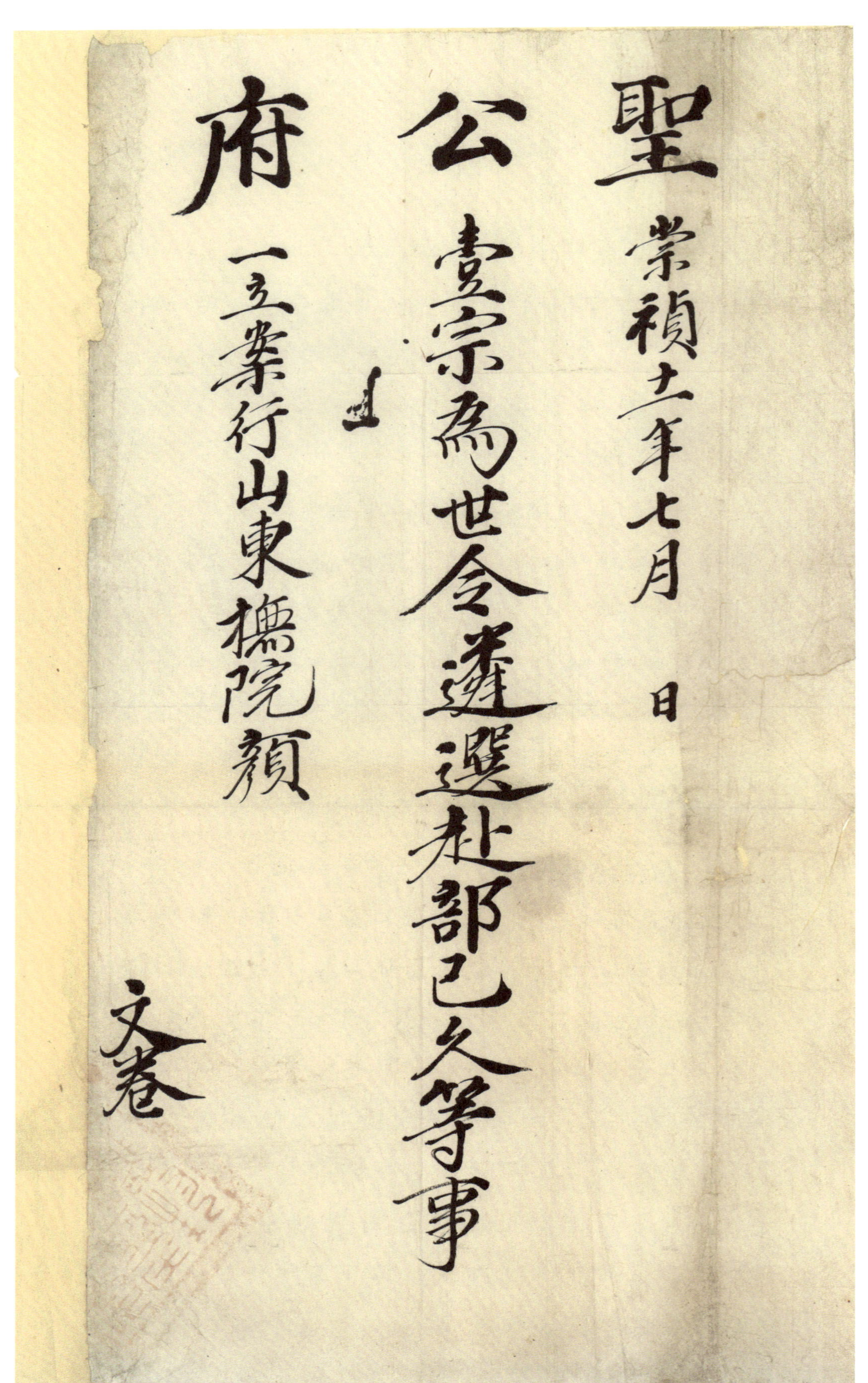
聖
崇禎十一年七月　　日
公
壹宗爲世令遴選赴部已久等事
府
一立案行山東撫院顏
文卷

41.8cm x 65.9cm

衍聖公府爲曲阜世職知縣久缺速令廪生孔貞堪考試領憑赴任事致山東巡撫顏繼祖咨定稿

崇禎十一年七月初九日

襲衍聖公府為　世令遴選赴部已久銓曹題請尚稽煩為移咨亟
催火速到任以安地方以筆護聖里事切照曲阜縣世職荷蒙
貴院柬公考選取中廪生孔貞堪學業優長堪膺民社此其至公至當闔邑鄉紳士
民無不舉手加額以為地方得人之慶於四月初一日領文赴部聽考今經三月有餘杳
無音信第今曲阜正官久缺其一應城池倉庫雖有署篆不能時時駐守幸得趙典
史晝夜拮据加意防護於六月間忽聞陞任東莱矣目今曲阜一邑城無一官况蝗
蝻遍野禾稼蠶食一空百姓扶老携幼號哭震天而民情洶洶之狀有不忍言也倘有
疎虞為害可勝言哉然本府目擊桑梓至計不得不為之瀆合行移咨
貴院伏祈俯念
至聖廟庭曲阜要地再行移咨
吏部速將考中廪生孔貞堪即賜考試亟行題請領憑責令火速赴任不特
聖廟得以筆護即地方實有以仰賴無虞矣第恐事久生變方今曲阜倚蠹積惡處處
為奸倘若陰行詆毀攪亂成案然蠅污白璧含沙巧射本府又不得不為地方熟計
之擬合咨會煩為
貴院轉咨亟賜舉行須至咨者

右　咨

欽差巡撫山東等處地方督理營田提督軍務都察院右僉都御史加俸一級顏

崇禎十一年七月

衍

李太傅襲封衍聖公　一

59.8cm x 66.5cm

衍聖公府爲曲阜世職知縣久缺速令廩生孔貞堪考試領憑赴任事致山東巡撫顔繼祖咨草稿

崇禎十一年七月初八日

43.9cm x 28.9cm

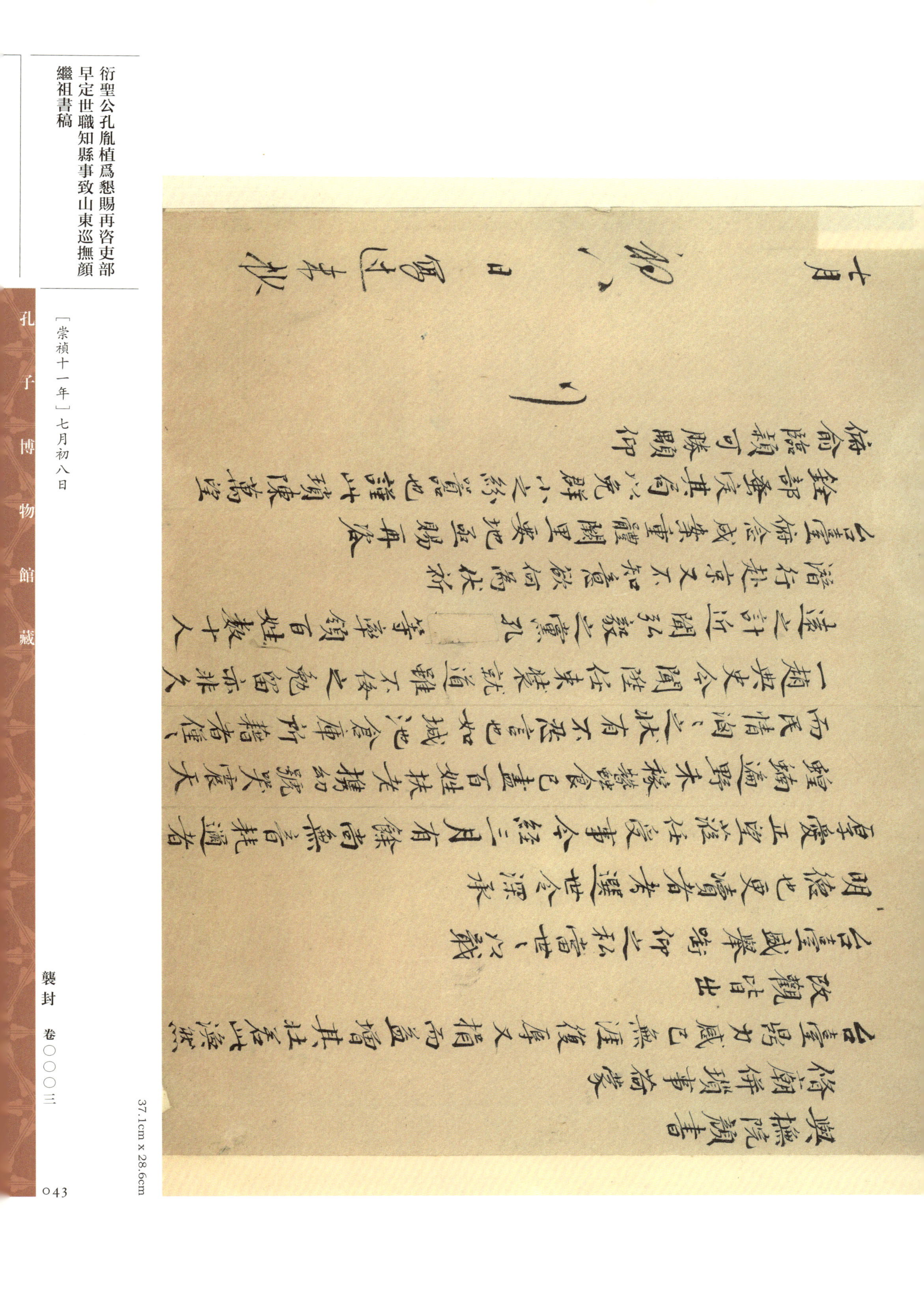

衍聖公孔胤植爲懇賜再咨吏部早定世職知縣事致山東巡撫顔繼祖書稿

[崇禎十一年]七月初八日

37.1cm x 28.6cm

考證表

機關代號第　　號

保管單位第　　號

本案卷内共有玖　張已編號之文件。

保管單位缺點的説明。

附註

公元一九六二年十二月　　日

檔案工作人員的職務（簽名）

題參曲阜世職知縣孔弘毅貪婪瀆職罷官奪誥經過

崇禎九年至崇禎十一年

代号 卷号 0000004

衍聖公府

機構或類目	案卷標題	
襲封	題參曲阜世職知縣孔弘毅貪婪瀆職罷官奪誥經過	崇禎九年 十一年 公元一六三六 一六三八 起 止 年 月 日

本卷張數
玖張

保管期限

曲阜文物保管所整理

代号 卷号

卷内目錄

顺序号	作者	内容摘要	文件上的号数	文件上的日期	文件所在的张数	备注
一	衍聖公府	行兖州府為知县孔弘毅串同衙役張景等三十二人意畜陷害請嚴行禁飭		崇禎九年 月 日	—	
二	衍聖公府	奏疏為曲阜县令孔弘毅被条停職員缺乱氛可駭乞勅部轉行撫按將補族人送部考選題授庶安內攘外專責有人		崇禎九年 月 日	—	
三	衍聖公府	咨吏部為条奏县令孔弘毅解任聽查遺缺請速為考选題授俾專責成以重地方		崇禎九年七月二十六日	—	
四	衍聖公府	咨吏部底稿前事		崇禎九年七月二十六日	—	
五	衍聖公府	行四氏学曲阜县令孔弘毅被条罷官其同搬犯罪生員孔聞典札該学除名以便考选世職		崇禎十年十月二十六日	—	
六	衍聖公府	行四氏學底稿前事		崇禎十年十月二十六日	—	
七	衍聖公府	咨山東巡撫為世令久缺今府考所取孔尚行孔尚達皆革職孔弘毅党恶請俯賜主持遴选得人		崇禎十一年三月 日	—	
八	衍聖公府	咨山東巡撫底稿前事		崇禎十一年三月 日	—	
九	衍聖公府	行兖州府曲阜县底稿前事		崇禎十一年三月 日	—	

填寫人　　年　月　日

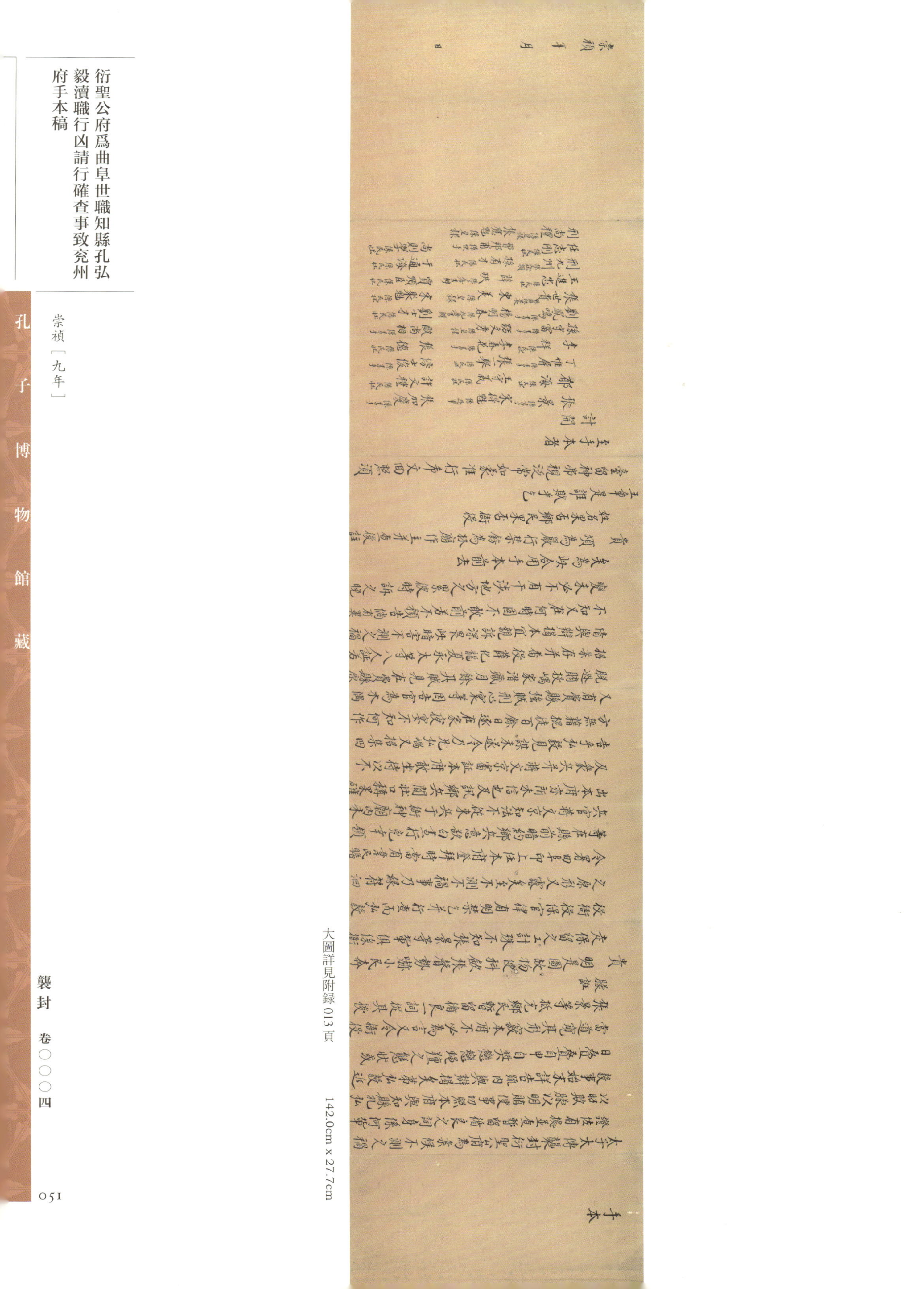

衍聖公府爲曲阜世職知縣孔弘毅瀆職行凶請行確查事致兖州府手本稿

崇禎［九年］

大圖詳見附録013頁

142.0cm x 27.7cm

衍聖公孔胤植爲曲阜世職知縣孔弘毅貪婪瀆職乞敕山東撫按速爲考選事奏本抄件

〔崇禎九年〕

刑科抄出

太子太傅襲封衍聖公孔　謹奏爲鄰省亂氣可駭聖里縣令久缺

懇乞　聖明勅部照例行會考選縣官重地方以全　聖治事竊惟國

家所與承流宣化安撫斯民者惟地方縣令是賴也臣家曲阜一邑荷

蒙　國朝聖恩即以孔氏子孫世職其官此　聖朝特昭聖里優惠斯民

隆恩殊典光垂史冊迩未知縣孔弘毅縱肆敗群滕辱　封誥及盜掘王墳昧

昧贓惡欺　居辱祖臣不敢坐視以負　國恩謹於去年七月內具疏奏

聞伏奉

聖旨孔弘毅係先聖苗裔何乃婪黷至此覽奏殊可駭異撫按官何無糾參还

着將本内各款嚴查據實奏奪該部知道欽此欽遵隨該山東撫按衙

門轉行道府將孔弘毅遵

旨听查遣下曲阜縣事去年委泗水符知縣帶署今年委兖州府程同知帶署

但昨自虜陷昌平以来遠近震驚迄虜騎北遁而河南地方忽又有逆黨

倡乱之報夫河南界連黄河距山東曹縣不三十里土人作乱地里險易素

所熟知倘搶劫船隻萬一過河則賊勢燎原山東地面在在當防處處議守

牧民馭衆地方有司各有干繫雖今曲阜程同知署印然代庖兼攝本官

職任清軍常奉院道差委供辦軍需往来勤苦府縣事政体攸分終

不若正印專官實實責成之爲便也臣因追憶天啓二年妖乱逆徒直逼

曲阜圍攻縣城圖污聖廟臣興言及此多寐驚恐悚惕不安孔弘毅以再

醮之娼縢請　封誥媒妁見存盜掘王墳形跡难掩種種贓惡見行單縣

等縣會查確有的據而弘毅惧罪延捱竟不赴見今豈可以一貪險之犯

官而懸悞斯文之重地况奉有五年陞遷之

明旨弘毅已貪居七年矣則今日曲阜縣令例應另補誠不可一日再緩者也前

科臣羅志儒以濮州缺正官道臣張威美以滕縣缺正官俱以鄰儆迫切計

慮桑梓先後具疏乞速銓補知州知縣各荷蒙

聖恩勅下吏部銓補訖念臣杞憂相似比例亦同伏乞

聖明垂念斯文重地　勅下吏部轉行山東撫按衙門遵照旧例將曲阜知縣員缺

速爲考選送部題授其孔弘毅一案奉　旨已久未經查覆合無并

勅撫按速核議結庶安内攘外專任有人國紀肅而　聖治亦春光矣十七日

奉

聖旨奏内考選曲阜縣令該部即與議覆孔弘毅一案奉旨已久着該撫按作

速查明奏奪不得再延

57.2cm x 33.5cm

衍聖公府爲曲阜世職知縣因罪革職乞轉行山東撫按速爲考選事致吏部咨定稿

崇禎九年七月二十日

爲地方縣令緊急員缺借署非宜懇乞　速行考選重　林廟以嚴保障事切照曲阜一邑叨荷
國朝聖恩即以孔氏子孫世職其官此追念　聖主優惠斯民意甚渥邇來知縣孔弘毅縱恣敗群過惡狼籍業經本府據實叅
奏奉
旨下部欽遵隨經　山東撫按衙門轉行道府責令孔弘毅解任聽查遺下曲阜縣事去年委泗水符知縣帶
署數月丁艱今年委兗州府程同知署管近又蒙　河道軍門取往河工任用是無論瞻前顧後兼攝者難於料理之周詳
即朝令暮申覬望者眩於整齊之轇轕況今流寇狂氛淮徐殘擾僅僅一河之隔息嚶震驚且追憶昔年妖亂逆徒直
逼曲阜攻圍縣城思污　聖廟興言及此尤可寒心則今日曲阜縣令之缺不可一日再緩者也相應行請乞爲
轉行山東撫按司道衙門即將曲阜知縣員缺遵照舊例速爲考選送　部題授以重地方其孔弘毅聽候查明另爲
議處庶金湯保障責任有人政事催科免煩代署地方藉福不淺矣爲此合咨
貴部煩爲查照施行

右　　咨

吏　　部

崇禎九年七月　　日

太子太傅襲封衍聖公

一

56.5cm x 75.7cm

衍聖公府爲曲阜世職知縣因罪革職乞轉行山東撫按速爲考選事致吏部咨草稿

［崇禎九年］七月十四日

咨吏部考選曲阜知縣

為地方縣令最急員缺借署非宜懇乞　速行考選重

林廟以嚴保障事切照曲阜一邑叨荷　國朝聖恩即以孔氏

子孫世職其官典追念　聖里優恤斯民意甚渥也迩來

知縣孔弘毅縱恣敗群過惡狼籍業經本府據實參奏仰奉

聖旨下部

欽此欽遵隨經　山東撫按衙門轉行道府責令孔弘毅

解任聽查遺下曲阜縣事去年委泗水符知縣帶署數月

缺今年委兗州府程同知署管近又蒙　河道軍門取往

河工任用是無論瞻前顧後兼攝者難於料理之周詳即

朝令暮申觀望者眩於瞽齊之轇轕况今流寇狂氛淮

徐殘擾僅一河之隔皃嘷震驚且追憶昔年妖亂逆徒

直逼曲阜攻圍縣城思污　聖廟興言及此尤可寒心則今日

曲阜縣令之缺不可一日再緩者也相應行請乞為　轉行山東

撫按[illegible]司道衙門將曲阜知縣員缺遵照舊例速為考選

部題授以重地方其孔弘毅聽候查明另為酌議處庶金湯保障

責任有人政事催科無煩代署　[illegible]地方藉福不淺矣為

此合咨　貴部煩為查照施行

七月　日

40.8cm x 28.9cm

衍聖公府爲生員孔聞興同罪官孔弘毅縱火盗墓相應除名事致四氏學學官劄付定稿

崇禎十年十月二十六日

太子太傅襲封衍聖公府為遵
旨行會除名便送老選世職事照本府為族令貪殘已極等事具題業經
撫按查明已將知縣孔弘毅罷官奪
誥常民贍廢边衛永遠充軍黄道落常錦步雲梯站徒盗取墳内甎石之孔尚進瞿世舉律減徒三年納贖奉
聖旨該部確覈議擬具奏該刑部尚書鄭于原疏内查出一欵孔弘毅縱侄孔聞興驅使三村火夫盗刨古墓將甎石見盖樓房又將無辜鄉
約孔尚進等生徒聞興絶未擬罪今查原審孔興委係同撇未經擬罪應照瞿世舉等一併擬罪覆叅加徒折贖奉
旨依擬斯時老選世職伊通弟係四氏學生員聞興既經問擬徒贖相應除名合行劄付本學官吏即便查照劄内事理移文轉申
欽差提督學政翁 希將孔聞興除名以便行送老選世職施行須至劄付者

上

崇禎十年十月

太子太傅襲封衍聖公

一道

57.6cm x 81.1cm

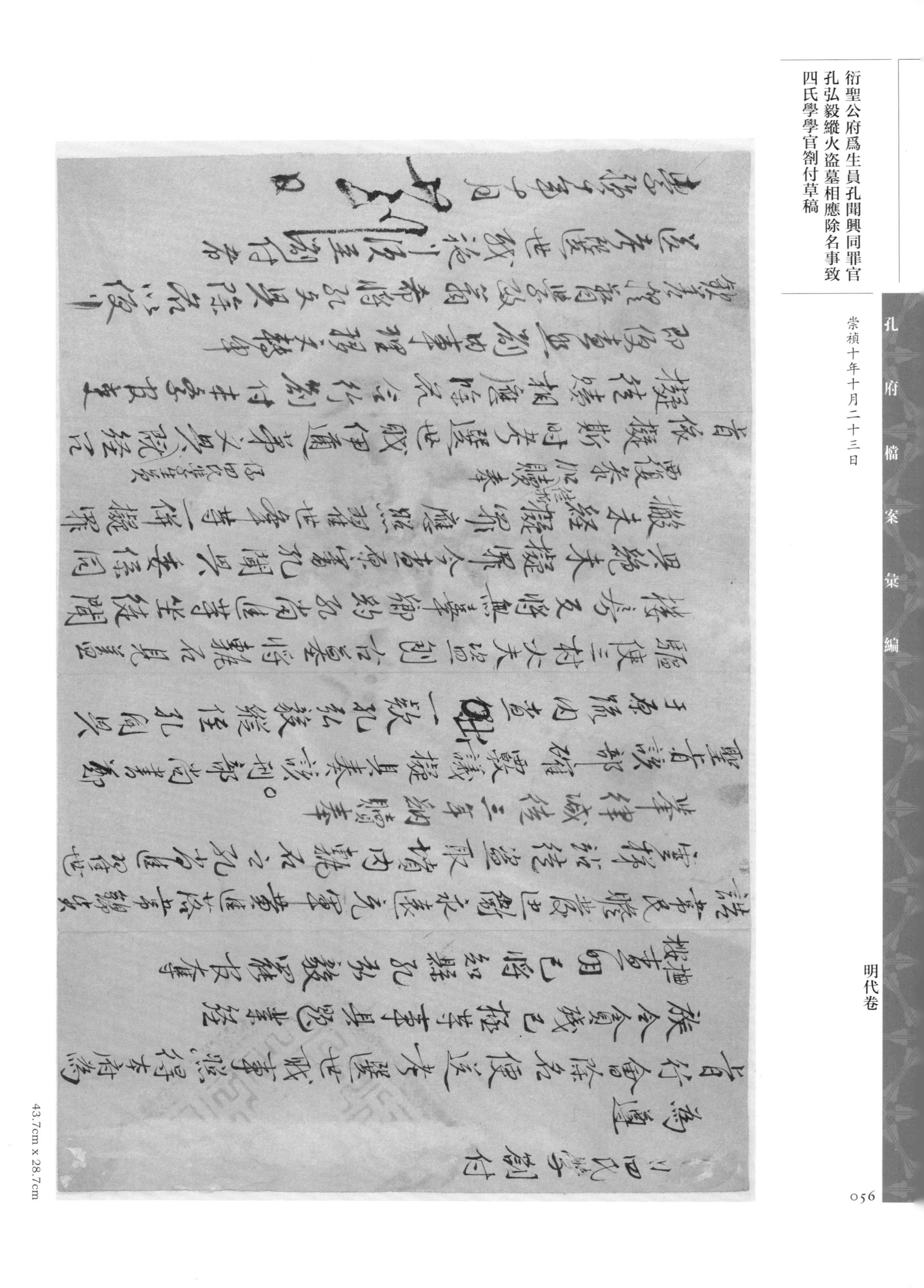

衍聖公府爲生員孔聞興同罪官孔弘毅縱火盜墓相應除名事致四氏學學官劄付草稿

崇禎十年十月二十三日

43.7cm x 28.7cm

衍聖公府爲請慎奪遴選曲阜世職知縣事致山東巡撫等手本定稿

崇禎十一年三月□日

封衍聖公府為世令不宜久缺遴選慎德在人亟當早定以光聖里事竊惟曲阜世令一官
設有因遡其本源言念環居闕里者非夫子之隣里則夫子之裔孫其中未陳綿好實為敦族睦鄉歷代以前皆係世襲至我
皇極改為保舉至嘉靖年間更行考選之法可謂鄭重其事迨崇禎元年該原任吏科給史中孔聞詩題
有司以五年陞轉自孔弘毅始就意弘毅皆
遭六年貪戀蝇羶曲民之保留公然久任致有闔族闔學鄉紳公呈援例而弘毅恬不為怪以致今日罷官奪
牒情縣譜上　睿覽第今日新令必用遴選得人務求德行兼全鄉與族許得當者始可任之如今日府考首名孔尚行乃
弘毅之腹心葛足向日助政為虐者皆此人要有師不良而求徒之善者甚至冒名孔尚達與弘毅寔契伊且伊父教曾任曲阜
縣事其贓汚狼藉壞事多端皆出於尚達之手如向日科題奏
滕朧為令今弘毅竭力已易得之贓銀為行達夤緣行達即弘毅弘毅即行達也如若用之不但孔氏族類為其魚肉而闔縣士民復
賢雖係　朝廷大典而遴選是在　貴院主持　藩司會考時伏祈　貴院俯賜不但為地方造福而
為加額矣近復聞有寺假百姓名色公舉其人公揭其人悉皆弘毅之黨惡行達之羽翼縣令關係民命豈可以
懸也本府忝居宗首敢預為家門長筭恐用非人一朝壞事不但毒害闔邑生靈抑且貽羞
手本請煩
速定施行須至手本者

行

布政司　按察司　提學道

崇禎十一年三月

太子太傅襲封衍聖公

一

57.0cm x 75.3cm

衍聖公府爲請慎奪遴選曲阜世職知縣事致山東巡撫咨、山東布政使等手本草稿

［崇禎十一年］二月二十九日

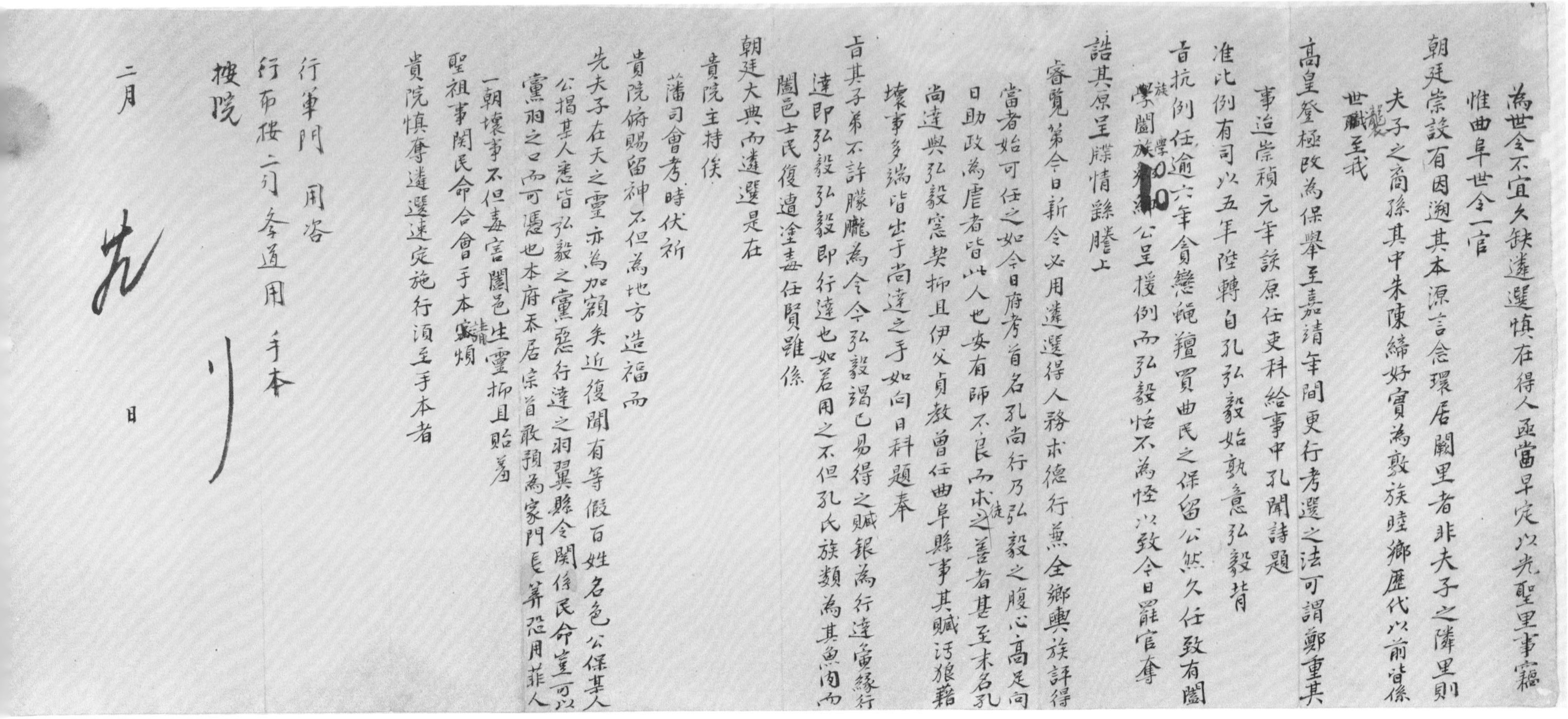
為世令不宜久缺遴選慎在得人亟當早定以光聖里事竊
惟曲阜世令一官
朝廷崇設有因遡其本源言念環居闕里者非夫子之隣里則
夫子之裔孫其中朱陳緯好實為敦族睦鄉歷代以前皆係
世職至我
高皇登極改為保舉至嘉靖年間更行考選之法可謂鄭重其
事迨崇禎元年該原任吏科給事中孔聞詩題
准比例有司以五年陞轉自孔弘毅始孰意弘毅背
旨抗例任逾六年貪戀饞羶買曲民之保留公然久任致有闔
學闔族[illegible]公呈援例而弘毅恬不為怪以致今日罷官奪
誥其原呈牒情懸謄上
睿覽第今日新令必用遴選得人務求德行兼全鄉輿族評得
當者始可任之如今日府考首名孔尚行乃弘毅之腹心高足向
日助政為虐者皆此人也安有師不良而求徒之善者甚至未名孔
尚達與弘毅窟契抑且伊父貞教曾任曲阜縣事其贓污狼藉
壞事多端皆出于尚達之手如向日科題奉
旨其子弟不許朦朧為令今弘毅謁已易得之贓銀為行達營緣行
達即弘毅弘毅即行達也如若用之不但孔氏族類為其魚肉而
闔邑士民復遭塗毒任賢雖係
朝廷大典而遴選是在
貴院主持侯
藩司會考時伏祈
貴院俯賜留神不但為地方造福而
先夫子在天之靈亦為加額矣近復聞有等假百姓名色公保某人
公揭某人悉皆弘毅之黨惡行達之羽翼縣令關係民命豈可以
黨羽之口而可憑也本府忝居宗首敢預為家門長算恐用匪人
一朝壞事不但毒害闔邑生靈抑且貽羞
聖祖事關民命合會手本請煩
貴院慎奪遴選速定施行須至手本者
行軍門 用咨
行布按二司 參道 用 手本
撫院
二月 日

66.3cm x 29.3cm

衍聖公府爲請慎奪遴選曲阜世職知縣事致兖州府等手本稿

［崇禎十一年］三月十五日

襲封　卷〇〇〇四

65.7cm x 33.3cm

考證表

機關代號第　　　號

保管單位第　　　號

本案卷内共有玖　張已編號之文件。

保管單位缺點的説明。

附註

檔案工作人員的職務（簽名）

公元一九六二年十二月　　日

代号		卷号	0000005

衍聖公府

機構或類目	案卷標題	
襲封	先賢左丘明後裔左皋左法舜等爭襲奉祀互控冒繼亂宗	崇禎四年 公元一六三一 年 月 日 起 止

本卷張數
叁張

保管期限

曲阜文物保管所整理

代号		卷号	

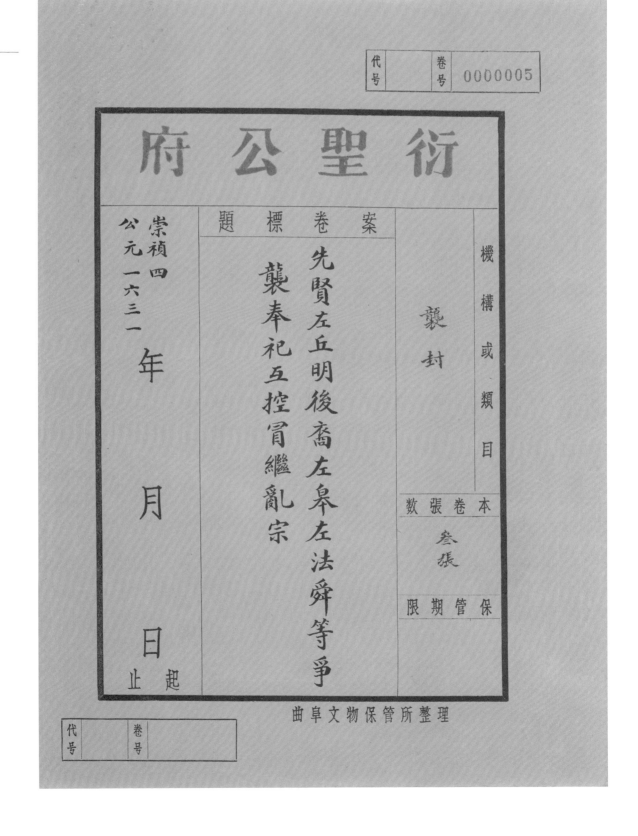

5

卷內目錄　　填寫人　　年　月　日

順序号	作者	内容摘要	文件上的号数	文件上的日期	文件所在的张数	备註
一	具啓人左皋	控左法舜等奬串冒継混亂聖宗請作主查照孟廟聖碑平陰县誌書以見真僞		崇禎四年十一月　日	丨	
二	具訴狀人左法舜	控左皋等冒認宗枝赴县捏控乞驗家書誌書便見真贋		崇禎四年十一月　日	丨	
三	具訴人李本道	左皋左法舜争襲奉祀又控一案誣本道句引乞原情併審剖究		崇禎四年十一月三十日	丨	
				年　月　日	丨	
				年　月　日	丨	
				年　月　日	丨	
				年　月　日	丨	
				年　月　日	丨	
				年　月　日	丨	

平陰縣左皋爲左法舜等冒繼亂宗事致衍聖公孔胤植啓狀

崇禎四年九月二十一日

啓狀人左皐年三十六歲係平陰縣人稟爲弊串冒繼混亂聖宗事始祖左丘明古聖先賢原貫平陰人氏作春秋歷代世傳天下共瞻墳在肥城縣地方所葬誌書可查鄒縣孟廟神牌見在平陰字樣存証前蒙　李道王爺捐俸重修聖祖塋墓一次欽旨召全聖嗣承襲恩刻石尚在陞任去訖皐係後代玄孫有叔左君立具狀　本道　賀宗師老爺蒙批肥城縣查准襲被監工官李本道同上專權索要打點銀七百兩未遂逼行棒案日久欺叔棄老無能不得承繼且又不容於掃神人共憤聞者痛傷惡佐横大句引陽谷縣新城屯六甲同姓富豪左法舜冀金鑽刺認伊爲義父受賄千金扶同作弊朦天　妄拏冒繼亂宗皐係正嗣不得承襲泣隅無伸伏望

明鏡老爺日午當空乞恰作主查照原行原狀併請鄒縣孟廟聖牌平陰字樣吊平陰誌書可查以憑照弊方見真僞懲惡立正不致亂宗銘恩萬代世世

公卿存殁永感上啓

本府老爺　詳行

被啓人　左法舜　李本道　左茂華　吊平陰誌書可查

崇禎四年九月　廿一　日啓　狀

人左皐

大圖詳見附録015頁

57.2cm x 79.6cm

陽穀縣左法舜爲左皋冒繼亂宗詐騙妄稟懇乞辨明事致衍聖公孔胤植訴狀

崇禎四年十一月三十日

訴狀人左法舜，年三十二歲，係陽谷縣人，訴爲朋謀掐詐事。身祖丘明原葬肥城，誌書証至大元時兵火離散，遷居陽谷，祖墳迷失，止丘陽谷隨儒學

祭奠。有肥城貢士丘雲霄除受陽谷訓導，移書肥城，與首貢劉永祚審譜與志相合，通學公舉申請，准身奉祀，有劉永祚証。今被大奸左皋在肥城

告狀，原名左夏，一人變易兩名，必非真派，冒認宗枝，詐騙未遂，妄捏虛詞，朦朧

天台，誣害下寬無伸，乞驗家書志書，便見真實。上訴

聖府老公祖

詳行

被訴人 左皋 左君利

証人 劉永祚 有手本即是

崇禎四年十一月 日具訴狀人左法舜

大圖詳見附録016頁

58.4cm x 80.1cm

肥城縣省祭李本道爲左臯争襲左氏奉祀虚詞誣害懇乞剖冤事致衍聖公孔胤植訴狀

崇禎四年十一月三十日

訴狀人李本道年五十六歲係肥城省祭訴爲申明誣害事於天啟四年奉兩院明文修理左丘明墓并祠堂石坊本縣委本道督工除募緣外不足本道與張大科劉加政賠出木料磚瓦等項值良貳百金原爲先賢今被丞陰左臯原在肥城告狀未審今又变名左臯滕朧天台與左氏審明嫡派告争奉祀誣道句引等情况舜係本縣審明通學公舉與本道何干本道督工四年左臯至道並未見面止有左法舜祭奠買地栽樹使先賢墓煥然一新懇乞

仁明聖府老爺原情并審剖究上訴

聖府老爺　詳行

被訴人　左臯　左君利

証人　劉加政　戴守臣

崇禎四年十一月　日具　訴狀人　李本道

大圖詳見附録017頁

58.4cm x 81.3cm

考證表

機關代號第　　號

保管單位第　　號

本案卷内共有叁　張已編號之文件。

保管單位缺點的説明。

附註

檔案工作人員的職務（簽名）

公元一九六二年十二月　日

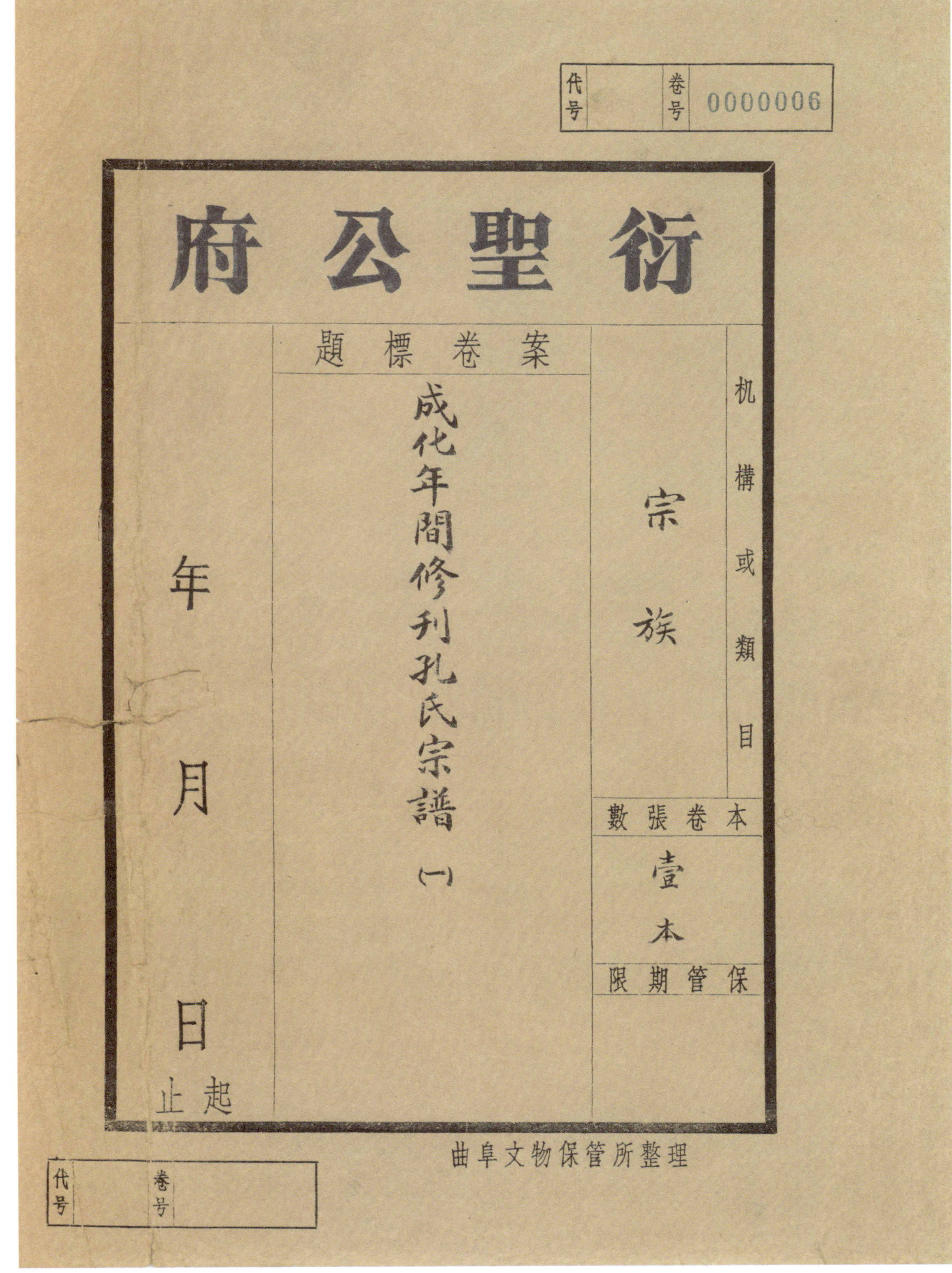

代号　卷号 0000006

衍聖公府

案卷標題：成化年間修刊孔氏宗譜（一）

機構或類目：宗族

本卷張數：壹本

保管期限

起止　年　月　日

曲阜文物保管所整理

代号　卷号

卷內目錄

顺序号	作者	內容摘要	文件上的号数	文件上的日期	文件所在的张数	备註
		成化年間修刊孔氏宗譜		年 月 日	—	
				年 月 日	—	
				年 月 日	—	
				年 月 日	—	
				年 月 日	—	
				年 月 日	—	
				年 月 日	—	
				年 月 日	—	
				年 月 日	—	

填寫人

年 月 日

成化年間

19.5cm x 32.0cm

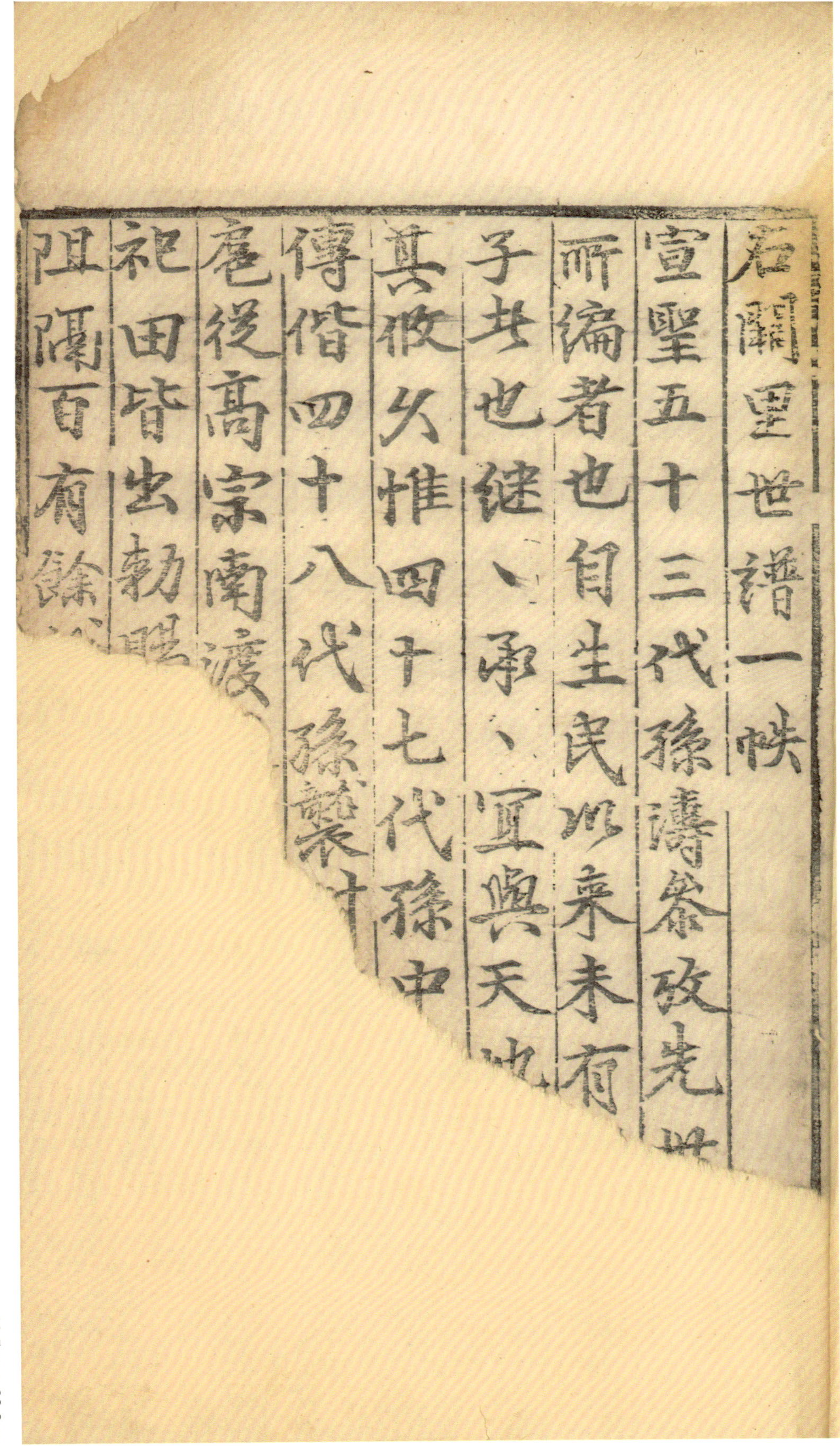
右闕里世譜一帙
宣聖五十三代孫濤參攷先世
所編著也自生民以來未有
子并世繼、承、冝與天地
其攸久惟四十七代孫中
傳偕四十八代孫繁衍十
庵從高宗南渡
祀田皆出勅賜
阻隔百有餘

19.5cm x 32.0cm

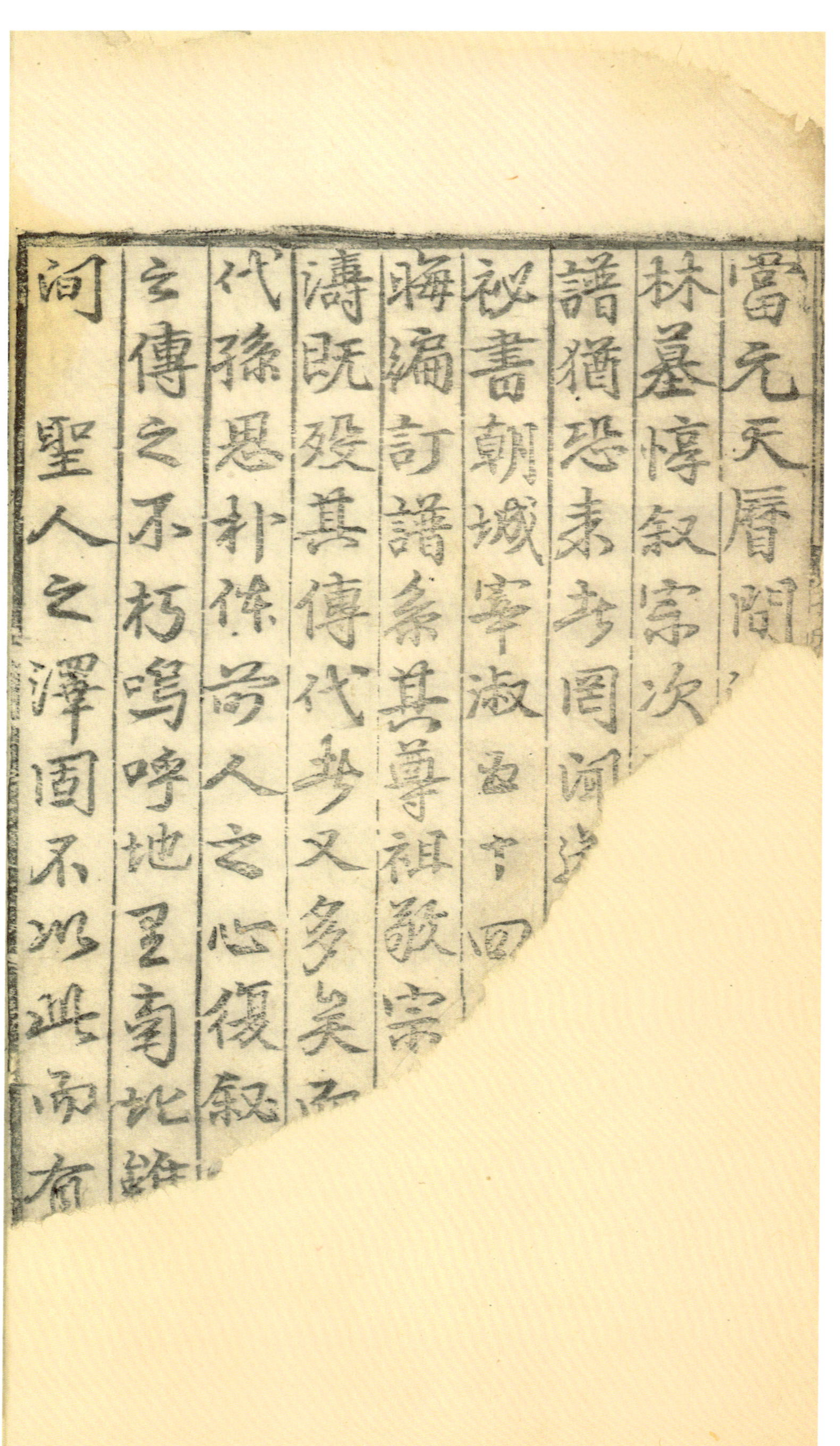

當元天曆間
林墓惇叙宗次
譜猶恐未考圖詞洪
祕書朝職寧淑孟寺回
晦編訂譜系其尊祖敬宗
濤既殁其傳代者又多矣而
代孫思朴條前人之心復叙
之傳之不朽嗚呼地里南北[illegible]
河 聖人之澤固不以世而有

19.5cm x 32.0cm

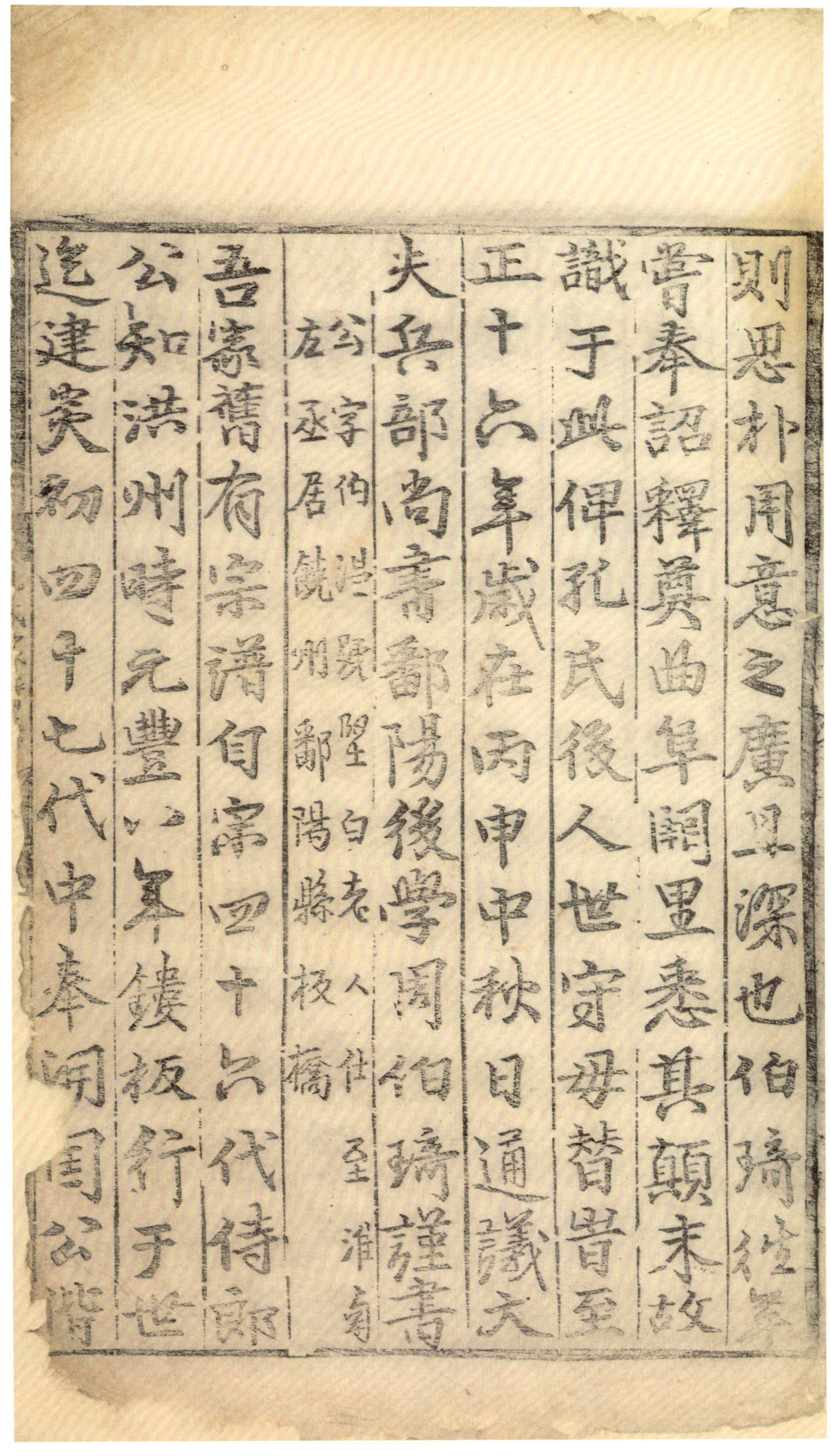
則思朴用意之廑且深也伯琦往歲
嘗奉詔釋奠曲阜闕里悉其顛末故
識于此俾孔氏後人世守毋替旹至
正十六年歲在丙申中秋日通議大
夫兵部尚書鄱陽後學周伯琦謹書
公字伯溫號白老人仕至淮南
左丞居饒州鄱陽縣枚橋
吾家舊有宗譜自當四十六代侍郎
公知洪州時元豐六年鏤板行于世
迨建炎初四十七代中奉開國公端

19.5cm x 32.0cm

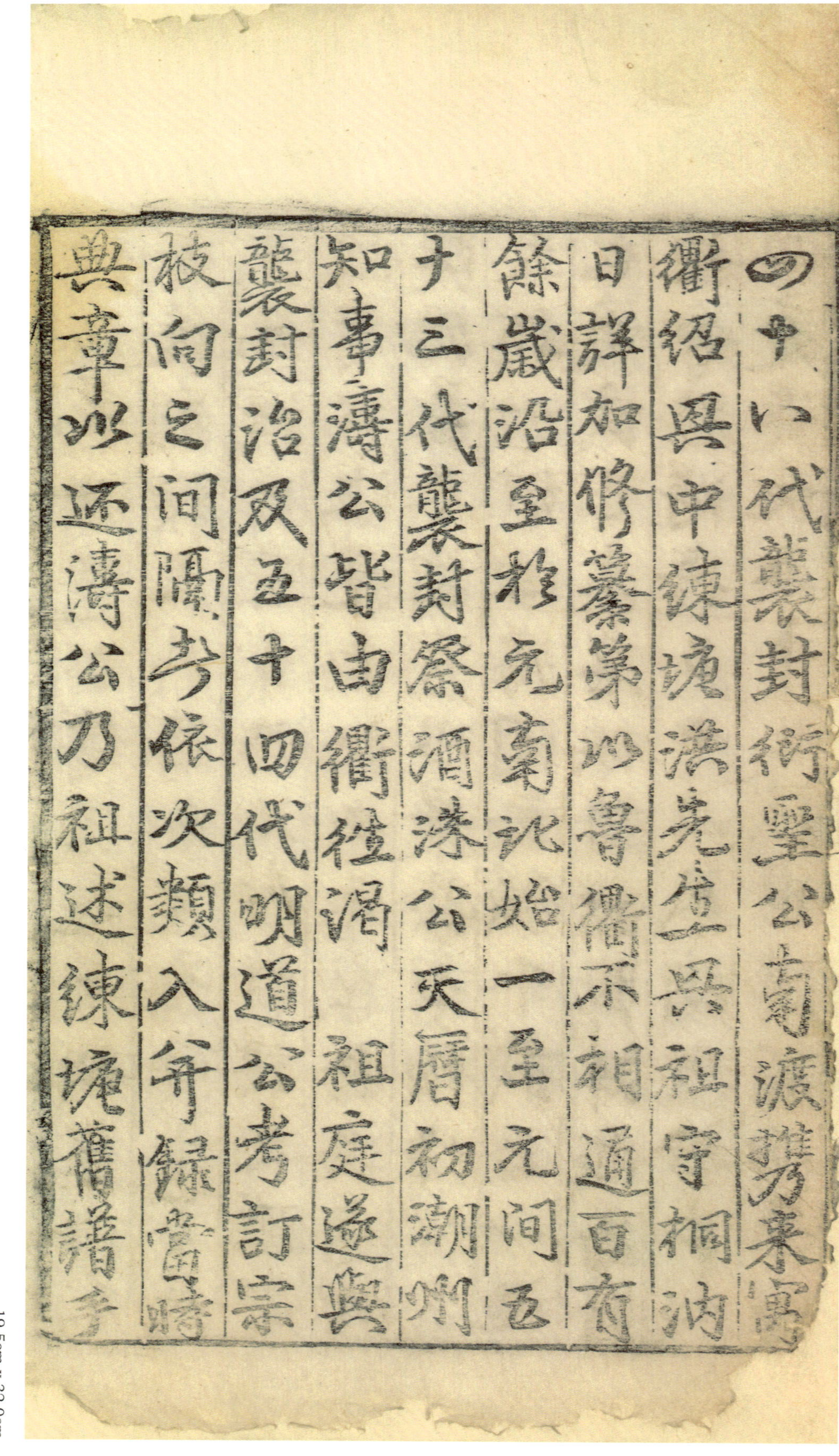
四十八代襲封衍聖公[illegible]扈蹕乃來寓
衢紹興中練境洪先生與祖守桐洞
日詳加修纂第以魯衢不相通百有
餘歲沿至我元袁記始一至元間五
十三代襲封祭酒洙公天曆初潮州
知事濤公皆由衢往謁　祖庭遂與
襲封治及五十四代明道公考訂宗
枝向之間隔者依次類入并錄當時
典章以遜濤公乃祖述練境舊譜手

19.5cm x 32.0cm

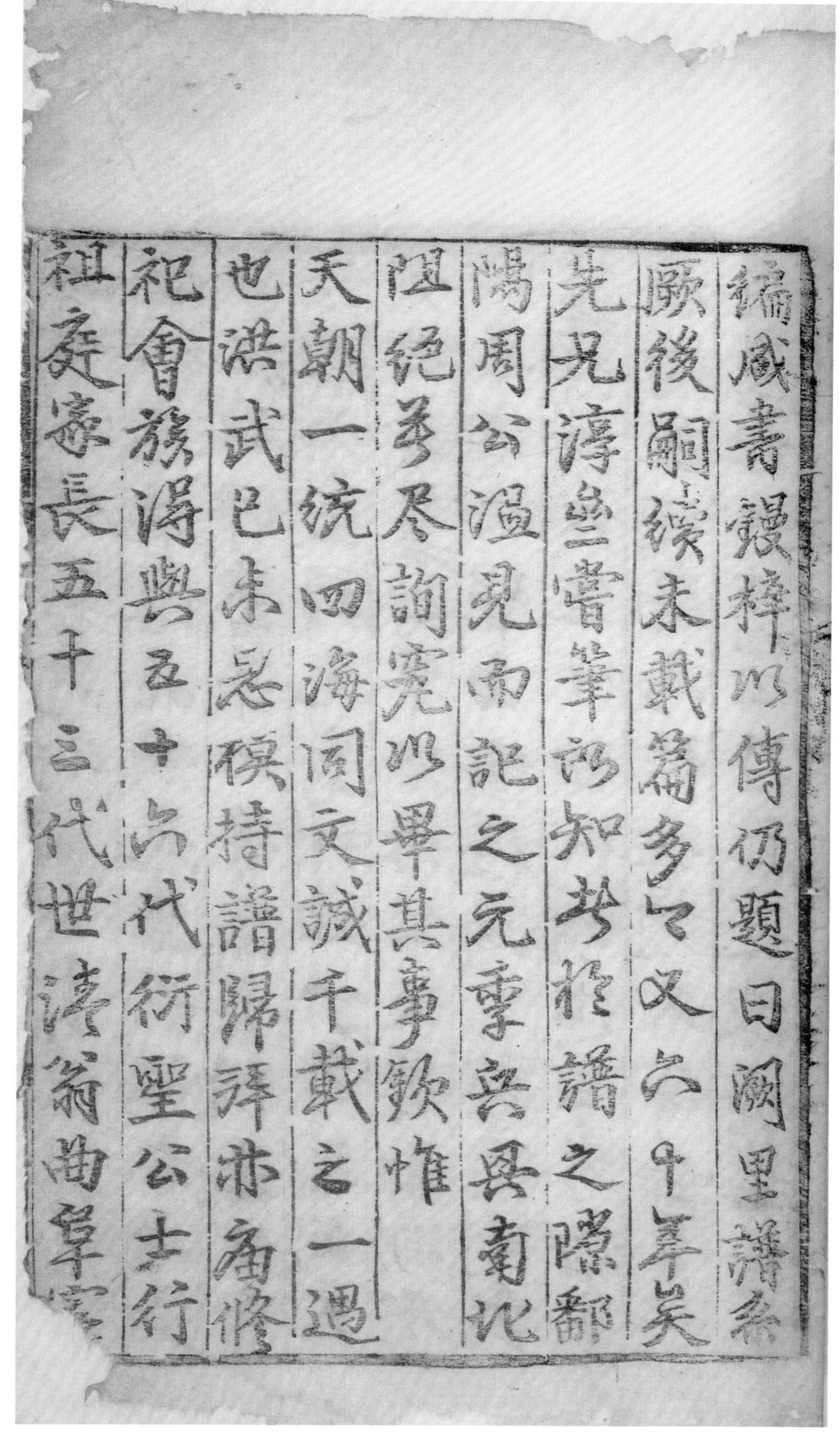

編成書録梓以傳仍題曰闕里譜系
厥後嗣續未載篇多々又六千年矣
先兄淳竺嘗筆而知其於譜之隱鄙
陽周公溫見而記之元季兵興南北
阻絶多尽詢究以畢其事歟惟
天朝一統四海同文誠千載之一遇
也洪武己未忽模持譜歸淳亦爲修
祀會族得與五十六代衍聖公士行
祖庭家長五十三代世清翁尚草寫

19.5cm x 32.0cm

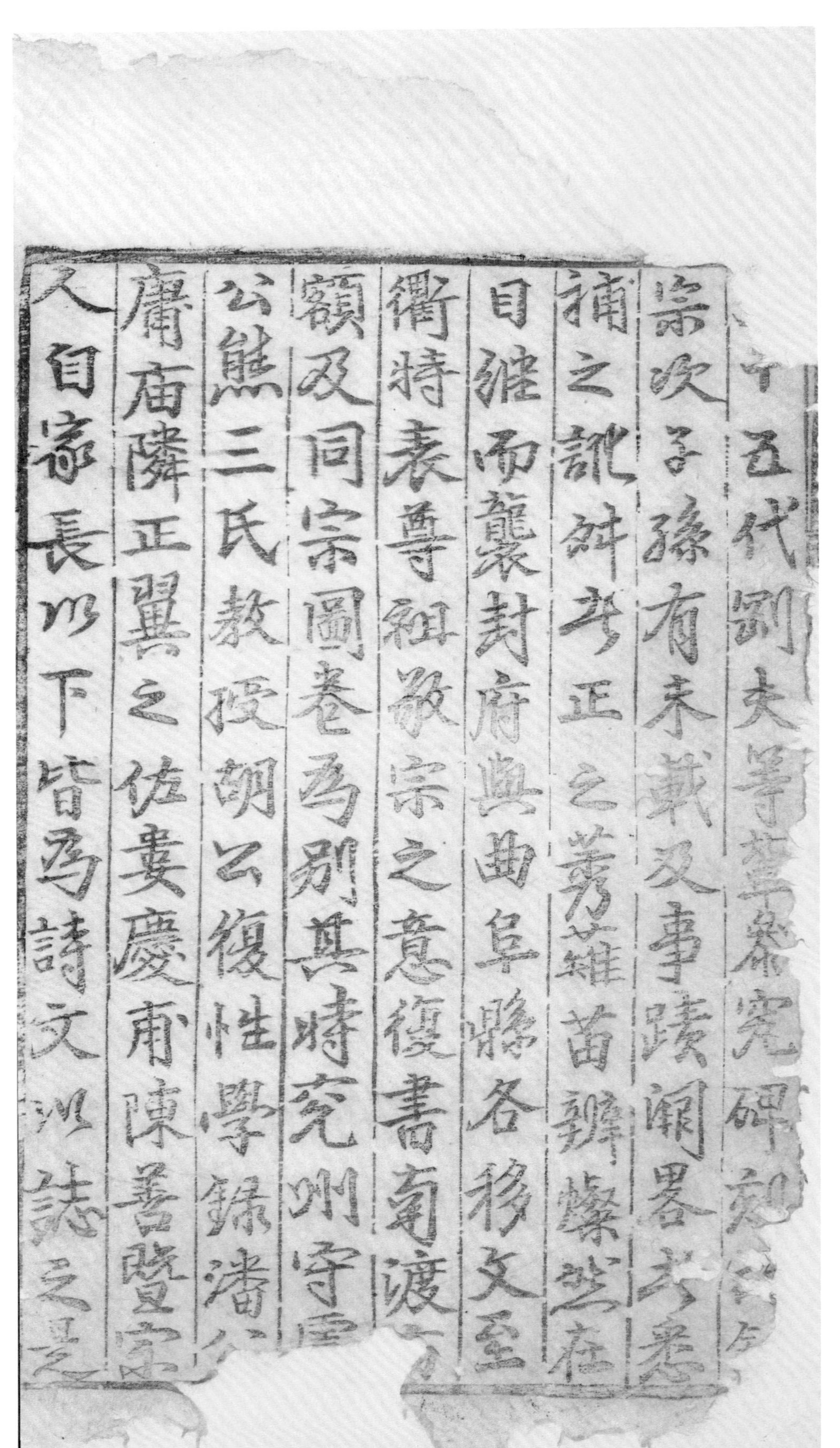

十五代別夫等舉案究碑刻…
宗次子孫有未載及事蹟闕畧者悉
補之訛舛者正之蕪雜苗辨繁芟在
自繼而襲封府與曲阜縣各移文至
衢特表尊祖敬宗之意復書寓渡…
顧及同宗圖卷為別其時兖州守…
公熊三氏教授胡公復性學錄潘…
庸庙隣正翼之佐妻慶甫陳善豎…
人自家長以下皆為詩文以誌之…

19.5cm x 32.0cm

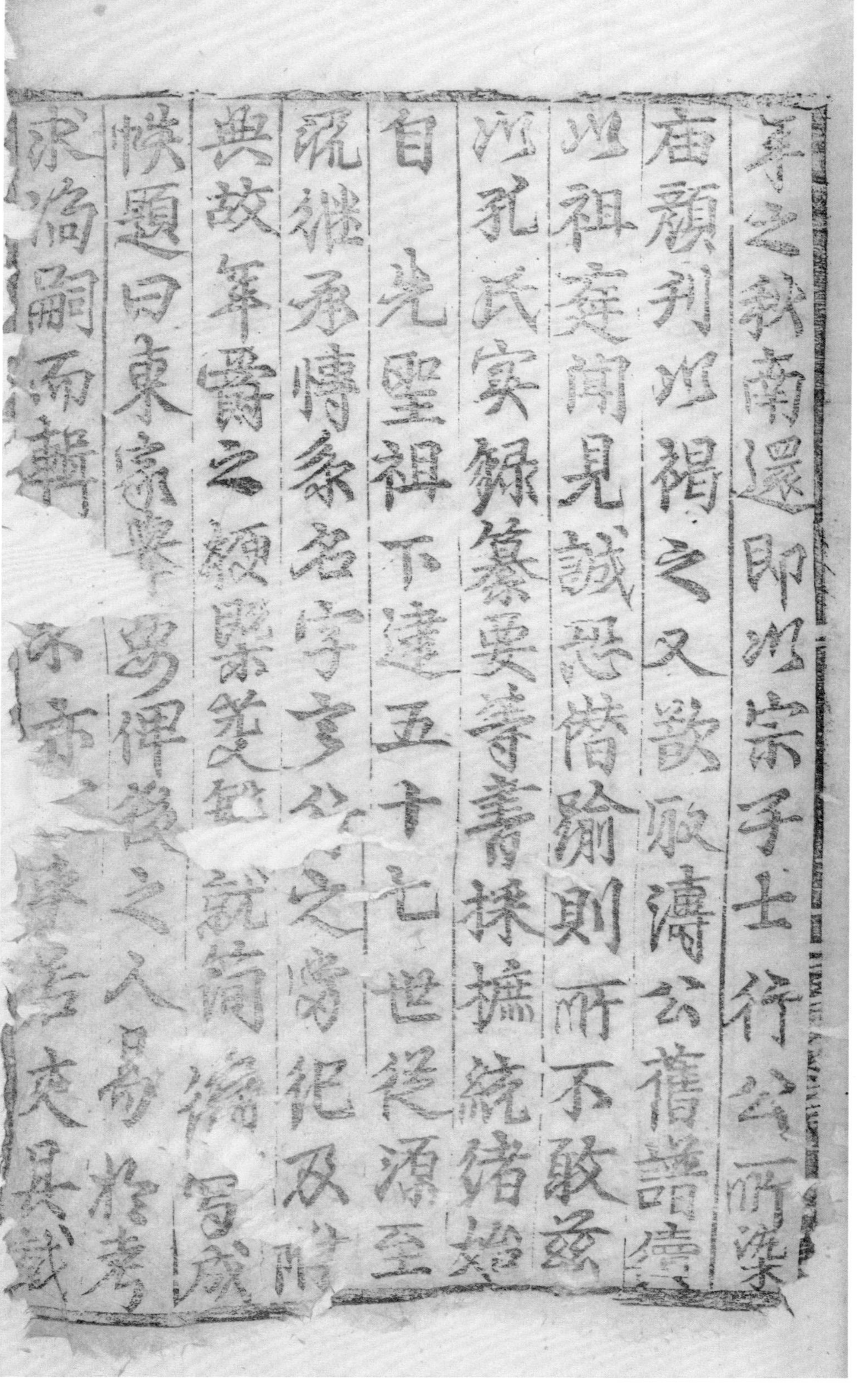

年之秋南還即以宗子士行公一所藏
廟額刊以謁之又歎敢濤公舊譜傳
以祖庭聞見誌恐惜踰則所不敢茲
以孔氏實錄纂要等書採摭統緒始
自先聖祖下逮五十七世從源至
流繼承傳系名字亨公之嘗祀及附
與故箕爵之綴繫箋錄就簡編寫成
帙題曰東家乘[illegible]俾後之人易於考
求偏嗣而輯[illegible]不亦[illegible]之[illegible]

19.5cm x 32.0cm

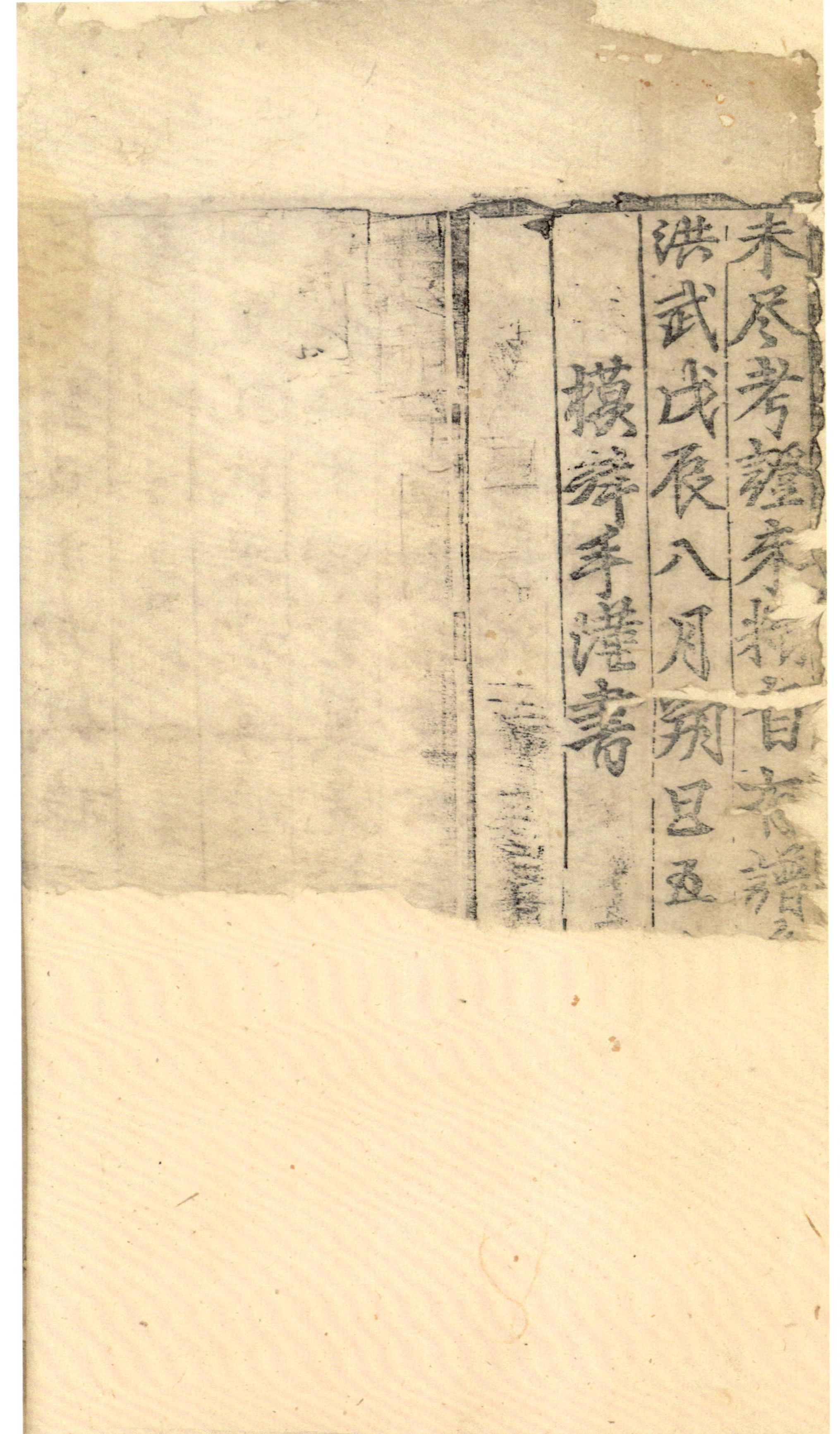

未盡考證者[illegible]自亦譜之
洪武戊辰八月朔旦五
模彝手謹書

19.5cm x 32.0cm

序

迨先聖五十四代孫西

開里孔氏忍模字修道

聖人五十四世其先揚

府君偕裘封端友公庶孝

南渡因寓衢州遂今二

之崇嚴墓林之深遂荔

之盛帝南州之深泗□橋

孫諱洙光醬元至正

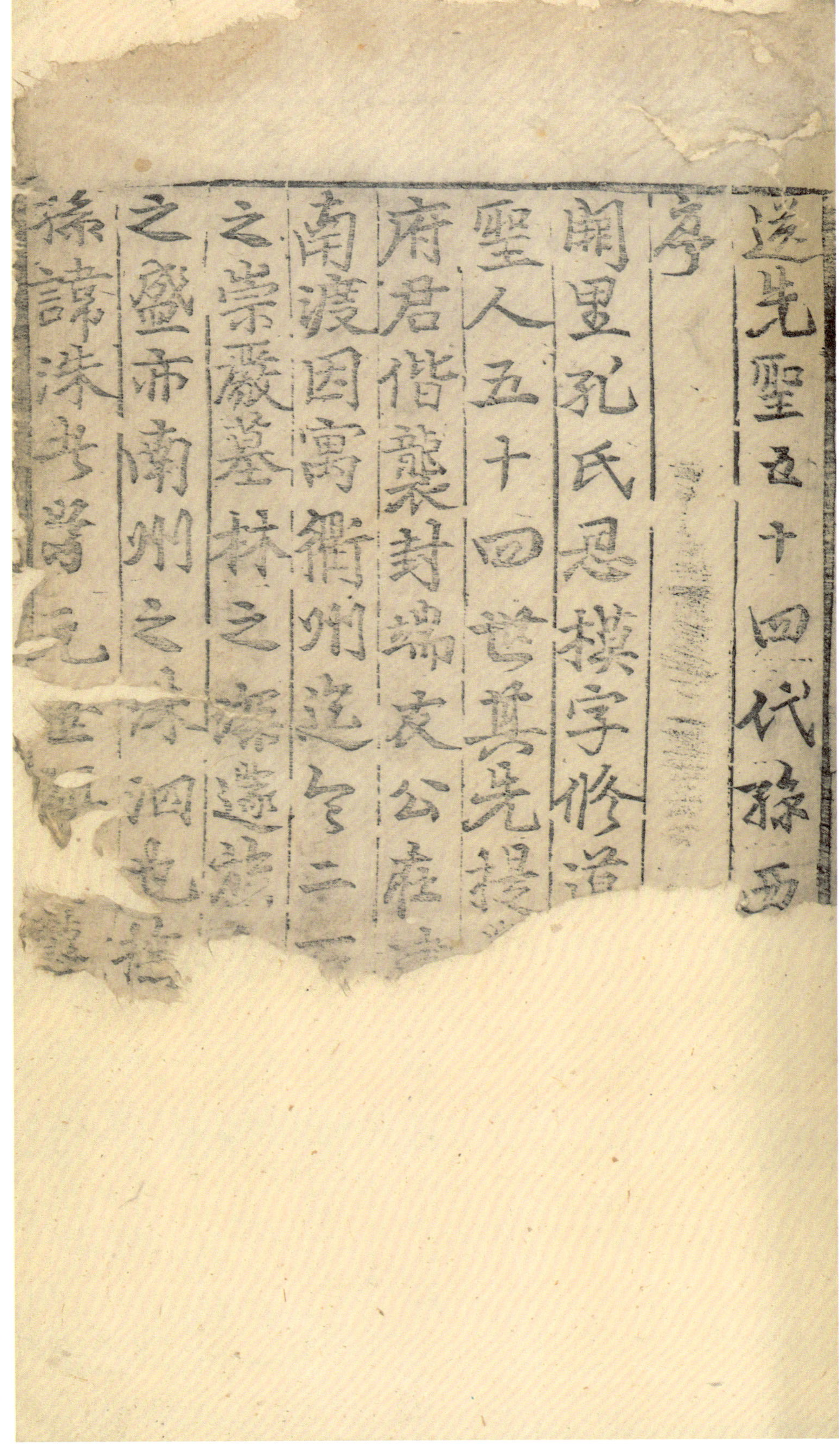

難各安其介又

然孔君甚盛

行則必求誤巳□□□儒論辨旣明

且惡知臨道家學湖源行之有素尚

何待於余言也軱以斯文之詒因述

其柴為南還序云

奉訓大夫知濟寧府兗州事盧庸

襲封衍聖公希學士竹以黄見貽

凡出仙源本一宗□□技紹祖囘難

□□□□□千里心誠詒

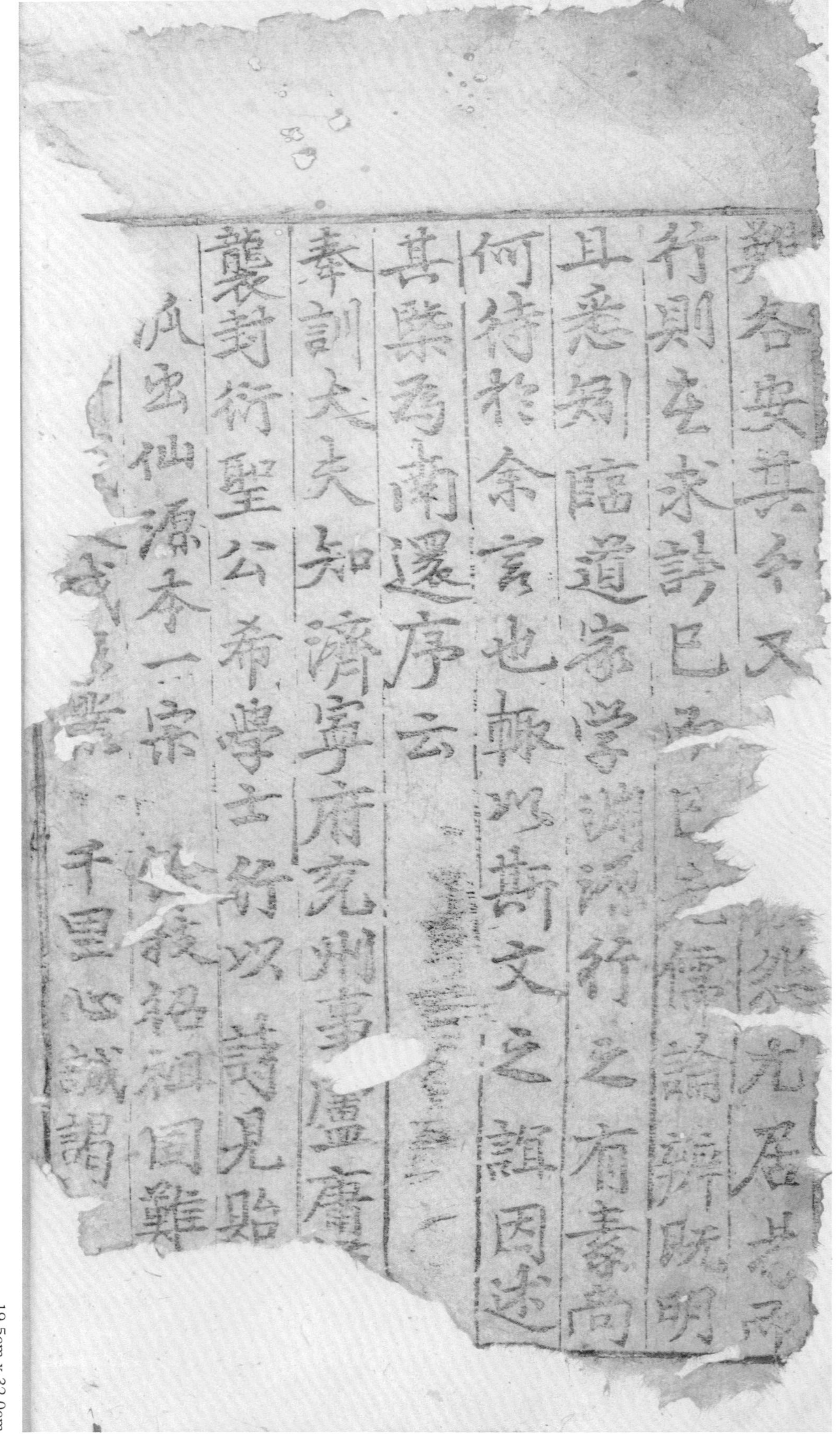

四十六代刑部侍郎序
家譜之法序世承襲者一人而已疎畧之弊有識者病
之蓋先聖之後于今千五百餘年魯族世有賢俊苟
非見于文冊即後泯然不聞是可痛也如太常諱
臧臨淮太守諱安國丞相諱光北海相諱融臺令史
諱僖議郎諱昱總十數人非見于漢史皆不復知矣
魏晉以下逮于隋唐見紀者止百餘人按議郎本傳
云自霸至昱七世之内爵位相係卿相牧守五十三
人列侯七人今考于傳記乃知所遺之多也宗翰假

19.5cm x 32.0cm

守豫章恩除魯郡將歸之日遂以舊譜命工鋟梓用
廣流傳或須講求以俟他日元豐八年十一月二十
二日四十六代孫朝議大夫知洪州軍州事兼管內
勸農事江南西路兵馬鈐轄柱國賜紫金魚袋宗翰
謹序

四十八代臨江知軍序

端朝聞諸父祖云吾家自五代亂離家族散走死亡
畧盡獨襲封尚書諱仁玉守墳墓不去尚書幼子諱
勗仕爲侍郎侍郎長子父孫皆爲侍從令儒門復興

19.5cm x 32.0cm

聚族二百口皆尚書公子孫依廟爲宅家有賜書以
皇祭器御書田園服役皆上所賜許任鄉官著在史
部焉成法由是土人不以姓名稱止曰廟宅族人無
異居者獨安州族祖六中舍諱宗簡因官不歸遂家
焉靖康丙午群盜起家所藏蕩然雲散建炎戊申
十月端朝不得已去陵廟南奔明年己酉八月家恩
以孔氏子孫特差徽州黟縣令後二年辛亥赴官六
月張琪犯徽州黟縣之四境焚殺一空端朝與幼累奔
山間僅得不死携上世誥勅祖父遺書生生之資皆

19.5cm x 32.0cm

失之矣獨此譜山中人得之轉以見歸此本乃古本頃叔祖貳卿削去旁枝獨載世襲有識者惜之今亦而更存豈非天也因書以示子孫紹興二年歲次壬子五月朔四十八世孫端朝謹書濤按四十八代臨江知軍序云頃叔祖貳卿削去旁枝獨載世襲有識者惜之貳卿蓋指刑部侍郎宗翰也四十六代别無為貳卿者今觀刑部侍郎公知洪州日刊行舊譜其序止云家譜蹟畧之弊其序承襲者一人識者痛之又云宗族世有賢俊茍非見于史冊即後世泯然不聞是可痛也末云今考傳記乃知所遺之多也則是刑部增入旁技而所云削去旁枝獨載世襲者舊自有其人非出于刑部公者濤疑久矣當于臨江公叙文叔祖貳卿下補一謂字則得其實且上文此本乃古本及下文今亦而更存豈非天也文意曉然豈非元本傳寫誤簡相

19.5cm x 32.0cm

成化年間

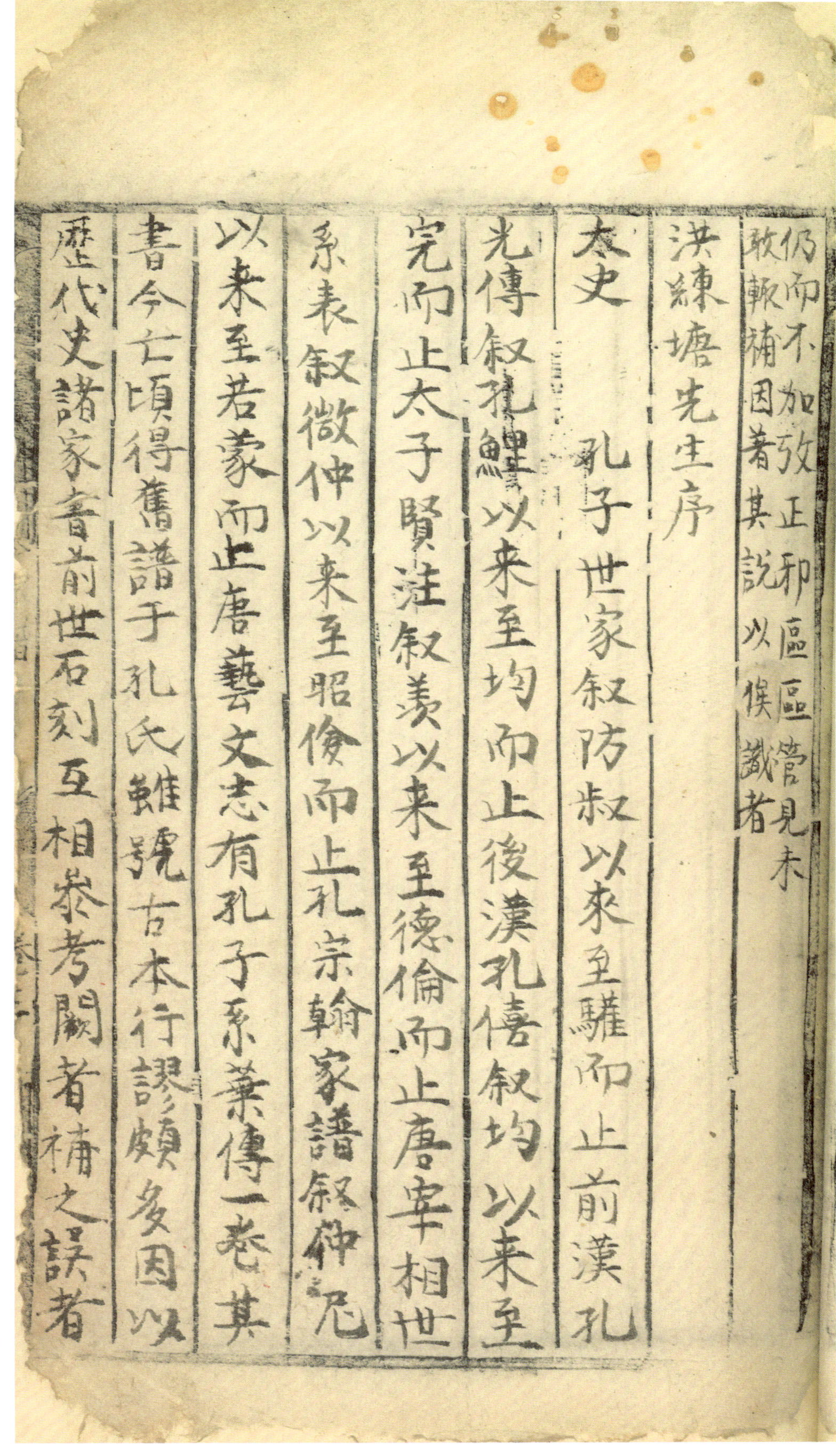

仍而不加攷正抑區區管見未
敢輒補因著其說以俟識者

洪練塘先生序

太史　孔子世家叙防叔以來至騅而止前漢孔光傳叙孔鯉以來至均而止後漢孔僖叙均以來至完而止太子賢注叙羨以來至德倫而止唐宰相世系表叙徽仲以來至昭儉而止孔宗翰家譜叙仲尼以來至若蒙而止唐藝文志有孔子系葉傳一卷其書今亡頃得舊譜于孔氏雖號古本行謬頗多因以歷代史諸家書前世石刻互相參考闕者補之誤者

19.5cm x 32.0cm

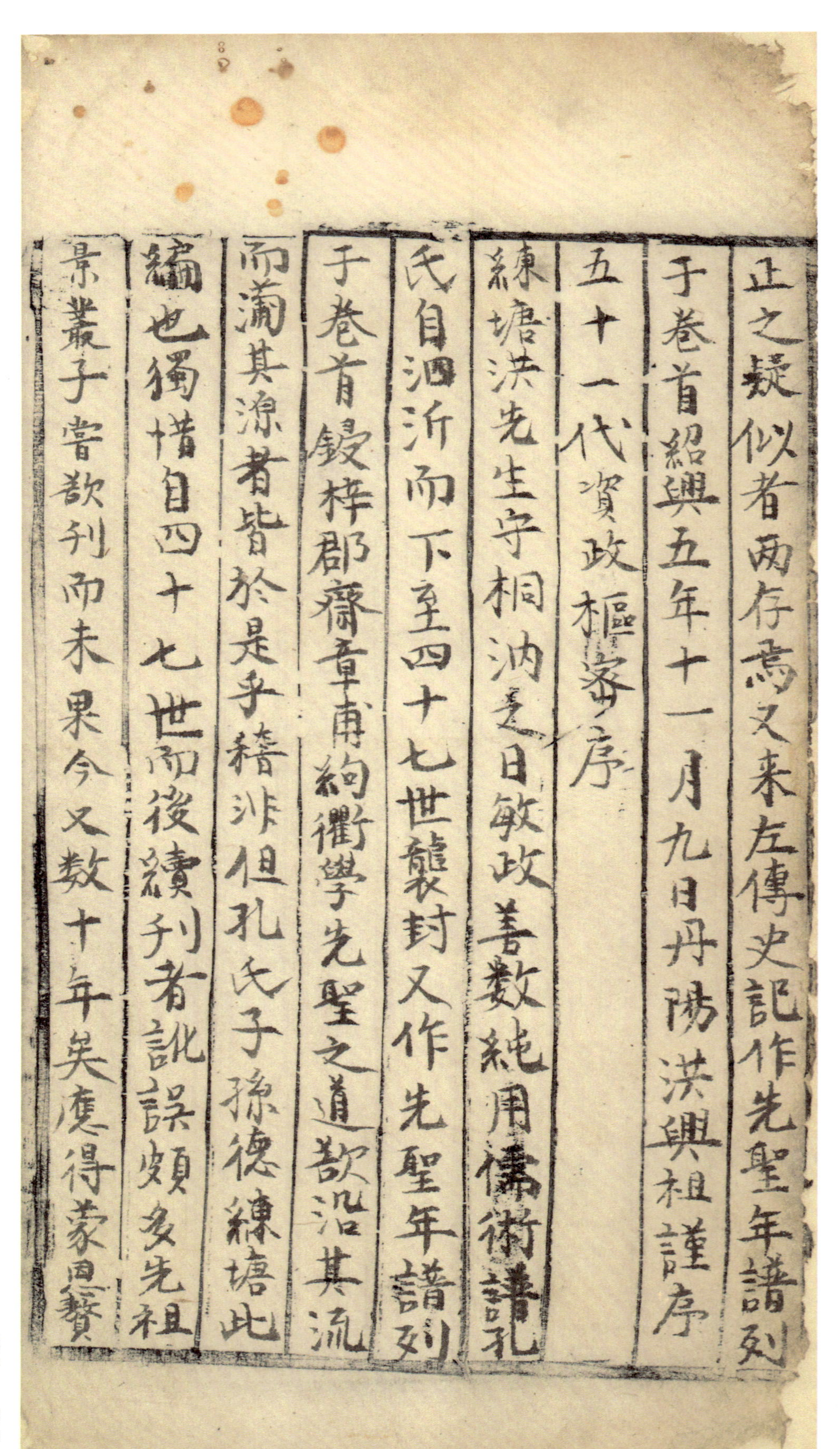

正之疑似者兩存焉又來左傳史記作先聖年譜刻
于卷首紹興五年十一月九日丹陽洪興祖謹序

五十一代資政樞密序

練塘洪先生守桐汭之日敏政善數純用儒術譜孔
氏自泗沂而下至四十七世襲封又作先聖年譜刻
于卷首鋟梓郡齋章甫絢衢學先聖之道歆沿其流
而溯其源者皆於是乎稽非但孔氏子孫德練塘此
編也獨惜自四十七世而後續刊者訛誤頗多先祖
景叢子嘗欲刊而未果今又數十年矣應得蒙恩贊

19.5cm x 32.0cm

貳于茲幸公務簡静因得考閲数月乃以家庭所見聞正續刊之誤緒成練塘美意畢先祖素志練塘所譜祖闕里舊本以歴代史諸家書前世石刻參互攷訂精審廑得不敢易一字景定三年八月旦日五十一代孫奉議郎添差通判廣徳軍兼管内營田事應得拜手書

五十三代　祕書朝城宰闕里世系圖題辭

黄帝之子玄囂生蟜極蟜極生帝嚳帝嚳生契舜命爲司徒封於商賜姓子氏契生昭明昭明生相土相

19.5cm x 32.0cm

土生昌若昌若生曹圉曹圉生冥子冥子生子振子
振生子微子微生報丁報丁生報乙報乙生報丙報
丙生主壬主壬生主癸主癸生天乙是爲成湯湯而
下十六世至帝乙周成王以帝乙長子微子啓國子
宋啓卒立其弟微仲衍微仲衍生宋公稽宋公稽生
丁公申丁公申生湣公共及煬公熙湣公共生弗父
何弗父何生宋父周宋父周生世子勝世子勝生正
考父正考父生孔父嘉孔父 其字也孔父嘉生木
金父木 金父生祈父或曰睪夷父 五世親盡別爲公

19.5cm x 32.0cm

族祈父因以王父字爲孔氏而生子防叔避宋華督之難奔魯爲大夫因家於魯愚按杜預於昭公七年孟僖子病不能相禮傳注云孔子六代祖孔父嘉爲宋督所殺其子奔魯則自木金父已爲魯人史記家語雜記云自孔防叔奔魯其差可知防叔生伯夏伯夏生陬大夫叔梁紇叔梁紇生二子長曰孟皮或曰伯皮次則先聖也伯皮有子名忠一名弗　仲蔑在七十二子之列無嗣此魯闕里孔氏出於子姓者也當時列國如衛有孔達陳有孔寧鄭　公之子十三人其一曰公子喜字子孔後爲孔氏其二曰公子志字士子孔

19.5cm x 32.0cm

亦為孔氏（見鄭樵通志畧氏族譜）是皆與魯之孔氏同族異
散布四方非有譜系之可考者悉非先聖之後蓋自
漢以來唯我先聖世有襲封奉祀歷代相承家譜最
備逮五季喪亂宗支垂盡亦惟天幸四十三代襲封
尚書諱仁玉獨免其禍護守林廟已下族屬皆其所
出宋建炎二年金陷襲慶（政和八年陞兗州為襲慶府）四十八代
襲封諱端友避兵南渡（見宋中興聖政）遂與闕里宗族分而
為二當
聖朝混一之初宋故五十三代襲封洙首膺

19.5cm x 32.0cm

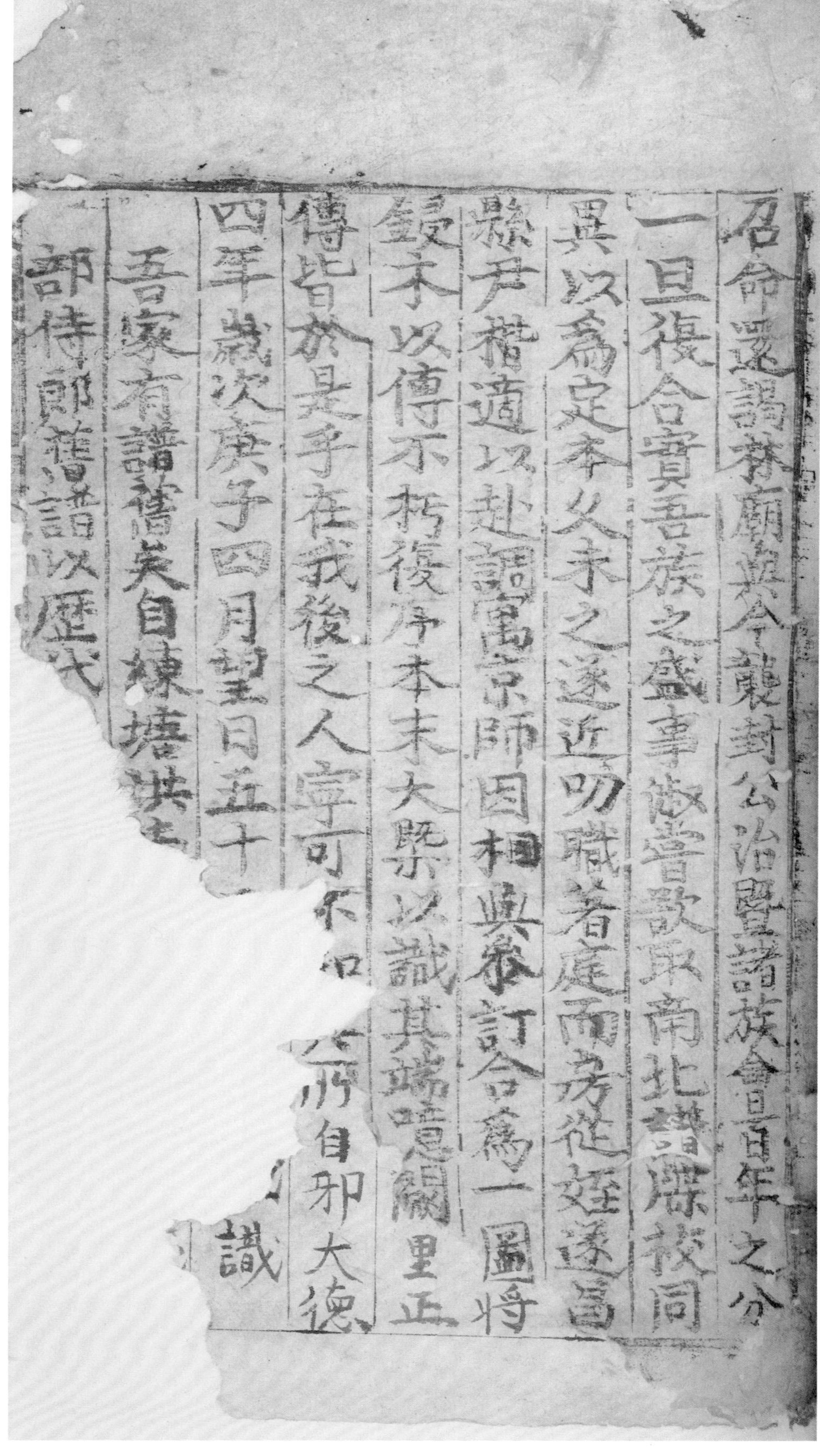

召命還謁林廟與今襲封公治暨諸族會百年之分
一旦復合實吾族之盛事邀嘗散取南北譜牒校同
異以爲定本文末之遂近叨職着庭而旁從姪遂昌
縣尹楷適以赴調寓京師因相與參訂合爲一圖將
鋟木以傳不朽復序本末大畧以識其端噫緜里正
傳皆旨於是乎在我後之人寧可不□□□自卯大德
四年歲次庚子四月望日五十□□□識
吾家有譜舊矣自𠍇塘洪□
部侍郎舊譜以歷代

19.5cm x 32.0cm

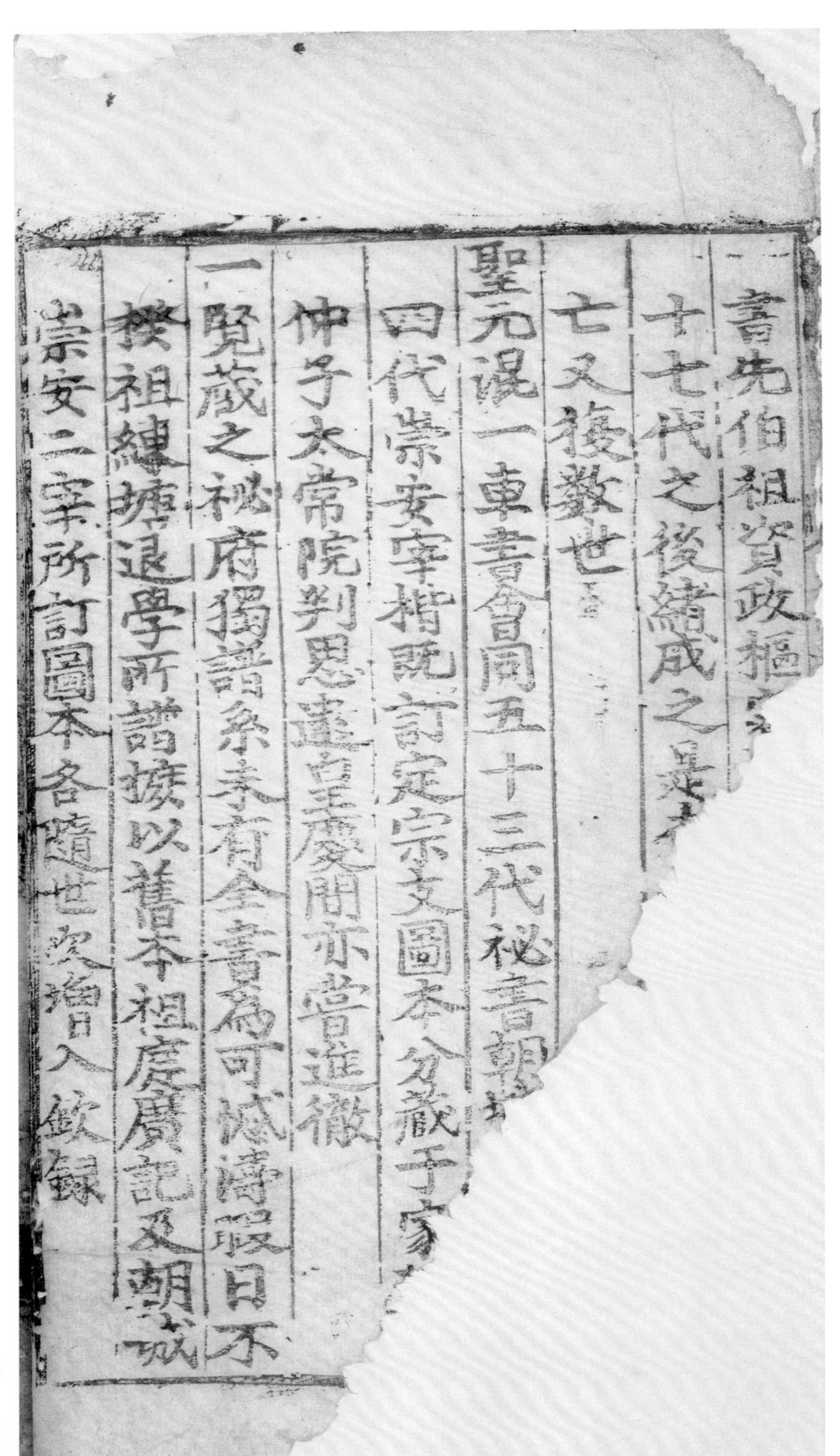

書先伯祖資政樞□
十七代之後緒成之是□
七又複數世
聖元混一車書會同五十三代秘書朝□
四代崇安宰楷既訂定宗支圖本分藏于家
仲子太常院判思逮皇慶間亦嘗進徹
一覽藏之秘府獨譜系未有全書爲可憾焉暇日不
揆祖綿塼退學所譜據以舊本祖庭廣記及朝城
崇安二宰所訂圖本各隨世次增入欽錄

19.5cm x 32.0cm

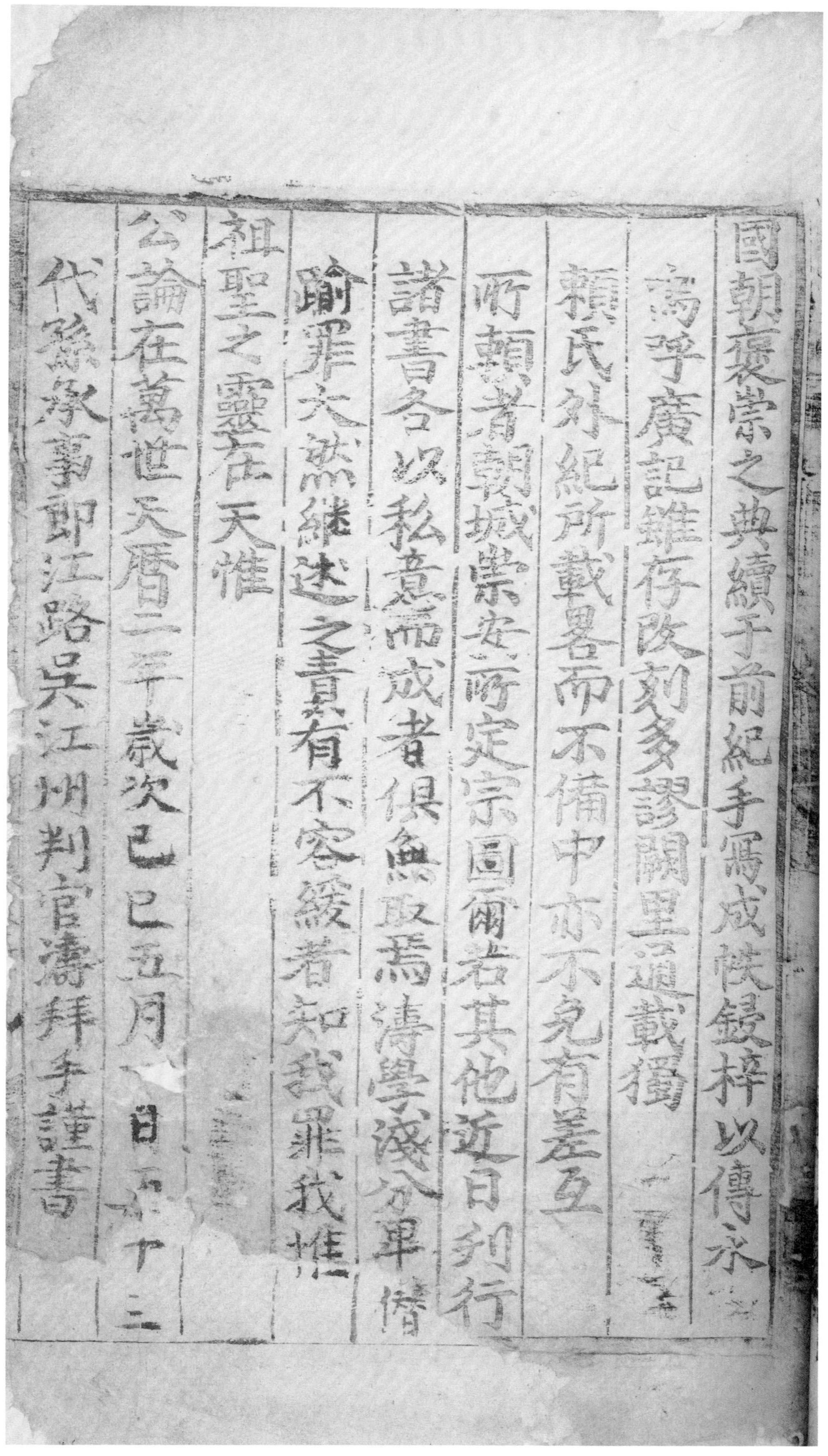

國朝褒崇之典續于前紀手寫成帙鋟梓以傳永
嗚呼廣記雖存攷刻多謬闕里通載獨
賴氏外紀所載畧而不備中亦不免有差互
所賴者朝城崇安所定宗圖爾若其他近日刊行
諸書各以私意而成者俱無取焉濤學淺分卑僭
踰罪大然繼述之責有不容緩者知我罪我惟
祖聖之靈在天惟
公論在萬世天曆二年歲次己巳五月　日五十二
代孫承事郎江路吴江州判官濤拜手謹書

19.5cm x 32.0cm

19.5cm x 32.0cm

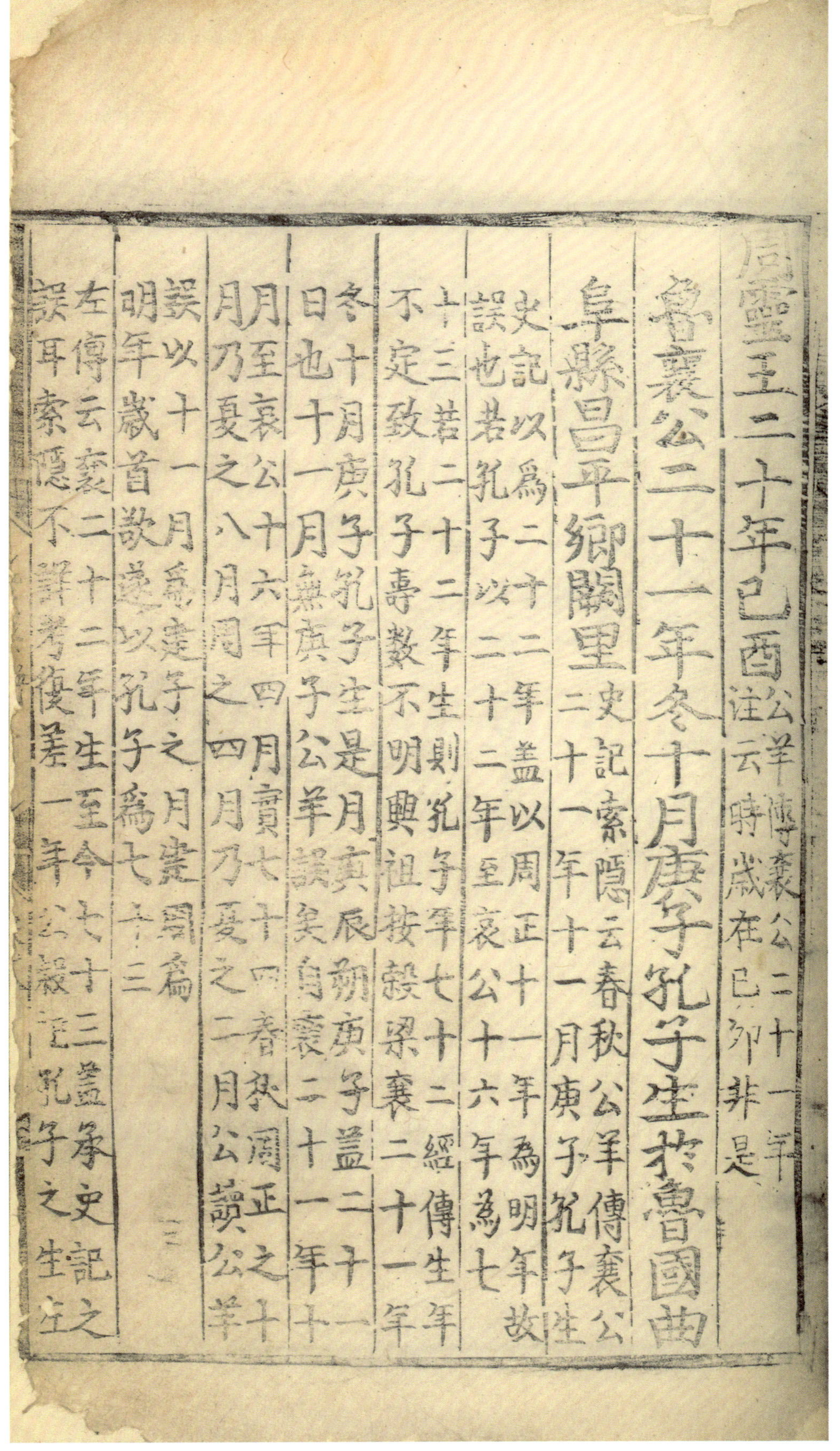

周靈王二十年己酉 公羊傳襄公二十一年注云時歲在己卯非是

魯襄公二十一年冬十月庚子孔子生於魯國曲阜縣昌平鄉闕里 史記索隱云春秋公羊傳襄公二十一年十一月庚子孔子生
史記以為二十二年蓋以周正十一月為明年故
誤也若孔子以二十二年至哀公十六年為七
十三若二十二年生則孔子年七十二經傳生年
不定致孔子壽數不明與祖按穀梁襄二十一年
冬十月庚子孔子生是月庚辰朔庚子蓋二十一
日也十一月無庚子公羊誤矣自襄二十一年十
月至哀公十六年四月實七十四春秋周正之十
月乃夏之八月周之四月乃夏之二月公穀公羊
誤以十一月為建子之月建寅為
明年歲首敬遂以孔子為七十三
左傳云襄二十二年生至今七十三蓋承史記之
誤耳索隱不詳考復差一年公穀誤孔子之生在

三

19.5cm x 32.0cm

氏記孔子之卒實七十四歲無疑其先宋人也周成王封微子啓於宋以奉湯祀啓弟微仲衍生宋公稽稽生丁公申申生湣公共及煬公熙共生弗父何自何以下世爲宋大夫何生宋父周周生世父勝一曰世子勝生正考父正考父生孔父嘉若寧云孔子孔父之玄孫非也嘉名孔父字杜預謂名父字嘉亦非是其後奔魯遂爲魯人孔父過華督之禍其子奔魯一曰自防叔始爲魯人嘉生木金父木一作大木金父生睪夷父一曰祈父睪夷父生孔防叔防叔生伯夏伯夏生紇字叔梁爲陬邑大夫長子曰孟皮一曰伯皮有疾不任繼嗣

19.5cm x 32.0cm

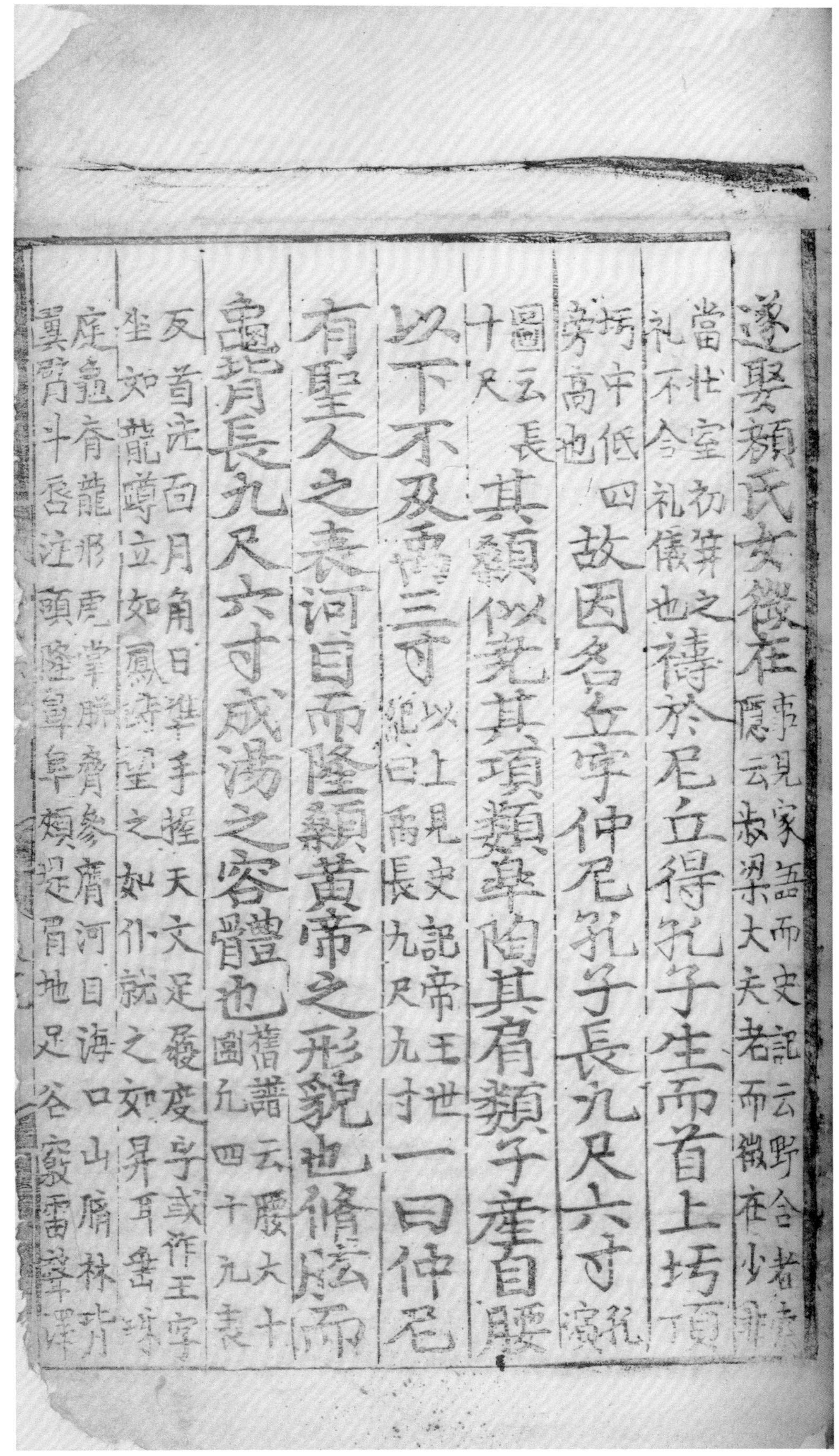
遂娶顏氏女徵在事見家語而史記云野合者索隱云叔梁大夫老而徵在少非當壯室初笄之禮不合禮儀也禱於尼丘得孔子生而首上圩頂圩中低四旁高也故因名丘字仲尼孔子長九尺六寸孔竅圖云長十尺其顙似堯其項類皋陶其肩類子產自腰以下不及禹三寸以上見史記帝王世紀曰爾長九尺九寸一曰仲尼有聖人之表河目而隆顙黃帝之形貌也脩肱而龜背長九尺六寸成湯之容體也舊譜云腰大十圍九四千九表反首洼面月角日準手握天文足履度字或作王字坐如龍蹲立如鳳峙望之如仆就之如昇耳垂珠庭龜脊龍形虎掌胼脅參膺河目海口山臍林背翼臂斗脣注頭隆鼻阜頰堤眉地足谷竅雷聲澤

19.5cm x 32.0cm

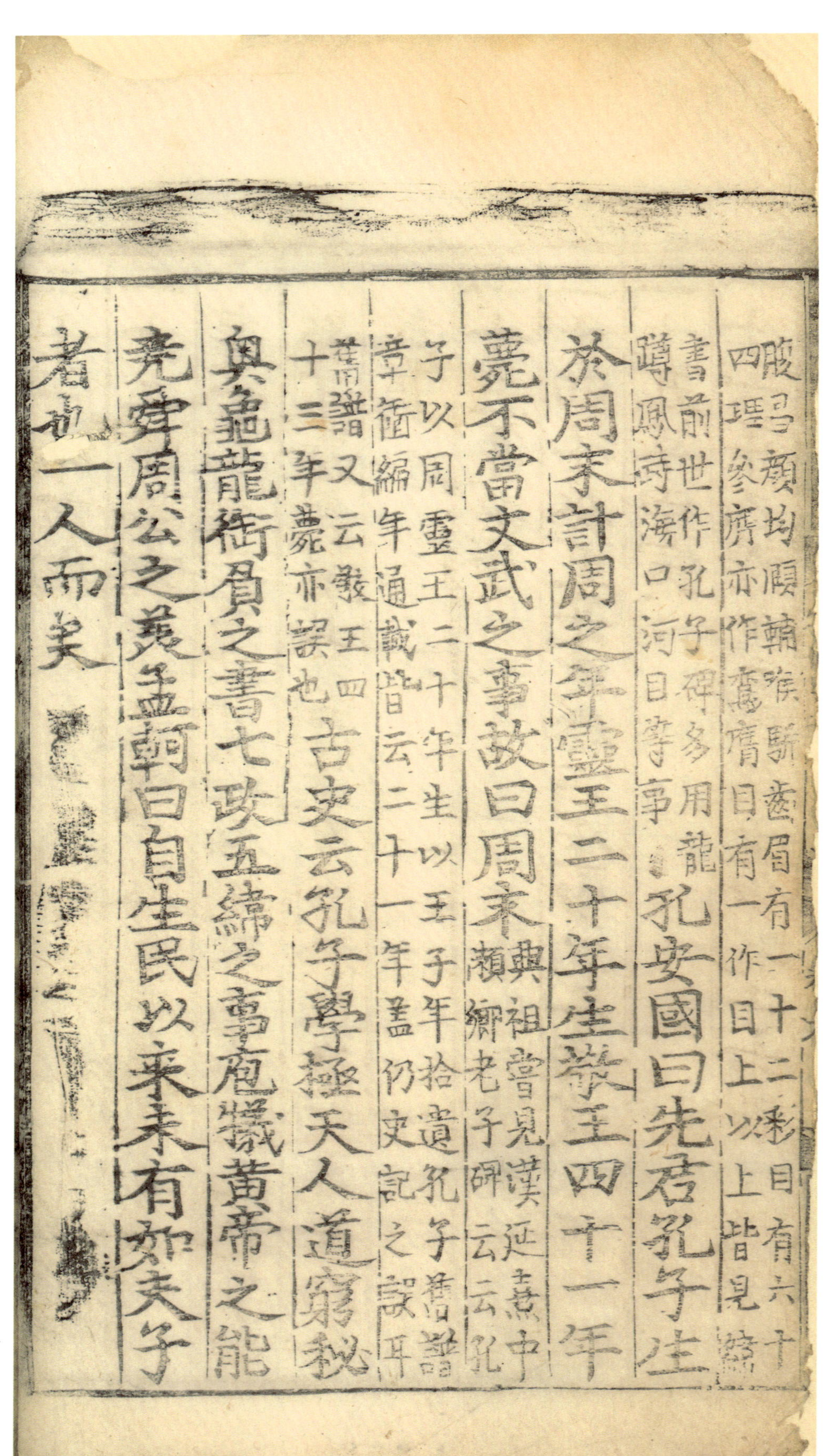
腹弓顏均頤輔喉駢齒眉有一十二彩目有六十四理參膺亦作齊膺目有一作目上以上皆見緯書前世作孔子碑多用龍蹲鳳峙海口河目等事孔安國曰先君孔子生於周末討周之年靈王二十年生敬王四十一年薨不當文武之事故曰周末典祖嘗見漢延熹中瀨鄉老子碑云孔子以周靈王二十年生以王子年拾遺孔子舊譜章衡編年通載皆云二十一年蓋仍史記之誤耳舊譜又云敬王四十三年薨亦誤也古史云孔子學極天人道窮秘奧龜龍銜負之書七政五緯之事庖犧黃帝之能堯舜周公之美孟軻曰自生民以來未有如夫子者也一人而矣

19.5cm x 32.0cm

二十一年庚戌

二十二年辛亥

襄公二十三年是歲叔梁紇卒葬於防山孔子少

孤不知其墓其後顏氏卒問於陬曼父之母乃合

葬焉

二十三年壬子

二十四年癸丑是歲秦商生少孔子四歲

二十五年甲寅

二十六年乙卯是歲顏路生少孔子六歲

19.5cm x 32.0cm

二十七年丙辰
景王元年丁巳
二年戊午是歲仲由生少孔子九歲
三年己未
四年庚申
眙公兄年是歲漆雕開生少孔子十一歲
五年辛酉
六年壬戌
七年癸亥

19.5cm x 32.0cm

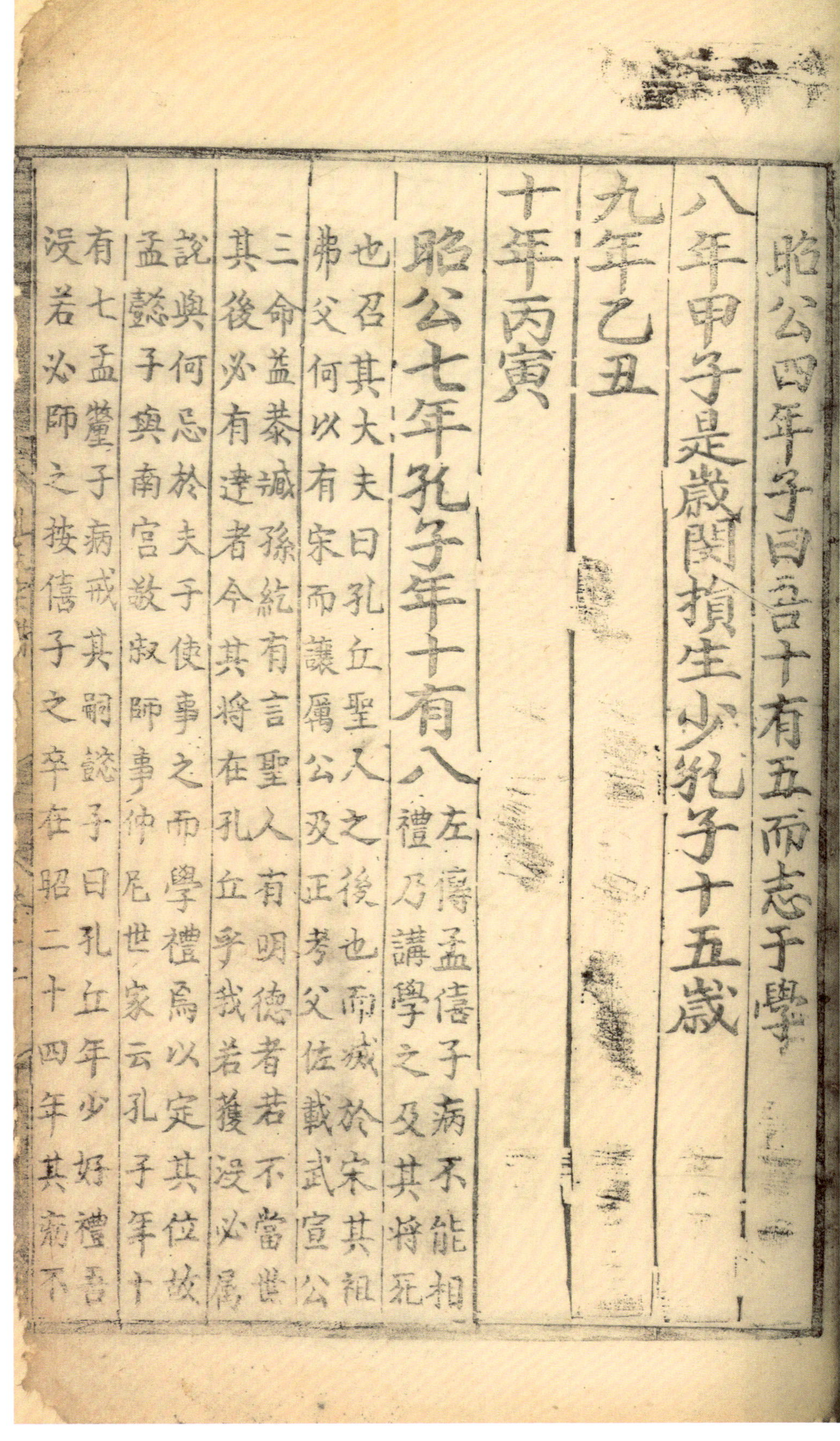

昭公四年孔子曰吾十有五而志于學

八年甲子是歲閔損生少孔子十五歲

九年乙丑

十年丙寅

昭公七年孔子年十有八

左傳孟僖子病不能相禮乃講學之及其將死也召其大夫曰孔丘聖人之後也而滅於宋其祖弗父何以有宋而讓厲公及正考父佐戴武宣公三命茲益恭臧孫紇有言聖人有明德者若不當世其後必有達者今其將在孔丘乎我若獲沒必屬說與何忌於夫子使事之而學禮焉以定其位故孟懿子與南宮敬叔師事仲尼世家云孔子年十有七孟釐子病戒其嗣懿子曰孔丘年少好禮吾沒若必師之按僖子之卒在昭二十四年其病不

19.5cm x 32.0cm

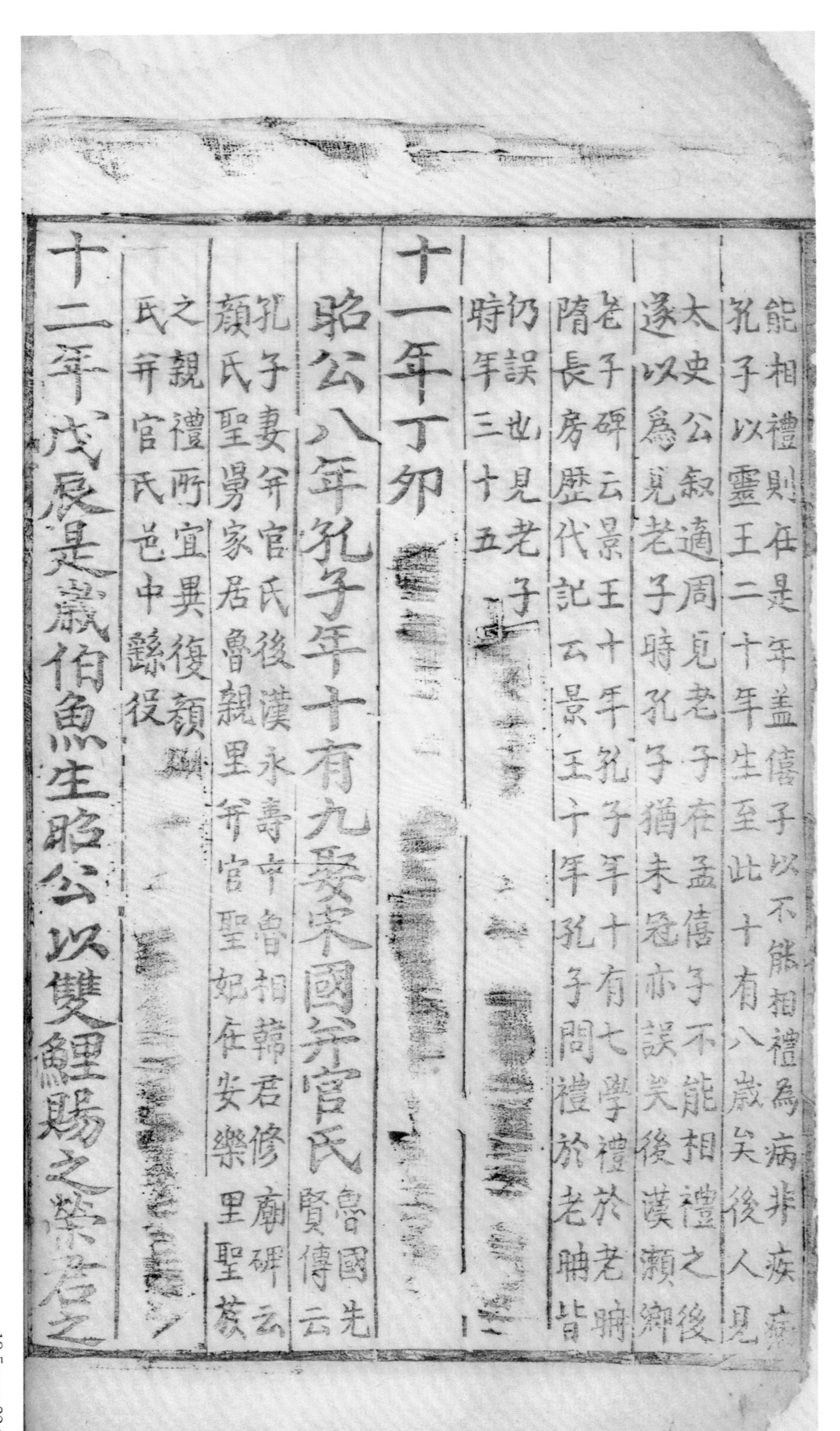

能相禮則在是年盖僖子以不能相禮為病非疾病
孔子以靈王二十年生至此十有八歲矣後人見
太史公叙適周見老子在孟僖子不能相禮之後
遂以為見老子時孔子猶未冠亦誤矣後漢瀨鄉
老子碑云景王十年孔子年十有七學禮於老聃
隋長房歷代記云景王十年孔子問禮於老聃皆
仍誤也見老子
時年三十五

十一年丁卯

昭公八年孔子年十有九娶宋國亓官氏魯國先賢傳云
孔子妻亓官氏後漢永壽中魯相韓君修廟碑云
顏氏聖舅家居魯親里亓官聖妃在安樂里聖族
之親禮所宜異復顏
氏亓官氏邑中繇役

十二年戊辰是歲伯魚生昭公以雙鯉賜之榮君之

19.5cm x 32.0cm

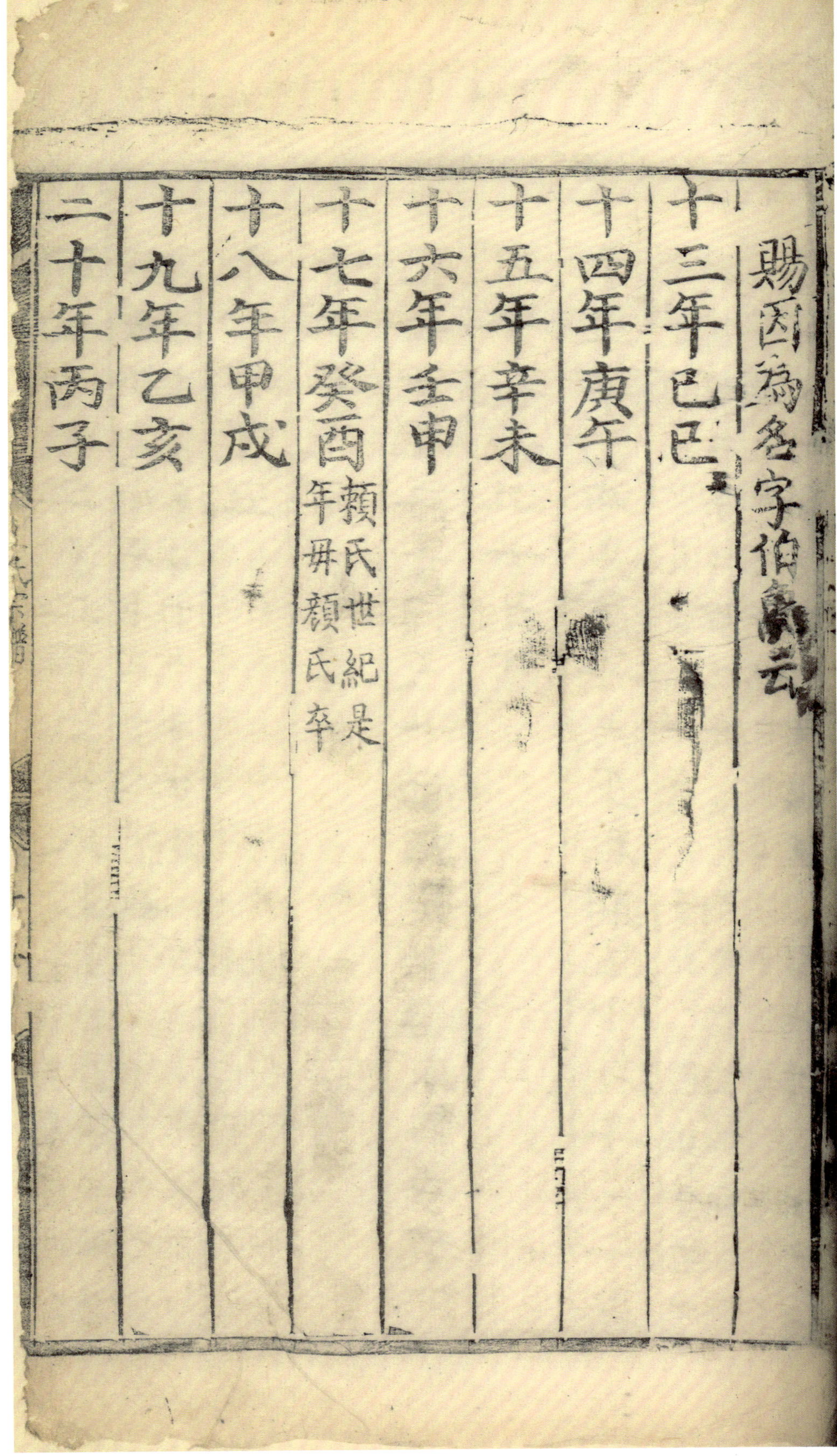

賜因為名字伯魚云

十三年己巳

十四年庚午

十五年辛未

十六年壬申

十七年癸酉 顏氏世紀是年毋顏氏卒

十八年甲戌

十九年乙亥

二十年丙子

19.5cm x 32.0cm

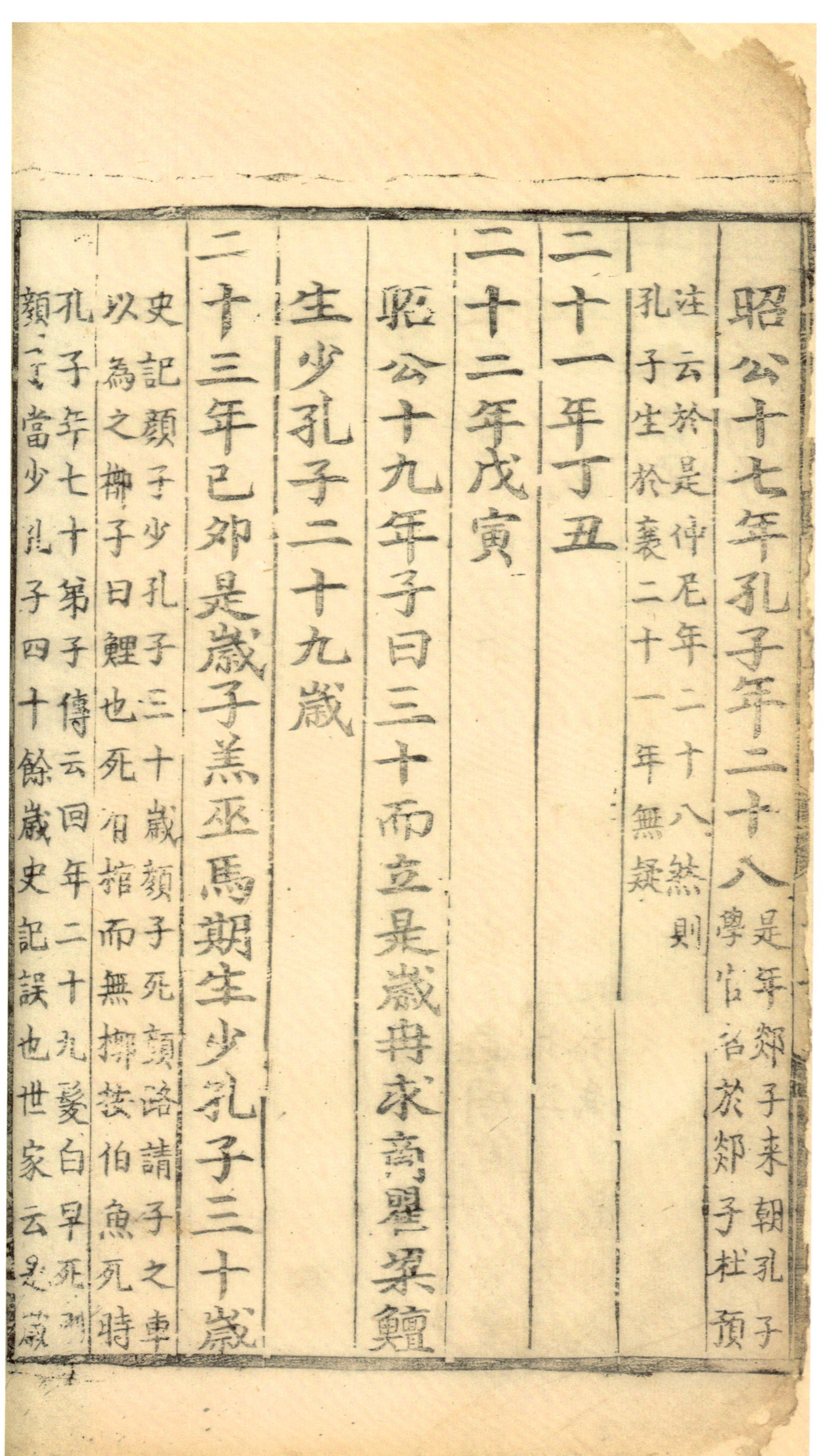

昭公十七年孔子年二十八是年郯子来朝孔子學官於郯子杜預注云於是仲尼年二十八然則孔子生於襄二十一年無疑

二十一年丁丑

二十二年戊寅

昭公十九年孔子曰三十而立是歲冉求商瞿梁鱣生少孔子二十九歲

二十三年己卯是歲子羔巫馬期生少孔子三十歲史記顔子少孔子三十歲顔子死顔路請子之車以為之槨子曰鯉也死有棺而無槨按伯魚死時孔子年七十弟子傳云回年二十九髮白早死顔子當少孔子四十餘歲史記誤也世家云是歲

19.5cm x 32.0cm

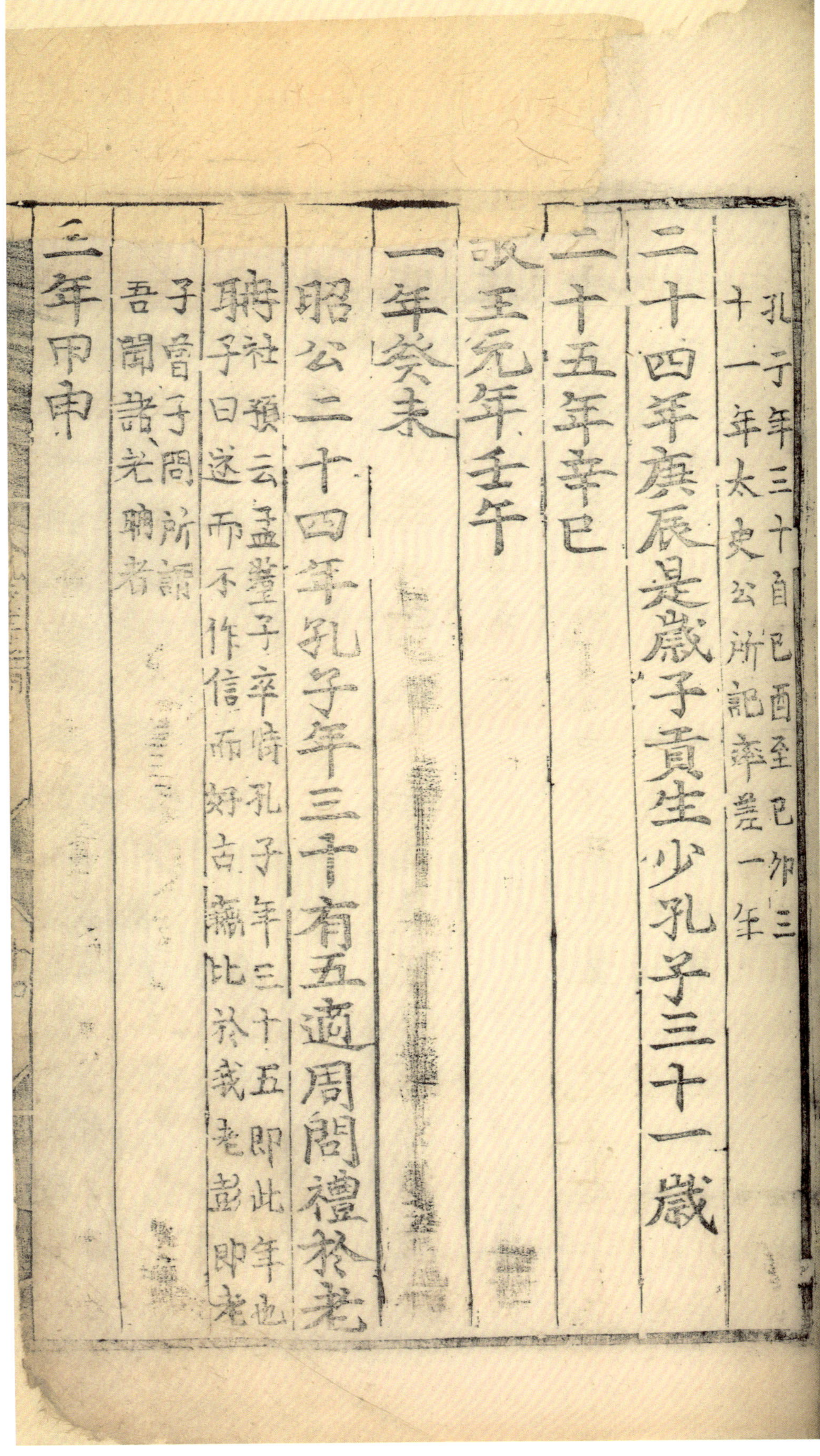
孔子年三十自己酉至己卯三十一年太史公所記差一年
二十四年庚辰是歲子貢生少孔子三十一歲
二十五年辛巳
敬王元年壬午
一年癸未
昭公二十四年孔子年三十有五適周問禮於老聃社預云孟釐子卒時孔子年三十五即此年也子曰述而不作信而好古竊比於我老彭即老子曾子問所謂吾聞諸老聃者
三年甲申

19.5cm x 32.0cm

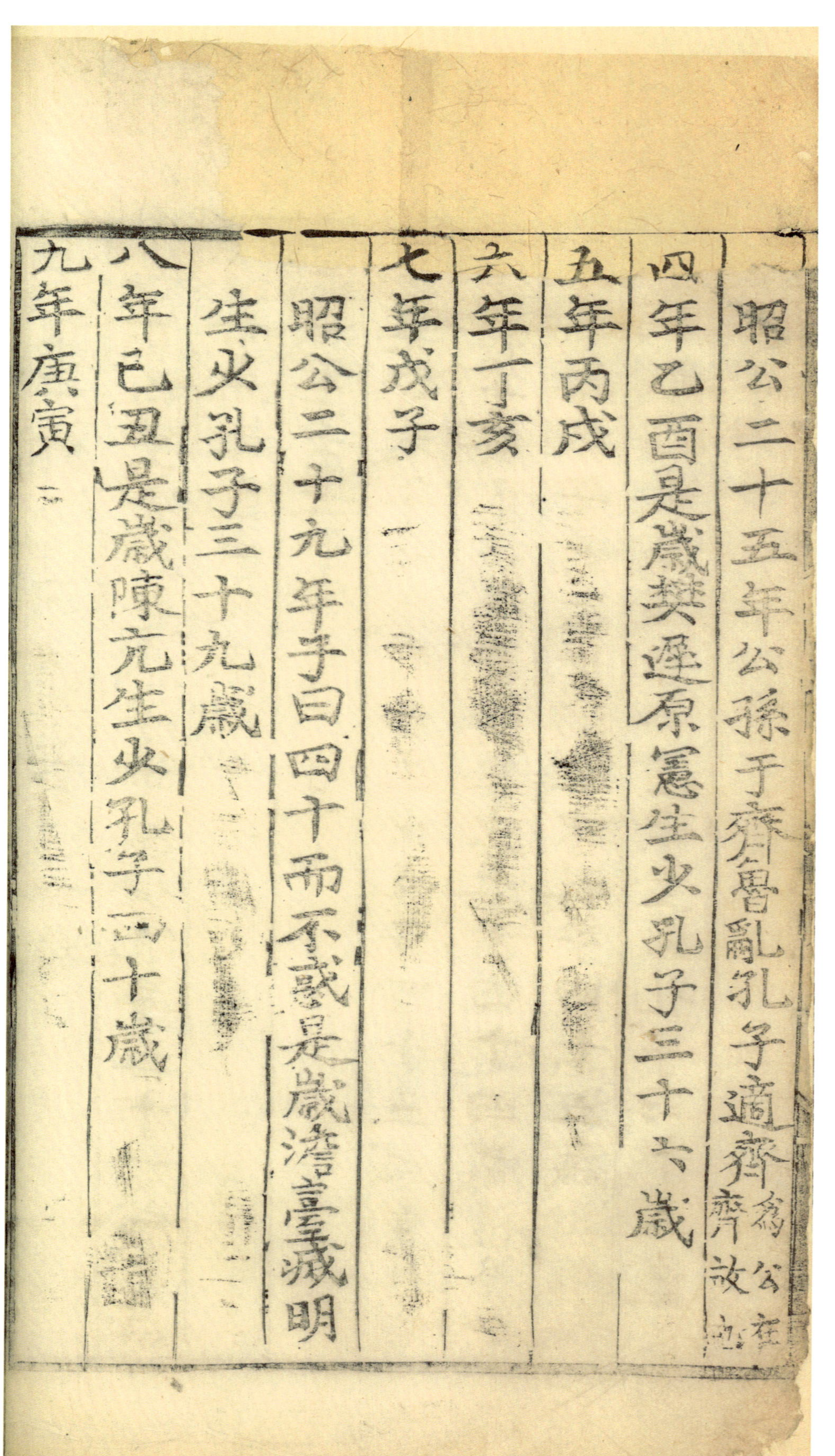

昭公二十五年公孫于齊魯亂孔子適齊（為公在齊故也）

四年乙酉是歲樊遲原憲生少孔子三十六歲

五年丙戌

六年丁亥

七年戊子

昭公二十九年子曰四十而不惑是歲澹臺滅明

生少孔子三十九歲

八年己丑是歲陳亢生少孔子四十歲

九年庚寅

19.5cm x 32.0cm

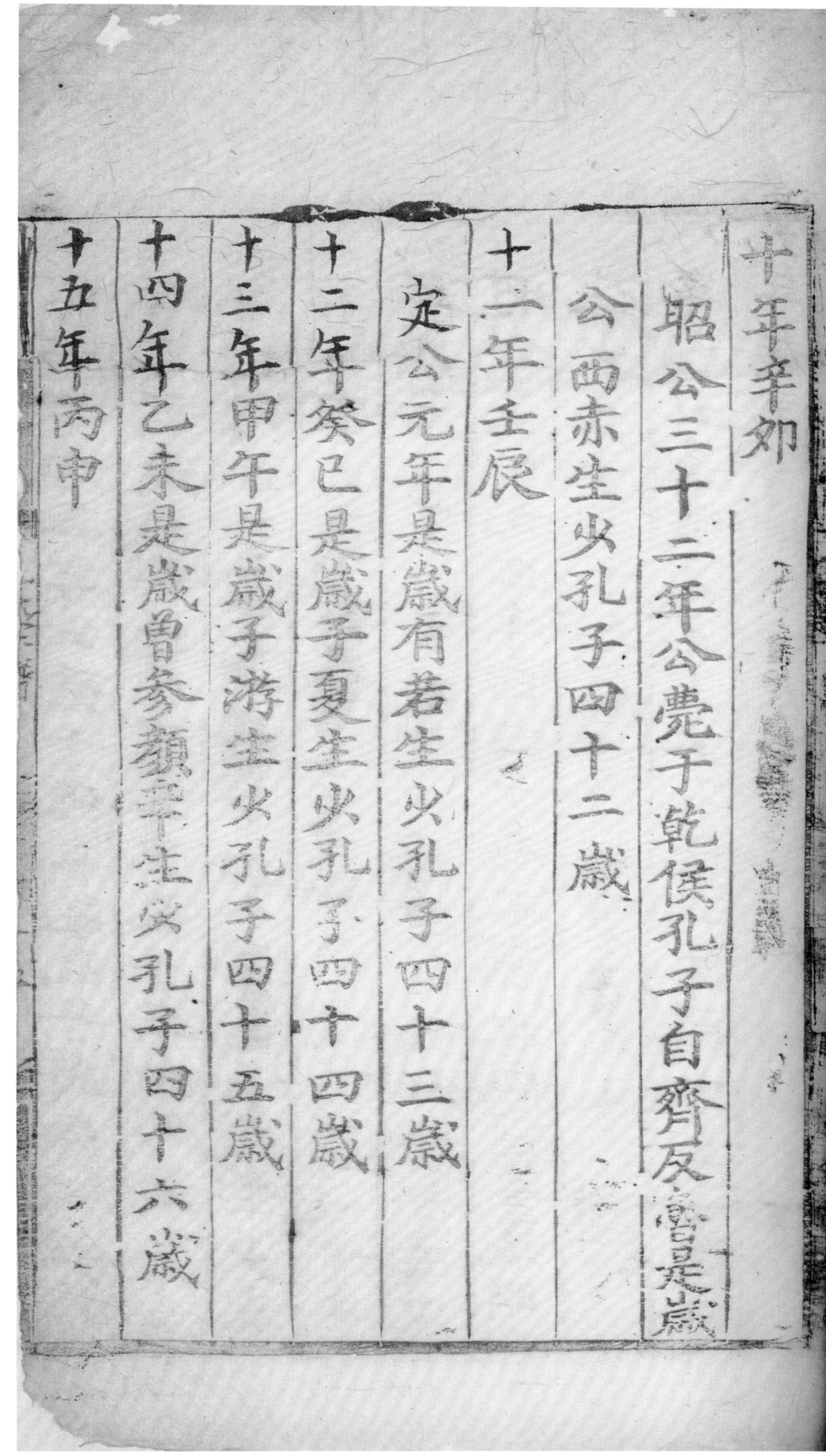
十年辛卯
昭公三十二年公薨于乾侯孔子自齊反魯是歲
公西赤生少孔子四十二歲
十一年壬辰
定公元年是歲有若生少孔子四十三歲
十二年癸巳是歲子夏生少孔子四十四歲
十三年甲午是歲子游生少孔子四十五歲
十四年乙未是歲曾參顏幸生少孔子四十六歲
十五年丙申

19.5cm x 32.0cm

十六年丁酉是歲子張生少孔子四十八歲

十七年戊戌

定公七年子曰五十而知天命是歲子賤生少孔

子四十九歲

十八年己亥是歲冉孺曹卹伯虔顏刻叔仲會生少

孔子五十歲

十九年庚子

定公九年以孔子爲中都宰一年四方皆則之由

中都爲司空由司空爲大司寇

19.5cm x 32.0cm

二十年辛丑
定公十年夏公會齊侯于夾谷孔子相齊人歸鄆
讙龜陰之田于魯
二十一年壬寅是歲公孫子石生必孔子五十三歲
二十二年癸卯
定公十二年孔子言於公使仲由爲季氏宰將墮
三都於是叔孫氏墮郈季氏墮費將墮成公圍成
弗克
二十三年甲辰

19.5cm x 32.0cm

二十四年乙巳

定公十四年孔子由大司寇攝行相事誅魯大夫亂政者少正卯於兩觀之下孔子與聞國政三月粥羔豚者弗飾賈男女行者别於塗塗不拾遺四方之客至於邑者不求有司皆以予之齊聞而懼歸女樂季桓子受三日不朝孔子遂適衛衛靈公十八年孔子來衛禄之如魯後有孫孔子去後復來蓋復來在明年也衛世家三

二十五年丙午

定公十五年或譖孔子居十月去衛將適陳徐廣云定

19.5cm x 32.0cm

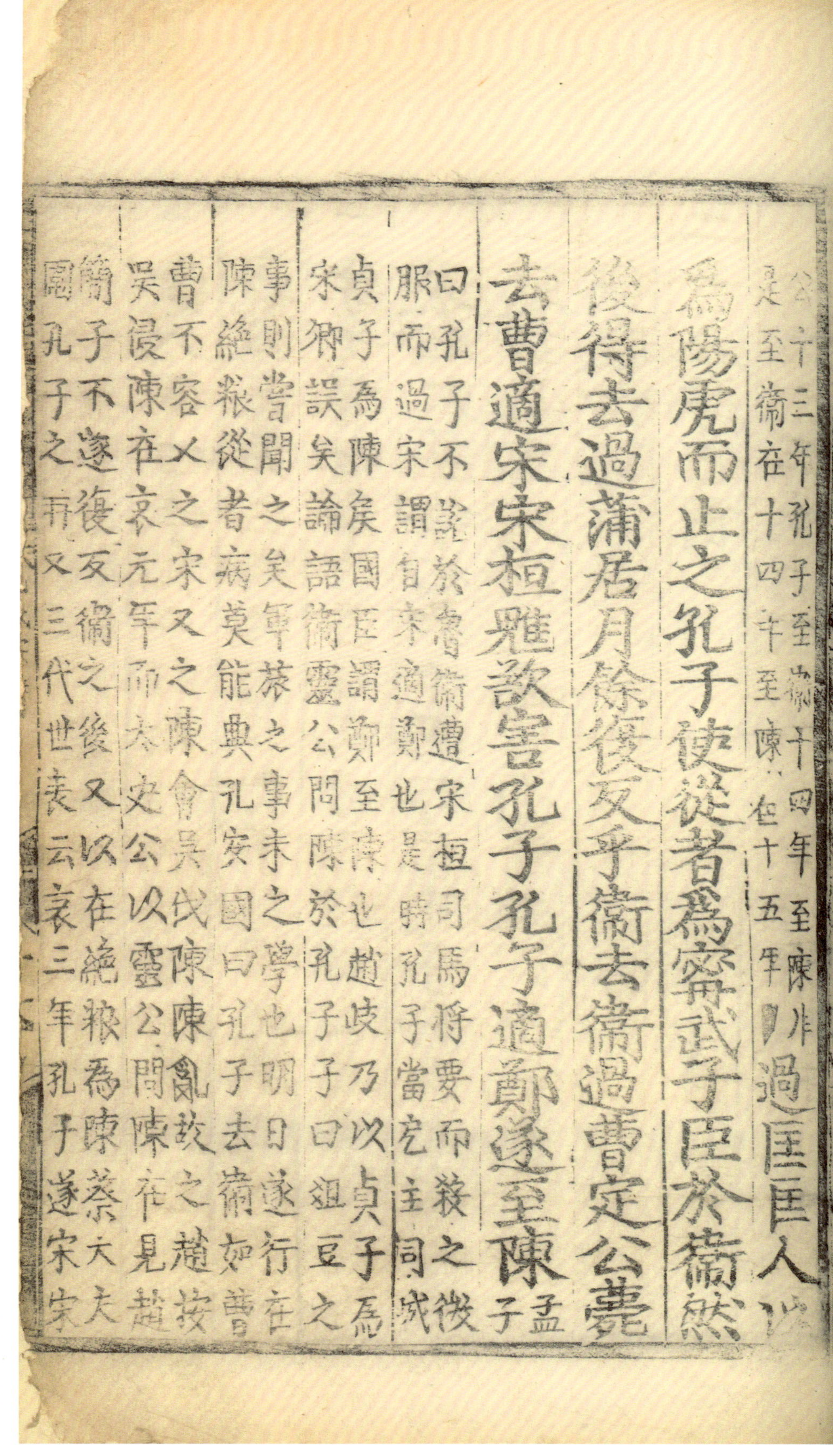

公十三年孔子至衛十四年至陳作是至衛在十四年至陳在十五年過匡匡人以爲陽虎而止之孔子使從者爲甯武子臣於衛然後得去過蒲居月餘復反乎衛去衛過曹定公薨去曹適宋宋桓魋欲害孔子孔子適鄭遂至陳孟子曰孔子不說於魯衛遭宋桓司馬將要而殺之微服而過宋謂自宋適鄭也是時孔子當阨主司城貞子爲陳侯周臣謂鄭至陳也趙岐乃以貞子爲宋卿誤矣論語衛靈公問陳於孔子孔子曰俎豆之事則嘗聞之矣軍旅之事未之學也明日遂行在陳絕糧從者病莫能興孔安國曰孔子去衛如曹曹不容又之宋又之陳會吳伐陳陳亂故之楚按吳侵陳在哀元年而太史公以靈公問陳在見趙簡子不遂復反衛之後又以在絕糧爲陳蔡大夫圍孔子之前又三代世表云哀三年孔子遂宋宋

19.5cm x 32.0cm

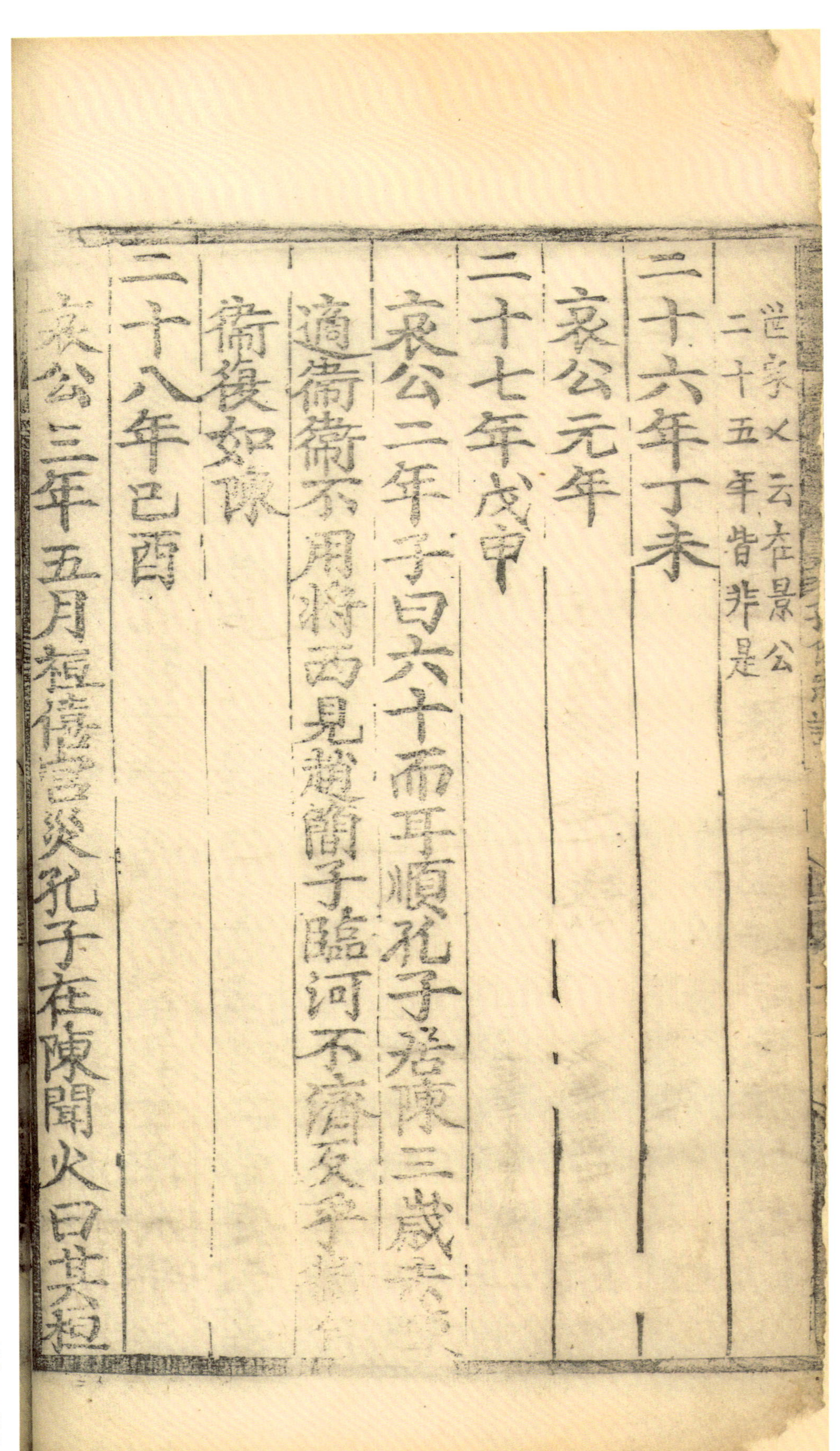

二十六年丁未　世家又云在景公二十五年皆非是

哀公元年

二十七年戊申

哀公二年孔子曰六十而耳順孔子居陳三歲去[illegible]

適衛衛不用將西見趙簡子臨河不濟反乎[illegible]

衛復如陳

二十八年己酉

哀公三年五月桓僖宮災孔子在陳聞火曰其桓

19.5cm x 32.0cm

僖子秋季桓子病謂其嗣康子曰我即死若必相
魯相魯必召仲尼康子代立使使召冉求子貢知
孔子思歸送冉求因誡曰即用以孔子為招云論語
子在陳曰歸與歸與吾黨之小子狂簡斐然成章不知所以裁之孟子曰子在陳曰歸乎歸乎吾黨之士小子狂簡進取不忘其初其實一也太史公乃於二年之中咨嗟其言誤矣

二十九年庚戌
哀公四年孔子自陳遷于蔡
三十年辛亥
哀公五年孔子自蔡如葉去葉反于蔡

19.5cm x 32.0cm

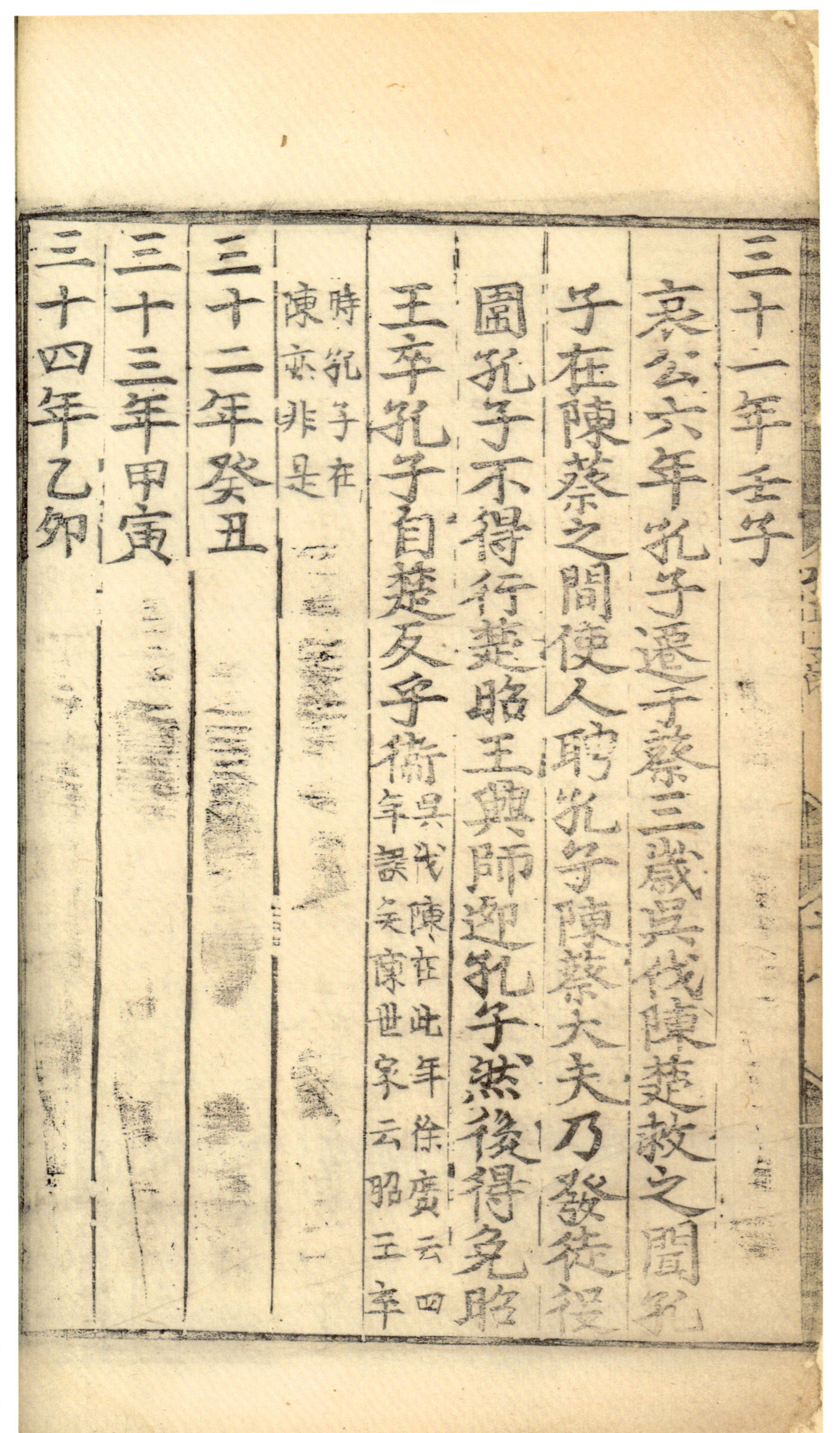

三十一年壬子

哀公六年孔子遷于蔡三歲吳伐陳楚救之聞孔子在陳蔡之間使人聘孔子陳蔡大夫乃發徒役圍孔子不得行楚昭王興師迎孔子然後得免昭王卒孔子自楚反乎衛吳伐陳在此年徐廣云四年誤矣陳世家云昭王卒時孔子在陳亦非是

三十二年癸丑

三十三年甲寅

三十四年乙卯

19.5cm x 32.0cm

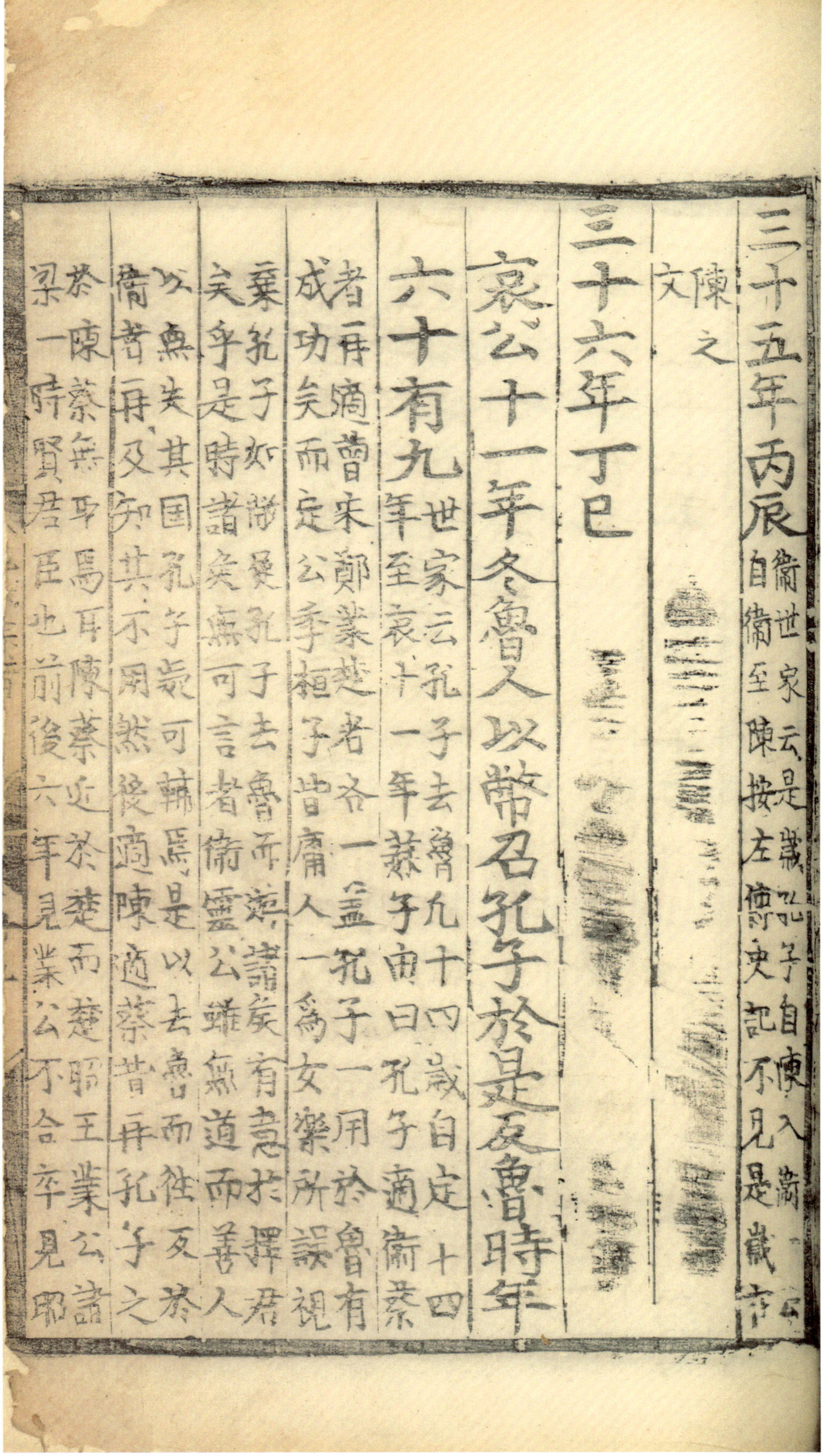

三十五年丙辰 衛世家云是歲孔子自陳入衛云自衛至陳按左傳史記不見是歲事

陳之文

三十六年丁巳

哀公十一年冬魯人以幣召孔子於是反魯時年

六十有九 世家云孔子去魯九十四歲自定十四年至哀十一年蘇子由曰孔子適衛蔡者再適曹宋鄭葉楚者各一蓋孔子一用於魯有成功矣而定公季桓子皆庸人一爲女樂所誘視棄孔子如脫屣孔子去魯而適諸侯有意於擇君矣乎是時諸侯無可言者衛靈公雖無道而善人以無失其國孔子豈可輒是以去魯而往反於衛者再及知其不用然後適陳適蔡昔再孔子之於陳蔡無取焉耳陳蔡近於楚而楚昭王葉公諸梁一時賢君臣也前後六年見葉公不合卒見昭

19.5cm x 32.0cm

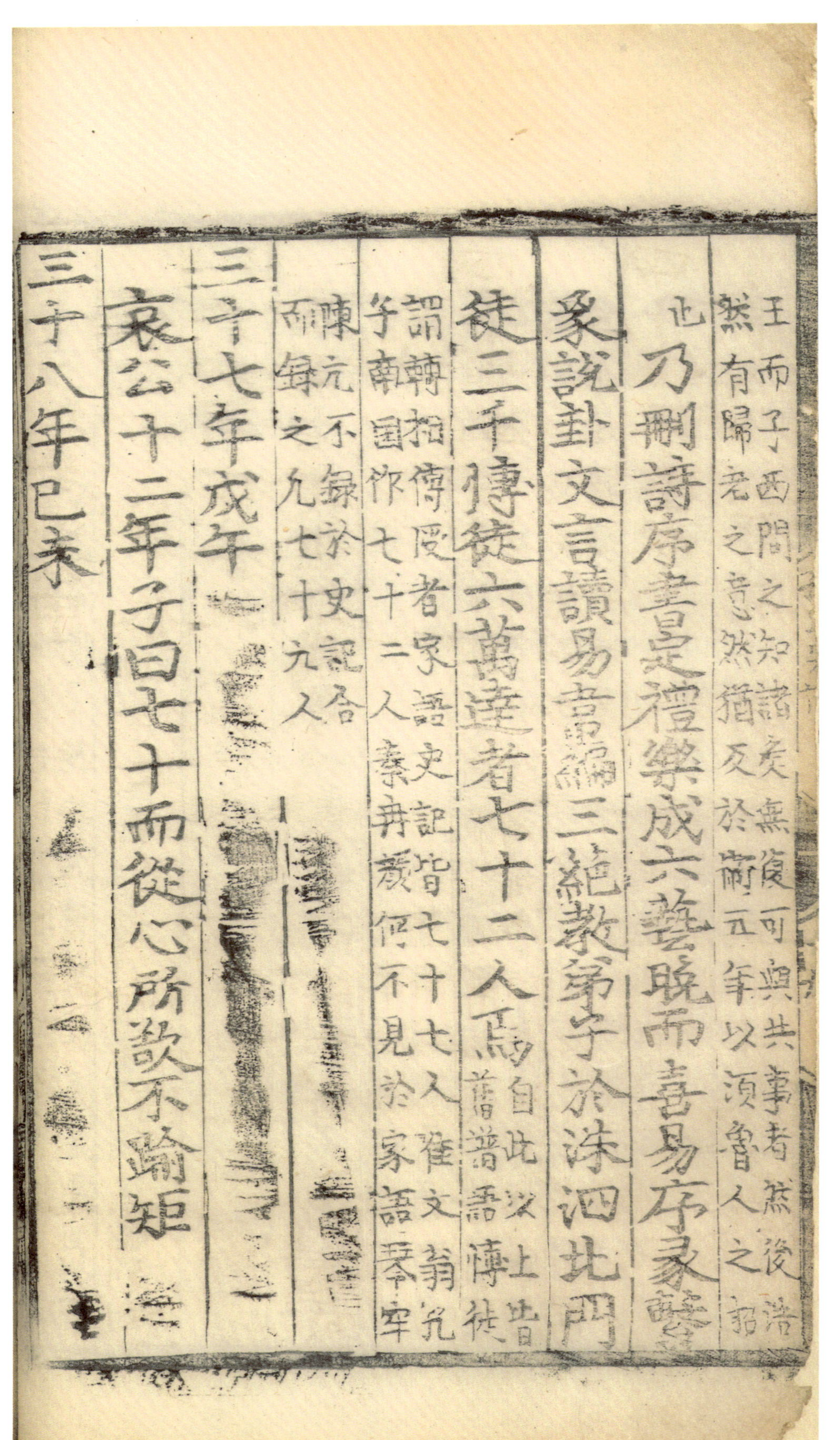

王而子西問之知諸侯無復可與共事者然後浩然有歸老之意然猶反於衛五年以須魯人之招也

乃刪詩序書定禮樂成六藝晚而喜易序彖繫象說卦文言讀易韋編三絕教弟子於洙泗北門

徒三千傳徒六萬達者七十二人焉自此以上皆舊譜語傳徒謂轉相傳受者家語史記皆七十七人從文翁孔子廟圖作七十二人秦冉顏何不見於家語琴牢陳亢不錄於史記合而錄之凡七十九人

三十七年戊午

哀公十二年子曰七十而從心所欲不踰矩

三十八年己未

19.5cm x 32.0cm

三十九年庚申

哀公十四年春西狩大野獲麟曰吾道窮矣乃因史記而作春秋文加褒貶而修中興之教至獲麟而止曰後世知我者以春秋而罪我者亦以春秋

皆尚譜

四十年辛酉是年孔子聞衛亂曰柴也其來由也死矣公羊曰顏淵死子曰噫天喪予子路死子曰噫天祝予西狩獲麟後公羊非是

四十一年壬戌

哀公十六年孔子病夢坐奠於兩楹間子貢請見

19.5cm x 32.0cm

方皃杖逍遥於門歌曰太山頹乎梁木壞乎哲人
萎乎因以涕下謂子貢曰天下無道久矣莫能宗
予盖寢疾七日而薨是年夏四月己丑也年七十
四哀公誄孔子曰天不遺耆老莫相予位焉嗚呼
哀哉尼父葬魯城北泗水爲之却流冢在泗上去城一里冢南北廣十步東西十三步高一丈二尺冢塋百畝塋中無木以百數魯人世世無能名之者乃弟子異国人各持其鄉土所宜木植一本於墓而去今揩木文理縱横本出南海而孔林特盛塋中不生荊棘及刺人草先聖墳西有甓墓五間皆石爲之世傳老聖沒戒子爲甓墓後果遭秦始皇發冢
十七年立廟於舊宅守陵廟百戶廟有孔子手植檜三株二在御讚殿

19.5cm x 32.0cm

前各高六丈四尺一在杏壇前高五丈
餘圍一丈三尺晉永嘉三年枯至隋義寧元年
復生唐乾封二年又枯至宋康定間一枝復生宋
金季年屢遭兵燹今不復在先聖殿前有壇一所
即當時教授之遺址乾興間子孫甃杏環之嘗入
名曰杏壇　按三氏誌云宣聖手植檜燬于丙
戌之火枝或間生歲久無遺後八十歲在癸巳是
爲至元三年顏泰爲教授甲午春仲東廡頹阯甓
隙間茁焉其年躬徙復于故處矣之曰此檜日茂
則孔氏日興明年春翠色葱然又明年丙申繁滿
去高矣言之有徵也銘以識之其詞曰茲檜之誇
高宗于天茲檜之根深及于泉是爲手植自古有
待去聖伊向曰歲二千氣芳而達色發而堅非謂
昆岡良玉以賓誰謂斧斤美茹以連嘉種載衍有
等其卷茁乎覺間東廡之偏乃徒故處全其天然
孔氏以興矣言有焉粵若三祀葱葱芊芊聖道以
續聖澤以延肫肫其仁淵淵其淵自今以始于億
萬年元貞丙申四月甲子孔顏孟三氏子孫教授

19.5cm x 32.0cm

司教授導江張須伯達善父謹書

曲阜誌云：宣聖手植檜一株，在大成門北，高五丈餘，圍壹丈三尺，其枝盤屈如龍形，世謂之再生手植檜。晉永嘉三年枯死，至隋義寧元年復生，唐乾封二年又枯死，至宋康定元年復生，有宋太常博士米芾石刻贊。由是觀之，宣聖手植檜嘗枯死，所謂高五丈餘圍壹丈三尺者，乃康定復生之檜歟。又按教授張須所謂復于故處，意康定復生檜遂入燬于火，今所有者寔然龍形，但無五丈高，亦無壹丈三尺圍，疑即張須所復者。今石刻贊在大成門內之右旁，所復檜在大成門內之左旁，贊寔孔廟中之奇觀也，因增附著于此。

弟子皆服心喪三年，畢，相訣而去，哭盡其哀，或復留，惟子貢廬於墓者六年，然後去。弟子或魯人往從冢家者百餘，遂命曰孔里。魯人相傳歲時奉祀，子孫世襲

19.5cm x 32.0cm

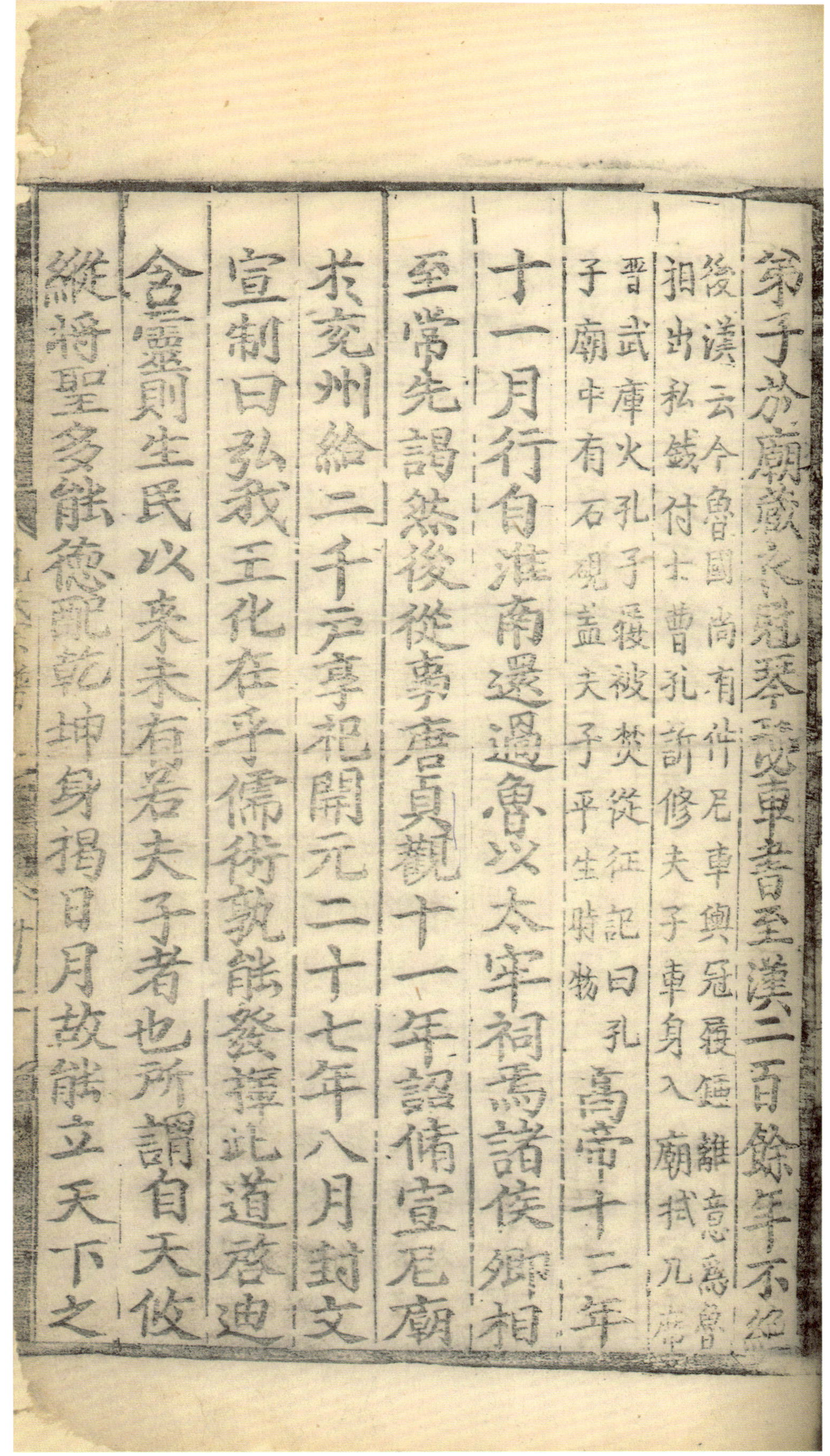

弟子於廟藏之冠琴車書至漢二百餘年不絕

後漢云今魯國尚有仲尼車輿冠履鈕離意爲魯相出私錢付士曹孔訢修夫子車身入廟拭几席晉武庫火孔子履被焚從征記曰孔子廟中有石硯盖夫子平生時物

高帝十二年十一月行自淮南還過魯以太牢祠焉諸侯卿相至常先謁然後從事唐貞觀十一年詔脩宣尼廟於兗州給二千戶享祀開元二十七年八月封文宣制曰弘我王化在乎儒術孰能發揮此道啓迪含靈則生民以來未有若夫子者也所謂自天攸縱將聖多能德配乾坤身揭日月故能立天下之

19.5cm x 32.0cm

夫子成天下之大經美教化移風俗君君臣臣父父子子民到于今受其賜不其猗歟烏戲楚王莫封魯公不用俾大夫聖纔列陪臣栖遑旅人國可知矣王弼注易曰仲尼旅人國可知矣湖學有唐刻開元詔書二碑一云國可知矣非是年紀浸遠光靈益彰雖代有褒稱而未為崇峻不副禮實人其謂何夫子既稱先聖可追謚為文宣王宜令三公持節冊命其文宜陵升舊宅之廟賜百戶洒掃封百縑充春秋饗奠後嗣為文宣公唐會要云褒聖侯改封嗣文宣公

每代取長子一人襲封朝會二王三恪無賜一子官仍令天下州縣立碑韓退之云自天子至郡邑守長通得祀而徧天下者社稷與孔子用王者事巍然當坐以門人為配自天子而下北面拜跪如親弟子者句龍棄孔子皆不得位而得常祀然皆無如夫子之盛所謂生民以來未有如夫子其賢過於堯舜遠者此其效歟

宋建隆三年詔文宣王廟立戟十六枚政和中立二十四戟

乾德四年七月以四十四代孫陵廟主進士孔宜為兗州曲阜縣主簿太平興國三年十月詔免文宣公家租稅先是歷代以先聖之後不預庸調周顯德中均田抑為編户至是免之

大中祥符元年十月追謚夫子為玄聖文宣王騎封

19.5cm x 32.0cm

五嶽皆爲帝議歟追謚夫子爲玄聖帝或言先聖周之陪臣周止稱王不當加以帝號故加舊號二字春秋緯云孔子母夢感黑帝而生又莊子云玄聖素王故用之并修飾祠廟祭器賜田百頃仍差官以大牢致祭十一月東封禮畢駕幸曲阜謁先聖廟行酌獻之禮又幸叔梁紇堂召見孔氏子孫問宣尼墳壠所在令子孫導至孔林設奠再拜初有司定議當肅拜盖俯手揖而已帝特展拜以表嚴師崇儒之意因問東及南二冢子孫對曰東伯魚南子思墓書孫在祖前爲騎孫祔上太息踟躕久之敕叔梁紇追封齊國公顏氏魯國太夫人并官氏鄆國夫人二年詔賜曲

19.5cm x 32.0cm

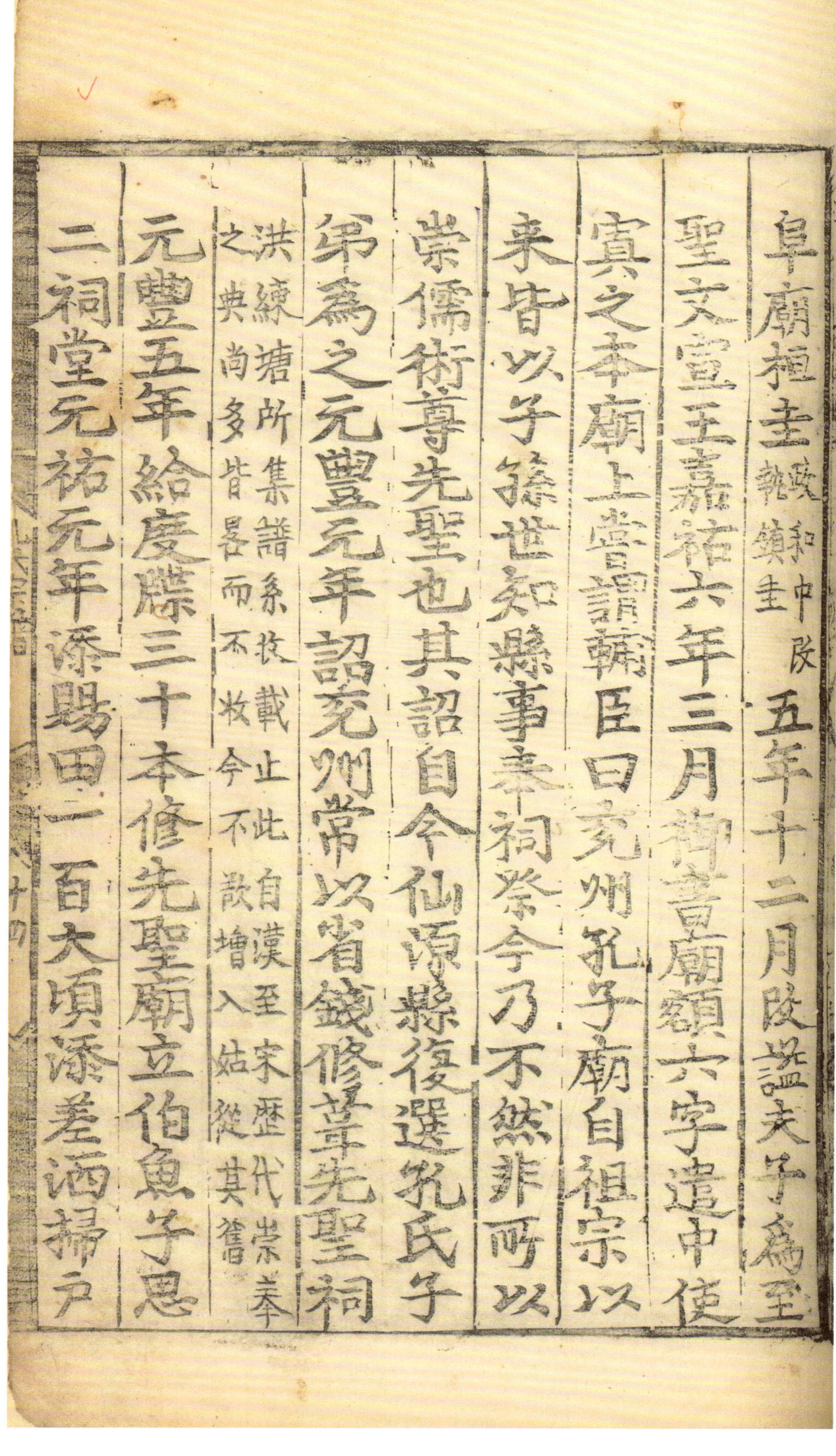

阜廟桓圭（政和中改執鎮圭）五年十二月改謚夫子爲至
聖文宣王嘉祐六年三月御書廟額六字遣中使
賫之本廟上嘗謂輔臣曰兗州孔子廟自祖宗以
來皆以子孫世知縣事奉祠祭今乃不然非所以
崇儒術尊先聖也其詔自今仙源縣復選孔氏子
弟爲之元豐元年詔兗州常以省錢修葺先聖祠
洪綠塘所集譜系攷載止此自漢至宋歷代崇奉之典尚多皆畧而不收今不敢增入姑從其舊
元豐五年給度牒三十本修先聖廟立伯魚子思
二祠堂元祐元年添賜田一百大頃添差洒掃戶

19.5cm x 32.0cm

五十人看林户五人賜監書置教授官一員衍聖
公每遇親祠大禮冬正朝會許赴闕陪位六年十
月庚午祇謁先聖紹聖三年係省錢内支三千貫
修廟崇寧三年九月十七日詔文宣王殿以大成
爲名十一月四日祇謁先聖四年詔考正冠服制
度始服王者之服大觀元年旨令於係省錢内應
副修廟詔不許樵斫林木政和元年改執鎮圭立
二十四戟六年五月賜大樂禮器各一副并三獻
法服八月十五日定以仲春仲秋上丁釋奠文宣

19.5cm x 32.0cm

王宣和四年三月一日祇謁先聖紹興八年賜孔
玠衢州田五頃十年七月廿三日正文宣王爲大
祀用十二籩豆受誓戒十一年增祀十哲十四年
正月詔賜真玉圭乾道五年十一月詔修廟淳熙
四年二月五日祇謁先聖詔南庫支二萬緡修廟
嘉泰三年正月戊戌祇謁先聖寶祐元年詔衢州
建立宣聖家廟金皇統元年二月戊午謁文宣王
廟三月巳巳祇謁先聖御製贊文先是丁未歲廣
宗至曲阜謁廟殺伐墓者十二人二年勅撥錢一

19.5cm x 32.0cm

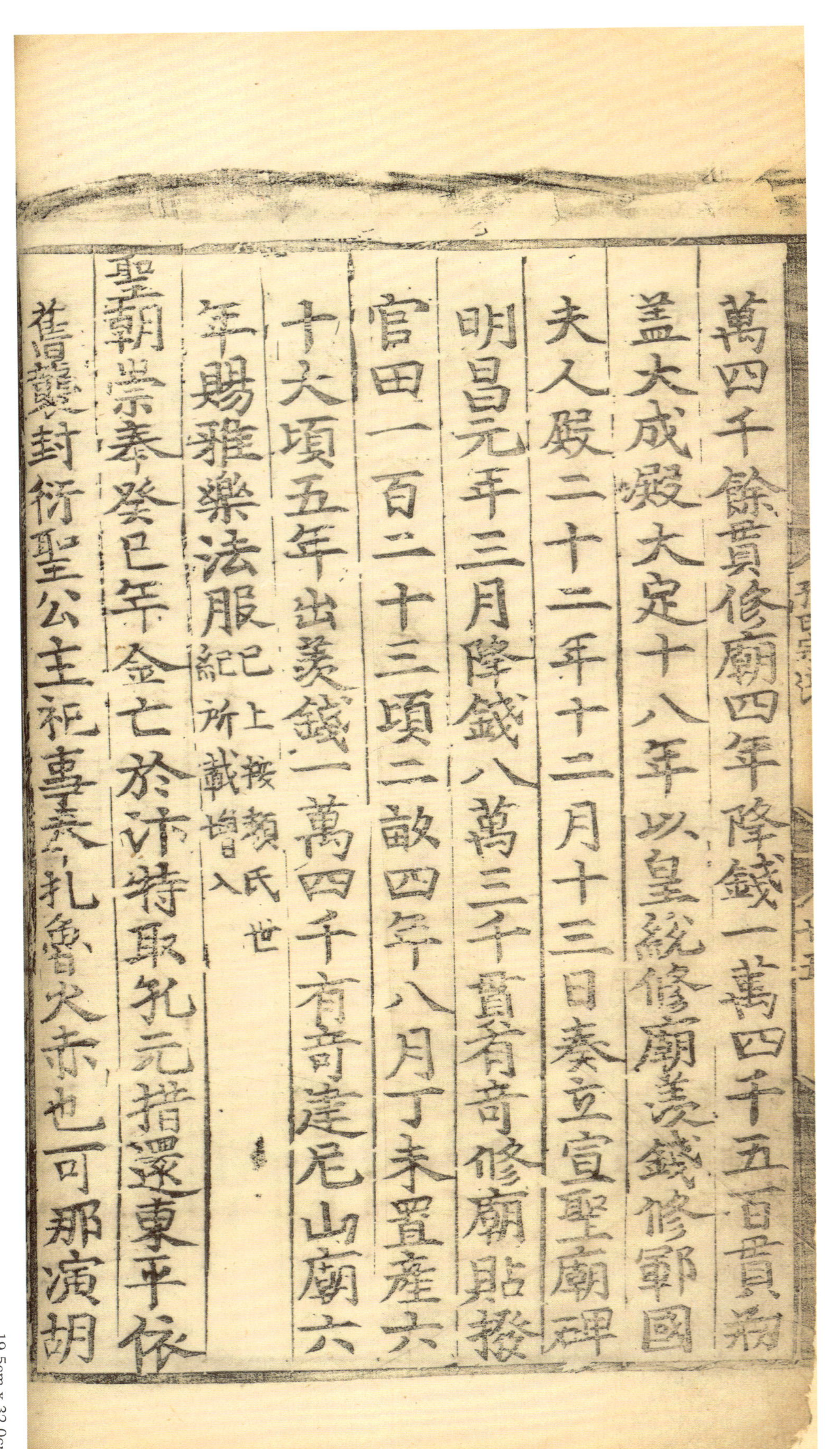

萬四千餘貫修廟四年降錢一萬四千五百貫剏
盖大成殿大定十八年以皇統修廟羨錢修鄆國
夫人殿二十二年十二月十三日奏立宣聖廟碑
明昌元年三月降錢八萬三千貫有奇修廟貼撥
官田一百二十三頃二畝四年八月丁未置產六
十六頃五年出羨錢一萬四千有奇建尼山廟六
年賜雅樂法服已上按顏氏世紀所載增入
聖朝崇奉癸巳年金亡於汴特取孔元措還東平依
舊襲封衍聖公主祀事其扎魯火赤也可那演胡

19.5cm x 32.0cm

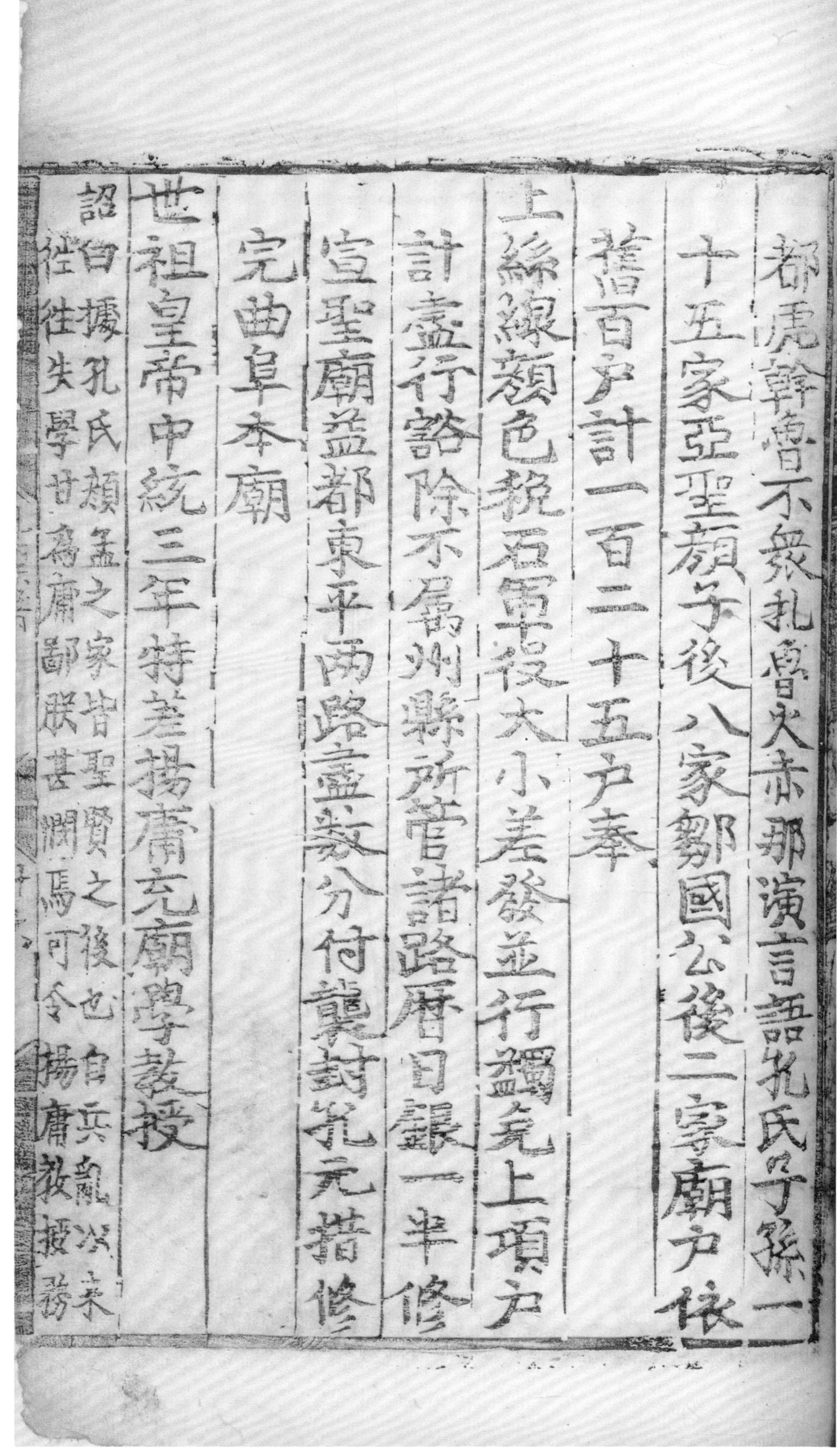

都虎斡魯不衆扎魯火赤那演言語孔氏的子孫一十五家亞聖顔子後八家鄒國公後二家廟户依舊百户計一百二十五户奉

上絲線顔色税石軍役大小差發並行蠲免上項户計盡行路除不屬州縣所管諸路曆日錄一半修

宣聖廟並都東平兩路盡數分付襲封孔元措修完曲阜本廟

世祖皇帝中統三年特差揚庸充廟學教授

詔曰據孔氏顔孟之家皆聖賢之後也自兵亂以來往往失學甘為廝役甚憫焉可令揚庸教授務

19.5cm x 32.0cm

要嚴加訓誨精通經術以繼聖賢之業　至元十九年八月
宣召五十三代孫前襲封衍聖公洙赴
闕朝見
玉音獎諭特授
宣命國子祭酒提舉浙東道學校事
成宗皇帝　元三十一年
詔曰孔子之道垂憲萬世有國家者所當崇奉元貞
元年
特授五十三代孫治中議大夫襲封衍聖公大德二

19.5cm x 32.0cm

年春守臣按檀不花首出泉幣萬緡請於
朝重建廟庭
勅賜田五千畝復灑掃戶二十八
命翰林學士閻復書其事于石
武宗皇帝大德十一年加封大成至聖文宣王制曰
蓋聞先孔子而聖者非孔子無以明後孔子而聖
者非孔子無以法所謂祖述堯舜憲章文武儀範
百王師表萬世者也朕纂承丕緒敬仰休風循治
古之良規舉追封之盛典加號大成至聖文宣王

19.5cm x 32.0cm

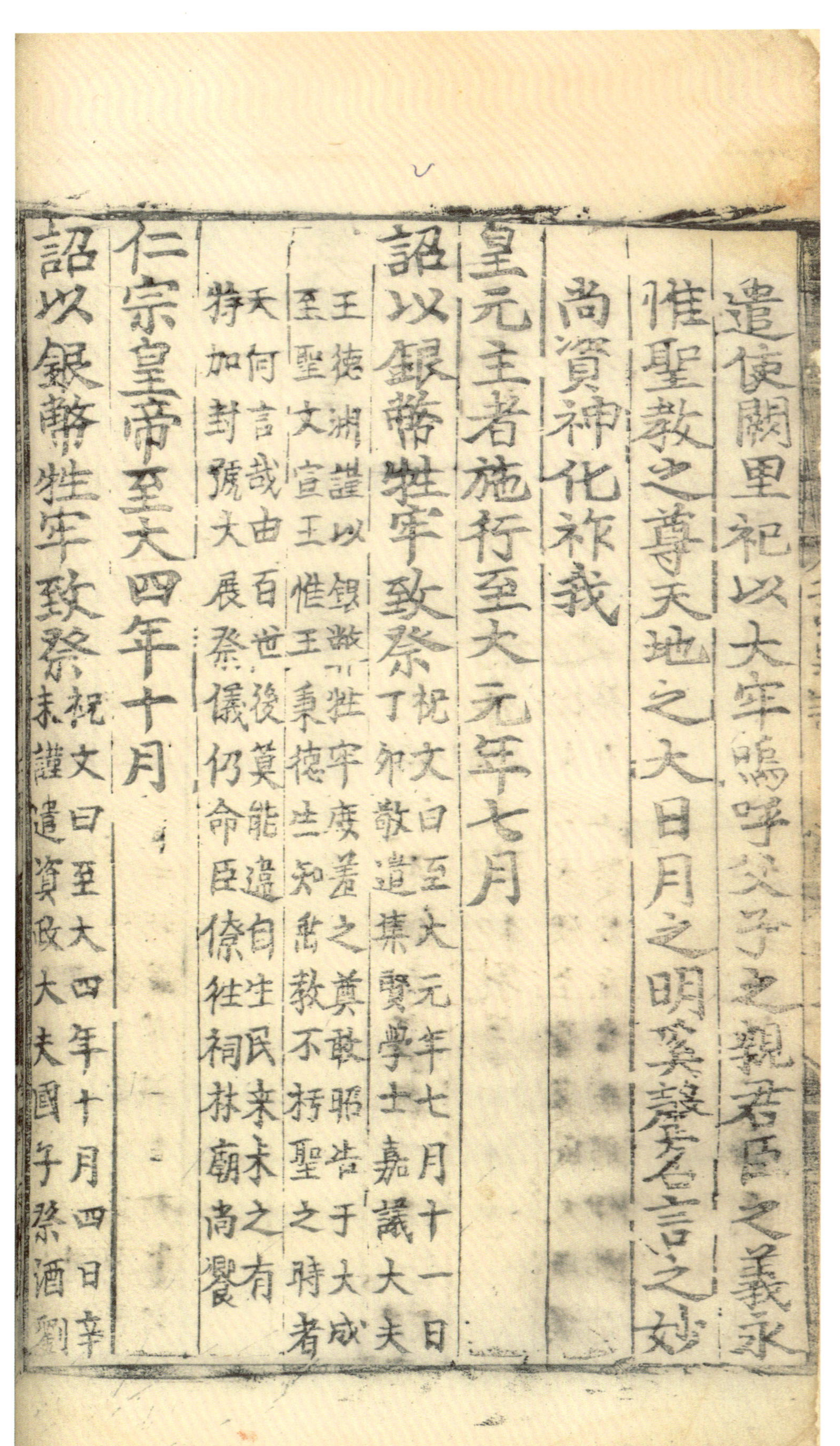
遣使闕里祀以太牢嗚呼父子之親君臣之義永
惟聖教之尊天地之大日月之明莫磬名言之妙
尚資神化祚我
皇元主者施行至大元年七月
詔以銀幣牲牢致祭祝文曰至大元年七月十一日丁卯敬遣集賢學士嘉議大夫王德淵謹以銀幣牲牢庶羞之奠敢昭告于大成至聖文宣王惟王秉德生知爲教不待聖之時者天何言哉由百世後莫能違自生民來未之有特加封號大展祭儀仍命臣僚往祠林廟尚饗
仁宗皇帝至大四年十月
詔以銀幣牲牢致祭祝文曰至大四年十月四日辛未謹遣資政大夫國子祭酒劉

19.5cm x 32.0cm

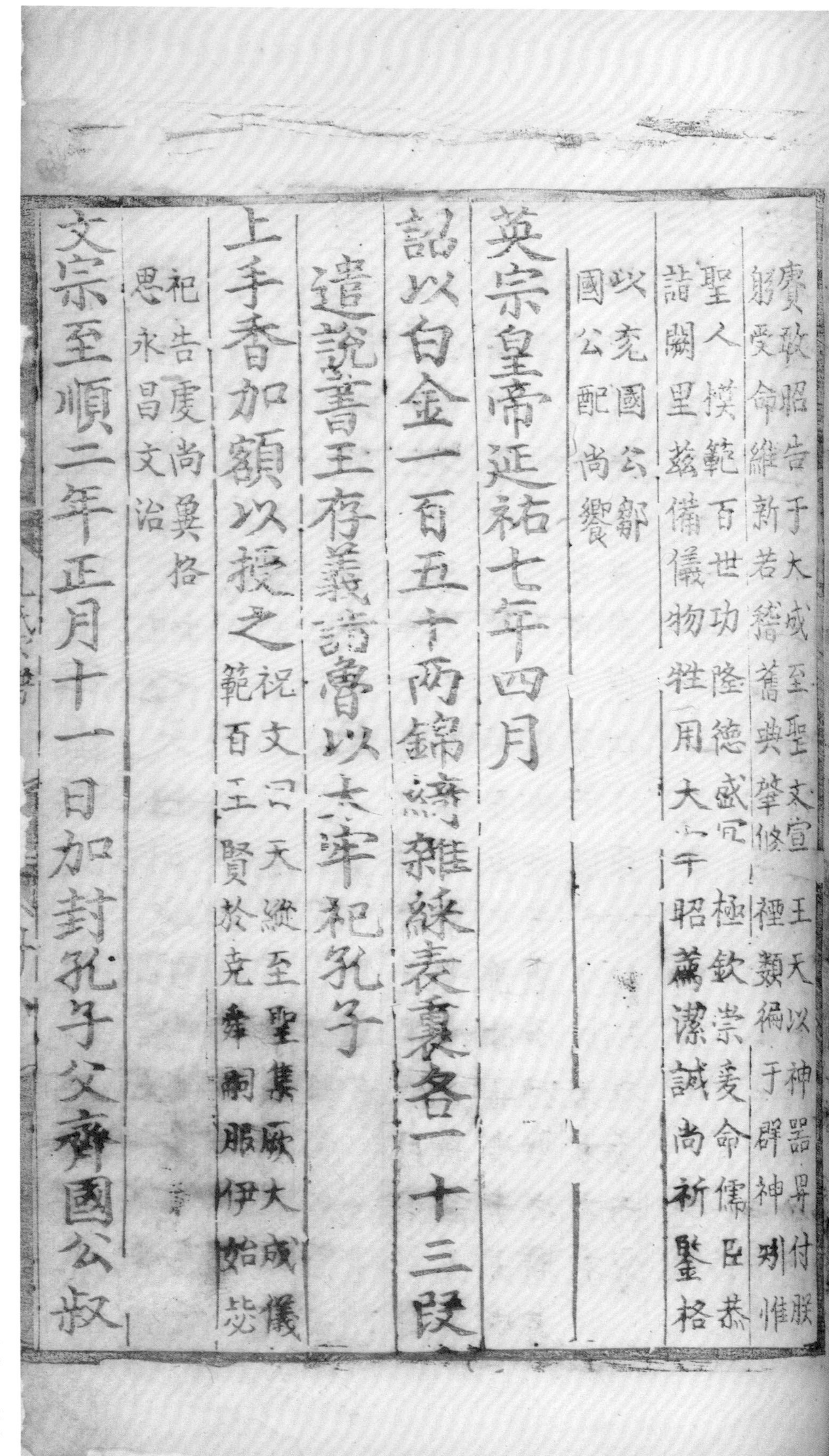

賫敕昭告于大成至聖文宣王天以神器畀付朕躬受命維新若稽舊典肇修禋類徧于群神列惟聖人模範百世功隆德盛冠極欽崇爰命儒臣恭詣闕里兹備儀物牲用大牢昭薦潔誠尚祈鑒格以兖國公鄒國公配尚饗

英宗皇帝延祐七年四月

詔以白金一百五十兩錦綺雜綵表裏各一十三段

遣説書王存義詣曾以太牢祀孔子

上手香加額以授之祝文曰天縱至聖集厥大成儀範百王賢於堯舜嗣服伊始毖祀告虔尚冀格思永昌文治

文宗至順二年正月十一日加封孔子父齊國公叔

19.5cm x 32.0cm

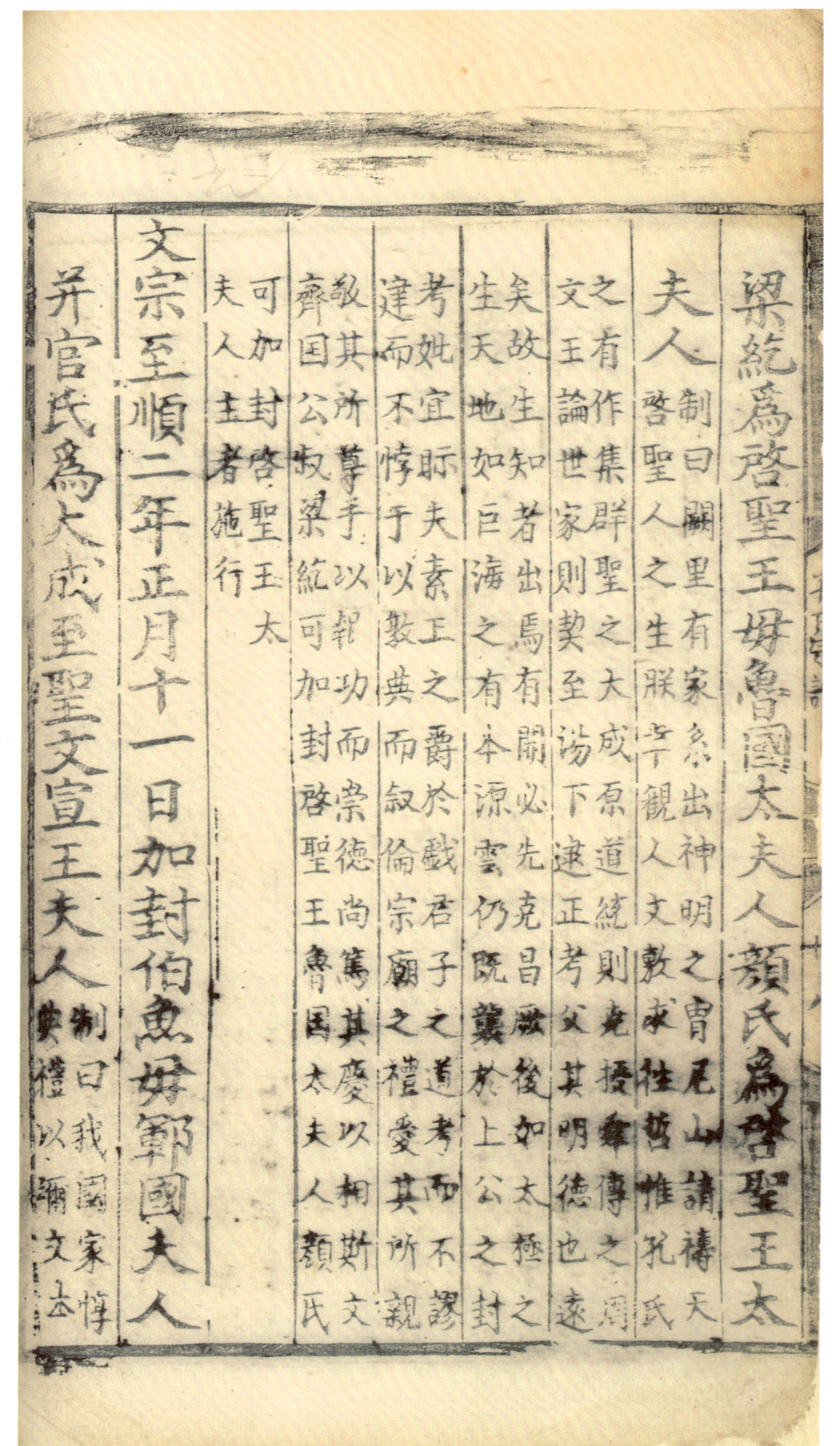

梁紇爲啓聖王妣魯國太夫人顏氏爲啓聖王太夫人 制曰闕里有家系出神明之胄尼山請禱天啓聖人之生朕亭觀人文敷求往哲惟孔氏之有作集群聖之大成原道統則堯授舜傳之周文王論世家則契至湯下逮正考父其明德也遠矣故生生知若出焉有開必先克昌厥後加太極之生天地如巨海之有本源雲仍既襲於上公之封考妣宜昭夫素王之爵於戲君子之道考而不謬建而不悖于以敦典而叙倫宗廟之禮愛其所親敬其所尊于以報功而崇德尚篤其慶以副斯文齊國公叔梁紇可加封啓聖王魯國太夫人顏氏可加封啓聖王太夫人主者施行

文宗至順二年正月十一日加封伯魚母鄆國夫人

并官氏爲大成至聖文宣王夫人 制曰我國家惇典禮以爾文太

19.5cm x 32.0cm

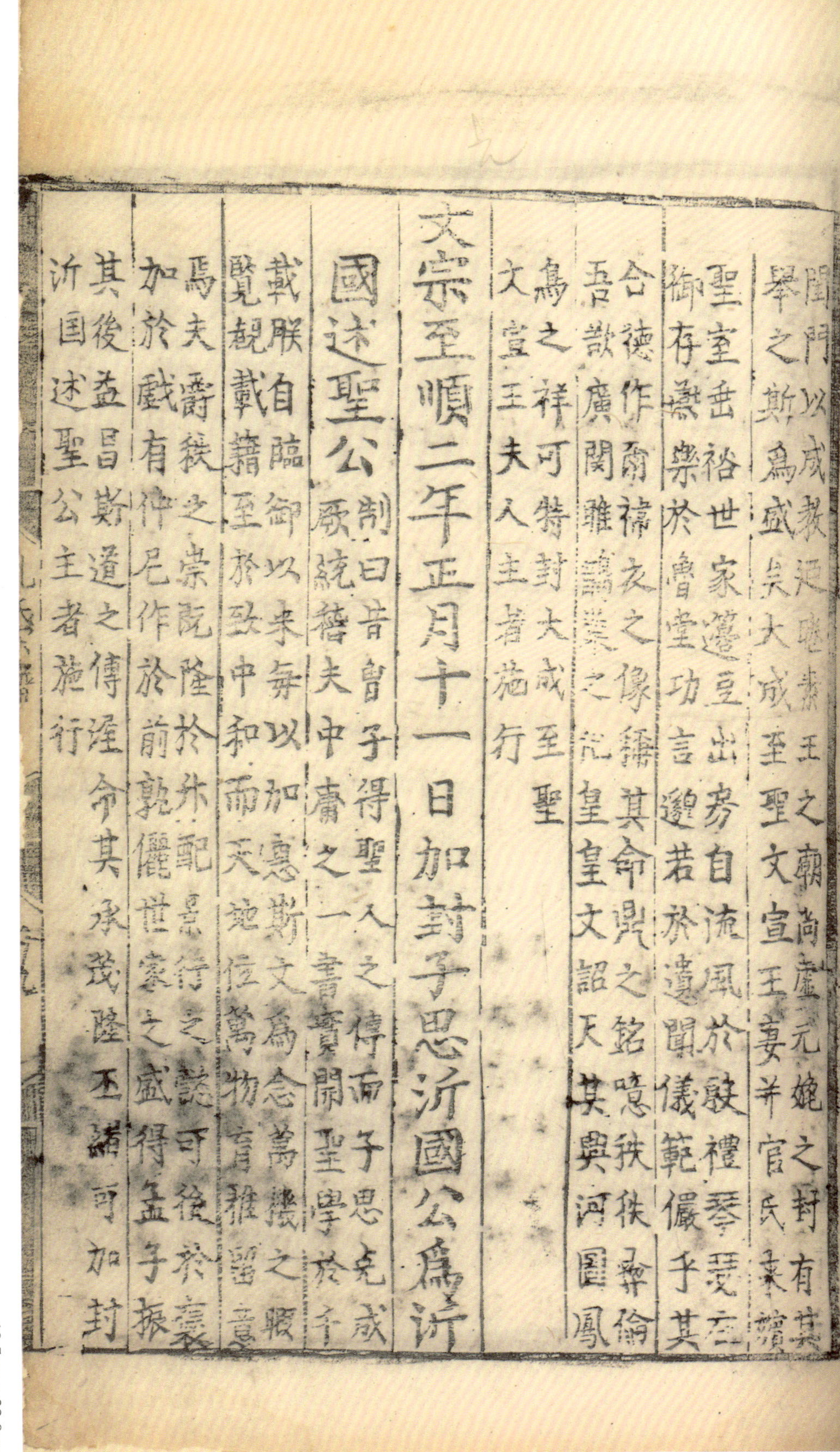
閨門以成教起聖素王之廟尚虛元媲之封有其
舉之斯爲盛矣大成至聖文宣王妻幷官氏秉贊
聖室垂裕世家籩豆出房自流風於殺禮琴瑟在
御存遺樂於魯堂功言邇若於遺聞儀範儼乎其
合德作配褘衣之像鍾其命哭之銘噫秩秩彝倫
吾歆廣關雎鵲巢之化皇皇文詔天其與河圖鳳
鳥之祥可特封大成至聖
文宣王夫人主者施行
文宗至順二年正月十一日加封子思沂國公爲沂
國述聖公　制曰昔曾子得聖人之傳而子思克成
厥統稽夫中庸之一書實開聖學於千
載朕自臨御以来每以加惠斯文爲念萬幾之暇
覽觀載籍至於致中和而天地位萬物育雅留意
焉夫爵秩之崇既隆於外配景行之懿可後於襃
加於戲有仲尼作於前孰儷世家之盛得孟子振
其後益昌斯道之傳渥命其承茂隆丕緒可加封
沂国述聖公主者施行

19.5cm x 32.0cm

大明洪武元年三月初四日

太祖高皇帝親筆諭孔氏子孫恭讀孔克堅

吾聞爾有風疾在身未知實否然爾孔氏非常人

也彼祖宗垂教於世經數十代每每賓職

王家非胡君運去獨爲今日之之異也

吾率中土之士奉

天逐胡以安中夏雖曰庶民古人由民而稱

帝者漢之高宗也爾若無疾稱疾以慢

吾國不可也

19.5cm x 32.0cm

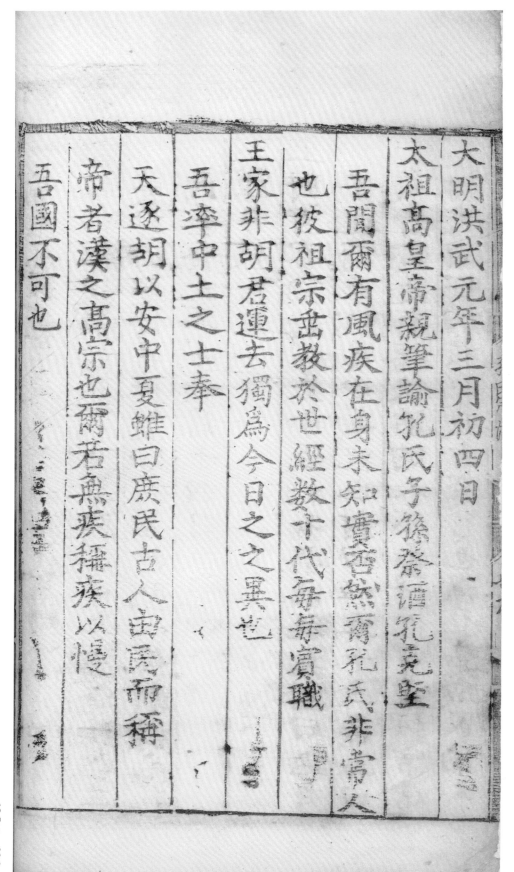

諭至思乙元年八月十一日欽奉

詔赦內一款節該孔子曲阜廟庭已嘗遣使致祭其

襲封衍聖公并世襲知縣並如歷代舊制仍免孔

氏差發元年十一月十四日

謹身殿內

上對百官諭孔子五十五代孫祭酒孔克堅曰老秀

才近前來你多少年紀也對曰臣五十三歲上曰

我看你是有福快活的人不委付你勾當你常常

寫書與你的孩兒我看資質也溫厚是成家的人

19.5cm x 32.0cm

你祖宗留下三綱五常垂憲萬世的好法度你家
裏不讀書是不守你祖宗法度如何中你老也常
寫書教訓着休怠惰了於我朝代裏你家裏再出
一箇好人呵不好二十日於謹身殿西頭廊房下奏
上位曲阜進表的廻去臣將
主上十四日戒諭的
聖旨備細寫將去了
上喜曰道與他少喫酒多讀書元年十二月仍封孔
子五十六代孫孔希學為襲封衍聖公 制曰古之聖人自羲

19.5cm x 32.0cm

衆至於文武法天治民明並日月德化之盛莫有加焉然皆隨時制宜世有因革至于孔子雖不得其位會前聖之道而通之以垂教萬世爲帝者師其孫子思又能傳述而明言之以極其盛有國家者求其統緒尊其爵號盖所以崇德而報功也歷代以來膺襲封者或不能繩其祖武朕甚愍焉當臨御之初訪其世襲者得其五十六代孫孔希學大宗是紹爰行典禮以致褒崇爾其勤敏以進學恭儉以成德廣覽領袖世儒益展聖道之用於當世以副朕之至望豈不偉歟可封資善大夫襲封衍聖公宜令

孔希學准此

元年十二月十九日

欽奉

聖旨孔氏子孫皆免差發稅粮有司依例科徵二年十二月二十日遣五十四代孫國子祭酒孔克堅

19.5cm x 32.0cm

代祀宣聖回京
御製詩以遺之詩曰孔氏曾孫祭祖回但言農務野菜開我知盡世民容喜必解春風每歲来
三年六月初三日
詔改封嶽瀆等神惟存先聖王爵舊號六年八月二
十九日
皇帝御端門文武百官早朝
上召衍聖公孔希學問曰爾年幾何對曰臣三十有
九
上曰今去爾祖孔子歷年幾何對曰近二千年

19.5cm x 32.0cm

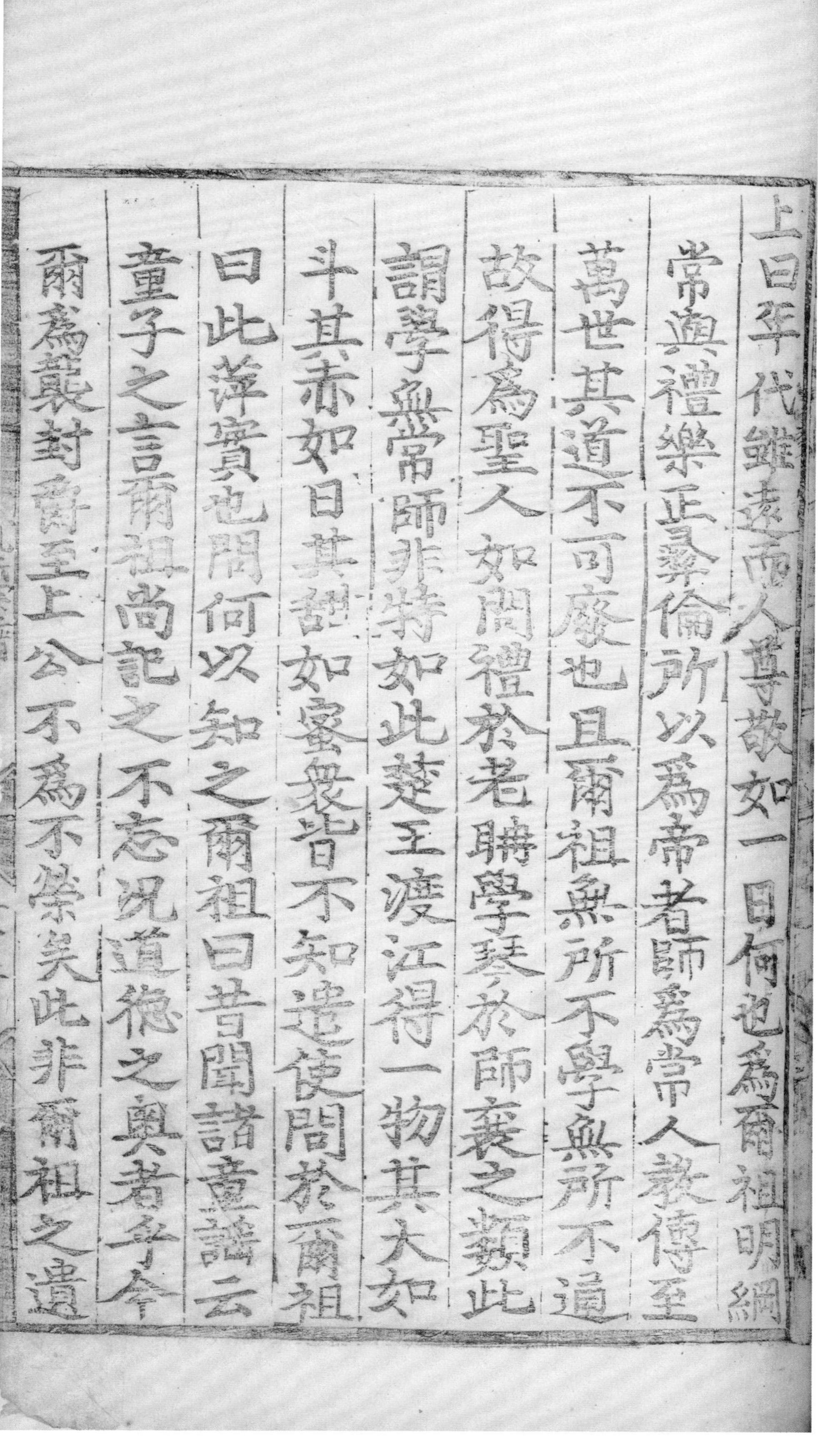
上曰年代雖遠而人尊敬如一日何也爲爾祖明綱常與禮樂正彝倫所以爲帝者師爲常人教傳至萬世其道不可廢也且爾祖無所不學無所不通故得爲聖人如問禮於老聃學琴於師襄之類此謂學無常師非特如此楚王渡江得一物其大如斗其赤如日其甜如蜜衆皆不知遣使問於爾祖曰此萍實也問何以知之爾祖曰昔聞諸童謡云童子之言爾祖尚記之不忘況道德之與者乎今爾爲襲封爵至上公不爲不榮矣此非爾祖之遺

19.5cm x 32.0cm

詹歟朕以爾孔子之裔不欲於流內銓注以政事
煩爾正爲保全爾也爾若不讀書孤朕意矣且人
年自八歲至弱冠多昏蒙未開不肯向學自冠至
壯年有室血氣正盛百爲營營亦無暇好學爾年
近四十志慮漸凝定見識漸老成正好讀聖人之
書親近明師良友晝夜講明道義必期有成學成
之後四方之人知爾之能俱孝執經問難且曰此
無愧孔氏子孫者豈不美歟然四體之勤乃德之
符步履進退亦必因安詳不可軟斜飛舞久久習

19.5cm x 32.0cm

熟遂爲端正人士朕今嫓曲教爾爾其自擇還宗
亦以此教子孫可也勉之哉勉之哉七年二月二
十二日禮部劉尚書等官於
奉天門奏奉
聖旨恁寫出漢唐宋待孔氏子孫典故将来我就定
奪将去欽此當月二十四日本部劉尚書等官於
武英殿将漢唐宋待孔氏子孫典故進奏欽奉
聖旨衍聖公與免本户稅粮三十頃餘田起科族人
田土依舊納粮免差十一年十二月十七日勅襲

19.5cm x 32.0cm

封衍聖公孔希學勅曰御家昭名歷代不朽富貴永長天地間乃由陰騭之重云

何以其明彝倫攸叙之精微表萬世綱常之不泯也故若如卿常思祖道可動人天朕聞卿來朝已

勅中書下禮部使所用如意未知給否雖從行者務要歡心故茲勅諭

十年詔重修宣聖廟二十年復增修飾永樂十四年又撤其舊而新之成化十八年重新興建按三氏誌云孔廟在今曲阜縣

西八里相傳即當時講道杏壇之地創始於魯哀公十七年漢魏以來屢經修造唐玄宗開元二十

七年始謚孔子為文宣王增修廟制宋太宗太平興国八年重修金皇統大定間重建正殿廊廡大

中門大成門鄆国夫人殿明年又建二世祖伯魚三世祖子思殿奎文閣尼山毓聖侯廟及廳堂黌

舍門庫庖厨九四百餘楹歷四年成元世祖至元丁卯成宗大德戊戌順帝元年己卯三次重修

19.5cm x 32.0cm

國朝洪武二十年復增脩飾永樂十四年又撤其舊而新之成化十八年六十一代孫襲封衍聖公孔弘泰因廟年久請復修建廣正殿爲九楹展間兩廡家廟以及門牆接間一皆重新興建規制有加於前云南衢家廟宋建炎初年四十七代中奉大夫開國男族長孔傳與從子四十八代襲封衍聖公孔端友扈從高宗南渡寓衢紹興年間詔權以衢州學爲家廟紹興八年詔衍聖公孔玠寓衢賜田五頃以奉宣聖祀事寶祐元年詔衢州建立宣聖家廟以郡守愚卿孫子秀請故也廟在城東北隅枕平陂即菱塘也以象洙泗面龜峯即府治山以想東山對廟門中爲玄聖殿西則齊魯先聖父母後則鄆國并官氏寢殿也祠沂泗二代於廡之東西又別爲室以祠襲封之相傳者後爲堂曰思魯俾合族講學且以誌不忘闕里之舊堂之東亭曰詠春凡二百二十有五楹董役者孔元龍而講持之力襲封居多焉落成於寶祐二年也詳見膺齋尚書趙汝騰記元季燬於兵燹永樂初年禮部

19.5cm x 32.0cm

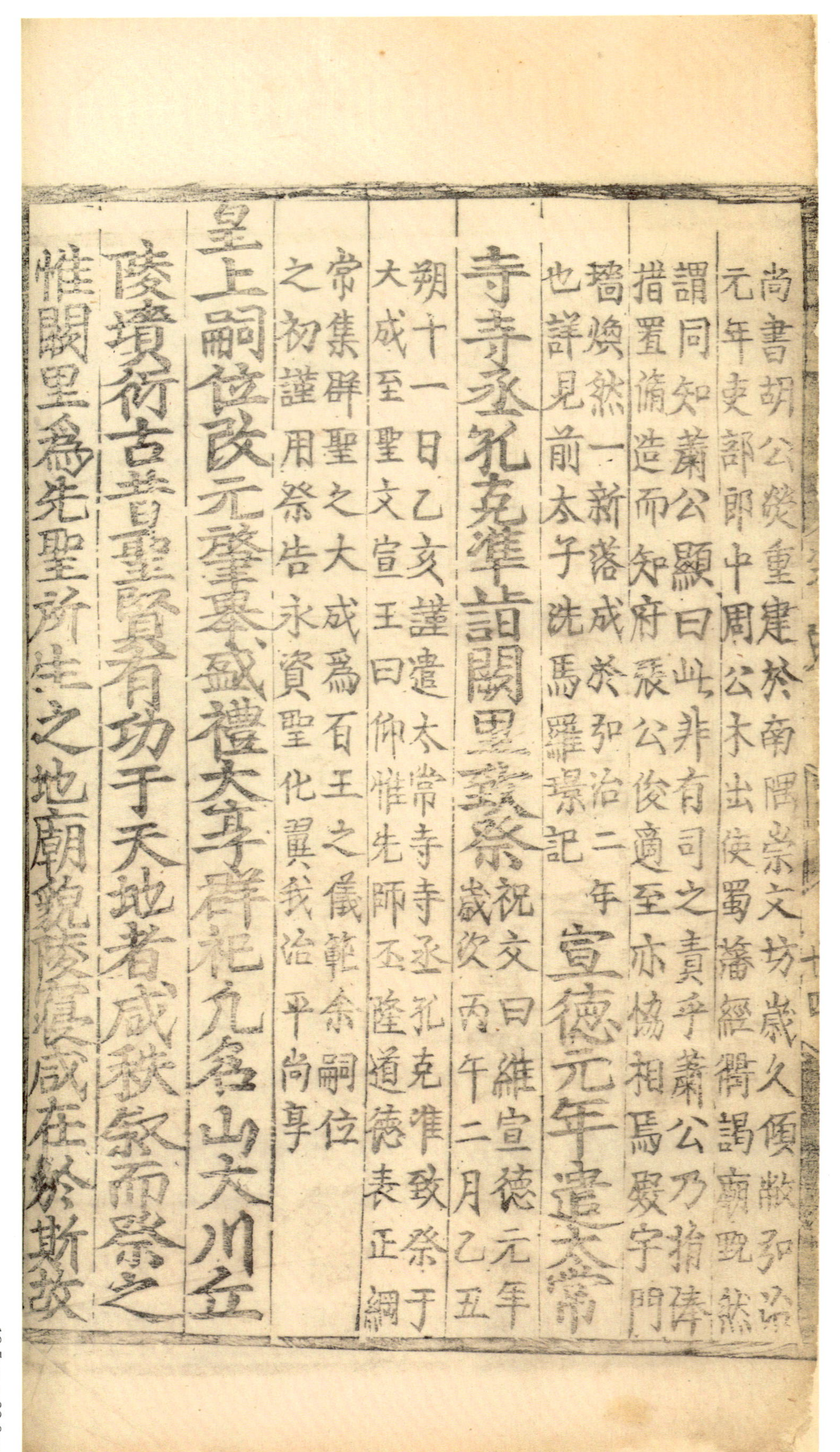

尚書胡公濙重建於南陽崇文坊歲久傾敝弘治
元年吏部郎中周公木出使蜀藩經謁廟覩然
謂同知蕭公顯曰此非有司之責乎蕭公乃捐俸
措置備造而知府張公俊適至亦協相焉殿宇門
牆煥然一新落成於弘治二年
也詳見前太子洗馬羅璟記　宣德元年遣太常
寺寺丞孔克準詣闕里致祭祝文曰維宣德元年
歲次丙午二月乙丑
朔十一日乙亥謹遣太常寺寺丞孔克準致祭于
大成至聖文宣王曰仰惟先師丕隆道德表正綱
常集群聖之大成爲百王之儀範余嗣位
之初謹用祭告永資聖化翼我治平尚享
皇上嗣位改元肇舉盛禮太享群祀凡名山大川丘
陵墳衍古昔聖賢有功于天地者咸秩象而祭之
惟闕里爲先聖所生之地廟貌陵寢咸在於斯故

19.5cm x 32.0cm

特命宣聖五十五代孫太常寺寺丞孔克準迓受
香幣來祭重其事也是年三月三日抵魯諏日擇
壬十一日乙巳奠祭如儀自先師而下四配十哲
兩廡九九壇俱用太牢恩至渥也是夜天清氣朗
神悅人怡咸以爲
皇上誠敬所致臣彥縉等竊思漢唐而下歷代帝王
雖嘗以太牢致奠特一時之事耳我朝自
太祖高皇帝
太宗文皇帝

19.5cm x 32.0cm

仁宗昭皇帝及我今
上皇帝聖聖相承恩同一日俾廟貌增輝尼防益秀
遂幸往來文御祭奠寵數稠疊不一而足寔從古
所未有也 臣 自弱冠早襲恩封優待之隆著爲令
典 臣 之遇不勝感激但資禀庸愚弗能補報惟奉
法修職日歌天保仰五雲以祝萬壽而已謹將
御製祭文刻諸堅珉用垂永久時宣德元年三月
十一日宣聖五十九代孫襲封衍聖公 臣 孔彥縉
謹識曲阜縣世職知縣 臣 孔克中立石

19.5cm x 32.0cm

景泰元年遣翰林院侍講吴節詣闕里致祭祝文曰維景泰元年歲次庚午閏正月丙申朔越十五日庚申謹遣翰林院侍講吴節致祭于大成至聖文宣王曰仰惟先師丕明古昔帝王之道以正綱常垂憲萬世功德高厚與天地同予嗣大統祗嚴祀事用祈神化佑我治平尚享

成化元年遣吏部右侍郎尹旻詣闕里致祭祝文曰維成化元年歲次乙酉三月庚辰朔初三日壬午謹遣吏部右侍郎尹旻致祭于大成至聖文宣王曰惟先師以天縱之聖爲文教之宗萬世而下綱常正而世道隆實有賴焉兹予嗣位之初景仰惟深特申祭告永資聖化翊我皇猷尚享

成化十二年冬、詔天下孔子廟祀加樂舞爲八佾籩豆爲十二遣翰林院學士王獻賫香幣詣闕里祭告祝文曰維成化十三年歲

19.5cm x 32.0cm

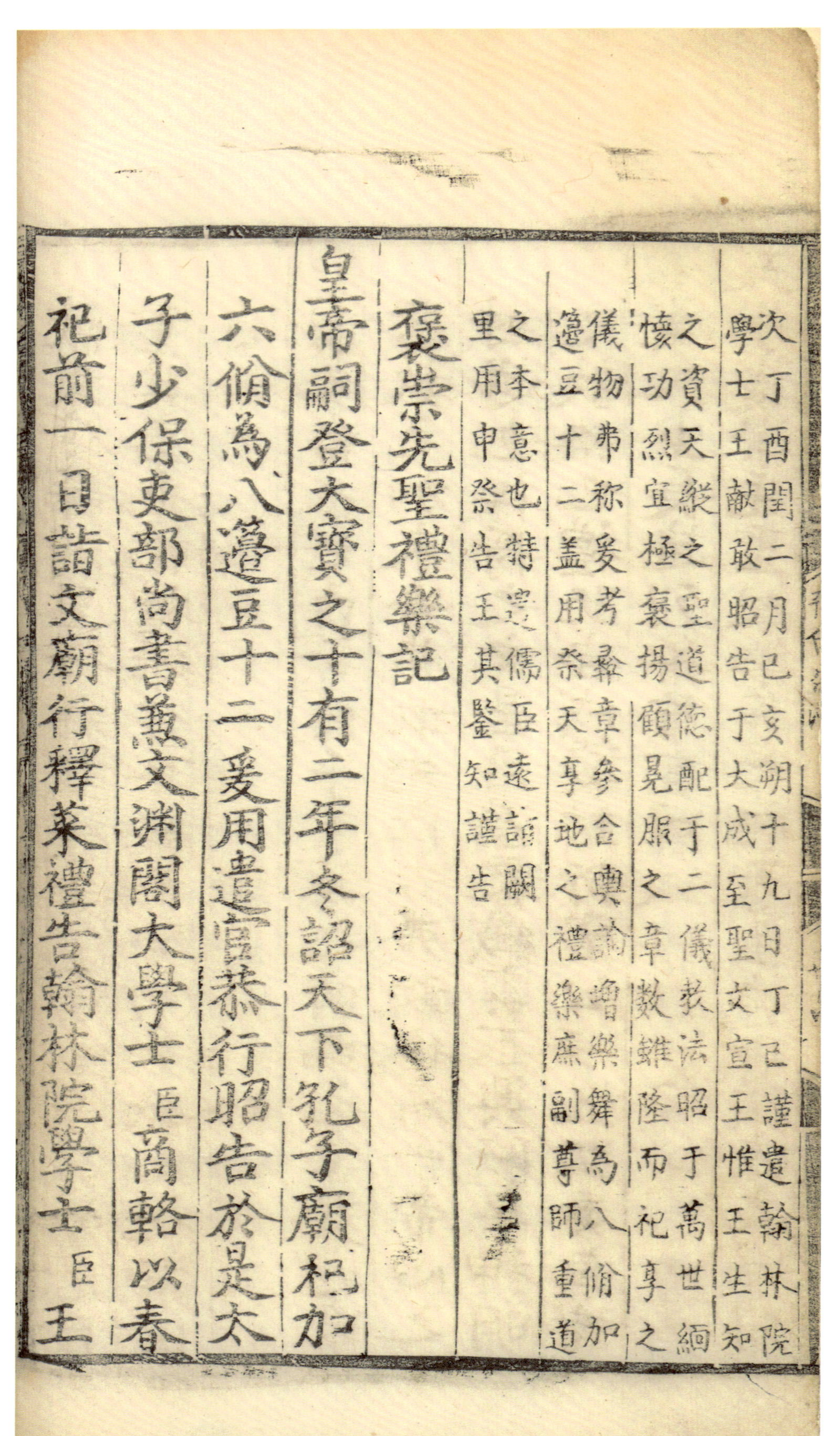
次丁酉閏二月己亥朔十九日丁巳謹遣翰林院
學士王獻敢昭告于大成至聖文宣王惟王生知
之資天縱之聖道德配于二儀教法昭于萬世緬
懷功烈宜極褒揚顧冕服之章數雖隆而祀享之
儀物弗稱爰考彝章參合輿論增樂舞爲八佾加
籩豆十二蓋用祭天享地之禮樂庶副尊師重道
之本意也特遣儒臣遠詣闕
里用申祭告王其鑒知謹告

褒崇先聖禮樂記

皇帝嗣登大寶之十有二年冬詔天下孔子廟祀加
六佾爲八佾籩豆十二爰用遣官恭行昭告於是太
子少保吏部尚書兼文淵閣大學士臣商輅以春
祀前一日詣文廟行釋菜禮告翰林院學士臣王

19.5cm x 32.0cm

獻乘傳詣闕里行釋菜禮告使命必簡文學之臣
重其事也祀禮雖有隆殺之殊一乎誠也祝辭出
自
聖製香幣頒之內新儆乎天顯之俯臨也樂舞之增
器數之加未嘗弗致先既告弗敢後肅乎帝心之
對越也祼將之文星月澄霽纖雲不興昭乎神明
之歆格也禮既告成襲封衍聖公臣孔弘泰率諸
族人少長趨列稽首言曰
天子褒崇先聖禮樂等之祀天享地誠曠古之罕聞

19.5cm x 32.0cm

斯文之大慶豈特臣一家之私榮而已哉宜有紀
述以垂永世時山東按察司副使臣陳相臣張珩
僉事臣畢瑜布政司參議臣杜銳都司都指揮僉
事臣■臣金榮聞命駭杳恪共祀事亦懼早前請不可
辭臣獻竊惟吾夫子之道如天之高無不覆幬如
地之厚無不持載如日月之代明如四時之錯行
其法具於君臣夫婦長幼朋友其功著於易書詩
禮樂春秋所以立生民之極開太平之運歷代人
主賴之咸致尊崇然未有禮明樂備如今日者也

嗚呼盛哉或曰堯舜禹湯文武皆聖人也祀饗
不得視郊社孔子有德無位寵用斯禮得無過乎
且成王周公有大勳勞特用天子禮樂君子譏之
以孔子之聖豈復有加於周公者哉嗟夫此我國
家甚盛之舉固非膚於聞見者所能測識之也當
周之衰王政陵夷彝倫攸斁使天之不生孔子則
天下貿貿焉莫知所適孰知所以為堯舜禹湯文
武之道者邪夫惟不知故不行不行則不流於夷
狄禽獸不止所以維持斯道永久而弗隳者果誰

19.5cm x 32.0cm

之力歟周公之功人臣之分也孔子之聖萬世之師也師其教而圖其所以為輟雖極天下之尊禮之至也傳曰夫子之道不啻天地也又曰其功及有賢於堯舜者豈不信哉仰惟

皇上德位隆大克當制作禮樂之任自

祖宗列聖以人文化成天下于茲百年又當主興禮樂之時而講正修明自孔子始可謂知所本矣臣歷宦竊祿于朝於禮樂大端漫不之省謬膺涣命夙夜祗惕思所以副

19.5cm x 32.0cm

皇上尊師重道之盛心尚當博稽古典入封爵座俾
朝廷大制作前無所遺後無所議以貽一代文明
之治顧不偉歟嗚呼臣愚何足以知之謹記旹
成化十三年歲次丁酉閏二月丁巳
賜進士第翰林院學士奉政大夫兼修
國史經筵講官錢唐王獻書　謹按
國朝恩典尚多孔顏孟三氏誌狀載止此未盡增入姑從其舊

19.5cm x 32.0cm

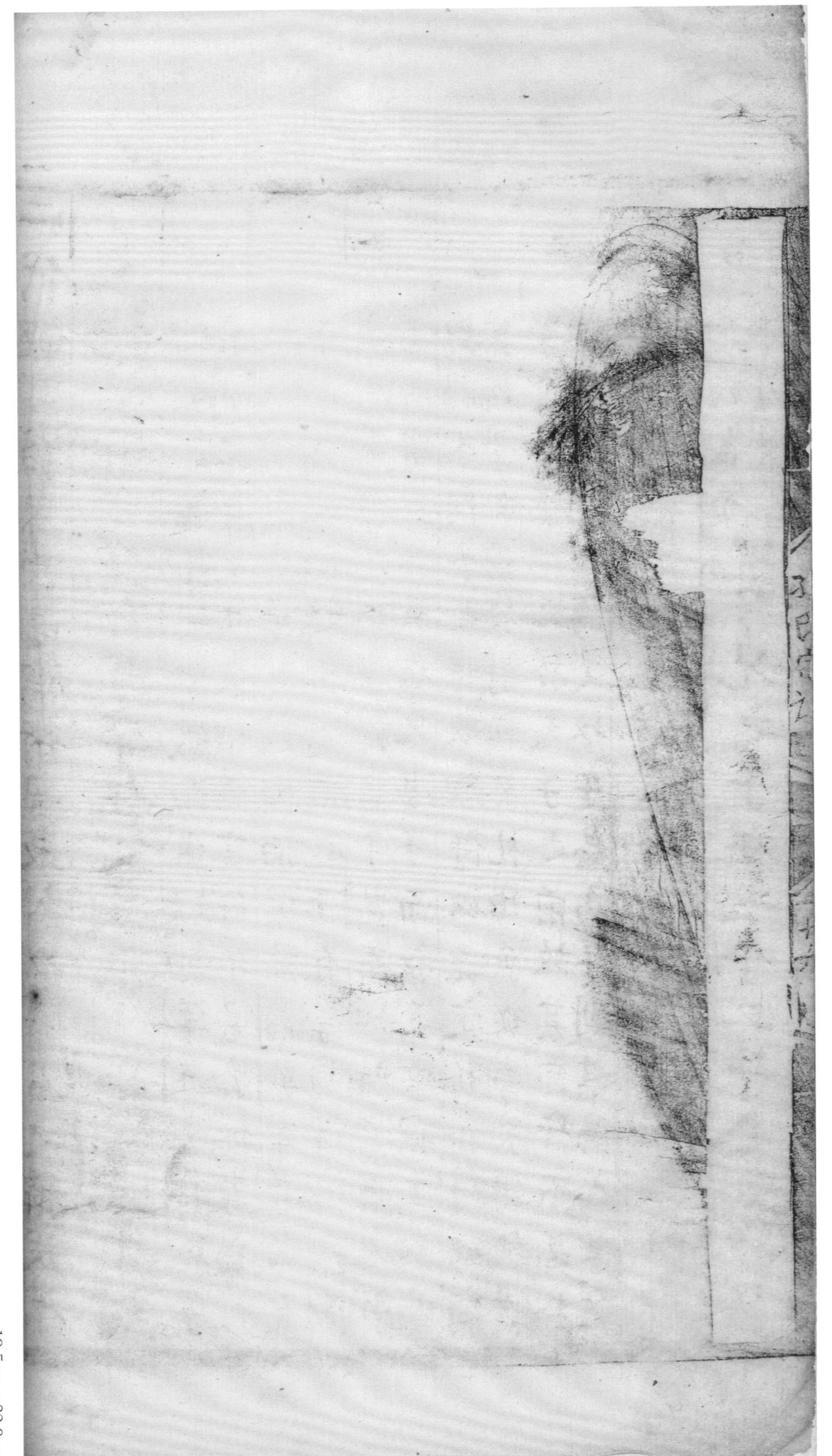

19.5cm x 32.0cm

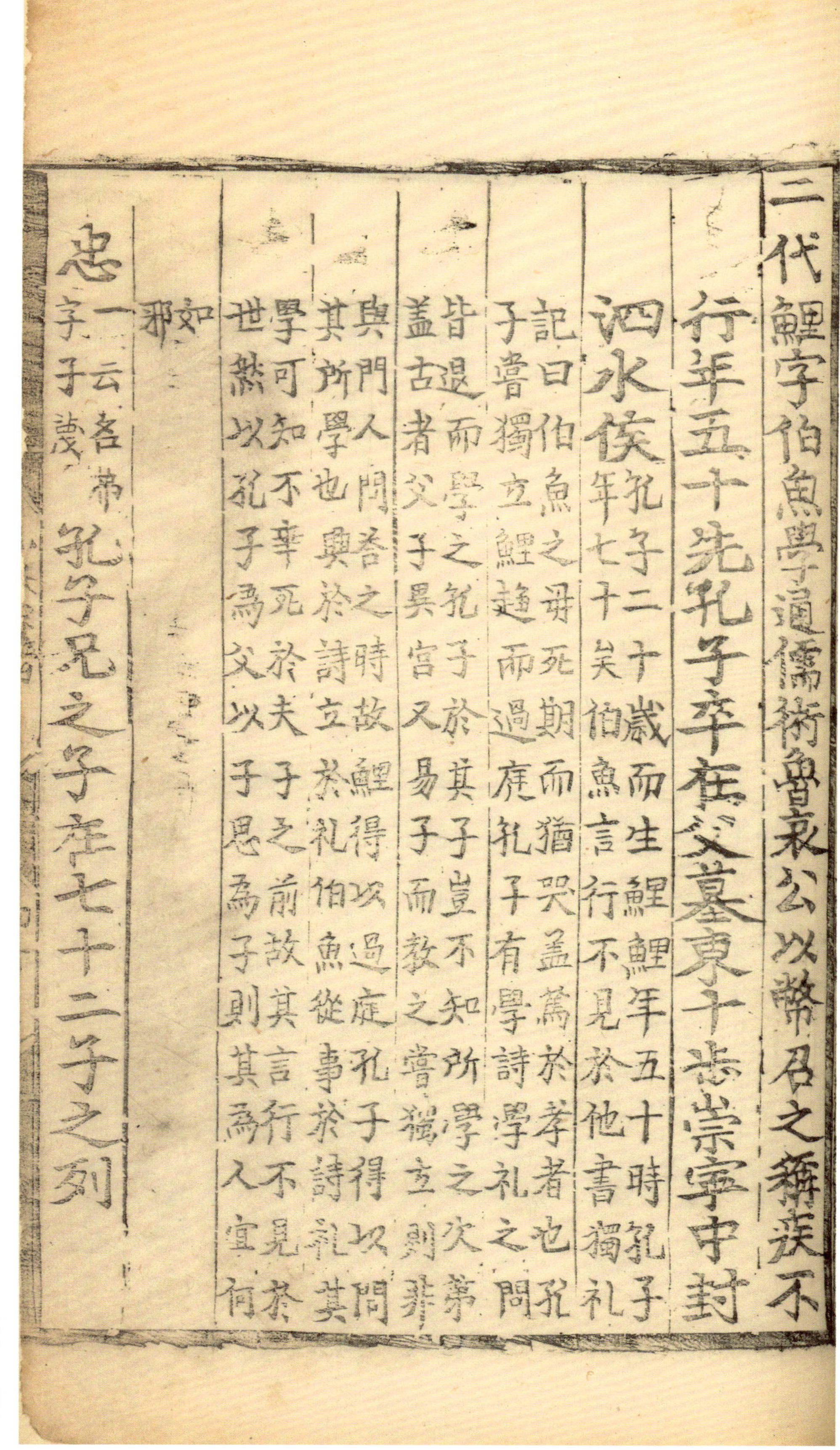

二代鯉字伯魚學通儒術魯哀公以幣召之稱疾不行年五十先孔子卒在父墓東十步崇寧中封泗水侯孔子二十歲而生鯉鯉年五十時孔子年七十矣伯魚言行不見於他書獨礼記曰伯魚之母死期而猶哭蓋篤於孝者也問孔子嘗獨立鯉趨而過庭孔子有學詩學礼之問皆退而學之孔子於其子豈不知所學之次第蓋古者父子異宮又易子而教之嘗獨立則非與門人問答之時故鯉得以過庭孔子得以問其所學也與於詩立於礼伯魚從事於詩礼其學可知不幸死於夫子之前故其言行不見於世然以孔子為父以子思為子則其為人宜何如邪

忠一云名帶字子蔑孔子兄之子在七十二子之列

19.5cm x 32.0cm

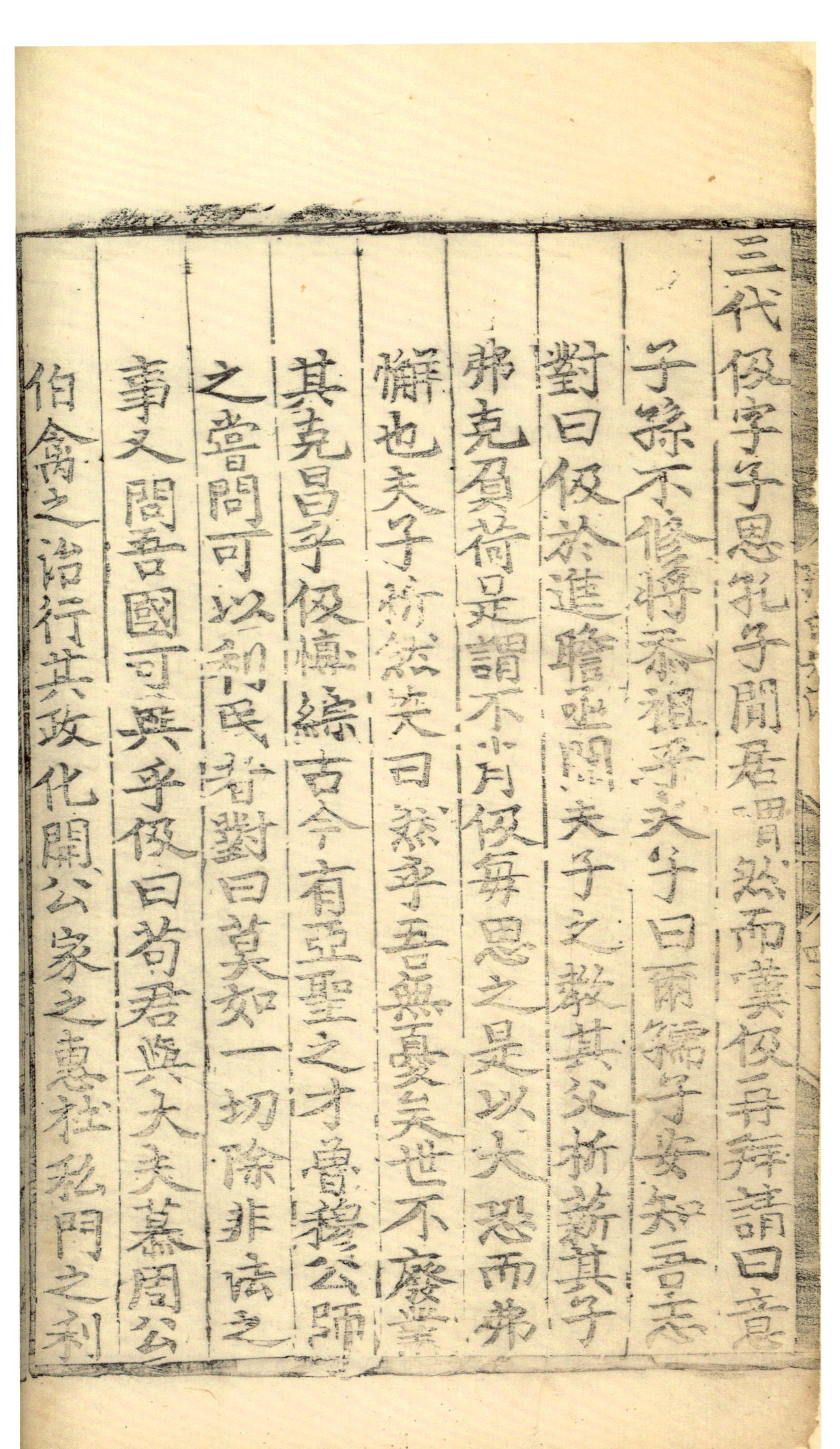
三代伋字子思孔子閒居喟然而嘆伋再拜請曰意
子孫不修將忝祖乎夫子曰爾孺子安知吾志
對曰伋於進膳亟聞夫子之教其父析薪其子
弗克負荷是謂不肖伋每思之是以大恐而弗
懈也夫子忻然笑曰然乎吾無憂矣世不廢業
其克昌乎伋憶緝古今有亞聖之才曾穆公師
之嘗問可以知民者對曰莫如一切除非法之
事又問吾國可以興乎伋曰苟君與大夫慕周公
伯禽之治行其政化開公家之惠杜私門之利

19.5cm x 32.0cm

結恩百姓脩理鄰國其與也尚矣穆公不能委以國事亟以鼎肉遺之伋不悅曰今知君以犬馬畜伋也後復欲以為國相時臣皆世襲從寵迹相傾難不以德訓乃嘆曰若作國林不得行吾大道則乃為相之恥故不受將去魯穆公曰天下之主猶寡人也去將安之伋曰蓋聞君子猶鳥也疑之則舉今君既疑矣又以己限天下之君臣竊以為言之過也自此乃適衛曾子嘗謂伋曰昔吾從夫子游於諸侯夫子未嘗失人

19.5cm x 32.0cm

臣之禮而猶聖道不行今吾觀子有傲世主之心無乃不容乎伋曰當吾先君周制雖衰君臣固位上下相持若一體然夫欲行其道不執禮求之則不能入也今天下諸侯方欲力争競招英雄以自輔伋於此時不自高人將下吾不自貴人將賤吾時移世異各有宜也孔子畏大人孟子說大人則藐之孟子孟臾子思同意又胡母豹謂伋曰子好大世莫能容子盍亦隨時乎伋曰大非所務病不大也不見容命也失大以求容誰也吾弗改矣又曾

19.5cm x 32.0cm

申問曰屈已以伸道乎抗志以貧賤乎伋曰道伸吾願也今天下王侯其孰能哉與其屈已以富貴不如抗志而貧賤於是在衛緼袍無表二旬九食陳子方遺以狐白裘恐其不受即曰吾與人物如棄之爾伋辭曰吾聞褻物於溝壑不肖者受之今雖貧賤實不忍以其身為溝壑著書四十七篇曰中庸十一云四九篇記教授弟子孟軻之徒數百人穆公嘗謂伋曰子之書所記夫子之言或者以為子之辭也伋曰臣所記臣祖之

19.5cm x 32.0cm

言或親聞之者或聞之於人者雖非其正辭然
猶不失其意焉漢書藝文志有子思二十三篇中庸說二篇按太史公但云子
思作中庸無篇數而顏師古云今禮記有中庸
一篇亦非本經蓋中庸說之流宋咸注孔叢子
云今中庸篇乃其畧也與祖謂師古之言非也
宋咸近之今中庸一篇貞孔子之學也子曰中
庸之為德其至矣乎曾子曰夫子之道忠恕而
已矣子思以所聞於師者推而廣之蓋顏子蚤
死孔子之學傳之曾參曾參傳之子思子思傳
之孟子故孟子七篇大指不出中庸之意子思
親見聖人其言簡而深孟子得之子思其言詳
而當至荀卿則詳而不必當楊雄則簡而不必
深矣孟子既沒未有得其傳者也年六十二在祖正南十步以編
年逾載考之孔子以敬王十一年薨至威烈王
之十七年魯穆公即位凡七十一年伯魚先孔

19.5cm x 32.0cm

子死子思及見其祖儻在幼學之年比見穆公已不下八十歲穆公在位三十三年而孔叢子云子思居衛魯穆公卒子思至是凡一百一十餘歲雖傳記所載未可盡信若果年六十餘則子思尚不及見穆公之立況其卒乎一云年六十三崇寧中封沂水侯又從祀孔子廟庭往時以孟子配享坐於曾子之上近時又以子思立於廊廡之間雖令子思當從夫子而以孟子居二師之上違議之失也宋末封沂國公配享殿上位在顏曾之下孟子之上今國學及祖庭與夫北方諸學廟貌尚仍舊止以顏孟配享未升曾思之位當代諸公未有建明之者愚謂顏路曾點伯魚位次允用講明

四代白字子上禮記作白前漢書作帛二字通用嘗請所習於子思

19.5cm x 32.0cm

子思曰先人有訓焉學必由聖故夫子之教必始於詩書而終於禮樂雜記不與焉子思在魯以書如魏問白白北面再拜受書伏讀遂爲後書又北面再拜以授使者其恭如此白通習群書又善兵法齊桓王召白爲國相年四十七舊譜云年四十九

五代求字子家通習儒道有遯世之志楚召不仕年四十五在祖墓西北一曰名敖後名來九名字與同者皆以史記漢書爲正一曰在祖墓次

19.5cm x 32.0cm

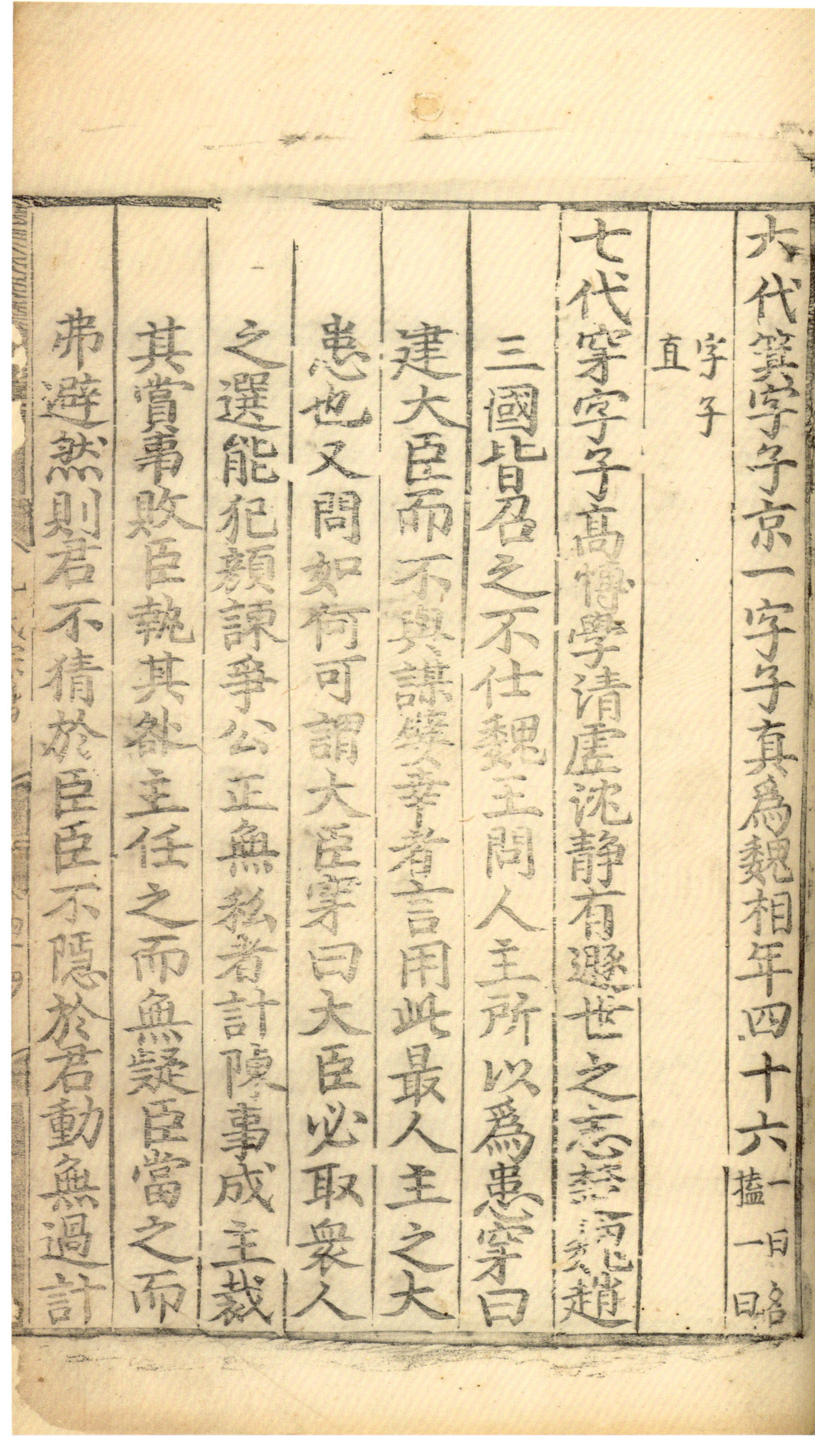
六代箕字子京一字子真爲魏相年四十六一日名搕一日

字子直

七代穿字子高博學清虛沈靜有遯世之志[illegible]趙

三國皆召之不仕魏王問人主所以爲患穿曰

建大臣而不與其謀嬖幸者言用此最人主之大

患也又問如何可謂大臣穿曰大臣必取衆人

之選能犯顏諫爭公正無私者計陳事成主裁

其賞事敗臣執其咎主任之而無疑臣當之而

弗避然則君不猜於臣臣不隱於君動無過計

19.5cm x 32.0cm

舉無敗事臣主各有得也時平原君客有公孫龍者史記趙有公孫龍即列子所謂行無師學無友佞恠而妄言揚子所謂詭詞数高者索隱乃曰即仲尼弟子非也按仲尼弟子云公孫龍字子石衛人一曰楚人非趙人也偶名姓同耳果仲尼弟子安得及見孔子七世之孫又安得云無師友哉班固古今人表子石與琴牢同列公孫龍與惠施同列於子石則書字於龍則書名所以別之也列子又言公孫龍之始孔穿傳記亦或以穿為龍之弟子按孔叢所言為則龍乃子高之所深聞者嘗以孔叢為正白馬非馬之論以為馬者所以命形白者所以命色命色者非命形也或謂穿曰此人小辯而毀大道子盍往正諸穿適趙謂龍曰僕居魯聞

19.5cm x 32.0cm

下風而高先生之行然所不取者以白馬為非馬爾龍曰龍之學正以白馬為非馬者也令使龍去之則龍無以教矣穿不應退而告人曰言非而博巧而不理吾所以不荅也平原君曰先生聖人之後不遠千里而來欲去夫公孫子白馬之學至精之說可得聞乎穿曰春秋記六鷁退飛覩之則六察之則鷁鷁猶馬也六猶白也覩之則見其白察之則知其馬色以名別內猶外顯先舉其色後名其質謂之白馬名實當矣

19.5cm x 32.0cm

君子之論貴當物理不貴繁辭其後平原君謂龍曰公無復與孔子高辯事也其人理勝於辭君辭勝於理終必受詘平原君客有鄒文季節者與子高交善子高還魯二人流涕交頤子抗手而已謂其徒曰始吾謂二子丈夫今知其婦人也人生則有四方之志豈鹿豕也哉而常羣聚乎子善儒家之語十二篇名曰讕言漢藝文志言十篇不知作者讕音來爛字語云子所作也舊譜作蘭言年五十一在祖墓南一云年五十七

19.5cm x 32.0cm

八代順字子愼舊譜名謙字子愼孔叢但曰子順云名微後名斌一名鮒一字子武魏安僖王使奉黃金束帛聘順以爲相王郊迎之謂曰先生聖人之後道德懿邵幸見顧臨願圖國政順曰敢不敬受君之明令於是改嬖寵之官以事賢才奪無任之祿以賜有功諸衰職秩者不悅乃造謗言相魏九月陳大計輒不用喟然嘆曰言不見用居官食祿是尸位素餐吾罪深矣退而以病致事或曰魏文侯相或曰魏文王相皆非是或謂順曰王不用子子其行乎曰吾將行如山東則

19.5cm x 32.0cm

山東之國將并於秦秦爲不義義所不入遂寢于家新垣固謂順曰賢者所在與化致治今子相魏未聞異政而即自退其有志不得乎何去之速也順曰死病無良醫今秦有吞食天下之心以義事之固不獲安救亡不暇何化之與當今山東之國敝而不振三晉割地以求安二周折節而入秦燕齊楚已屈服矣三本云燕齊宋楚設宋滅十年而後魏安僖王立當以此爲正以此觀之不出廿年天下其盡爲秦乎莊王召之不行即莊襄王諸譜作莊公誤魏以孔子

後嗣封魯文信君孔叢魏王謂子順曰寡人聞孔氏之世自正考父以来儒林相繼仲尼重之大聖自茲以降世業不替天下諸侯咸資禮焉先生承其緒為二國師從古及今載德流聲未由若先生之嗣率由前訓將與天地相敝矣答曰若先祖以稟聖人之性如君王之言也至如臣者學行不敏寄食於趙祿仕於魏幸遇二国之君寬以客之若乃師也未敢承令假令賴君之賜後世克祚不忝前人不泯祖業豈徒一家之賜亦天下之變也年

五十七三子鮒騰樹孔叢云家之族纘一世相承以至九世相魏居大梁始有三子為長子之後承殷統為宋公中子之後奉夫子為褒成侯小子之後彥以將事高祖有功封蓼侯其子臧嗣焉

九代鮒字子魚一名鮒甲一曰子鮒一曰孔甲師古曰恐名鮒而字甲好習經

19.5cm x 32.0cm

史該覽六藝秦始皇并天下爲三十六郡召爲魯國文通君拜少傅三十四年李斯始議焚書或謂鮒曰秦將滅先王之籍而子爲書籍之主其危矣鮒曰顧可懼者必或求天下之書焚之書不出則有禍將先藏之以待其求求至無患矣乃歸藏其家語藝文志孔子家語二十七卷顏師古云非今所有家語論語孝經尚書等於祖君舊堂壁中自隱於嵩山家語云子襄好經書博學畏秦法峻急乃壁藏其家語孝經尚書及論語而孔叢及漢記尹敏傳皆云孔鮒豈兄弟共藏之耶鮒生戰國之世長於兵戎之

19.5cm x 32.0cm

間獨樂先王之道講習不倦漢叔孫通即子高之弟子教授百餘人

二世元年秋七月陳涉起陳自立爲楚王陳餘謂涉曰孔子之孫今在魏居亂世能正其行脩其祖業其父相魏以聖道輔戰國見利不易操世有家法其人通材足以幹天下博智足以慮事形必宗此人天下無敵矣涉遣使賫千金加束帛以車三乘聘焉鮒遂往以爲霸王之業勸以爲博士遷太傅孔叢云尊以博士尋爲太師而洛慶焉涉使周章西入關有輕秦之志鮒諫曰章邯秦名將周

19.5cm x 32.0cm

童非其敵也兵法無恃敵之不我攻恃吾之不可攻也弗聽周章果敗鄙遂進兵擊涉師大敗鮒凡仕六旬言不用託目疾而退卒於陳下年五十七太史公論曰陳涉之王也魯諸儒持孔氏禮器徃歸之於是孔甲為涉博士卒與俱死涉起匹夫驅瓦合適戍旬月以王楚不滿半歲竟滅亡其事至微淺然而縉紳先生之徒負孔子禮器徃委質而為臣者何也以秦焚其業積怨而發憤歸於陳王鮒著書二十餘篇記孔子

19.5cm x 32.0cm

子思子上子高子順及已行事曰孔叢子後人續之為連叢上下篇

騰鮒弟一名作滕恐誤字子襄長九尺六寸漢高帝十二年十一月過魯祠孔子封奉嗣君亦嘗為惠帝博士遷長沙太傅年五十七史記云鮒弟子襄襄生忠而前漢書云鮒弟子襄襄生忠古今人表亦云襄孔鮒弟子據史記則子襄乃鮒之弟據漢書則襄乃鮒弟之子今以史記為正史記云長沙太守漢書長沙太傅

樹鮒幼弟字子文樹一作袝長兄名鮒不應同音盖字誤耳

十代忠字子貞舊譜名貞字子貞子襄子也該習古今有高

19.5cm x 32.0cm

尚之志徵爲博士年五十七生武及安國家語曰子襄生季忠季忠生武及子国前漢書云忠生武及安国武生延年皆與舊譜同而史記云忠生武武生延年及安国按太史公與安国同時未知孰是

隨鮒子字季路一字元生

聚樹子名彦字子產以將軍破楚陔下封蓼侯史記所謂孔將軍居左者年五十三謚曰夷舊譜作惠

十一代武忠子字子威爲武帝博士至臨淮太守蚤卒史記漢書皆云安国爲武帝博士至臨淮太守

安國武弟字子國孝武博士至太守訓注經籍後之

儒者宗述莫能損益一字
臧聚子嗣襃侯歷位九卿遷御史大夫辭曰臣世以
經學為家轉相承作訓法令俗儒繁說遠本雜
以妖妄難可以教侍中安國時為侍中受詔綴集古
義臣乞為太常典臣家業與安國紀綱古訓武
帝不違其意禮賜如三公在官數年而卒著書
十篇賦學廿篇安国於臧為從弟孔叢有臧與從弟書
十二代延年武子傳覽群書無所不備武帝時為博士
轉太傅遷大將軍在祖墓北

19.5cm x 32.0cm

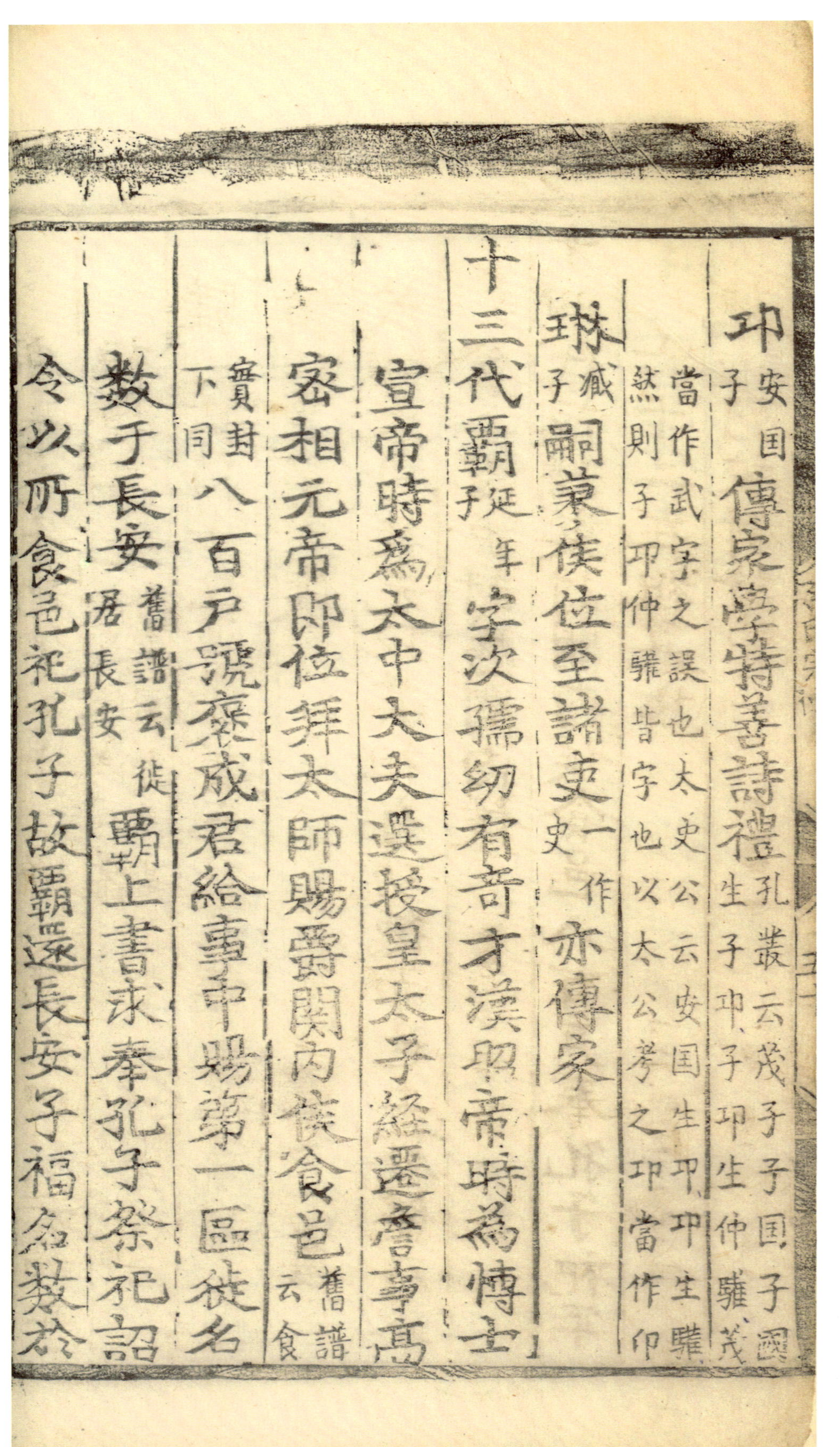

卬 子安国 傳家學特善詩禮 孔叢云茂子子国子國生子卬卬子卬生仲驩茂當作武字之誤也太史公云安国生卬卬生驩然則子卬仲驩皆字也以太公考之卬當作仰

琳 子臧 嗣襃侯位至諸吏 一作史 亦傳家

十三代 霸 子延年 字次孺幼有奇才漢昭帝時為博士宣帝時為太中大夫選授皇太子經遷詹事高密相元帝即位拜太師賜爵關內侯食邑 舊譜云食實封 下同 八百戶號襃成君給事中賜第一區徙名數于長安 舊譜云居長安 徙 霸上書求奉孔子祭祀詔令以所食邑祀孔子故霸還長安子福名數於

19.5cm x 32.0cm

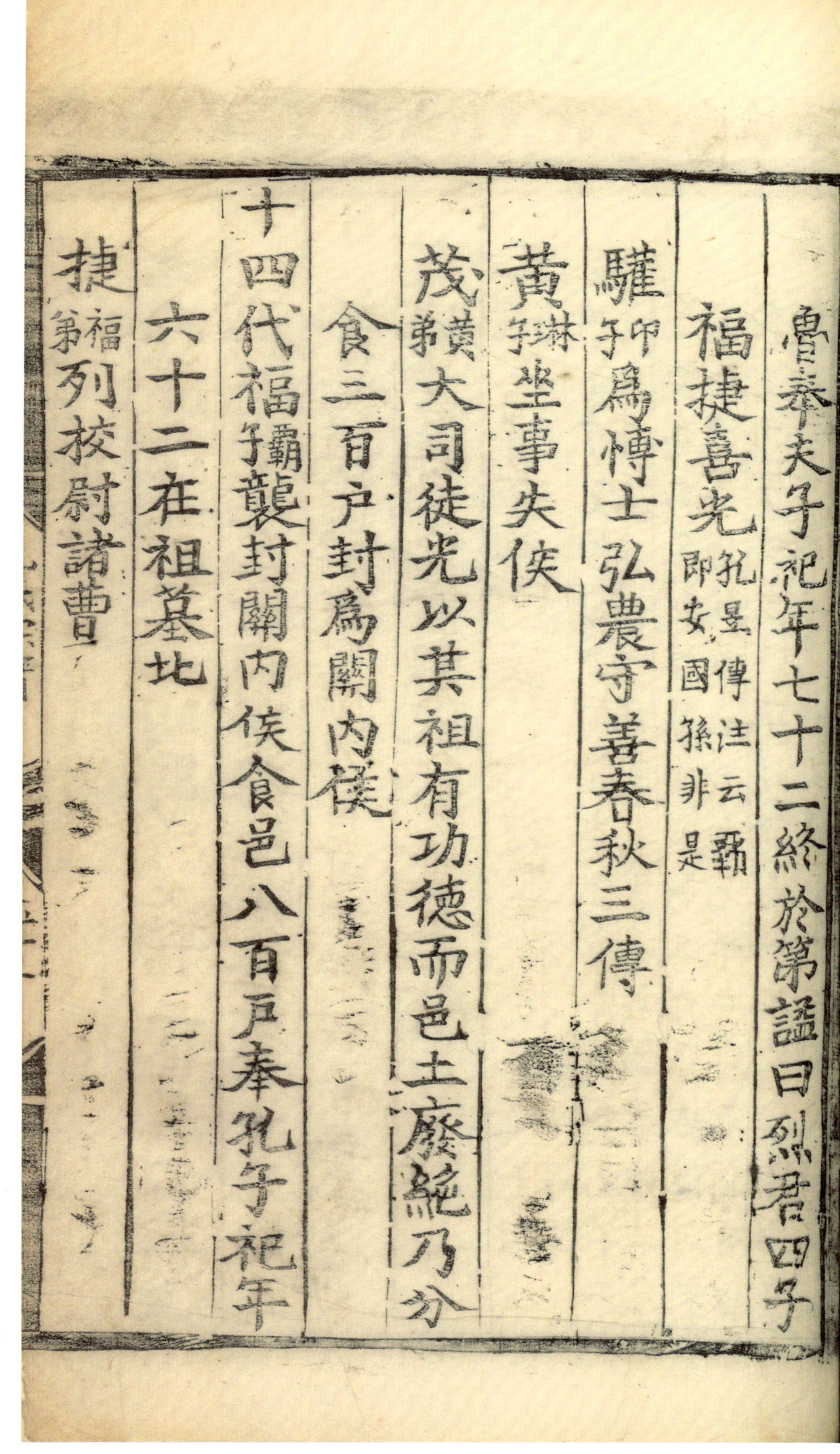
魯奉夫子祀年七十二終於第謚曰烈君四子

福捷喜先孔昱傳注云霸即安國孫非是

驩卬子爲博士弘農守善春秋三傳

黃琳子坐事失侯

茂黃弟大司徒光以其祖有功德而邑土廢絕乃分

食三百戶封爲關內侯

十四代福霸子龔封關內侯食邑八百戶奉孔子祀年

六十二在祖墓北

捷福弟列校尉諸曹

19.5cm x 32.0cm

喜弟

喜捷列校尉諸曹

光弟字子夏經學元明歷成之平二世居公輔位
王莽權盛光憂懼固稱疾辭仁年七十元始五
年薨謚簡烈侯

宣玄孫長安公士詔後家

立孫善詩書與劉歆向一作友善教授百人 丁立

吉鮒五代孫封殷紹嘉公 前漢本記成帝綏和元年二
月封孔吉為殷紹嘉侯三

古代孫漢恩澤侯表云緩和元年二月孔何齊以
進爵為公元和姓纂亦云鮒五代孫吉漢封宋
公

發後孔子世吉嫡子封紹嘉侯不應父子同時
俱封是吉封未久而死遂以何齊嗣之其

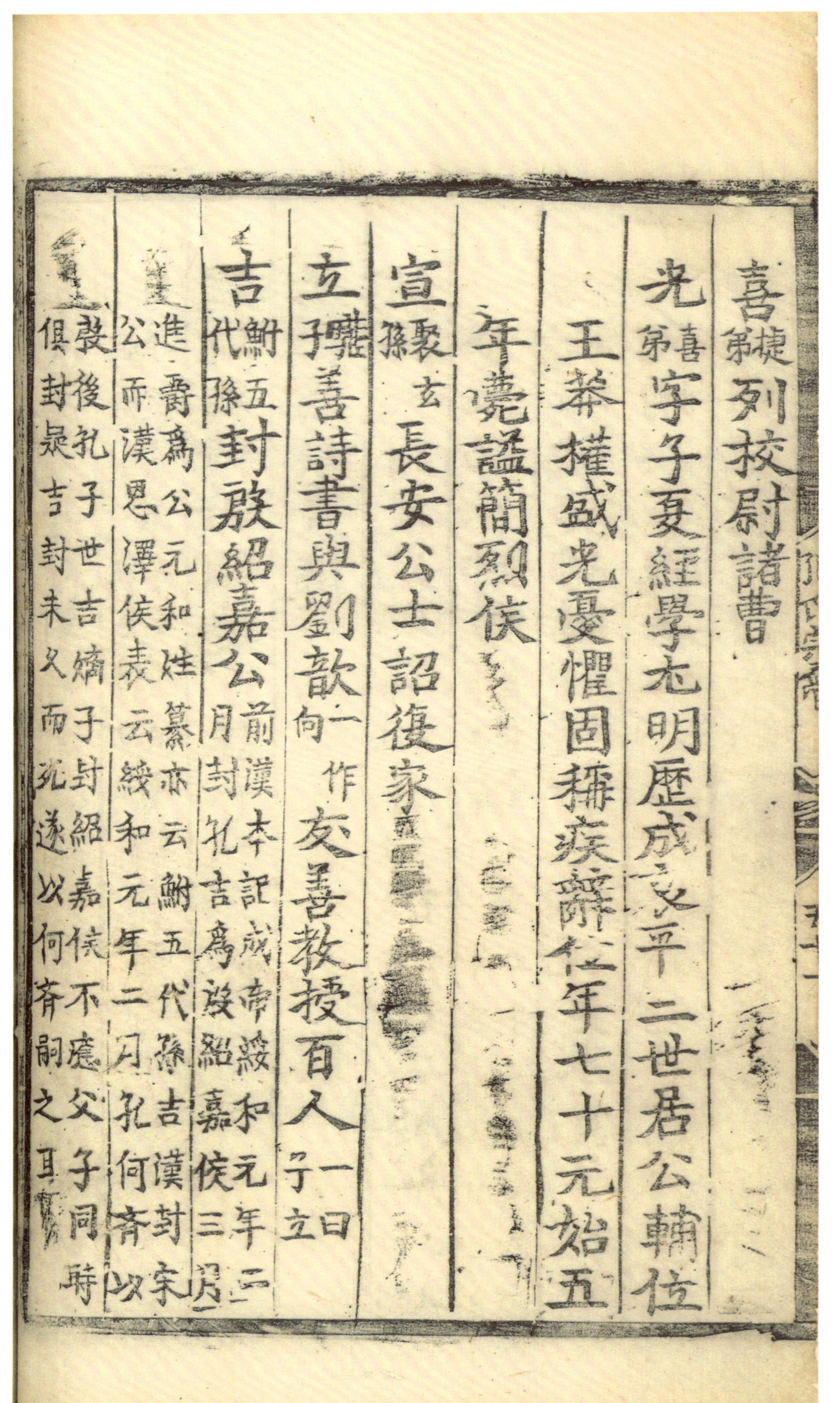

十五代房福子襲封關內侯食邑八百户奉孔子祀

永光兄之子封寧鄉侯食邑千户昆弟皆至卿大夫

放光子歷侍郎嗣博山侯

元立子爲校書郎與楊雄交善一曰子元

何齊吉子封宋公漢恩澤侯表云綏和元年二月封紹嘉侯邑一千六百七十户六月進爵為公地方百里建平二年益户九百三十二元始二年更為宋公光武五年二月封商後孔安為殷紹嘉公卽云之嗣也十三年改為宋公位在三公上

十六代均房子字長平光傳云房堯子莽嗣避王莽更名均敦篤好學有大才襲封關內侯尚書郎言辭清辯一作譽對上

19.5cm x 32.0cm

成章平帝元始元年六月更封魯國褒成侯舊譜作君誤食邑二千户又追謚夫子爲褒成宣尼公王莽簒位拜太尉三辭疾乃得還鄉年八十一

奮捷係字君魚有學術通左氏春秋後漢行武都太守關内侯

奇奮弟字子異博通經典著左氏義詁與兄不歸魯家於茂陵

子建元子是時闕里荆棘自除光武初闕里無故荆棘叢生一旦自除亭見鮑永傳及孔叢子子建不事王莽終於家

19.5cm x 32.0cm

尚霸曾孫鉅鹿太守

十七代志子均光武拜爲太司馬建武四年上幸魯躬

祠孔子十四年四月封褒成侯食邑二千户紀云

十四年傳云十三年又古今志云嘗爲密令諡元成侯

嘉子奮官至城門校尉有才與作左氏說

仁子吁定以文學爲議郎遷漢記士南海太守一曰子仁

十八代損子志明帝永平十五年三月幸孔子宅祠仲

尼及七十二弟子親御講堂命皇太子諸生說

經封損爲褒成侯章帝元和二年東巡狩褒成

19.5cm x 32.0cm

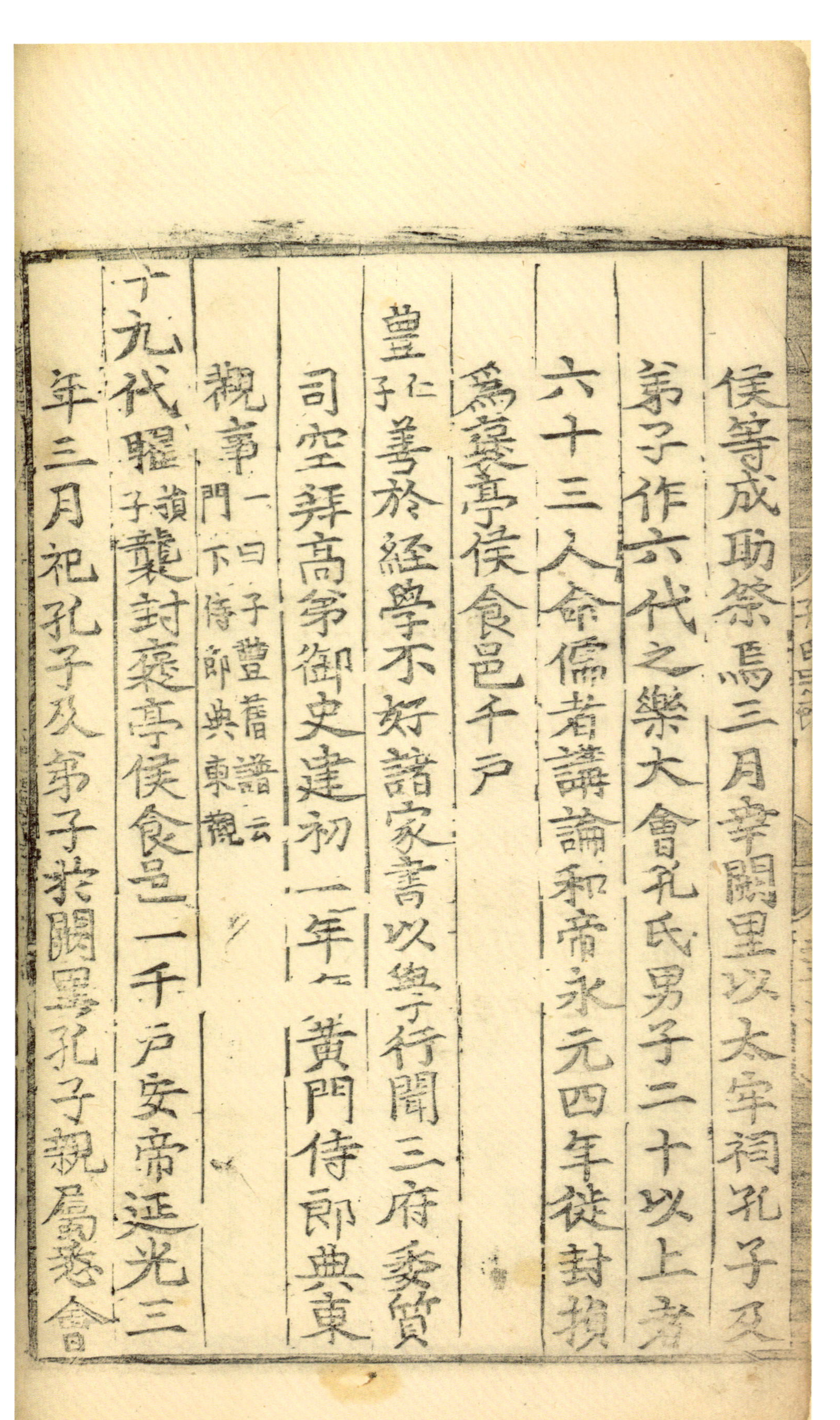

侯等成助祭焉三月幸闕里以太牢祠孔子及
弟子作六代之樂大會孔氏男子二十以上者
六十三人命儒者講論和帝永元四年徙封損
為褒亭侯食邑千户
豊仁子善於經學不好諸家書以與于行聞三府委質
司空拜高第御史建初一年黄門侍郎典東
觀一曰子豊舊譜云門下侍郎典東觀
十九代曜損子襲封褒亭侯食邑一千户安帝延光三
年三月祀孔子及弟子於闕里孔子親屬悉會

19.5cm x 32.0cm

賜褒亭侯以下帛各有差

宙尚曾孫字季將舉孝廉遷郎中令太山都尉孔林漢太山都尉孔君碑云孔子十九世孫舉孝廉爲郎遷元城令太山都尉年六十一延熹四年正月乙未以疾卒于家碑陰題名弟子十人門生四十三人故吏八人故民一人歐陽脩云漢世公卿多教授聚徒常數百人其親授業者爲弟子轉相傳授者爲門生今宙碑殘缺其姓名邑里僅可見者六十二人耳舉要云據林中碑刻公聖祖墓東北

僖子建曾孫字仲和一曰和仲章帝元和二年幸闕里因問蘭臺令史僖曰今日之會寧於卿宗有光榮乎對曰臣聞明王聖主莫不尊師重道今陛下親

19.5cm x 32.0cm

屈萬乘辱臨敝里此乃崇禮先師增輝聖德至於先榮非所敢承帝大悅曰非聖人子孫焉有斯言乎遂拜爲郎中賜孔氏男女錢帛詔僖從還京師令校書東觀出爲臨晉令卒于官

扶 字仲淵徵拜博士爲司空 孔林有碑云十九代孫

翊 舉孝廉拜御史遷中牟樂陽令 孔林有碑在冢前云十九代孫延平元年立

恭 字元上舉孝廉除郎中博昌長拜尚書侍郎治書御史博陵太守下邳相河東太守建寧四

19.5cm x 32.0cm

年十月卒孔林有碑云孔子十九世之孫其名亡矣
二十代完子曜襲封褒亭侯食邑一千户蚤卒無嗣取
毋弟之子羡繼世三氏誌云羨弟之子同母所生之弟讃之子
文　魏大鴻臚
昱讚七孫字元世少習家學大將軍梁冀辟不應太
尉舉方正對策不合辭去後遭黨錮靈帝即
位徵拜議郎補洛陽令以師喪棄官卒於家自
霸至昱爵位相係卿相牧守五十三人列侯七
人

19.5cm x 32.0cm

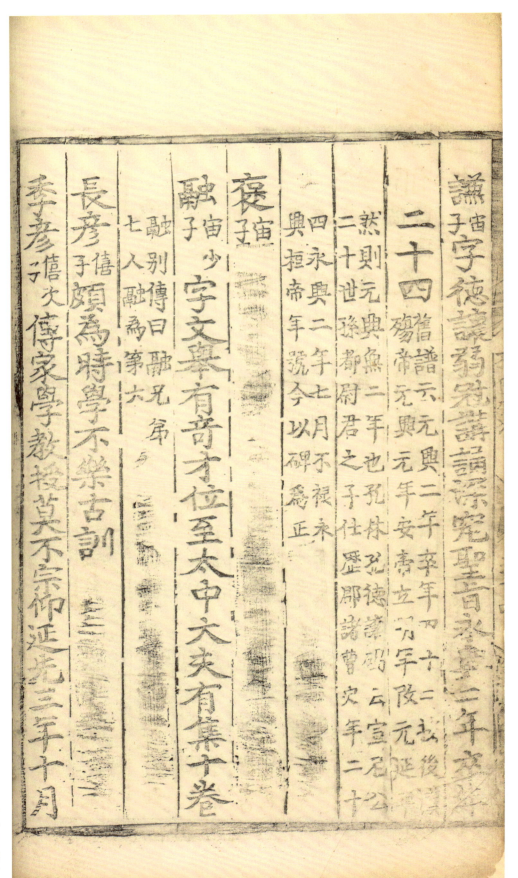

謙宙子字德讓弱冠講誦深究聖旨孝宣帝二年文[illegible]

二十四舊譜云元興二年卒年四十二卒後殤帝元興元年安帝立明年改元延平

然則元興無二年也孔林孔德讓碑云宣尼公二十世孫都尉君之子仕歷郡諸曹史年二十

四永興二年七月不禄永興桓帝年號今以碑爲正

褒宙子彊

融宙子少字文舉有奇才位至太中大夫有集十卷

融別傳曰融兄弟七人融爲第六

長彥僖子頗爲時學不樂古訓

季彥僖次子傳家學教授莫不宗仰延光三年十月

卒年四十九延光安帝年號

二十一代羨完之子魏黃初元年拜議郎封宗聖侯以
魯縣百戶奉孔子祀詔魯郡修起舊廟置百戶
吏卒以守衛之在祖墓南孔羨梁鵠所書孔子廟碑云黃初元年命
孔子二十一世孫議郎孔羨為宗聖侯新唐書
世系表襲舊譜作奉議郎又後漢書注宗聖為
崇聖皆誤矣舊譜云食邑一千戶今以碑
為正博物志云羨黃初六年為魏郡太守

毓文子征南軍司馬

郁福七世孫後漢冀州刺史

二十二代震羨子晉武始三年十二月徙封奉聖亭侯

19.5cm x 32.0cm

唐宰相世系表據舊譜自震以下皆居亭字拜太常卿黄門侍郎僉

邑二千戶年七十五

衍毓子字舒元年十二能通詩書東晉歷中書郎太

子中庶廣陵太守年五十三凡所著述百餘萬

言

揚郁子下博亭侯因家焉

潛世說譜云魏祖試十四世孫字景[illegible]後漢太子少傅避地會

稽遂為郡人按後漢獻帝季年乃延康元年歲在庚子歷魏晉至東晉之初元帝

建武元年歲在丁丑[illegible][illegible]百年潛與衍於序為兄弟而或仕後漢或仕西[illegible]晉者疑[illegible][illegible]之誤

19.5cm x 32.0cm

也他皆倣此

一猛 從王肅學家語序云二十二世孫

二十三代嶷 震子 襲封奉聖亭侯食邑二千戸

晉 衍子 廬陵太守

竺 潜子 字元愼吳南昌太守

二十四代撫 嶷子 晉舉孝廉辟太尉掾襲封奉聖亭侯

爲豫章太守食邑千戸一云二千戸

恬 竺長子 字公默吳侍中選曹尚書晉湘東太守

冲 竺次子 丹楊太守大尚書

19.5cm x 32.0cm

奕竺二子少全椒令有惠化

二十五代

懿撫二子東晉襲封奉聖亭侯又從事中郎一本云豫章太守爲從事郎食邑千戶年六十一在祖墓西孝武帝太元十一年八月封孔靖之爲奉聖亭侯奉孔子祀

愉恬長子字敬康晉左僕射餘不亭侯年七十五諡曰貞贈車騎將軍世說所謂孔車騎者

侃沖子大司農自竺以來有名江左

倫奕長子黃門郎注儀禮一卷舊譜云黃門侍郎

群奕少子字敬林少知名晉御史中丞

19.5cm x 32.0cm

二十六代鮮子懿恢廓有大度好學善談誨宋文帝元嘉十九年十二月一本誤作十五年詔奉聖之後速議承襲及令修廟四時饗祀以鮮爲奉聖亭侯食邑千戶蠲近墓五家以供洒掃栽松栢六百株後改封崇聖侯通典云宋文帝元嘉十九年封孔隱之爲奉聖侯二十八年更授孔惠云孝武大明二年又以孔邁爲奉聖侯邁卒子莽嗣莽詡俱反

閭愉子字須言襲爵建安太守散騎常侍

汪愉子字德澤晉廣州刺史侍中直諒稱

安國愉子字安國晉左僕射續晉陽秋曰安國車騎愉弟六子歷侍中太常

19.5cm x 32.0cm

尚書遷左僕射特進與祖[illegible]漢武博士諱安國舊譜於此但云名國又不載字者避博士故也

祗愉子字承祖晉郡功曹史

坦沉子字君平善春秋有文辯晉侍中散騎常侍年五十一有集五卷世說云坦歷太子舍人累遷廷尉所謂孔廷尉者晉書云坦沉之從兄與此差一世未詳

嚴倫子字彭祖領尚書有集五卷高氏小史云嚴父奕全椒令恐誤

二十七代乘鮮子博學有才藝後魏舉孝廉孝文帝延興三年四月封崇聖大夫食邑五百戶北史云封二十八世孫乘爲崇聖大夫給十戶以供酒埽蓋自叔梁紇至此亦仍二十八世

19.5cm x 32.0cm

晉 門子 長 尚書令

靜 闓子 次 字季恭侍中特進 晉書累遷尚書左僕射加後將軍

侯 注子 江夏太守

混 坦子 嗣爵 當孝 舉要云嗣父爵侍中散騎常侍

道民 嚴子 宣城內史 著譜以福民道民靜民為孝輿史冀

福民 嚴子 太子洗馬

靜民 嚴子 散騎侍郎

道隆 山陰人位至侍中

沉 群孫 字德度丞相掾 世說引孔氏譜沉祖竺父奕人群鳴臨郡沉至浪耶王之奕奕

19.5cm x 32.0cm

學晋書亦云沉爲之子此譜云群孫未詳舊譜云舉瑯琊王文學不就

二十八代靈珍子乘後魏授秘書郎孝文帝太和十六年二月改謚孔子爲文宣尼父十九年四月幸魯親祠孔子爲文孔氏四人顔氏二人以官封靈珍爲崇聖侯食邑一百戶奉孔子祀舊譜靈珍文泰皆食邑千戶今以史爲正按漢謚孔子爲褒成宣尼後魏改爲文宣尼父然則書謚文宣蓋本於此哀公誄孔子曰嗚呼哀哉尼父字也不當以爲謚

祐晋子有至行

靈符靜子丹楊陽三作尹會稽太守晋陽秋曰靜生山士山民山士會稽

19.5cm x 32.0cm

太守山氏新興公行

靈運 子靜 著作郎

紉 子俊

靈産 子道産 光祿大夫

度 子沉 吳興太守廷尉光祿大夫 以晋書考之自沉以下皆差一世

景偉 孫安国 齊散騎常侍

二十九代文泰 子靈珍 襲封崇聖侯年五十八在祖墓

南

道徽 子茹 守志業不仕能世其家風

19.5cm x 32.0cm

珪靈產子字德璋齊高帝為驃騎與江淹對掌詞筆
終散騎常侍高氏小史作稚珪

湛之靈符子

深之靈符子宋比部郎

琇之靈運子宋江夏內史有吏能

琳之廞子字彥琳以草書擅名宋侍中御史中丞有
集十卷

璩之廞子揚州從事

滔景偉子梁海鹽令

19.5cm x 32.0cm

逵之作三世孫宋水部郎尚書左丞

靈龜彥七世孫後魏國子博士

三十代渠文泰子襲封崇聖侯北齊文宣帝天保元年六月改封恭聖侯南史梁敬帝太平二年正月詔求魯孔氏族為奉聖侯

後周宣帝大象二年三月進封孔子為鄒國公

後從襲因改封鄒國公食邑千户

臻琇之子尚書三公郎

珮逵之子齊通直郎

瞱逵之子中書侍郎

19.5cm x 32.0cm

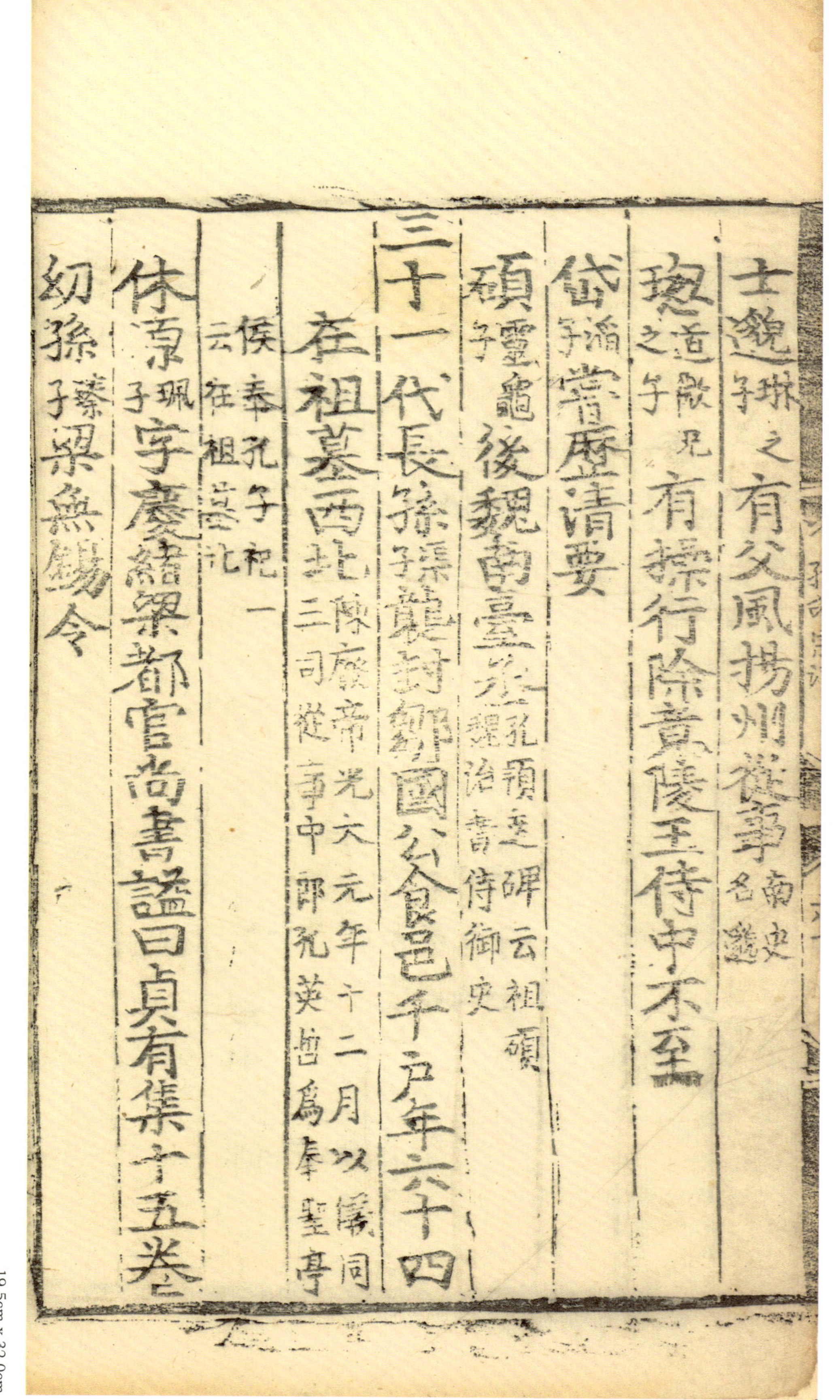
士遜 琳之子 有父風揚州從事 南史名遜

琡 道徽兄之子 有操行除竟陵王侍中不至

鉞 滔子 嘗歷清要

碩 靈龜子 後魏南臺丞 孔碩墓碑云祖碩魏治書侍御史

三十一代長孫 渠子 龍 封鄒國公食邑千戶年六十四

在祖墓西北 陳廢帝光大元年十二月以儀同三司從事中郎孔英哲爲奉聖亭

侯奉孔子祀 一云在祖墓北

休源 珮子 字慶緒梁都官尚書謚曰貞有集十五卷

紉孫 璨子 梁無錫令

19.5cm x 32.0cm

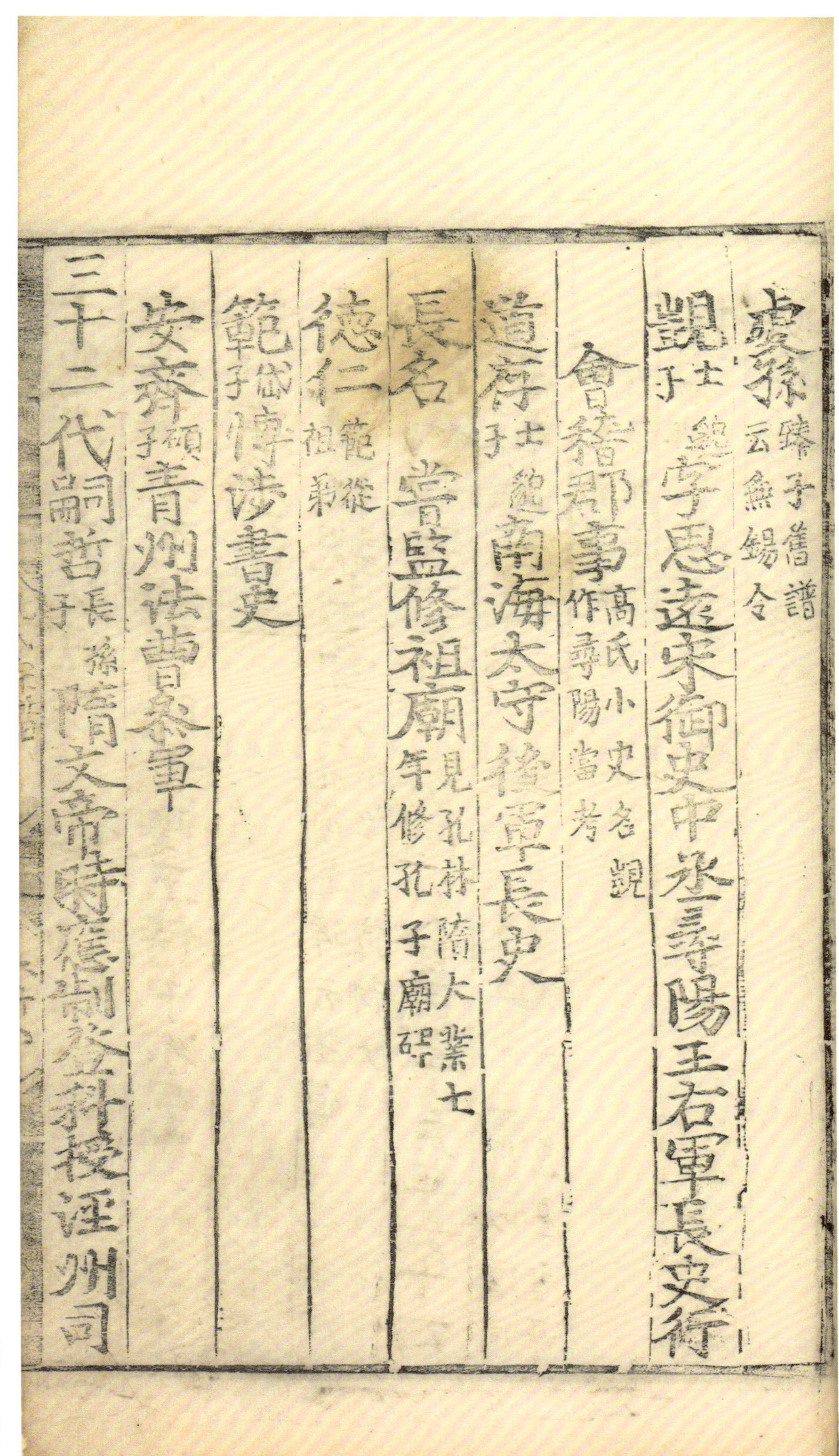
處孫 璿子舊譜云無錫令
覬 士子 總 字思遠宋御史中丞尋陽王右軍長史行
會稽郡事 高氏小史名覬作尋陽當考
道存 士子 總 南海太守後軍長史
長名 嘗監修祖廟 見孔林隋大業七年修孔子廟碑
德仁 範從祖弟
範 德子 博涉書史
安齊 碩子 青州法曹參軍
三十二代嗣哲 長孫子 隋文帝時應制登科授涇州司

19.5cm x 32.0cm

兵參軍轉太子通事舍人襲封鄒國公煬帝大
業四年十月改封紹聖侯食邑一千戶十二年
授吳郡主簿帝崩於揚州由是歸魯年七十在
祖墓西隋修孔子廟碑云以孔子三十二世孫前太子舍人吳郡主簿嗣哲封紹聖侯
當以碑為正
雲童休源長子有父風位東揚州别駕舊譜無東字
宗範休源次子隋中書黃門侍郎
奐幼孫子字休文好學善屬文陳吏部尚書中書令
年七十餘有集十五卷

長公觀子

徽長公從父弟南史云觀從弟

穎達安齊子字仲達八歲日記千餘言大業中舉明經高第歷秦王學士終第中國子司業祭酒常侍贈太常卿年七十五謚曰憲撰五經孝經正義有集五卷子志寧撰孔穎達碑云字仲達歐陽脩云碑文磨戒今以其可見者質於唐書所缺者不載卒時年壽文其享不同以此知文字轉失其貞者何可勝數

三十三代德倫嗣哲子唐太宗貞觀十一年七月封褒聖侯後漢書孔僖傳注與此同而舊唐帝紀武德二年令國子監立孔子廟仍博求其後

又虞世南所書孔子廟堂碑云武德九年十二月詔立孔嗣哲子德倫為褒聖侯與此不同未詳
朝會位同三品食邑一千戶唐史云給兗州戶二十以奉享祀兼修廟立碑高宗乾封元年正月封禪還京途由曲阜親幸祠廟
朝制贈孔子為太師孔林有唐崔行功撰贈太師先聖孔宣尼碑其廟宇制度卑陋宜加修造仍令三品一人以太牢致祭詔褒聖侯德倫既承胤緒有異常流其子孫並宜免稅賦是年二月
帝遣司稼正卿扶餘隆以太牢致祭武后天授元年十月封孔子為隆道公二年十月賜德倫

19.5cm x 32.0cm

勑書及時服年七十一

伯魚 宗範子 陳散騎常侍

紹安 奐第五子 唐中書舍人外兄虞世南嘗嘆其聰悟

有集五十卷

紹新 奐子南史云其 以文學知名

紹忠 奐子 鄱陽曹掾

志玄 頴達長子 唐國子司業

志約 頴達子 禮部郎中

志亮 頴達少子 中書舍人

19.5cm x 32.0cm

思敬德仁孫 端州刺史

三十四代崇基德倫子 武后證聖元年襲封褒聖侯中宗神龍元年五月制授朝散大夫陪祭朝會仍封鄒魯之邑百户收其租稅用以薦享仍許傳襲卒年五十六

德紹伯魚子 隋秘書省正字爵城縣丞

爲紹安子三

禎紹安子 歷蘇州長史禮部員外郎出歸州刺史卒謚曰溫舊譜名祥避宋諱故改

19.5cm x 32.0cm

其子紹安贈蒲州刺史

惠元子志玄力學國子司業三世司業時人羡之

琮子志約洪州都督舊譜云大都督

圭子志亮

三十五代遂之子崇基字嵗暉明皇開元五年襲封褒

聖侯特授四門博士邵王府文學蔡州長史十

三年十一月幸孔子宅遣使以太牢祠孔子墓

給復近墓五戶二十七年八月追謚孔子為文

宣王改封璲之為文宣公兼除兗州長史遷都

19.5cm x 32.0cm

水使者食邑一千户開元七年李邕撰西皇廟碑云三十五代孫遂之范

族賢元亨壽或專門頌儒罔墜于緒云餘皮羽雖克揚廢聲文辭作遂之字之誤也

昌寓德紹子字康成貞觀中對策高第爲膳部郎中

季詡禎子字季和早知名登制科終左補闕

若思某長子禮部侍郎母褚氏親教以景行知名封

梁郡公開元七年卒謚曰惠

仲思若思弟給事中

立言德元子祠部郎中

登言德元子黄州刺史

19.5cm x 32.0cm

務本穎達族孫滄州東光令

三十六代萱遊之子襲封文宣公兗州泗水令

彝昌寓子字奉先監察御史

至若思子字惟微著作郎明氏族學

如珪務本子海州司户贈工部郎中

三十七代齊卿萱子德宗建中三年閏正月襲封文宣

公兼徐兗州功曹轉青州司兵叅軍時遭叛亂

陷於東平新唐書與此同舊史云建中二年以文宣王三十七代孫齊賢為兗州司功唐會要云兗州司馬襲封文宣公本知疑是

19.5cm x 32.0cm

齊參舜子寶應令開元十八年辛

岑父如珪子著作佐郎贈尚書左僕射

巢父岑父弟字穎翁歷湖南觀察使給事中御史大

夫陝華招討使贈尚書左僕射謚曰忠杜甫有送巢父

謝病歸遊江東詩本傳云李懷光擾河中令巢父宣慰羅其兵方宣詔衆譟而合遂害巢父

三十八代惟晊齊卿子二元和十三年東平兵解歸曾授

兖州參軍襲封文宣公奉孔子祀復置酒掃五

十戶年六十五在祖墓東唐會要云元和四年二月以三十八代孫

惟晊為兖州參軍十三年正月以三十八代孫惟晊襲封文宣公

19.5cm x 32.0cm

惟昉　兖州參軍

克符 齊參子三 兄弟事親至孝俱隱居嵩山 舊譜作克符

克讓

述睿　劉晏薦於代宗稱其有顏閔之行德宗召
拜諫議大夫貞元十六年九月卒年七十一

戡 岑父子六 貞元二十七年登第

戣　字君嚴舉進士歷諫議大夫貞元十六年嶺
南節度使拜左丞禮部尚書致仕年七十四謚
曰貞 韓愈銘其墓曰孔氏三十八吾見其孫白而長身寡笑言云云

19.5cm x 32.0cm

戚 鄭絪撰岑父神道碑云有子五人戴戣戡戢戩歐陽修云唐宰相世系長岑父六子戣之後又有戚表據孔氏譜譜其家所藏鄭絪自言與孔氏世善作碑時戣等尚在然則譜與碑皆不應有失而不同者何也興祖按此譜亦出於孔氏乃以戚為第三唯韓愈志戣墓以為公之昆第五人戴戡戢戣公於次為第二與鄭絪碑所載同當以碑為正

戡 字君勝一云勝始進士及第掌潞書記知盧從史必敗謝病終於家贈司勳年五十七韓愈誌其墓云元和五年正月將浴臨汝之湯泉壬子至其縣食遂卒

戢 字方舉季父死辭讓官舉明經歷監察御史湖南觀察使京兆尹御史大夫本傳云初父死讓官詔與一子官

19.5cm x 32.0cm

補修武職不受諸集
父封職副缺父也

戩

三十九代策嘉會要作字惟晊子明經及第授曲阜縣尉後任
宋州温泉尉少府監主簿國子監丞襲封文宣
公遷國子尚書博士兵部之後禮事用厨宣宗
大中元年宰相白敏中奏復百縑充春秋享奠
年五十七在祖墓西南

敏行述唇字至之少而修潔元和五年及第歷拾
遺補闕起居郎諫議大夫集賢學士年四十九

19.5cm x 32.0cm

卒得年三十九

温資 戩子 太子少保 三

温質 戩四子 四門博士

温孺 明經 戩墓誌云遵孫遵憲遵裕本傳云遵孫温裕

温憲 明經

温裕 舉進士左丞天平軍節度使 咸通十一年貢防禦新修曲阜廟記云三十九代孫魯國公節鎮汶陽請以私財就兗州修葺廟宇郎温裕也

温業 戩二子 字遜志長慶元年第二人及第爲吏部侍郎

19.5cm x 32.0cm

溫諒

四十代振策字字國文懿宗咸通四年狀元及第除祕

書省校書郎京兆府興平縣尉鹽鐵轉運判官

兗州觀察判官兼監察御史祕書郎左補闕歷

水部刑部員外郎實封百縑一戶作酒掃陵廟五

十戶襲封文宣公年七十四在祖墓北

拯振弟字弘濟中和二年狀元及第歷侍郎唐世系表云策

之字舊譜云振從父弟

郁拯弟

19.5cm x 32.0cm

絢温質子三字延休咸通二年及第

綸字昌言咸通三年第九人及第歷殿院

纁字徽夫咸通十四年狀元及第

緯温孺子字化文大中十三年狀元及第相僖宗昭

宗賜鐵劵封魯公乾寧二年卒世系表緯弟曰緈字受文次白

緘

繸咸通十二年明經及第世系表温業二子騊字文為昊字濟美菜

州刺史而無繸與照按太宗實録孔承恭五代祖戡戡生温業温業生昊與此譜異

照咸通十七年第十一人及第

19.5cm x 32.0cm

成化年間

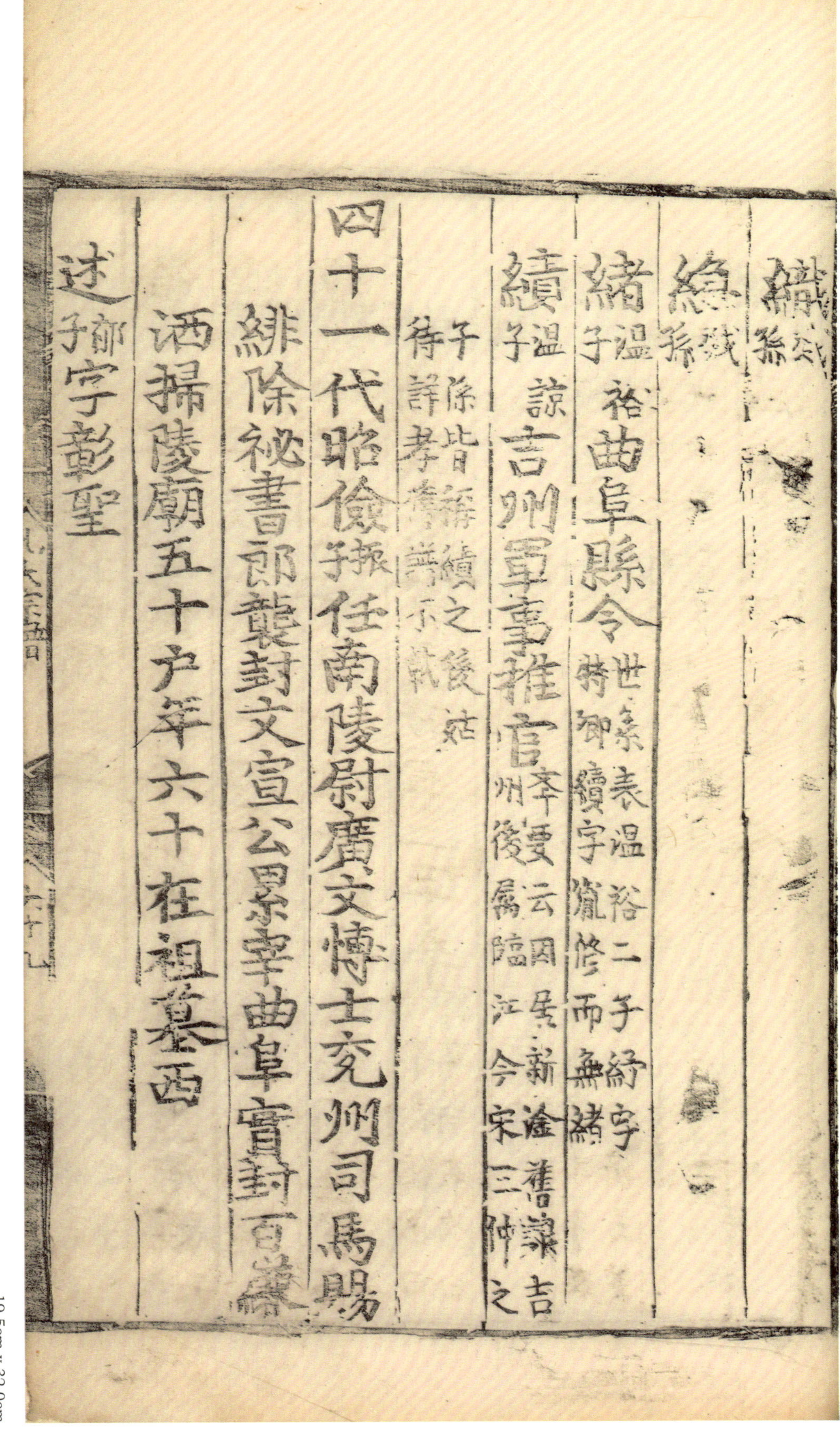

纖 孫戩

總 孫戩

緒 温子 裕 曲阜縣令 世系表温裕二子紓字特御續字滄修而無緒

續 温子 諒 吉州軍事推官 李旻云因居新淦舊隸吉州後屬臨江今宋三仲之

子孫皆稱續之後范待詳考舊譜不載

四十一代昭儉 振子 任南陵尉唐文博士兖州司馬賜

緋除秘書郎襲封文宣公累宰曲阜實封百戶

洒掃陵廟五十户年六十在祖墓西

述 郁子 字彰聖

19.5cm x 32.0cm

昌明 子熙 字紹儀光化三年第七人及第 世系表云 賁之子

昌庶 子熙 字幾聖乾寧元年及第爲虞部郎中 世系表云

吴之子後人 避諱改爲熙

昌廣 子織 世系表云 織之子

昌衙 子締 字佐化進士及第位至散騎常侍

昌序 字昭舉進士及第位至散騎常侍

昌鵬 子織

邈 字準之乾寧五年第五人及第位至諫議大夫

19.5cm x 32.0cm

遷緒子滄州乾符令贈兵部員外郎原本上缺名主云當考濟宗令

按宗文圖增入

四十二代光嗣昭儉子齋郎出身昭宗天祐中授泗水縣令陵廟主年四十二在祖墓西北道輔墓誌云泗水簿

一云在祖墓西

莊昌庶子字文忍太常少卿

四十三代仁玉光嗣子字温如長七尺姿貌異常善六

蘂光精春秋為人嚴整臨言有斷年十九任曲

阜縣主簿丙考兢除令龔文宣公後唐長興三年五月以仁

19.5cm x 32.0cm

王爲兗州兵丘令

其後周高祖廣順二年親破慕容彥超平兗州幸曲阜既奠將拜左右曰仲尼人臣也無致敬帝曰文宣王百代帝王所得無敬乎即拜奠於祠前遂幸孔林亦拜之墓前石壇乃唐封禪回謁孔子之墓也二百年間洙泗之上無鑾和之音帝以武功之餘親致敬焉帝謂近臣曰仲尼顏淵之後今有何人對曰前曲阜令孔仁玉即仲尼四十三代孫有鄉貢三禮顏涉即亞聖之後召見仁玉奏對數刻賜五品服銀

19.5cm x 32.0cm

器雜綵等及口授任曲阜令兼監察御史顏沭授主簿便令視事仍令兗州修葺祠宇孔林樵蕘樵採後終于任所年四十五在祖墓東贈兵部尚書三子宜憲勗今宗圖四子宜憲晃勗晃生延齡遂絕未詳孰是■闕里通載張鎮達善與襲封衍聖公治書云孔末一事■者尤以為不便向來廣記不載蓋諱之也其實不然此乃孔氏子孫不可忌之至痛其可諱乎有窮后羿滅夏家仲康能復舊物五子之歌與亂征之書夏氏史官不以為諱孔子錄之亦不為夏諱也此史氏之法也注曰按仁玉事據祖庭廣記顏氏所編世紀不載乃載於外錄世譜豈唐末五代之際文字不完記載為略而孔氏乃得其實邪廣記世次載仁玉九歲任曲阜縣主簿兩考滿除令襲封文宣公而卿官中

19.5cm x 32.0cm

又載廣順三年為曲阜縣令龔封文宣公子至闕里聞孔氏長老云五代時有洒掃户孔末者盖孔景等五户之裔非先聖之後或出姬姓亦未可知支蔓寖盛乗此時不綱取孔氏殲滿曲阜孔氏既盡時光嗣為泗水令往泗水殺光嗣時仁玉生九月矣光嗣夫人張氏抱歸養之外家孔末不知也末遂為曲阜令龔封魯人見仁玉年長訴於官曰末非先聖孫光嗣之子育于張氏者今九歲矣事聞于朝遂以仁玉為先聖嗣乃罷末廣順二年太祖謁孔林召對面賜章服白金雜綵復授本縣令兼監察御史既言復授則為縣令〻不在廣順三年明矣後卒于官年四十五塟祖墓東累贈兵部尚書孔氏居曲阜者皆祖尚書云孔末事祖庭廣記諱之不録此孔氏子孫所不當忌者故撫所聞備載于此予在闕里命孔氏歲時祭張夫人父母於其墓盖有澤意焉當思之濤謂既罷末而不加之罪何邪豈非逃去他所姑著逆善之說更俟考求舉

19.5cm x 32.0cm

娶云夫人裴氏祔塋夫人李氏葬於先祖塋西碑刻云隴西郡太君李氏之墓今曲阜三闕孔氏子孫皆公之後李氏夫人之所出也每歲五月二十九日實公之生辰子孫奉祀稱為中興祖

兵部尚書襲封文宣公
祖妣夫人俱祔享焉

承恭仕丁太宗朝將作監致仕

四十四代宜仁玉子三字不疑幼聰悟十歲能屬文弱冠鍾家禍哀毀聞于鄉曲乾德四年拜章闕下叙家門故事特授曲阜縣主簿開元中始以三十五代之孫爲兖州長史自是鄉官相繼不可勝數具御宫[illegible]名記秩滿赴調授黄州軍事推官時方平吳越把江鄂咽喉乃至參預兵機

19.5cm x 32.0cm

賛成時務皆不曠職受代還京太宗召見遷司
農寺丞領關市於星子鎮江左始平庶務不綱
星子實江湖之會要貨殖之都聚宜度其利害
請營之爲軍朝議以户口少且升爲縣命就宰
之政成考績有稱轉運使王明奏其言忠行篤
不踰聖祖之規守法奉公乃稱明王之用乞擢
居朝列委以事權尋入覲因獻所著文賦上覽
甚嘉焉顧問孔氏歷世之數具以實對上謂左
右曰家世有如此者也特遷太子右賛善大夫

19.5cm x 32.0cm

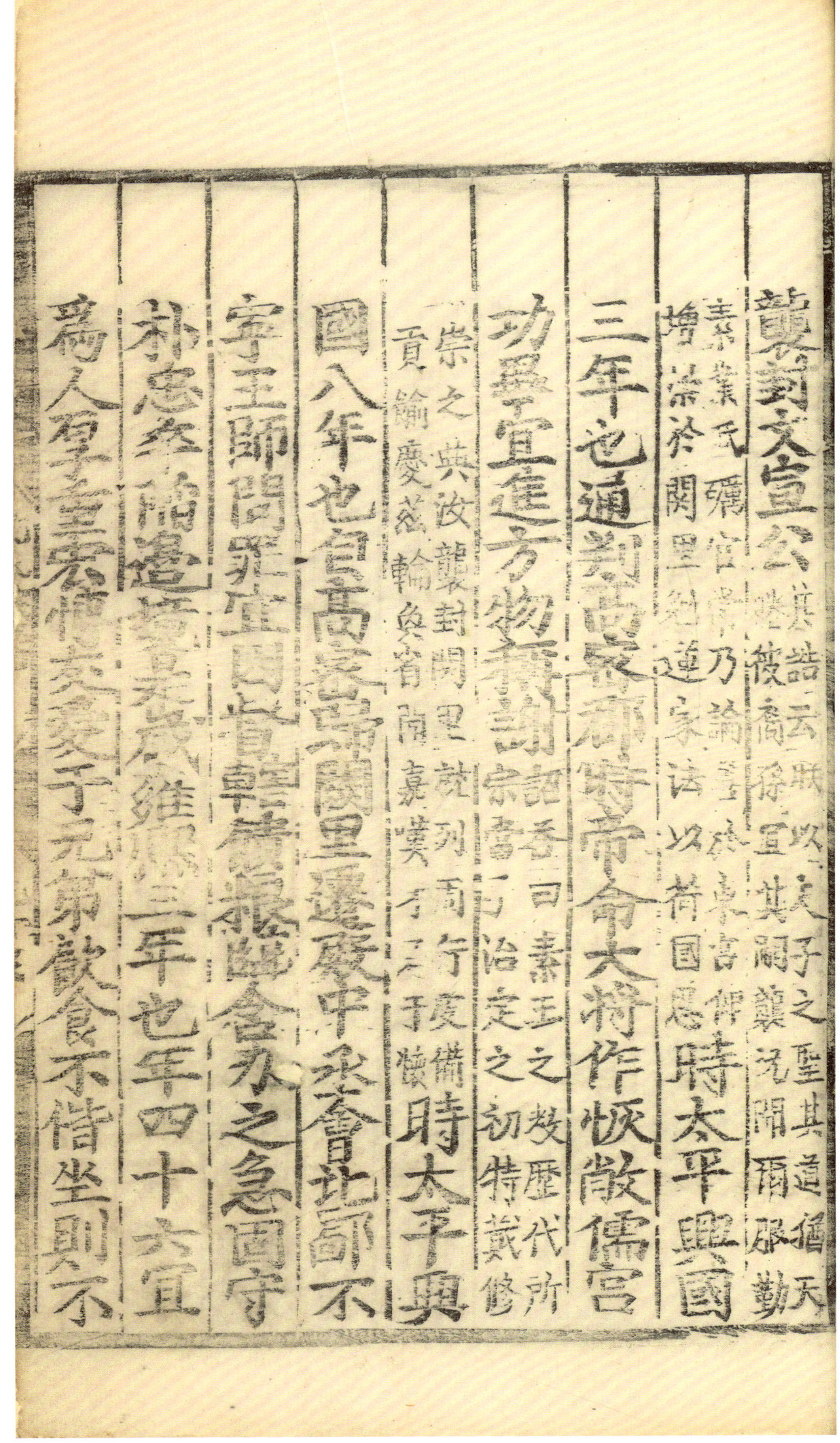

19.5cm x 32.0cm

釋訓遺書諸子從秦閔而立言之書悉不形于色爲
政臨民不善刑法其所著述多播諸人口三子
延世延澤延涇太平興國二年正月賜鄉貢進士孔世基同本科出身以褒老
聖之後
憲 進士及第任尚書工部員外郎河一作江東轉
運使
勗 字目牧進士及第歷官五十年以秘書監上
章請老分司南京主管祖廟賜酒饌以寵之告
老授尚書工部侍郎致仕勗少孤自立博學能

19.5cm x 32.0cm

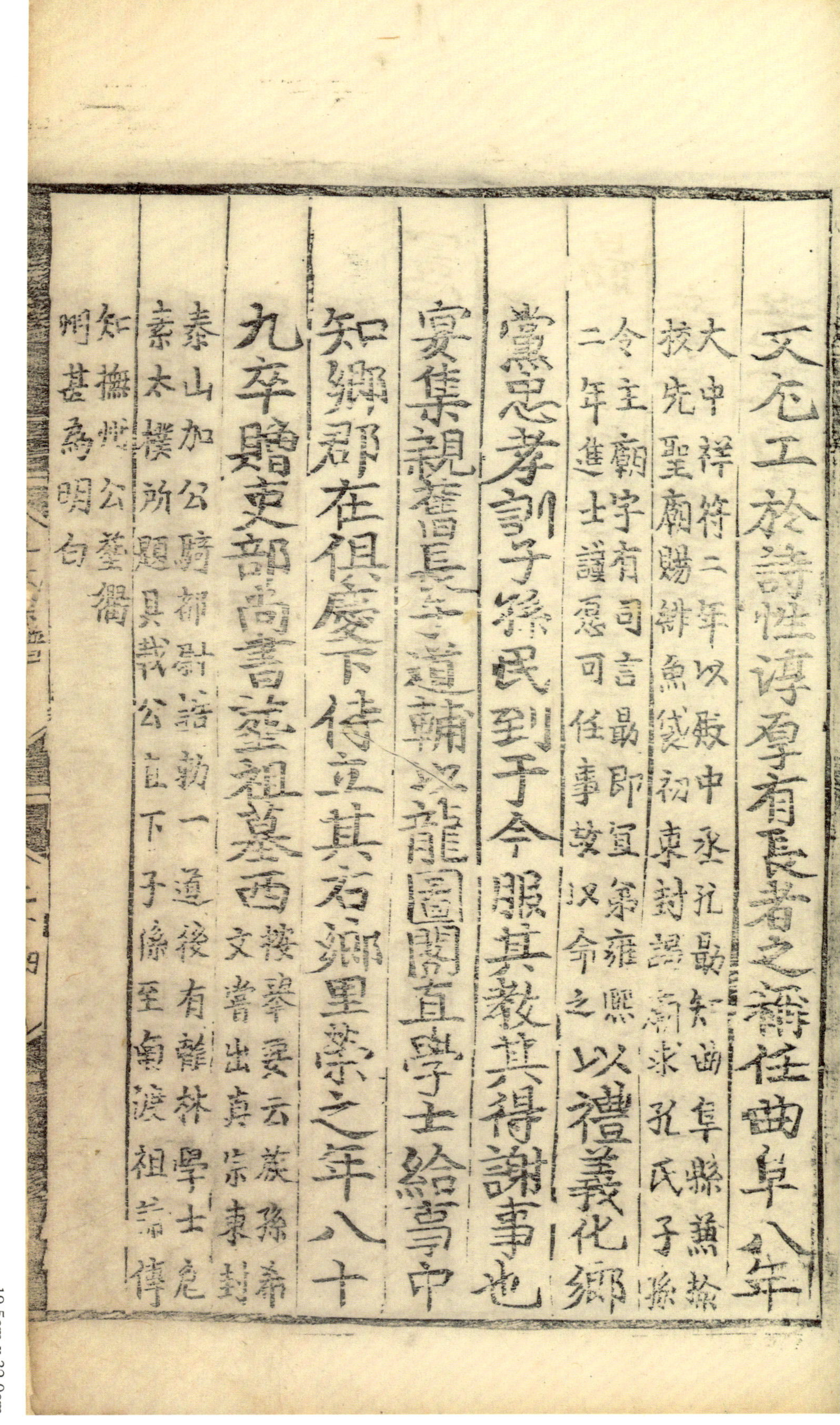
文危工於詩性淳厚有長者之稱任曲阜八年
大中祥符二年以殿中丞孔勗知曲阜縣兼撿校先聖廟賜緋魚袋初東封謁廟求孔氏子孫
令主廟字有司言勗即宜第雍熙二年進士謹愿可任事故以命之以禮義化鄉
黨忠孝訓子孫民到于今服其教其得謝事也
宴集親舊長幼之道輔以龍圖閣直學士給事中
知鄉郡在俱慶下侍立其右鄉里榮之年八十
九卒贈吏部尚書塋祖墓西樓鑰撰云族孫希文嘗出真宗東封
泰山加公騎都尉誥勅一道後有翰林學士危素太樸所題具載公官下子係至南渡祖譜傳
知撫州公塋備明甚為明白

19.5cm x 32.0cm

四十五代延世 延世字茂先昆梧有大度博學善吟詠羅縣中父没邊境特賜同學究出身授曲阜縣主簿福州閩縣長葛令許州長葛令曾鞏云主簿至道三年七月真宗宣諭侍臣令詢訪宣聖直下有何子孫呂端奏有世嫡一孫延世見在許州上令勸會知是嫡孫當與除曲阜一官用主祭祀十一月淮中書劄子抽赴闕召上殿詢以家門故事授曲阜令襲封文宣公 制曰叔敖之德尚繼絕於楚邦臧孫立言猶有後於魯国豈聖人之後可獨遠於茲爾前許州長葛縣令孔延世一鍾[illegible]

19.5cm x 32.0cm

孫之變仕文理之朝能敦素風甚有政術宜任桑梓之地以奉祭嘗之儀可上勉之

曰汝宜精心與其祖廟無稍墮也面賜束帛中

金器物太宗御書并九經書等咸平三年九月

奉勅許於廳上見知通轉運使特削庭趨禮貴

公爵也後卒於任所年三十八在祖墓西南逵焚

以來孔氏有留魯者有南渡者今據所聞錄之如左其有缺遺以俟異日　以上洪緒塘所編

舊本之說今姑存之

延澤　進士及第贈右諫議大夫

延渥　真宗東封駕幸儒廟賜同學究出身知集

19.5cm x 32.0cm

州清化縣
延之晃子擢進士第殿中丞
道輔勗子三舊名延魯字原魯進士及第在仁宗朝以剛
毅諒直名聞天下知諫院為御史中丞請明肅
皇太后歸政天子皇后郭氏廢伏閤以争得罪
然後已其大節如此士大夫以其不終大位為
天下惜之所至官治数以爭職不阿或絀或遷
持一節以終身未嘗自詘其在兖州有近臣進
詩百篇執政有請除龍圖閣直學士者上曰是

19.5cm x 32.0cm

詩雖多不如乳某一言乃以龍圖閣直學士復
召爲御史中丞寶元二年出知鄆州道病卒年
五十四上思其忠特贈工部侍郎累贈司空在
祖墓西南百步按祖庭廣記云祥符五年登進
士第嘗爲龍圖閣直學士復召
爲中丞道輔直道獨立朝廷尊嚴嘗知諫院上
書請章獻明肅太后歸政天子而廷奏樞密使
曹利用上御藥羅崇勳罪狀後帝廢后乃極諫
黜知兖州及再爲中丞劾宦者馮士元事盡法
不徇景祐初以龍圖閣直學士知鄆郡後知鄆
州中路得疾卒年五十四瘞祖墓西南後詔追
復郭皇后位號而近臣有爲帝言道輔明肅太
后時事者帝亦記其生平所爲贈尚書工部侍
郎累贈太尉開府儀同三司道輔不好鬼神禨
祥事初在寧州道士治真武像有蛇穿其前數

19.5cm x 32.0cm

出以近人，衆傳以為神，歎以聞於朝，刺史率其
屬往拜之，蛇果出，道轅舉笏擊殺之，自州將以
下皆大驚曰，神蛇尚殺之，不可犯也。後徂徠山
石介作擊蛇笏銘云，今與笏藏於家，世云」之○濤
按公為寧州推官，擊蛇之時秉笏言曰，明則有
禮樂，幽則有鬼神，惑吾民，亂吾俗，殺無赦，遂擊
殺之。王安石作墓誌，宋工部郎中張宗益作後
碑，皆不著此語，故附錄於此。張宗益所作後碑
至今立墓前，明載公舊名延魯，為国信使時乃
改今諱，而顏氏外紀於四十五代別出延魯，蓋
不考之誤也，他或類此。舉要云，要尚氏封金部
夫人，再封鄧國夫人，其擊蛇笏謝世相傳，今五
十三代潮州知事濤家藏之，并有宋国子監丞
徂徠山人石介所撰擊蛇笏銘云。又云中丞公
墓碑云元祐五年尚書工部郎中張宗益撰，上
題曰孔公後碑，下云長孫若升篆額，次孫若谷
書丹，次孫若古書後序，若古即南渡中奉公傳
之原名也。錄譜至此，不可以不紀之。魯衢孔氏

公出六之後

良輔昜次子字師魏性慷慨有氣節急人之病疾人之惡長於吏才智策過人官至大理寺丞上章求退歸守林廟乃授太子中舍制曰茵未老而願謝政歸事墳廟知止之賢朕用嘉之年六十四在祖墓東北

彥輔昜弟少子字德甫幼聰悟落筆為文衆推伏年十八任仙源縣主簿秩滿以郊祀恩授將作監主簿父疾乃上章懇求侍養在膝下十五年衣不

19.5cm x 32.0cm

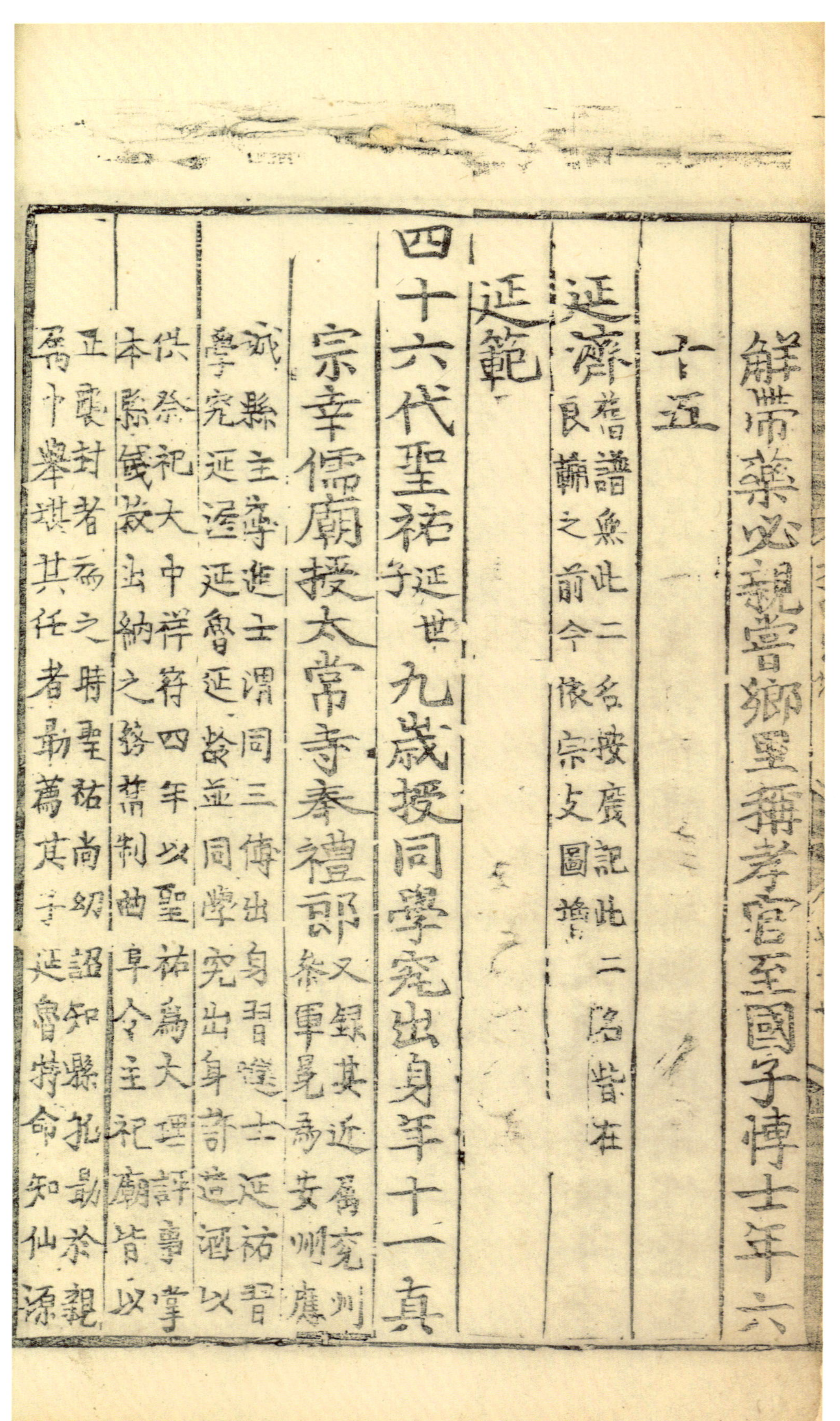

解帶藥必親嘗鄉里稱孝官至國子博士年六

十五

延濟舊譜無此二名按廣記此二名皆在良翰之前今依宗支圖增

延範

四十六代聖祐字延世九歲授同學究出身年十一真

宗幸儒廟授太常寺奉禮郎又録其近屬兗州參軍冕爲安州應

誠縣主簿進士渭同三傳出身習進士延祐習

學究延溼延魯延齡並同學究出身許造酒以

供祭祀大中祥符四年以聖祐爲大理評事掌

本縣錢穀出納之務著制曲阜令主祀廟皆以

正襲封者而之時聖祐尚幼詔知縣孔勗於親

屬中舉堪其任者勗薦其子延魯特命知仙源

19.5cm x 32.0cm

縣主管祠廟天禧五年以光祿寺丞襲封文宣公知
仙源縣終於太子中舍年三十無嗣取堂弟宗
愿承襲按祖庭廣記云年十一景德四年八月十九日賜同學究出身大中祥符元年八月五日詔封祀日賜令衣緑次京官陪位注初上謂宰相王旦等曰宣聖孫止有出身未霑命服難列班次故特命爲授奉禮郎寺知曲阜縣四年爲大理評事後爲光祿寺丞天禧五年二月襲封文宣公知仙源縣事遷贊善大夫卒于家無嗣以親堂弟宗愿繼世
宗愿延澤子字子莊天聖中以叔父道輔蔭補太廟
齋郎先是兄聖祐蚤世無嗣朝廷講求遺墜推
次授監主簿襲封文宣公嘉祐中祖擇之

19.5cm x 32.0cm

言前代封孔子後者在漢魏曰褒成宗聖在晉宋曰奉聖後魏曰崇聖北齊曰恭聖後周及隋封鄒國唐初曰褒聖開元中謚孔子為文宣王遂封其後為文宣公是以祖謚而加後嗣也朝廷下其議乃改封為衍聖公累遷尚書比部員外郎通判濰州卒於任所年六十三在祖墓西南宗愿博涉文史魁岸閎廓善與人交睦族和孝潔誠於祭祀四子若蒙若虛若愚若拙

按祖庭廣記云寶元三年九月為國子監主簿襲封文宣公知仙源縣事兼管句文宣王廟仁宗至和二

19.5cm x 32.0cm

年三月丁卯詔封孔子後衍聖公初太常博士
祖無擇言宗愿襲封文宣公然祖謚不可加後
嗣乞詔有司更定美號仍下兩制更封宗愿而
令世襲爲其制曰孔子之後以爵號褒顯冊世
不絕其來遠矣自漢元帝時爵爲褒成君以奉
其嗣至平帝時封爲褒成侯始追謚孔子爲褒
成宣尼公褒成其國也宣尼其謚也公侯其爵
也後之子孫雖更改不一而不失其義至唐開
元中始追謚孔子爲文宣而尊以王爵封其嗣
褒成侯爲嗣文宣公孔氏子孫去國名而襲謚
號禮之失也盖由此始朕稽考前訓惇採群議
皆謂宜去漢之舊章唐之失稽古正名於義爲
當朕念先帝崇尚儒術親祠闕里而始加至聖
之號務極尊顯之意肆朕纂臨繼奉先志尊儒
重道不敢失墜而正其後裔嗣襲之號不其重
歟宜改至聖文宣王四十六代孫宗愿爲衍聖
公卒贈諫
議大夫

19.5cm x 32.0cm

宗簡延之子舊本無今依宗圖增入

舜亮道輔子二歷官至知齊州左中散大夫上柱國會稽縣開國伯食邑七百戶賜紫金魚袋致仕累贈特進少師嘗著粹籍在祖墓西南娶李氏封長樂郡君再封慶國夫人舉要云見公之墓碑上刻云四十六世孫左中大夫墓紹聖二年正月初一日男若谷傳立石碑陰亦刻子若升若谷傳三人孫端節至端懿八人曾孫璩琛璃三人諱傳者寶南渡四十七代祖知撫州中奉公之名也具載明白於孔林齋廳覩壁間石刻有舜亮公焚黃日有感詩一首云捐館今踰四十霜無心宴樂但悲涼欲論此意誰人會風木終天恨不忘特書于此庶後之子孫得有所據而企其祖德云

19.5cm x 32.0cm

宗翰　刑部侍郎與兄皆錄廳及第擧要云按中丞道輔公墓
誌云宗翰為太常博士恐先博士而後為侍郎
今曲阜子孫称宗支指公為小侍郎位下大侍
郎則指吏部尚書最公嘗為尚書工部侍郎也
公作譜叙元豐八年十一月二十二日朝議大
夫知洪州軍州事兼管內勸農事江
南西路兵馬鈐轄柱國賜紫金魚袋

宗壽良輔子二　承議郎致仕

宗哲　從事郎仙源縣丞舊本作宗質非按祖庭
廣記云大觀二年以從
事郎任兗州觀察推官又有宗一政和三年任
仙源縣丞圖譜皆無宗一疑為舜亮舊名也

漢英彥輔子二　幼聰慧博覽經史蚤卒

宗穀　今宗圖作宗愨

19.5cm x 32.0cm

四十七代若蒙子四琮愿字公明襲封衍聖公元祐元年以宣德郎改封奉聖公又詔襲封者白身與奉奉郎以主奉先聖祠事為職若蒙坐事廢以弟若虛承襲

若虛字公實奉議郎襲封奉聖公卒于朝廷復以若蒙子端友繼之熙豐間專主祀事不任他職大觀間後以奉聖為衍聖

若愚權襲封祭祀事

若拙字公智進士及第金州司理

若昪子三舜亮字公淵元豐元年任仙源縣主簿五年卒

19.5cm x 32.0cm

以新泰縣令監修祖廟後贈朝奉請一作大夫

若谷 字公悳大觀二年以文林郎任仙源縣丞

朝散郎致仕

傳 舊名古 字世文精於易學博極群書操行介潔不

為利誘勢怵依闕里祖廟而居建炎高宗南渡

師族拜蹕闕下叙家門舊典寓居三衢於是孔

氏有因仕而家於雲川新安臨川鄂諸者皆自

衢而分 今臨川雲川皆絕 嘗知邠州鋤豪抉貪吏民畏

服知峽州平毘澧寇以功進秩知撫州建昌卒

19.5cm x 32.0cm

閒單車撫諭之至則帖然自號杉溪進續白氏六帖文樞要紀書選秘省有東家雜記杉溪集官至中散大夫贈中奉大夫年七十五葬衢城北孝悌里前室崔氏夫南渡先卒葬孔林繼室劉氏陳氏俱封令人祔塋公墓側按祖庭廣記云元祐四年任仙源縣主簿政和五年以朝奉郎任京東路轉運司管勾文字及具載東家雜記序謂向者皆詣京師有朝貢問濤曰今江南多有孔氏或云其與衢族等爾或云其非聖裔果何如耶

傳巻之曰四十七代中奉公傳與四十八代襲封衍聖公端友於宋建炎辛亥避兵去魯南渡距至元丙子總一百四十六年混一之初祖遂紛爭襲爵時先祖五十一代應祥爲衢族最

19.5cm x 32.0cm

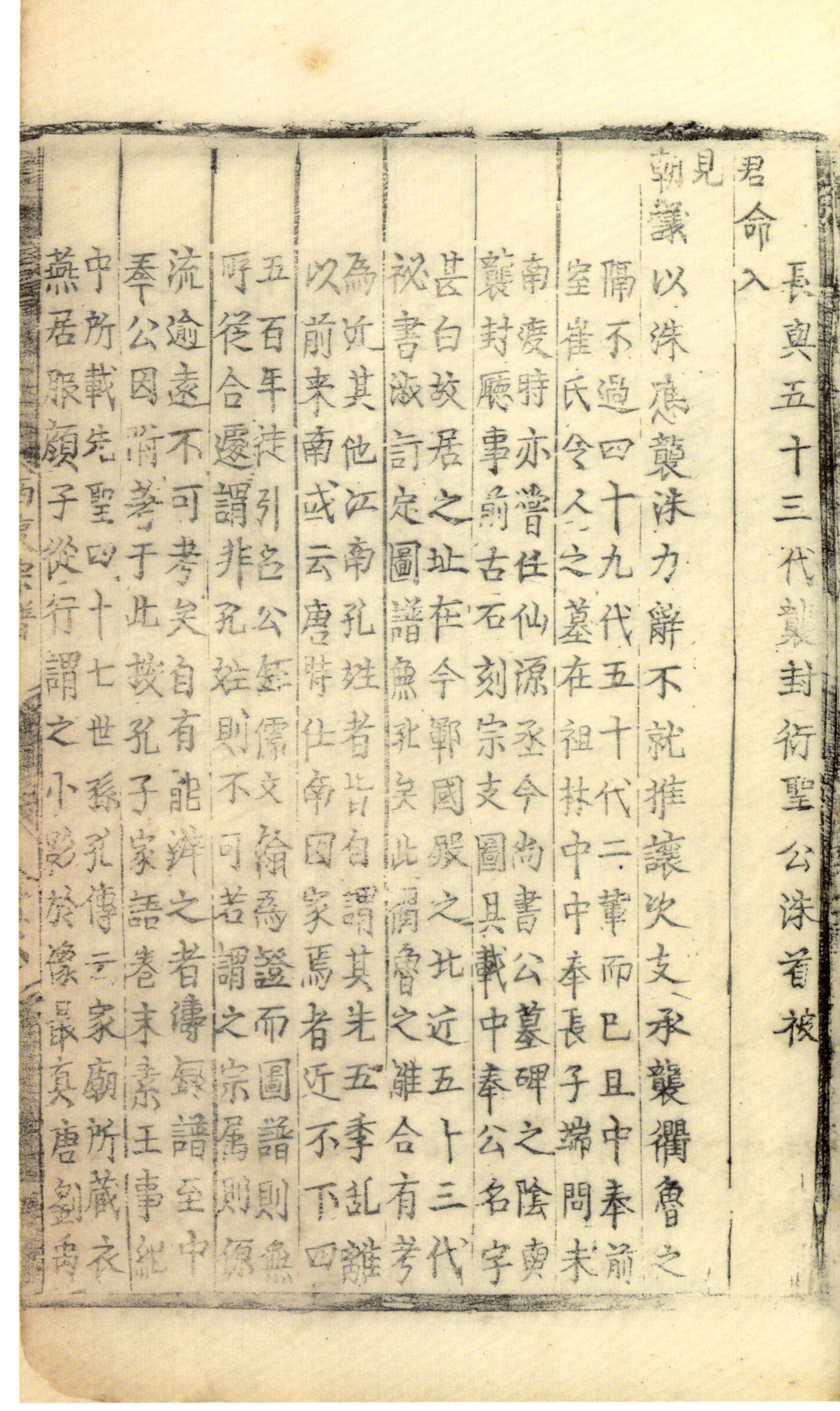
長與五十三代襲封衍聖公洙首被
君命入
見
朝議以洙應襲洙力辭不就推讓次支承襲禰魯之
傳不過四十九代五十代二葉而已且中奉前
室崔氏令人之墓在祖林中中奉長子端問未
南渡時亦嘗任仙源丞今尚書公墓碑之陰實
襲封聽事前古石刻宗支圖具載中奉公名字
甚白故居之址在今鄆國殿之北近五十三代
秘書淑訂定圖譜無訛矣此禰魯之雖合有考
為近其他江南孔姓者皆自謂其先五季亂離
以前來南或云唐時仕南因家焉者近不下四
五百年徒引名公鉅儒文翰為證而圖譜則無
所從合遷謂非孔姓則不可若謂之宗屬則源
流逾遠不可考矣自有能辨之者傳錄譜至中
奉公因嘗考于此披孔子家語卷末素王事紀
中所載先聖四十七世孫孔傳云家廟所藏衣
燕居服顏子從行謂之小影於像最真唐劉禹

19.5cm x 32.0cm

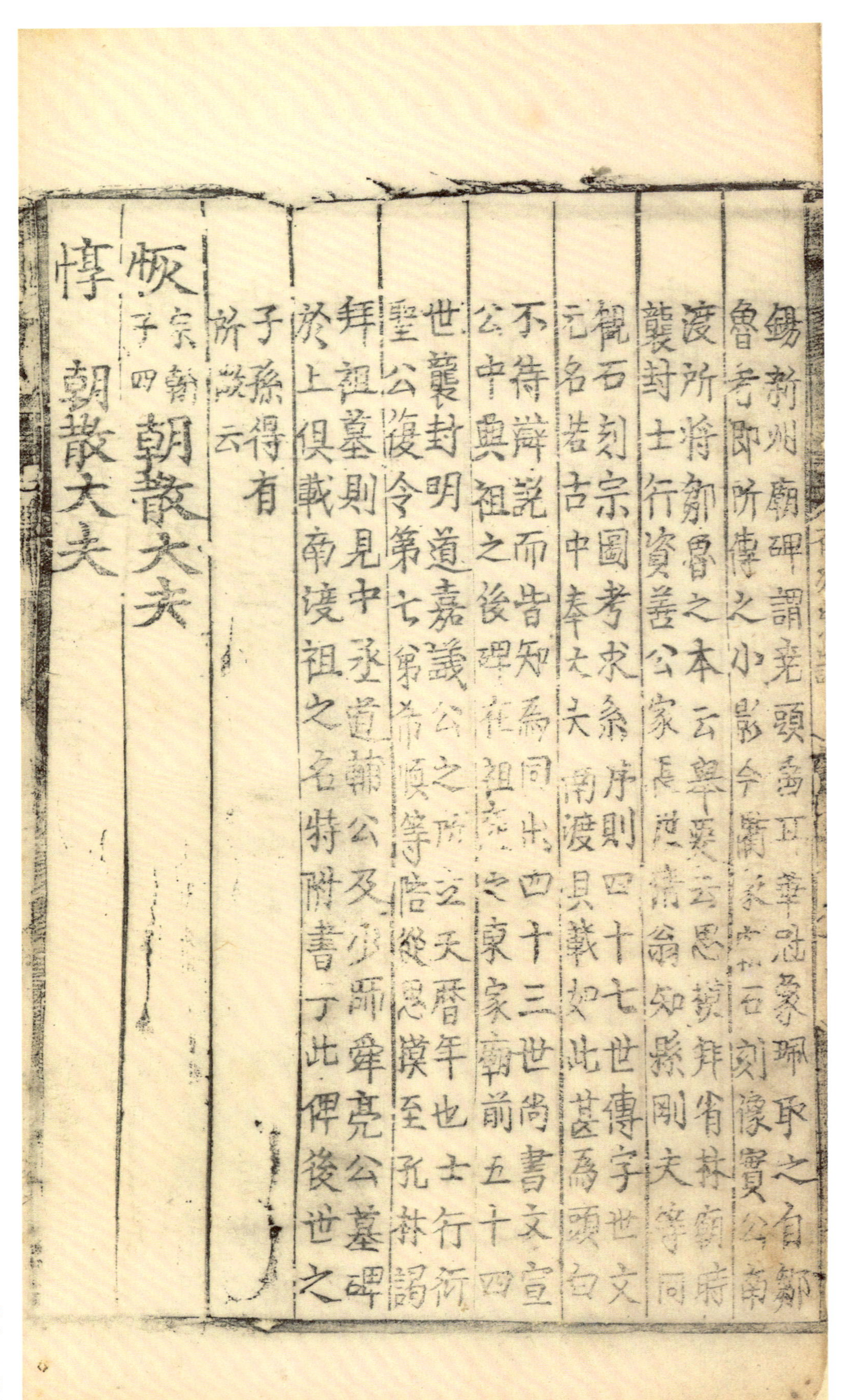

錫新州廟碑謂堯頭禹耳舉此參驗取之自鄭魯者即所傳之小影今衢家亦有石刻像實公南渡所將鄒魯之本云舉要云思敬拜省林廟府襲封士行資善公家長從清翁知縣剛夫等同觀石刻宗圖考求系序則四十七世傳字世文元名若古中奉大夫南渡具載如此甚爲頭白不待辯說而皆知爲同出四十三世尚書文宣公中興祖之後碑在祖茔之東家廟前五十四世襲封明道嘉議公之所立天曆年也士行衍聖公復令第七弟希頎等陪從思撰至孔林謁拜祖墓則見中丞道輔公及少師舜亮公墓碑於上俱載南渡祖之名特附書于此俾後世之子孫得有所攷云

㤓 宗翰子四 朝散大夫

惇 朝散大夫

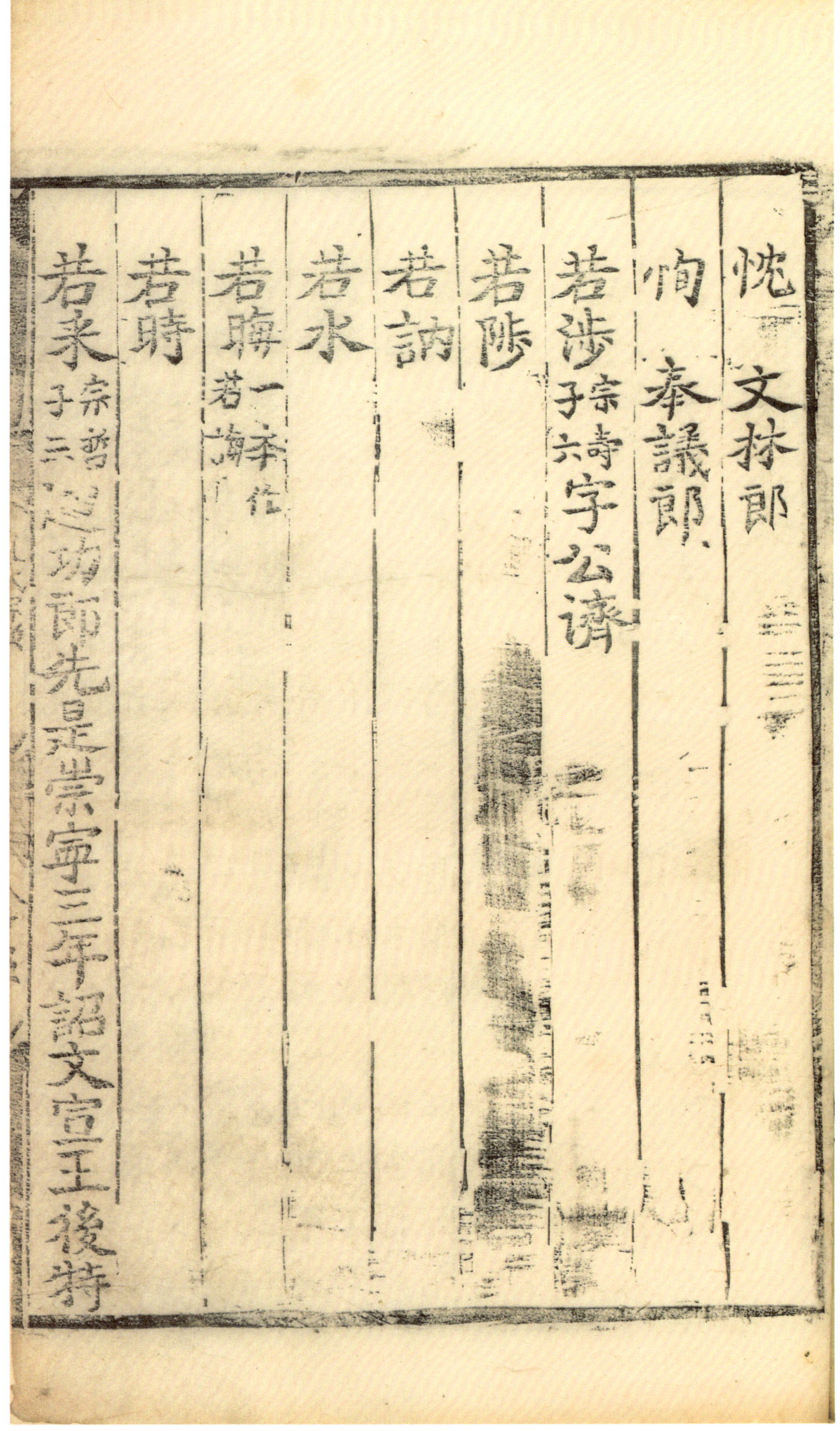

恍　文林郎

恂　奉議郎

若涉　宗壽子六　字公濟

若陟

若訥

若水

若晦　一本作若誨

若時

若采　宗哲子三　迪功郎先是崇寧三年詔文宣王後特

19.5cm x 32.0cm

與親屬一名判司簿尉事故即以最長承繼於
是以進士孔宗哲爲開德府秉氏縣主簿宗哲
死端友請以若秉繼之
若惠
若冰
若璞子二 渼 英
若盤
若鎰宗子 敦 祖庭廣記云金天會八年以迪功郎任
仙源縣主簿

19.5cm x 32.0cm

若初　寧公禎進士及第

若師

若符

若咒

若鈞

若冲

四十八代端友　子若蒙
字子交朝奉郎襲封衍聖公事
主管兗聖廟崇寧三年十一月司封員襲封衍
一文宣王之後世以長子襲封衍
聖公未有官者除判司簿尉一
文宣王之後常
聽一人注兗州仙源縣官一元
若元年詔白身

宗

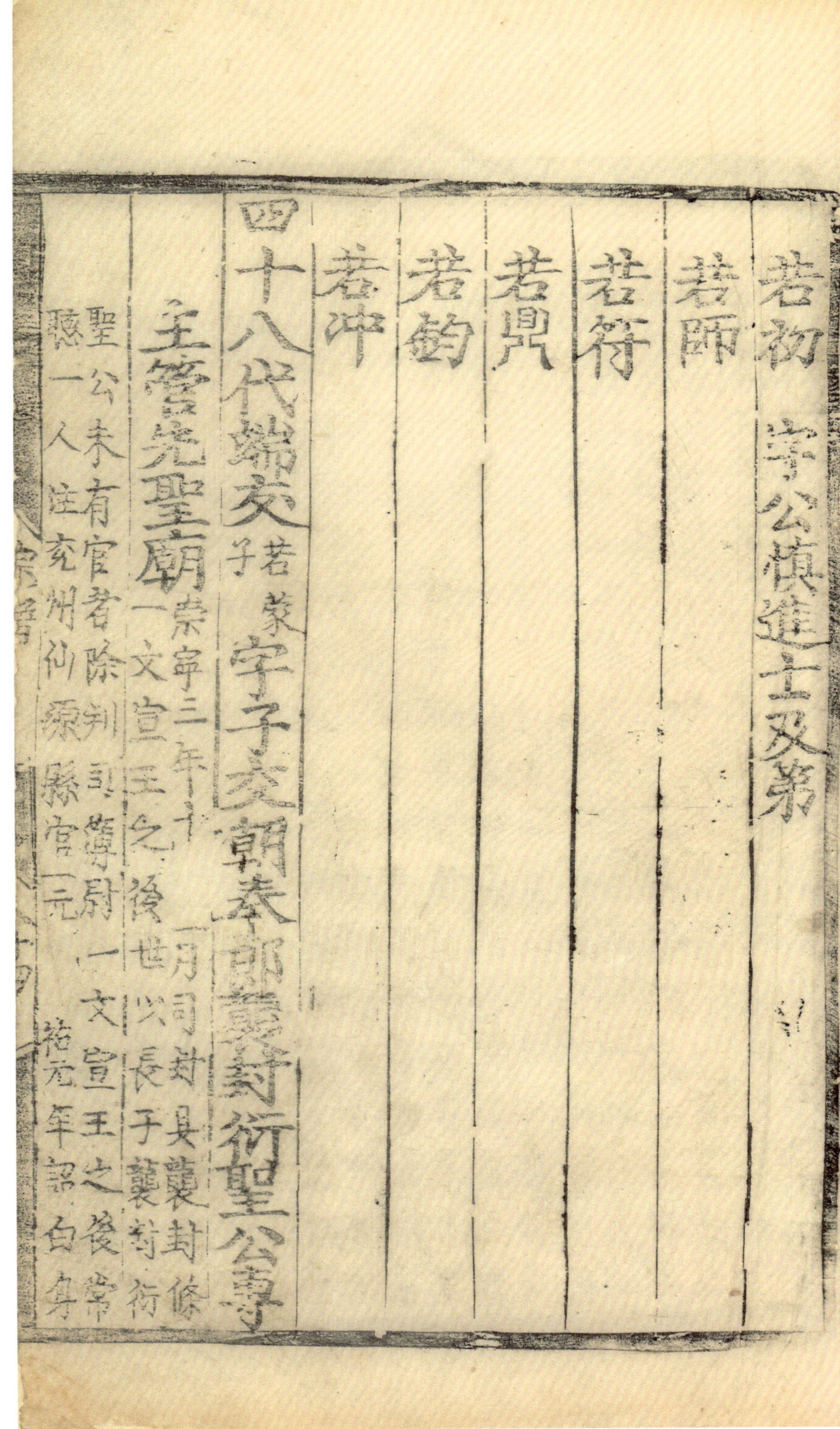

襲封者除承奉郎於是除端友承奉郎襲封宣
和間加直秘閣祖庭廣記云白身受朝奉郎直
秘書閣襲封衍聖公官句祀事誥曰至聖文宣
王四十八代孫端友自書契以還爵於朝者多
矣未有傳世四十有八而不絶者也惟爾文宣
王之後必當承襲宜錫文階并示寵優往加惟
寅務保厥榮宣和三年十一月特轉通直郎除
直秘閣賜緋章服仍許就任關陞以示崇獎誥
曰先聖古今之師也由百世之後尊百世之王
者未有能遠之者朕既法其言尊其道舉以爲
治猶以爲未也又録其後裔以襲大之爾先聖
之系官東魯積有年矣通籍金閨陞華芸閣以
示崇獎改尚勉哉後建炎四年與良父傳南渡
寓衢因家焉紹興二年權發遣柳州到任病卒
舉要云詳觀元天曆年間襲封衍聖公思晦字
明道所立宗圖石刻云四十八代端友字子交
朝奉郎襲封衍聖公列載如此後觀大成門外
東壁有宋中散大夫直秘閣知軍府事錢[illegible]言

19.5cm x 32.0cm

謁朝詩宣和元年十月廿八日也孔子墓石儀
記宣和五年十月初三日也背端友公未南渡
前所立洪武辛亥襲封希學並衍公所列互下
宗支圖小碑亦載公名然用此記以便尋閱端
友等避兵南渡見宋中興聖政三氏誌云四十
八代端友字子交崇寧三年復封為衍聖公建
炎初偕叔父孔傳姪玠扈從高宗南渡寓三衢
終知郴州玠端操第四子繼端友紹興八年上
賜玠田五頃洪祀見載通鑑續編後玠生搢搢
生文遠文遠生萬春萬春生洙俱宋襲封衍聖
公于衢至元始讓封焉

端操 端友弟 襲封衍聖公

端本 若虛子

端廉

19.5cm x 32.0cm

端裕

端恪

端獮 若愚子四舊本此之前有端民宗支所無今删之

端稚

端禀

端立

端美 若拙子四

端常

端中

19.5cm x 32.0cm

成化年間

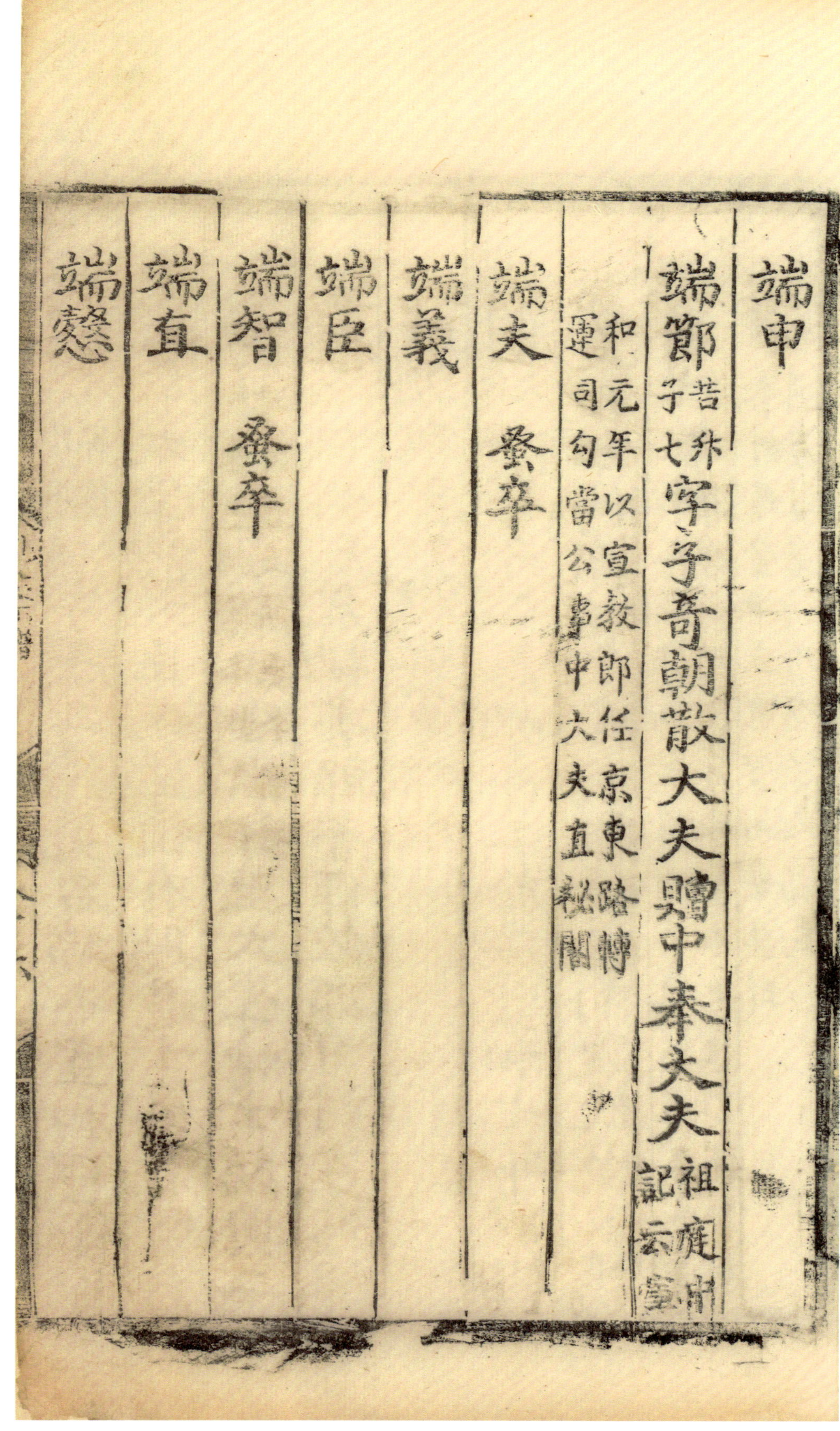

端申

端節昔外子七字子奇朝散大夫贈中奉大夫祖庭廣記云宣和元年以宣教郎任京東路轉運司勾當公事中大夫直秘閣

端夫　蚤卒

端義

端臣

端智　蚤卒

端直

端愨

19.5cm x 32.0cm

端朝若升子為若谷後字子工後更名端木宣和四年徽宗幸太學詔大臣先聖後有賜進士第者當自今日始召見賜上舍出身至太學博士紹興二年召試館職歷祕書郎著作佐郎司封員外郎終朝散郎知臨江軍寓居徽州

端問傳子六字子誠篤學而工於詩宣和七年以迪功郎任仙源縣丞建炎初侍父南渡授從政郎洪州奉新縣丞舉要云紹興年間以病卒於官所朝廷以聖人之後給係省錢於奉新縣管下五里官山安塟附祀邑庠嘗著沂川集恭人高氏

19.5cm x 32.0cm

端守　蚤卒

端己　字子正侍移溪渡江而南習見祖庭舊事常舉以訓族之子弟歷官五十年介潔不污終奉議郎年八十一贈少保

端位　字子著儒林郎常德府録事參軍

端植　字子固居官以廉介稱嘗宰鄂之通城民至今思之終承直郎湖州武康丞寓居通城

端隱　字子宣文林郎江陵府察推

崧子恢　宣義郎祖庭廣記云建炎二年以宣教郎僉書泰寧節度判官廳公事

19.5cm x 32.0cm

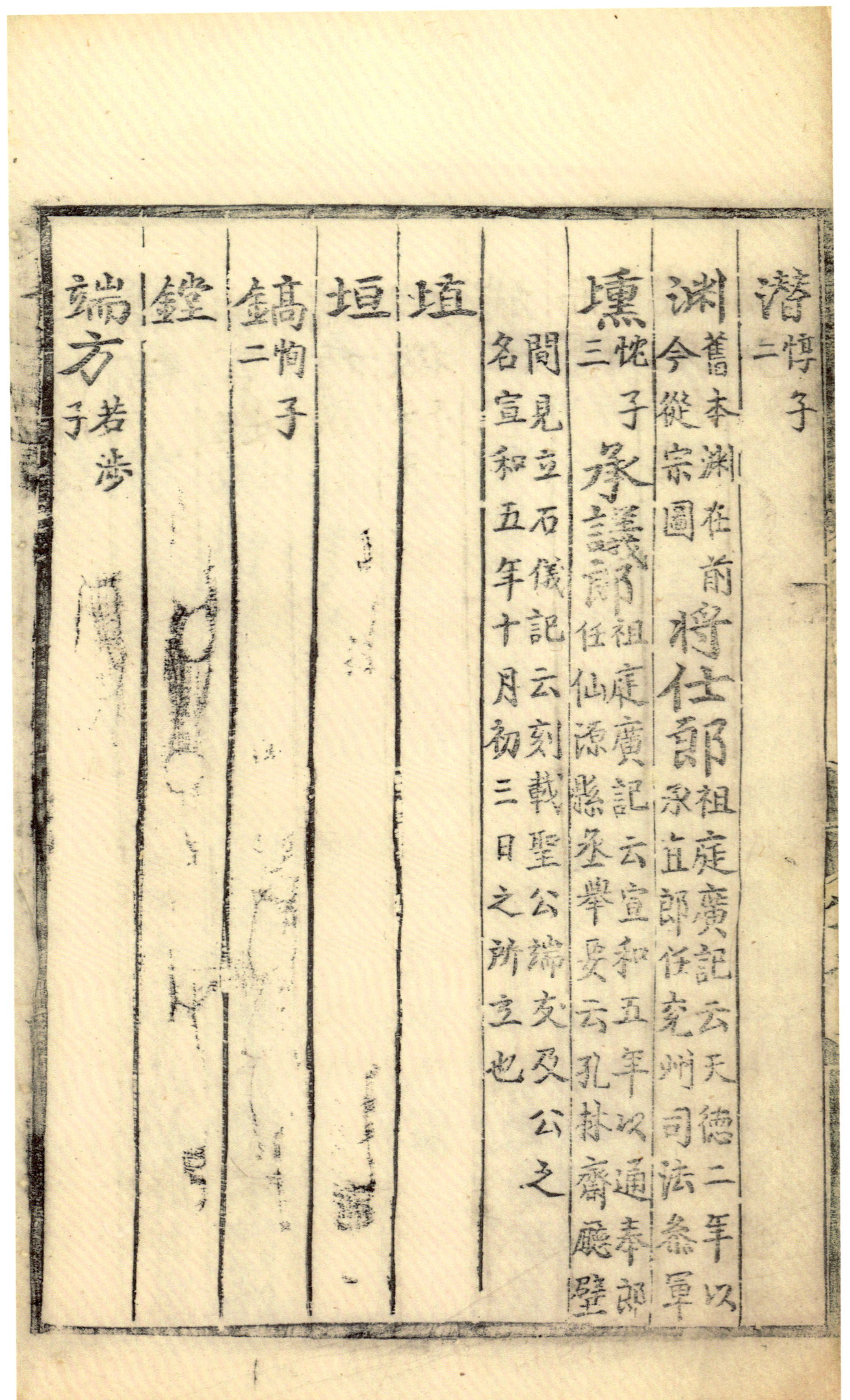

潛 惇子 二

渊 舊本渊在前 今從宗圖 將仕郎 祖庭廣記云天德二年以承直郎任兗州司法參軍

壎 惔子 三 承議郎 祖庭廣記云宣和五年以通奉郎任仙源縣丞舉安云孔林齋廳壁間見立石儀記云刻載聖公端友及公之名宣和五年十月初三日之所立也

埴

垣

鎬 恂子 二

鐙

端方 若夢子

19.5cm x 32.0cm

成化年間

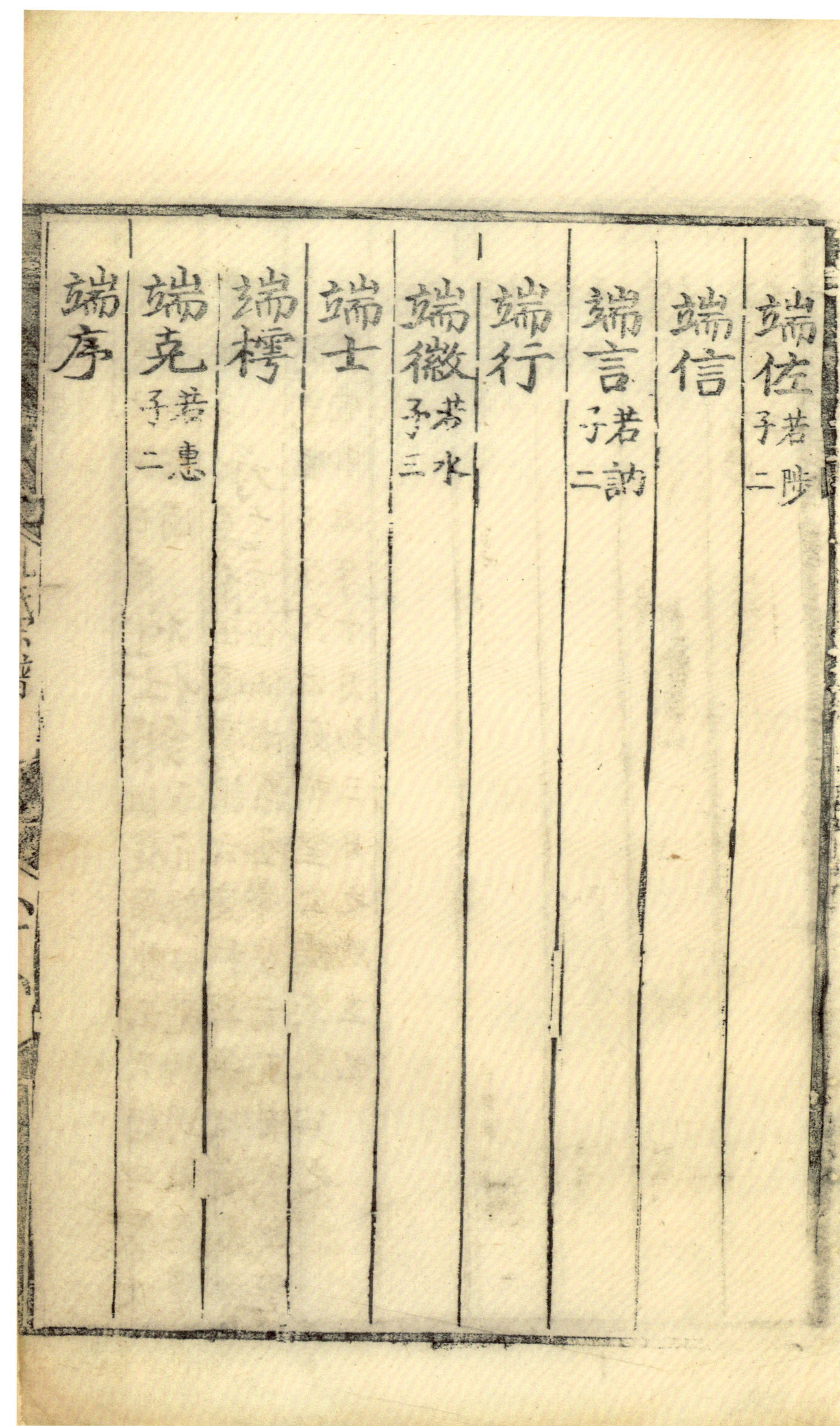
端佐 子二 若陟

端信

端言 子二 若訥

端行

端徽 子三 若水

端士

端樗

端克 子二 若惠

端序

19.5cm x 32.0cm

端國 若冰子三

端懋

端用

端鄉 若盤子二

端揆

端顺 若鑑子二

端誠

端甫 若初子二

端曠

考證表

機關代號第　號

保管單位第　號

本案卷内共有壹本九十四張張已編號之文件。九十四頁

保管單位缺點的説明。

附註

檔案工作人員的職務（簽名）

公元一九六二年十二月　日

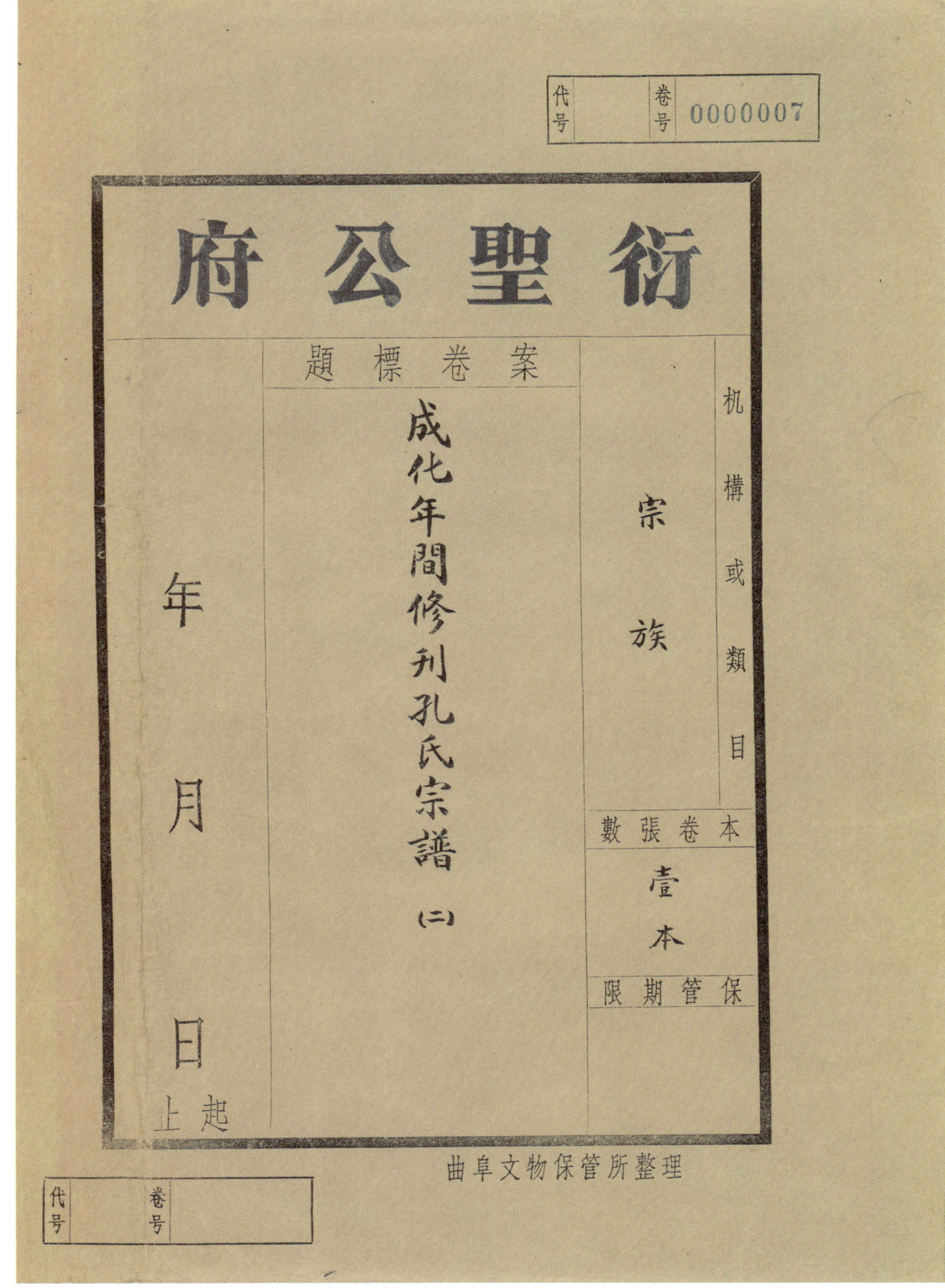
代号 卷号 0000007

衍聖公府

案卷標題

成化年間修刊孔氏宗譜（二）

機構或類目

宗族

本卷張數

壹本

保管期限

年 月 日 起上

曲阜文物保管所整理

代号 卷号

顺序号	作者	内容摘要	文件上的号数	文件上的日期	文件所在的张数	备註
		成化年間修刊孔氏宗譜		年 月 日	—	
				年 月 日	—	
				年 月 日	—	
				年 月 日	—	
				年 月 日	—	
				年 月 日	—	
				年 月 日	—	
				年 月 日	—	
				年 月 日	—	

卷內目錄　　填寫人　　年　月　日

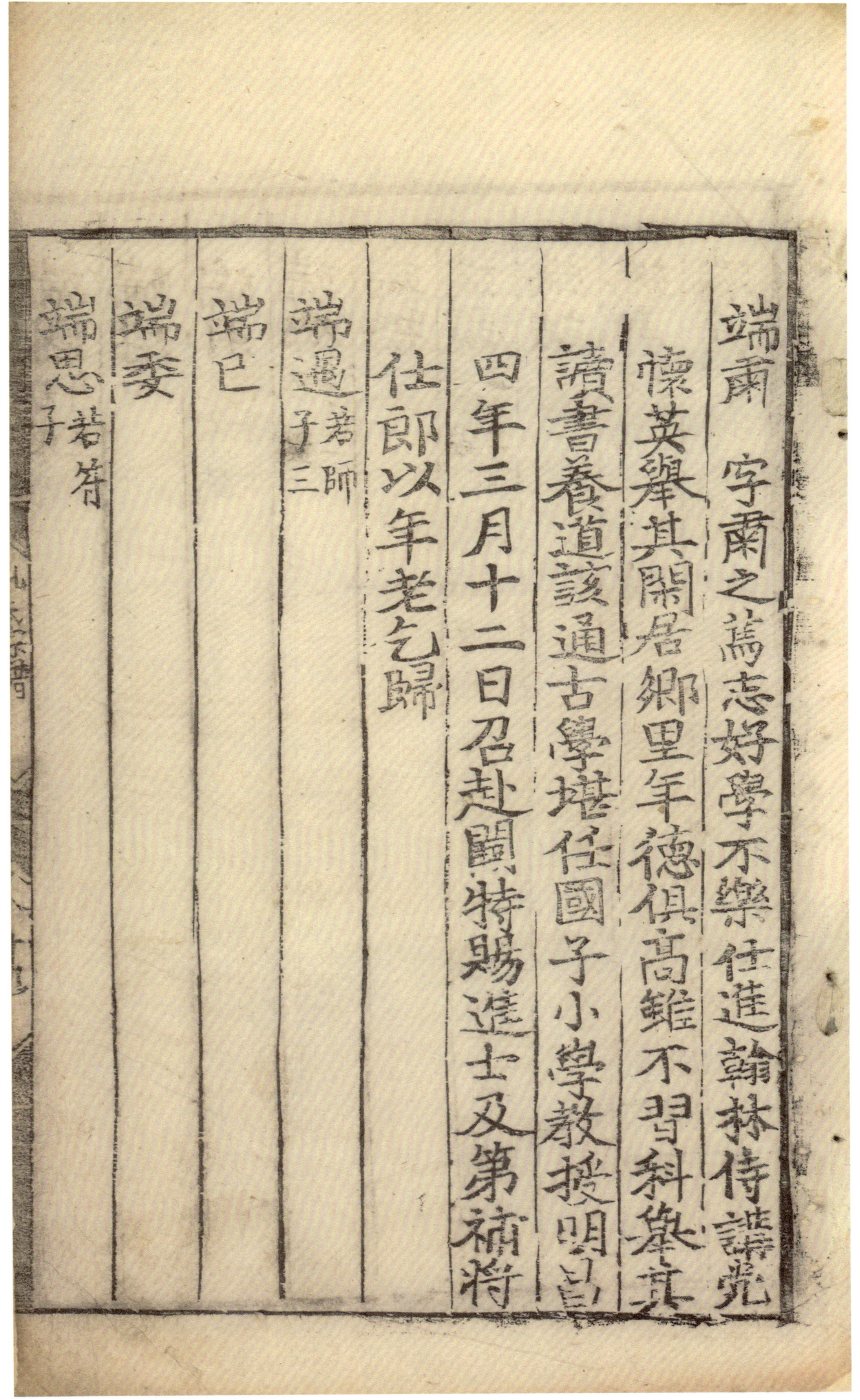

端甫　字甫之篤志好學不樂仕進翰林侍講党

懷英舉其閑居鄉里年德俱高雖不習科舉亦

讀書養道該通古學堪任國子小學教授明昌

四年三月十二日召赴闕特賜進士及第補將

仕郎以年老乞歸

端遇 若師 子三

端巳

端委

端思 若符 子

19.5cm x 32.0cm

端緯子若鼎

端脩

端弼子二若鈞

端任

端穆

四十九代玠端操第四子爲端交後字錫老紹興二年閏四月

授承奉郎襲封衍聖公專主奉先聖祠事誥曰夫子

之道蹐於堯舜澤及萬世靡有所窮欽崇顧報

邦有彝典肆予命爾紹子世封惟欽惟勞則無

墜令可　紹興八年六月壬戌詔衍

聖公孔玠避亂寓衢州即賜田伍頃終右通直

19.5cm x 32.0cm

郎紹興二十四年卒年三十一贈中奉大夫學要

云天曆年間明道襲封公石刻宗圖載云四十九世玠字錫老襲封衍聖公碑在祖庭之東金絲堂舊基後家廟之前也公嘗蒙恩賜田奉祀塋請安卿金溪壠

瑄 端操子三

璠 字文老處齋阜昌二年補迪功郎權襲封曾句祀事天眷三年卒年三十八塋祖墓西南贈榮祿大夫

瑱

珪 端本子二

19.5cm x 32.0cm

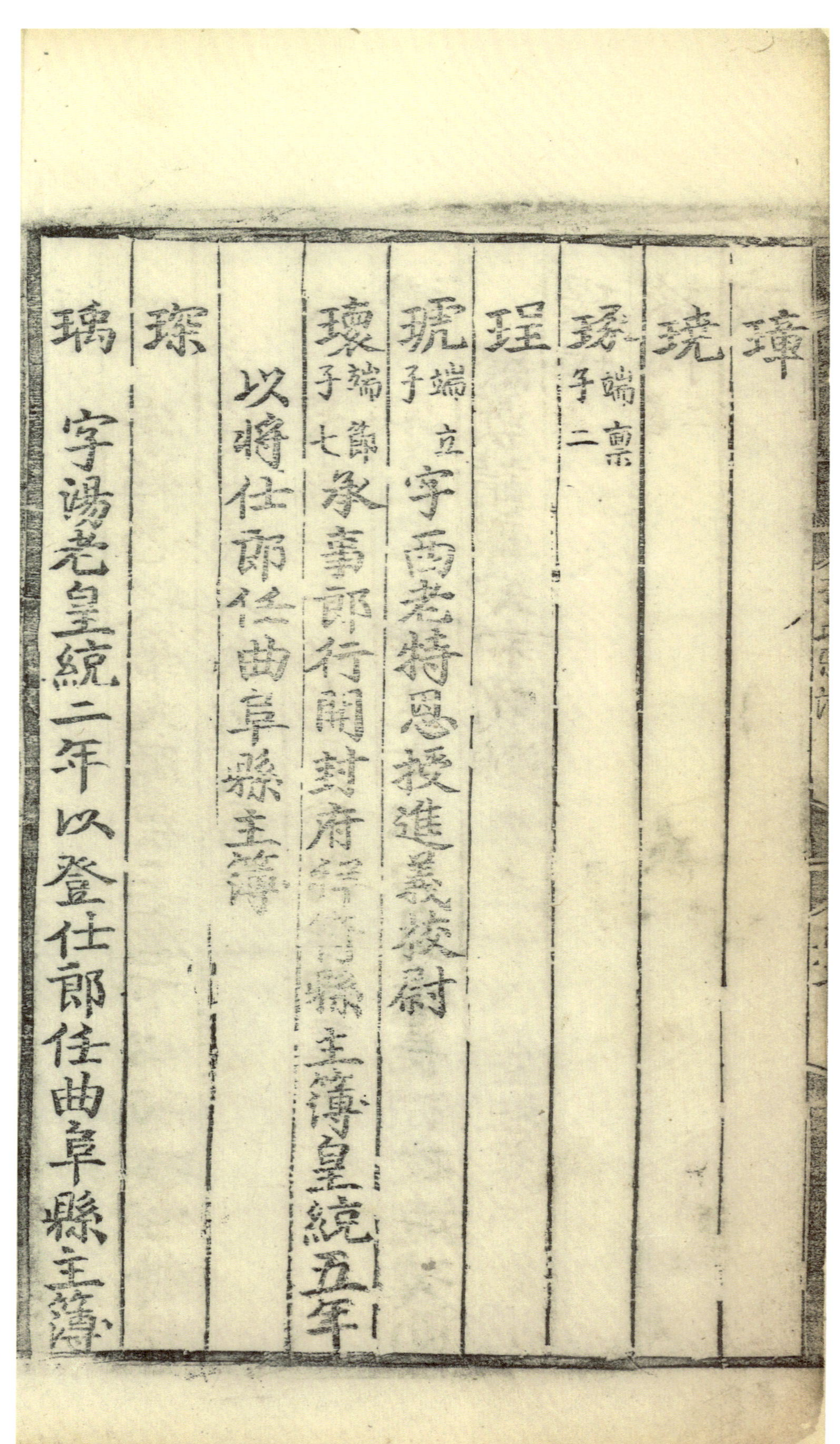

璋

璄

瑈　端稟子二

珵

琥　端立子　字西老特恩授進義校尉

瓌　端節子七　承事郎行開封府祥符縣主簿皇統五年
以將仕郎任曲阜縣主簿

琛

瑀　字湯老皇統二年以登仕郎任曲阜縣主簿

19.5cm x 32.0cm

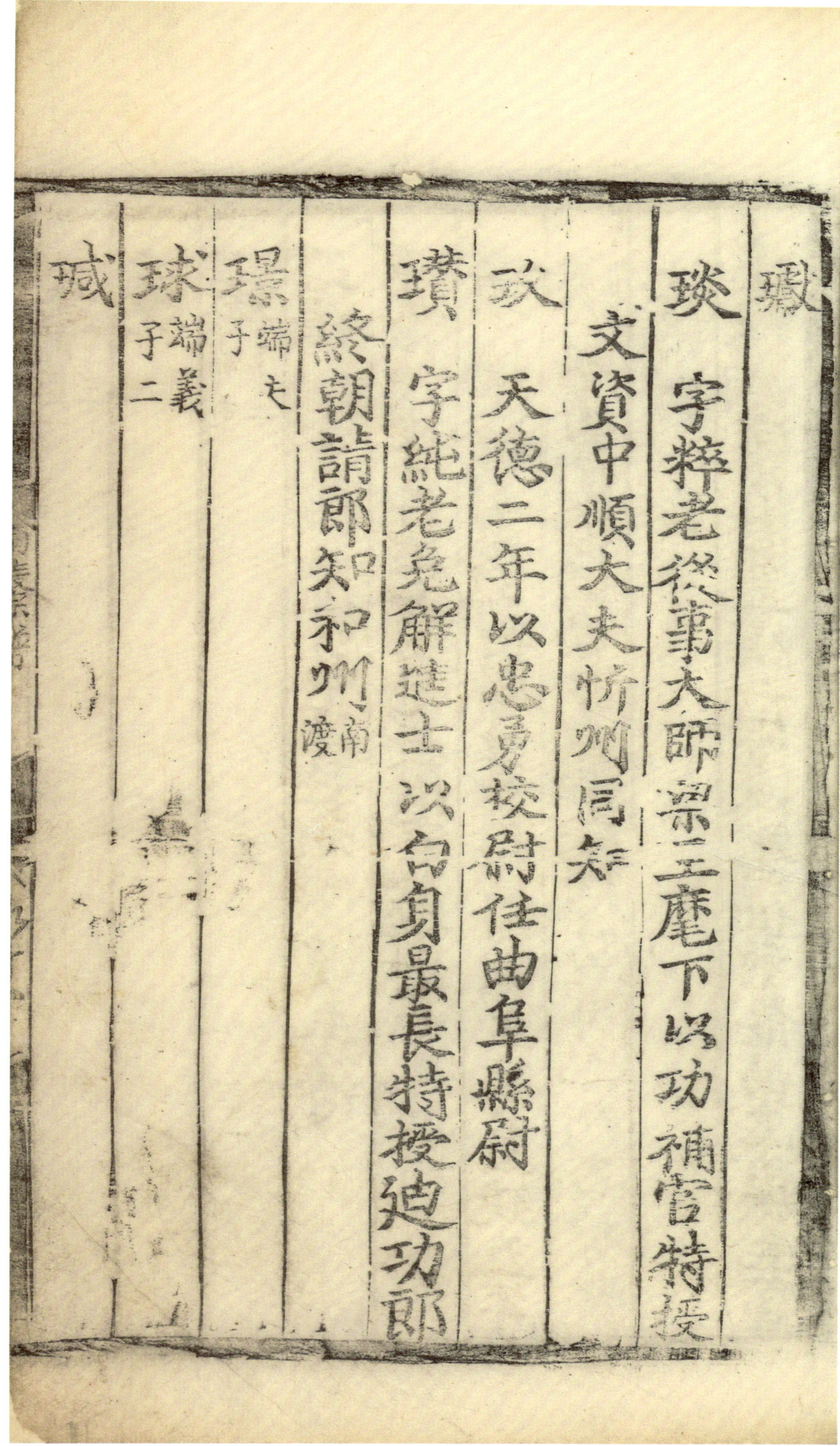

瓛

琰　字粹老從第太師梁王麾下以功補官特授

文資中順大夫忻州同知

玫　天德二年以忠勇校尉任曲阜縣尉

瓚　字純老免解進士以白身最長特授廸功郎

終朝請郎知和州南渡

璟　端友子

球　端義子二

瑊

19.5cm x 32.0cm

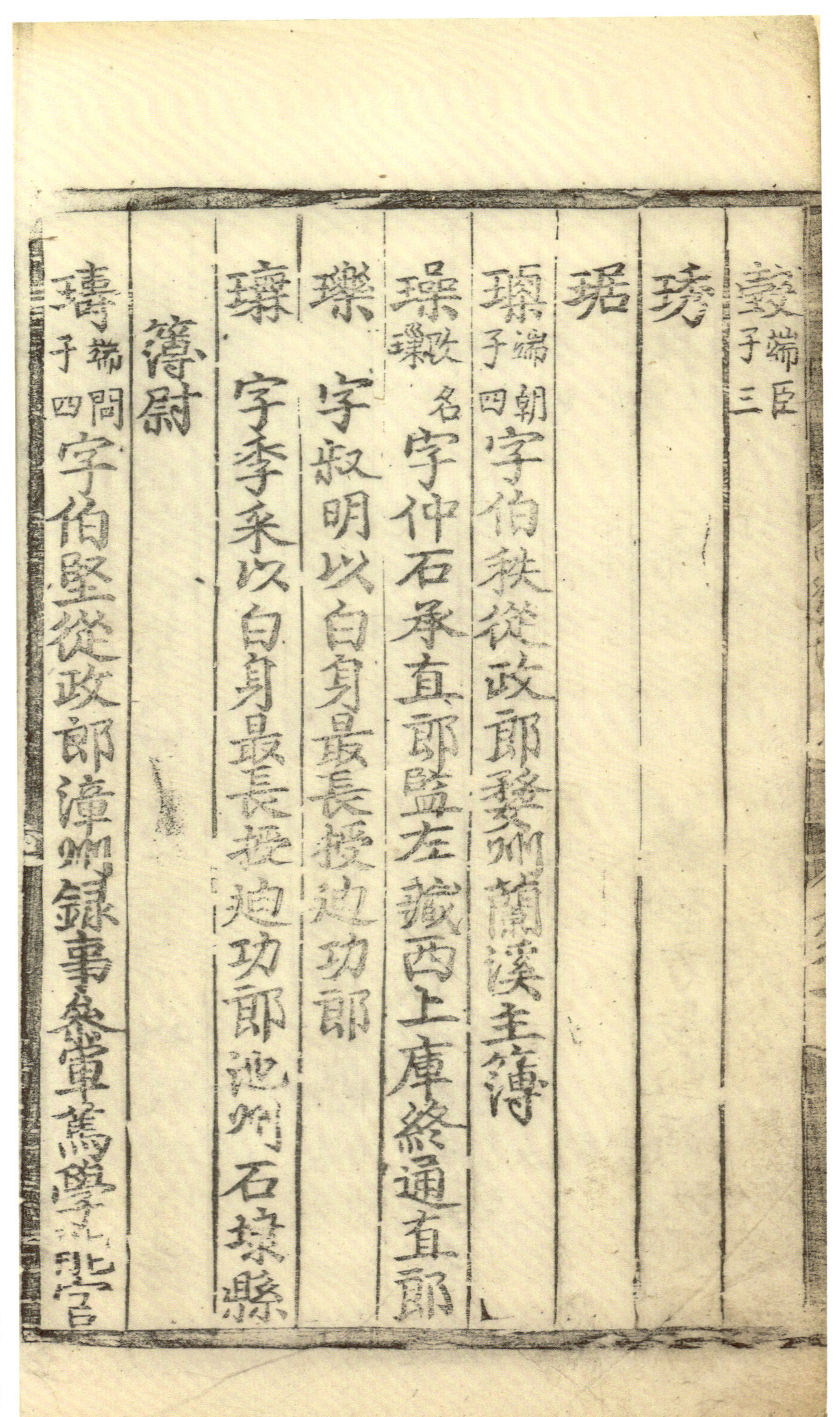

𤨶端臣子三

琇

琚

瓛端朝子四 字伯秩從政郎夔州蘭溪主簿

璪改名瓅 字仲石承直郎監左藏西上庫終通直郎

瓅 字叔明以白身最長授迪功郎

瓌 字季釆以白身最長授迪功郎池州石埭縣

簿尉

璹端問子四 字伯堅從政郎漳州録事參軍薦舉升官

19.5cm x 32.0cm

著史事總龜

珉 字伯鎮以白身最長授迪功郎

珦 字伯器

華夫 舊名琬 以白身最長授迪功郎 誥曰盛德必百世祀歷覲日昔聖賢之世惟夫子之後千餘歲不絶所謂賢於堯舜者耶六經之道帝王世守之君臣父子所以不胥爲夷者皆夫子之賜也讀其書享其學而可不録其苗裔乎今襲封者言汝最長有同其如故事官之試以民事以稱朕尊崇先聖之意焉可

行可 端已 子二 字希祖 舊名璞 字伯玉 [illegible]體方嚴動循法度至老手不釋卷謂經史如飢渴飲食不可廢輟若

19.5cm x 32.0cm

稗官雜誌運氣太乙九有資於世用者無不貫

達尤精於切字以最長特授迪功郎奉南岳祠

誥曰夫子之道與天地並有國家者必紹歆封所以昭盛德之有後而示無窮之報載閱典既推其嫡以襲封又官其族屬以廣其継今有司以爾來上則何名最長爲錫汝一官勉乃世業光昭令德以無負朕崇儒重道之意可

自號景叢子有景叢集十

卷年八十贈必傳

璨

字伯輝與兄偃以學行稱於鄉黨白身最長

授迪功郎奉南岳祠

誥曰朕於當代儒先有補斯文不廢其後裔矧先聖之裔尤當録用者乎爾以的傳有司言狀宜有命授禄食仕途雖[illegible]之榮亦國之華苴可

終

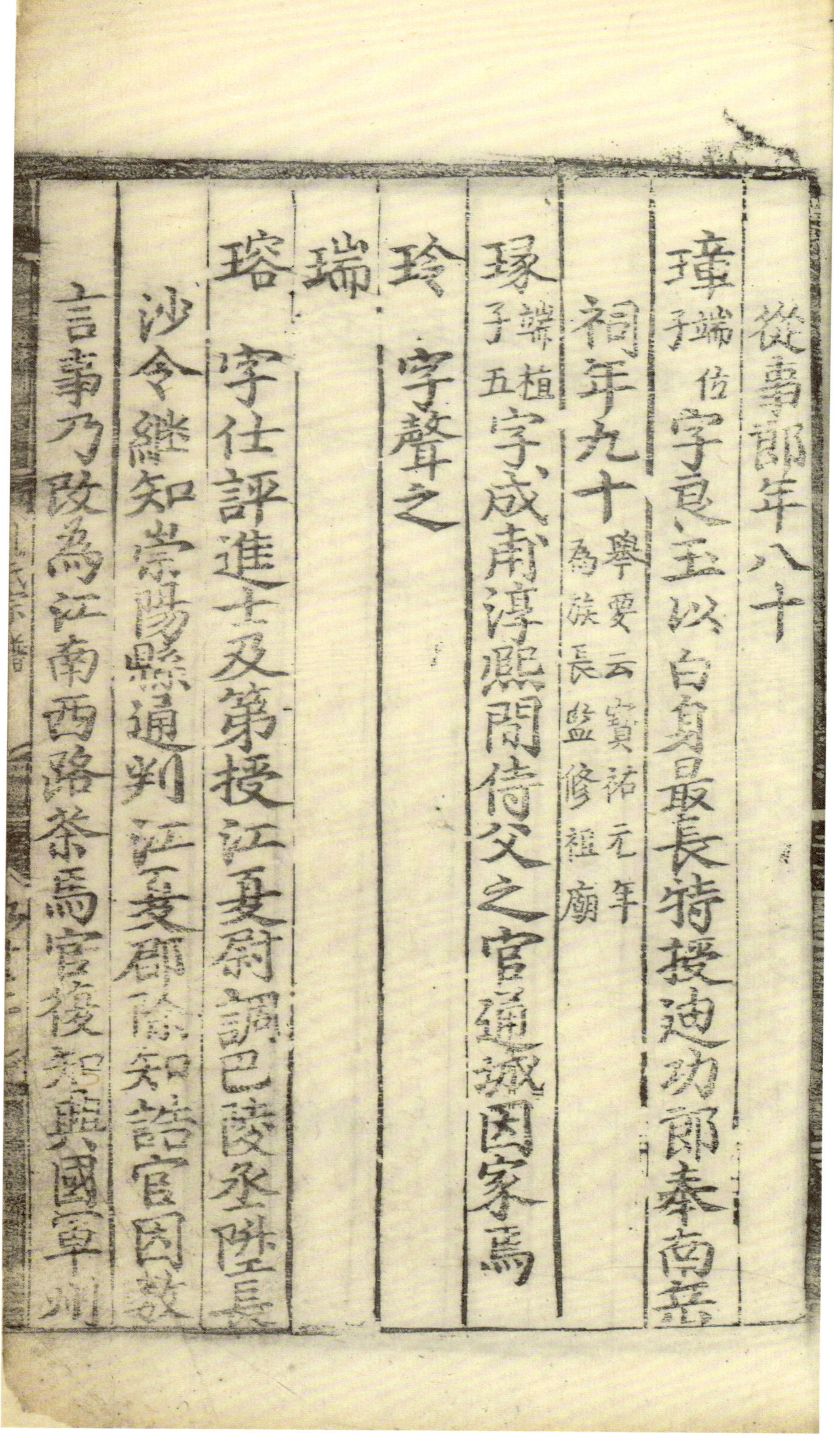

從事郎年八十

瑋端子佐字良玉以白身最長特授迪功郎奉南岳祠年九十舉要云寶祐元年為族長監修祖廟

瑑端植子五字成甫淳熙間侍父之官通城因家焉

玲字聲之

瑞

瑢字仕評進士及第授江夏尉調巴陵丞陞長沙令繼知崇陽縣通判江夏郡除知誥官因被言事乃改為江南西路茶馬官後知興國軍州

19.5cm x 32.0cm

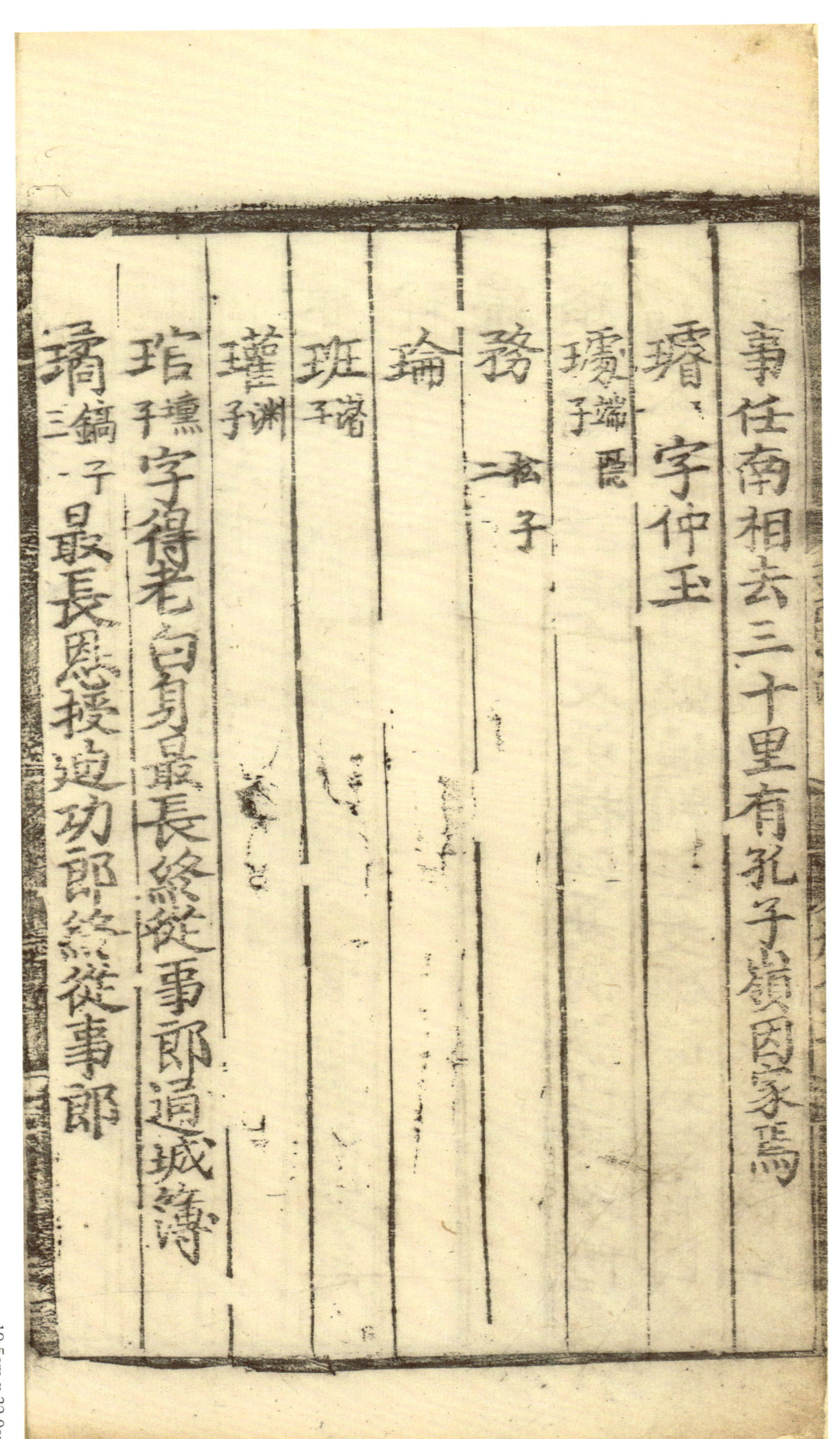
事任南相去三十里有孔子嶺因家焉
璿 字仲玉
璦 子端 匽
務 松子 二
瑜
班 子渚
瓘 子渊
琯 子壎 字得老白身最長終從事郎適城簿
璹 鎬子 三一 最長恩授迪功郎終從事郎

19.5cm x 32.0cm

琙
珌
琦 盤四子
玘
玷
瑳
琑 端方二子
璔
瑊 端行二子

19.5cm x 32.0cm

璉

璪端子 欅字堅老金明昌四年省差權襲封管勾祀

事嘗於明昌癸丑間續編祖庭廣記

瑩端子二 國

玭

瑞端子二 用

琪 字德剛

琦端子二 懋

琦

19.5cm x 32.0cm

瑭端頤子二字德純博學才優尤工翰墨嘗為廟學主

貞祐二年以四舉終場賜同進士第萊州招遠

縣主簿

瑺

璒端鵰肩子

璪端璜子三

琓

瑕端肅子四

珽

19.5cm x 32.0cm

瑱
瑺
璘 端子 委
瑁 端子 思三
珂
琢
珣 端子 修四
琇 國子博士彥輔公位下
瓚

19.5cm x 32.0cm

瑥

瓚瑞第子

五十代揩玠四子字季紳紹興二十四年年九歲授承奉郎尊主奉先聖祠事襲封衍聖公誥曰仲尼之道無休萬世自生民以來未有盛於此者襲封奉祀宜及後昆以爾重厚淳辭世系可考選其乃事是遵典常命以京秩畀以公主非特爾年未及身榮實所以尊先聖也往其懋哉可格特旨磨勘轉承事郎淳熙中入侍祠擢知建昌軍終朝散大夫浙東安撫司參議官塋五十八都秦家壠卒要云祖庭天曆石刻宗圖云五十世揩字季紳襲衍聖公贈中

19.5cm x 32.0cm

奉大夫囙增著附于此

抃晉之兄蚤卒

拉字季飾

持晉道名字季真受兄遺澤終迪功郎監温州天富監場

拯播二子字元濟金皇統二年三月行省咨文宣王四十九代孫播已襲封未施行間身故令長男孔拯汝當襲封照依天眷官制合除文林郎封衍聖公自古襲封不限年齒奉勅旨准　奏行時

19.5cm x 32.0cm

年七歲補文林郎襲封衍聖公管勾祀事終承
直郎太定元年卒年二十六在祖墓西南無嗣
第󰀀繼世　十一下

󰀀　字元會太定三年七月補文林郎襲封衍聖
公管勾祀事二十一年十一月世宗召赴闕下
欵留任用力辭請專祀事於是詔授曲阜縣令
襲爵之後嚴潔祭祀敦睦親族一日仰瞻廟庭
私自言曰生爲聖人子孫而綠當嗣職坐視隘
陋寧不愧乎乃親率佃户之衆入山採伐良木增

19.5cm x 32.0cm

崇林廟尼山房山殿堂廊廡五十餘楹終奉直
大夫明昌元年卒年五十三贈光禄大夫墓祖
墓西南初年四十得子皆不育夜夢異人衣冠
儒然告曰今予非爾子後五年庚月丁日所生
則真爾子矣當名元措後果如其言遂以元措
名

話鏔
拆二壇子
搓

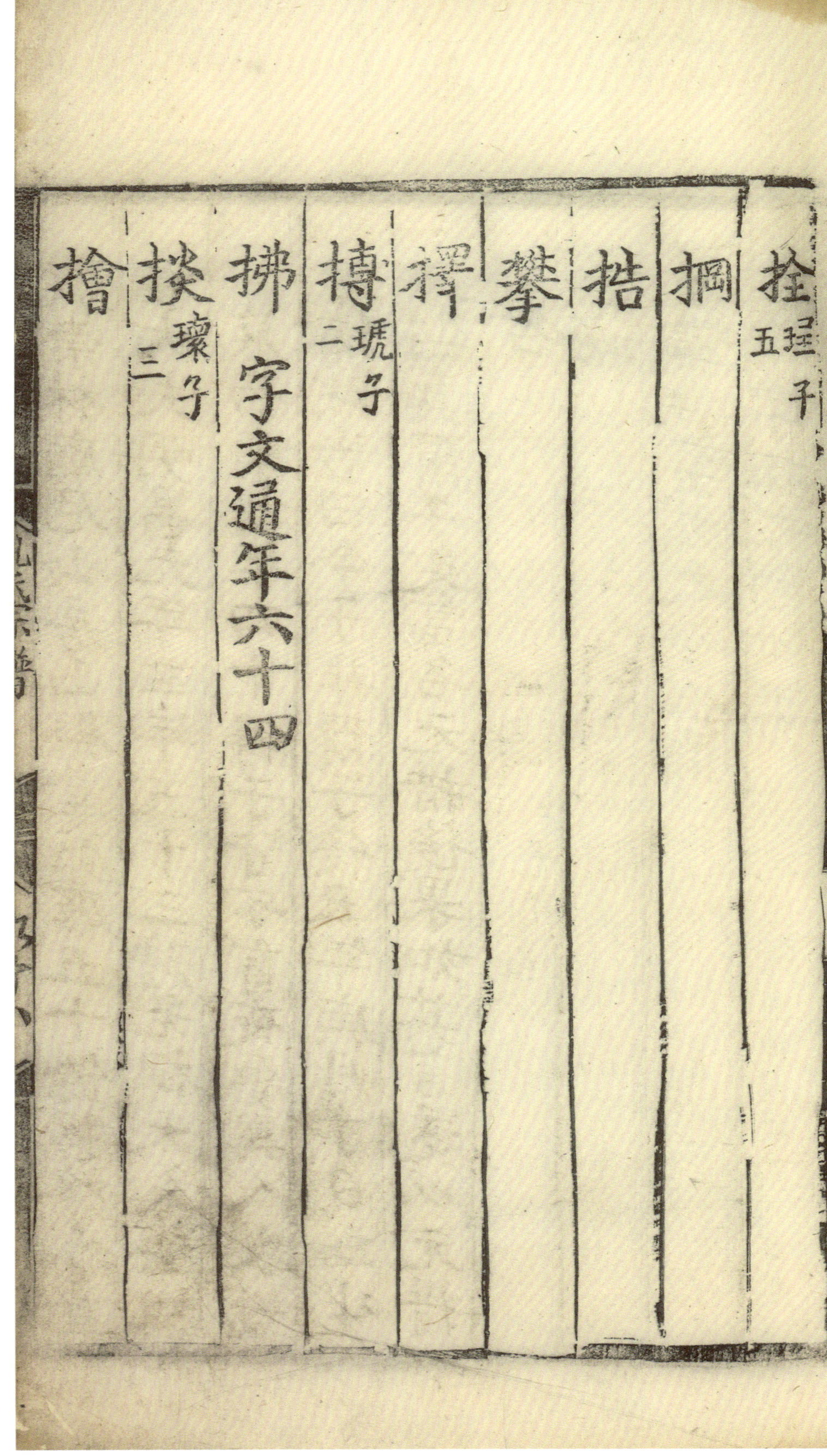

栓　珵子　五

捆

拮

攀

擇

摶　琥子　二

拂　字文通年六十四

揆　瓌子　三

擔

19.5cm x 32.0cm

捷

換 璃子 二

挺

撝 瓛 子

掎 琰子 二

推

掖 玫 子

擬 瑎子 二 字成之登仕郎

揆 字相之將仕郎

19.5cm x 32.0cm

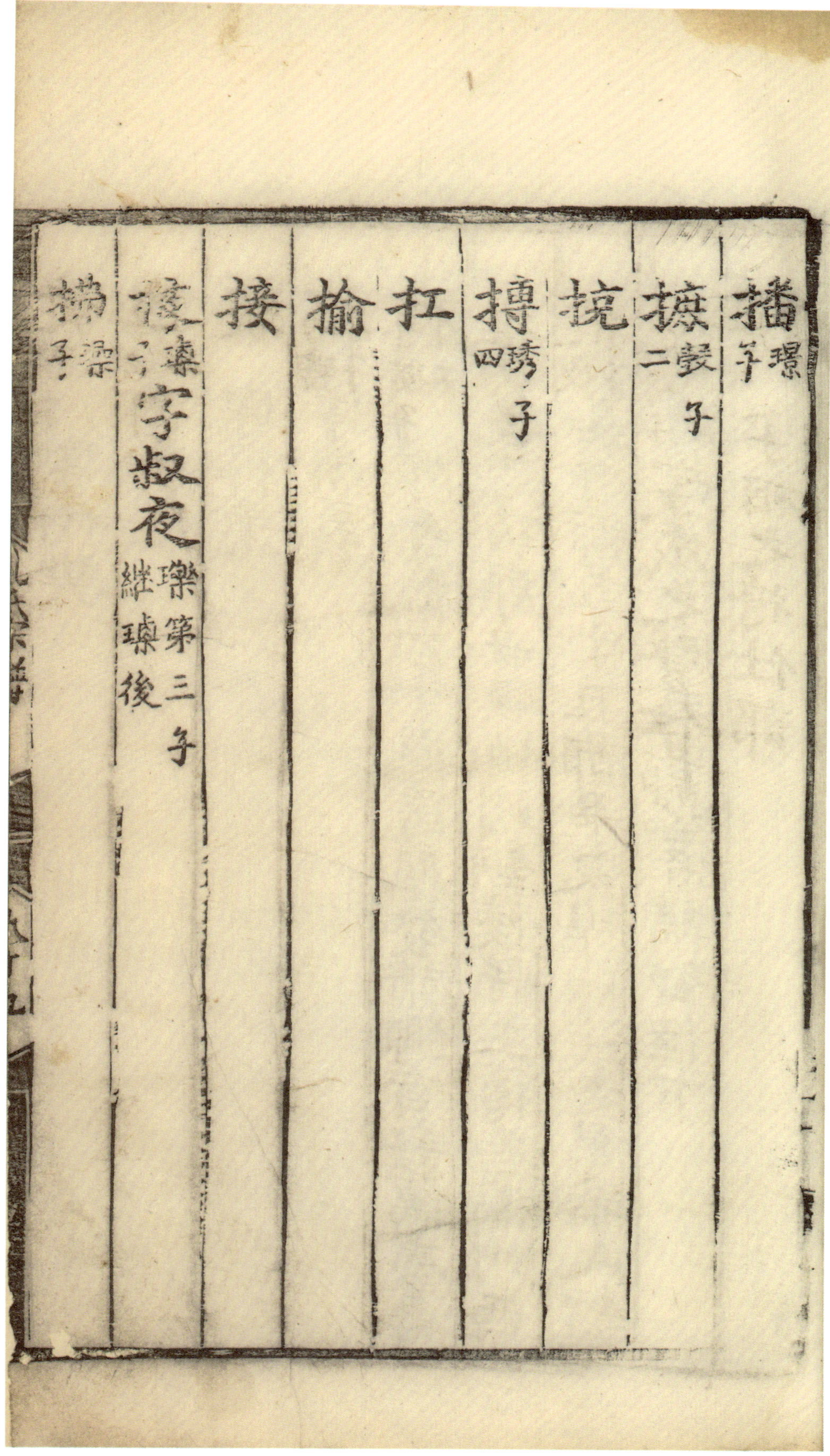

播 璟子

擴 毅二子

撓

摶 琇四子

扛

揄

接

擭 璪子 字叔夜 瓅第三子 繼璪後

揥 璪子

19.5cm x 32.0cm

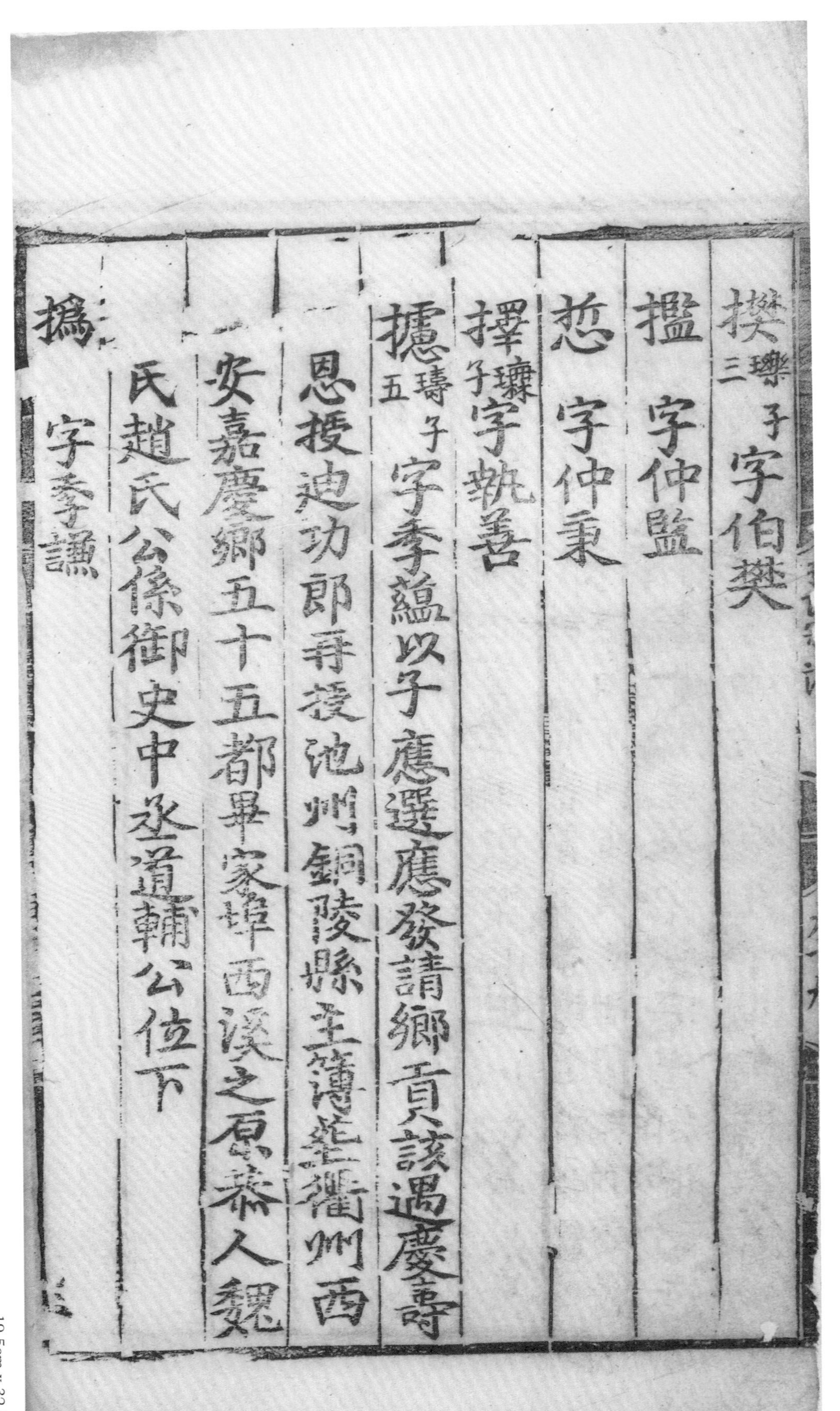
㩯 瓅三子 字伯樊
擥 字仲監
悊 字仲秉
擇 瓅子 字執善
[扌惪] 璹五子 字季蘊以子應選應發請鄉貢該遇慶壽
恩授廸功郎尋授池州銅陵縣主簿陞衢州西
安嘉慶鄉五十五都畢家埠西溪之原恭人魏
氏趙氏公係御史中丞道輔公位下
撝 字季謙

19.5cm x 32.0cm

搏字季節

摭字季言

掾字季語

括垠子子謹之

元龍行可子四字季卿號拙舊名尚志篤學從西山真文忠

公游擬進洙泗言學晦忠策晚年以白身錄長

特授迪功郎制曰爾著言立言諸老所許以其賢亦可官矣況世次之所當得

欽初任饒州餘干縣主簿沿檄還衢部使者延

請爲祠山精舍山長年至九十乎不釋卷有祠

19.5cm x 32.0cm

山講議論語魯樵集說卒門人私謚之曰文介

子贈少師舉要云實祐元年詔立家廟公董其事

從隆舊名論迪功郎

聖時　字時仲

揔　字季全

聖夫崇子舊名孫字季禮

後璟子三字執禮

初　字執因

拱　字執謙少孤好學篤意義方鄉黨賢之年五

19.5cm x 32.0cm

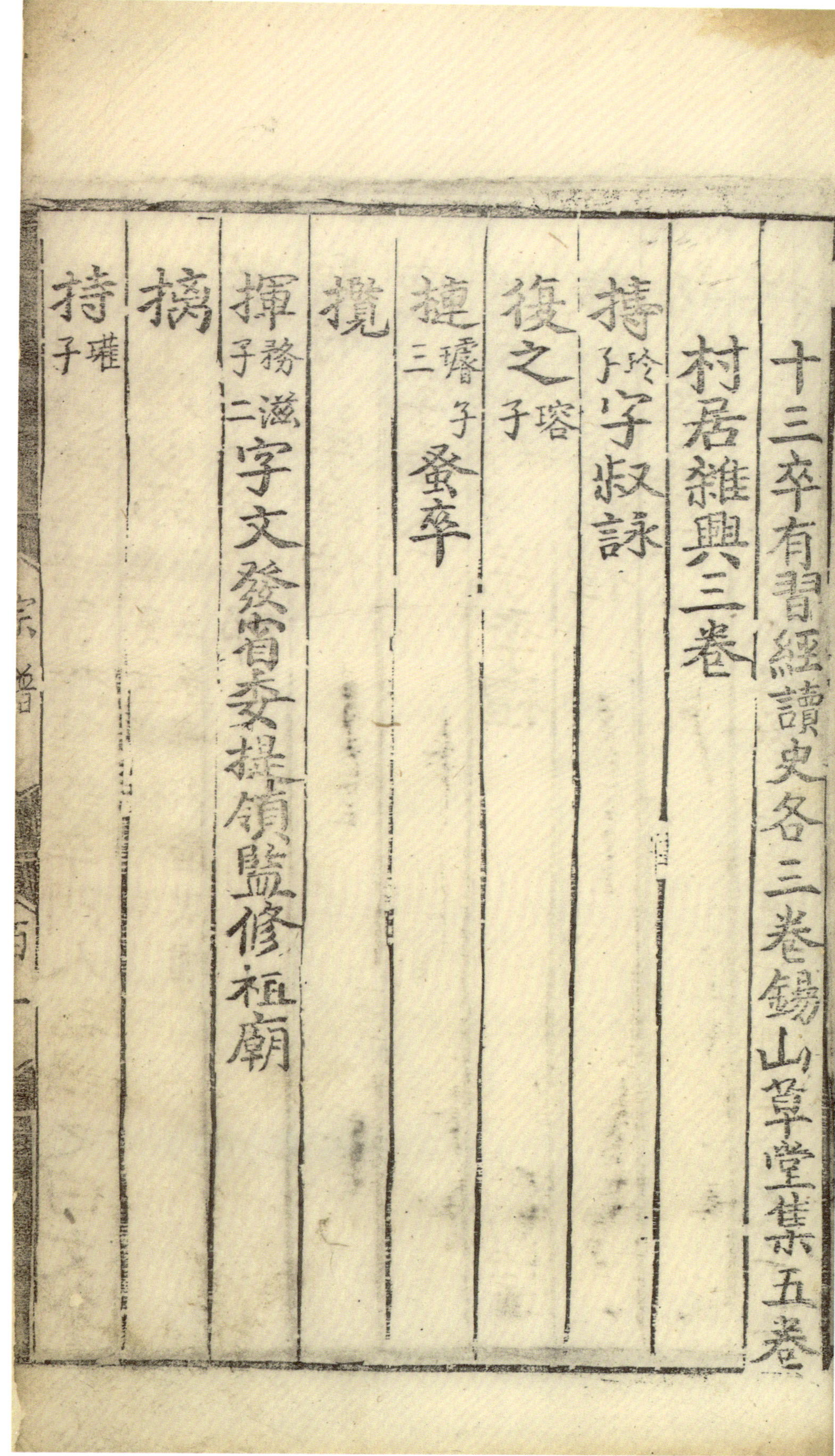
十三卒有習經讀史各三卷錫山草堂集五卷
村居雜興三卷
搢 子玲 字叔詠
復之 子瑢
揵 三子璿 蚤卒
揮 子務 二子滋 字文發省委提領監修祖廟
攬
摛
持 子璀

19.5cm x 32.0cm

撲
二琯子

抑

招
三䅿子

捆

揀

揑
子珹

掾
三珌子

揁

揎

19.5cm x 32.0cm

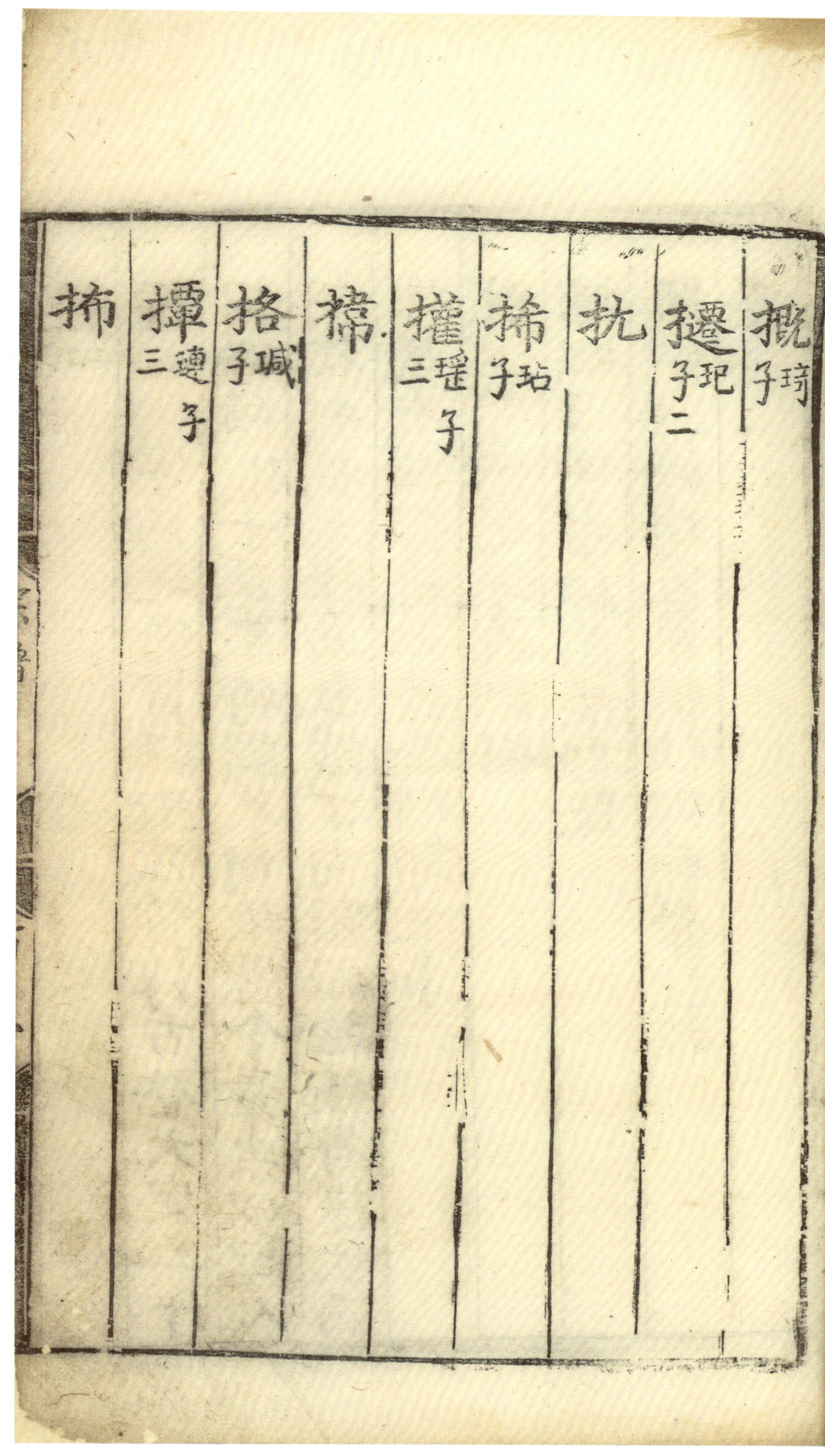

摅 琦子

[扌遷] 玘子二

抌

[扌希] 玷子

攉 瑤子三

揥

挌 瑊子

撢 璉子三

[扌希]

19.5cm x 32.0cm

抖

擢 璪子 字用之通貫經術性質淳古登大定二十二年進士及第待闕萊州掖縣令章宗以聖人後特授太學助教俄丁内艱服除補省掾秩滿授右三部司正終於刑部主事

拭 字清之保義副尉

拮 舊名擢 字季紳蘭陵都監

摰 舊名揚 終場及第從仕郎廟學教授

拏 瑩子

19.5cm x 32.0cm

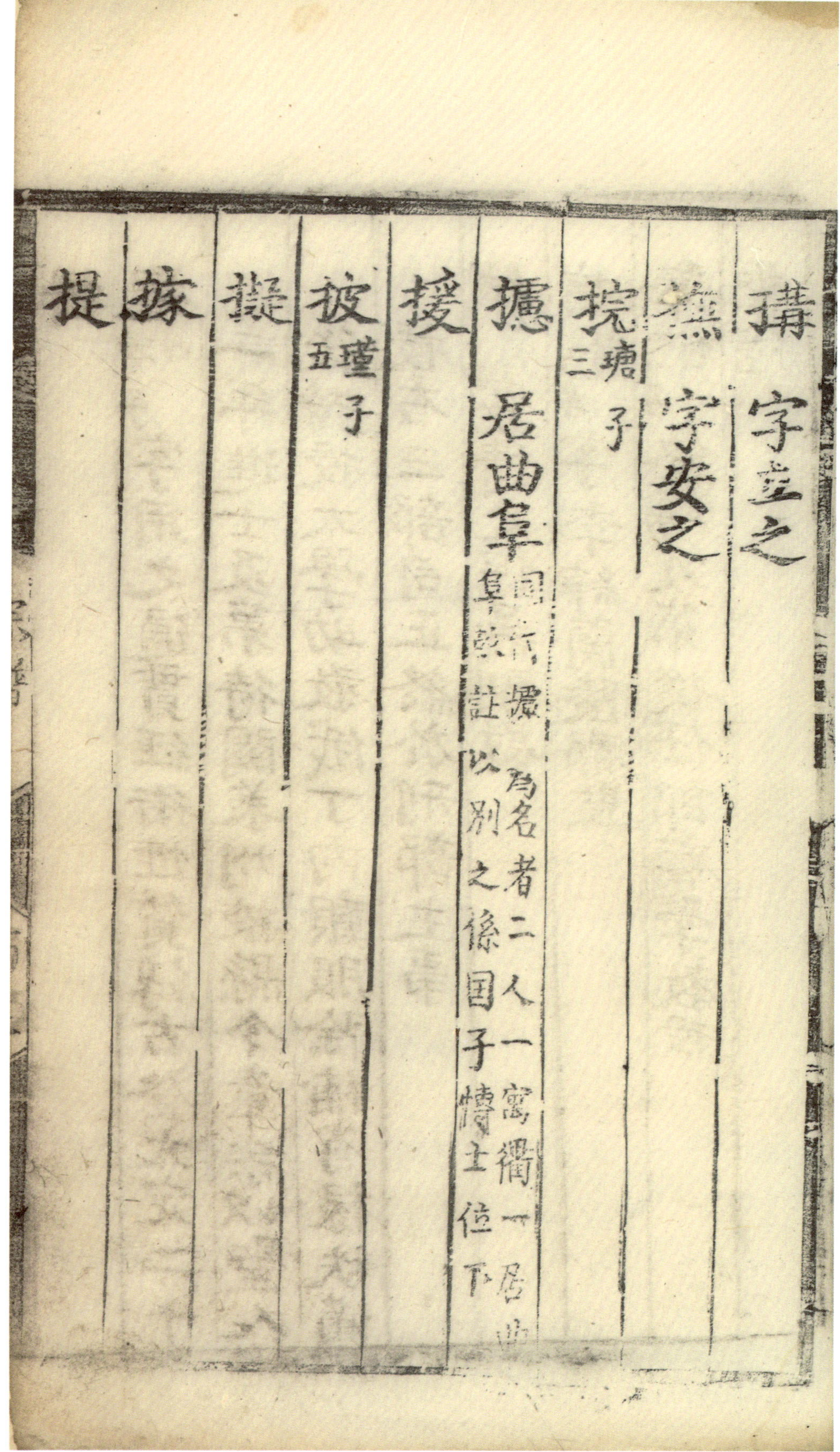

19.5cm x 32.0cm

榛

拘 子㻝

紹庭 子瑕

過庭 子琁

揚庭 子璪二

瑞庭

造庭 子璐三

耀庭

秀庭

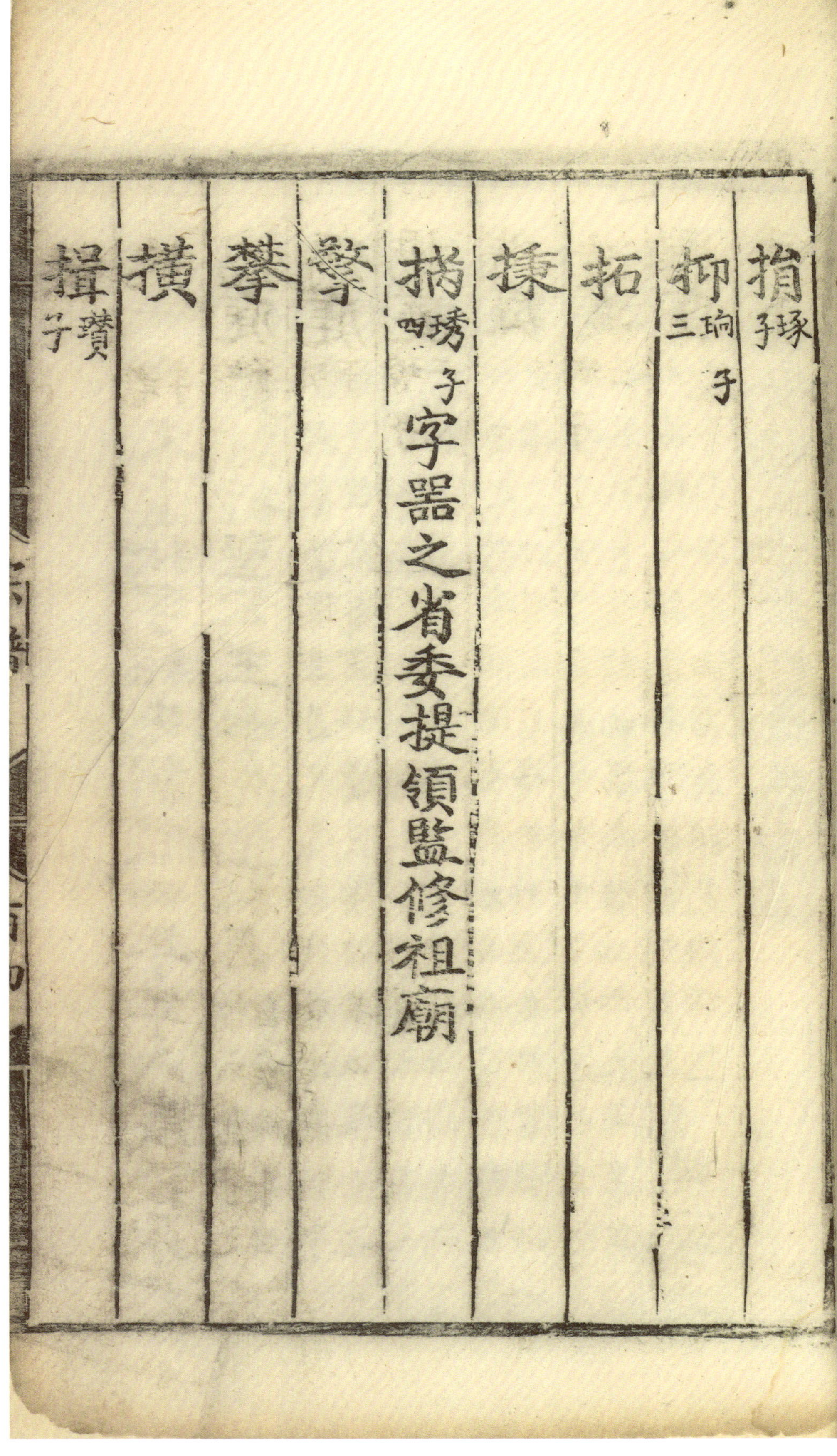

損 琢子

抑 珣子三

拓

揀

搊 琇子四 字器之省委提領監修祖廟

擎

攀

撗

揖 瓚子

19.5cm x 32.0cm

扤璠子

五十一代文遠搢子字紹先紹熙四年年八歲授承奉郎襲封衍聖公主奉先聖祠事誥云孔子之後自漢以来世俾

襲爵國家崇儒重道又過前代於是有衍聖之

封爾於世次實當紹續其務恪恭以承祭祀可

歷吉州隆興通判終朝奉郎舉要云公為人倜儻好施與為衍聖公臨安之新城縁諸有周姓名雄字仲偉者讀言至孝嘗以毋疾有禱於神厥後往婺源神祠酬願回道經衢境病作舟次雙港起而立逝焉公以其誠孝遂指餘宗為像以祀凡水旱疾疫土人咸禱之輒應事聞於朝封周為翊庶矣今廟在府治西角詳見廟碑記

塋衢之西安縣五十六都地名白渡

19.5cm x 32.0cm

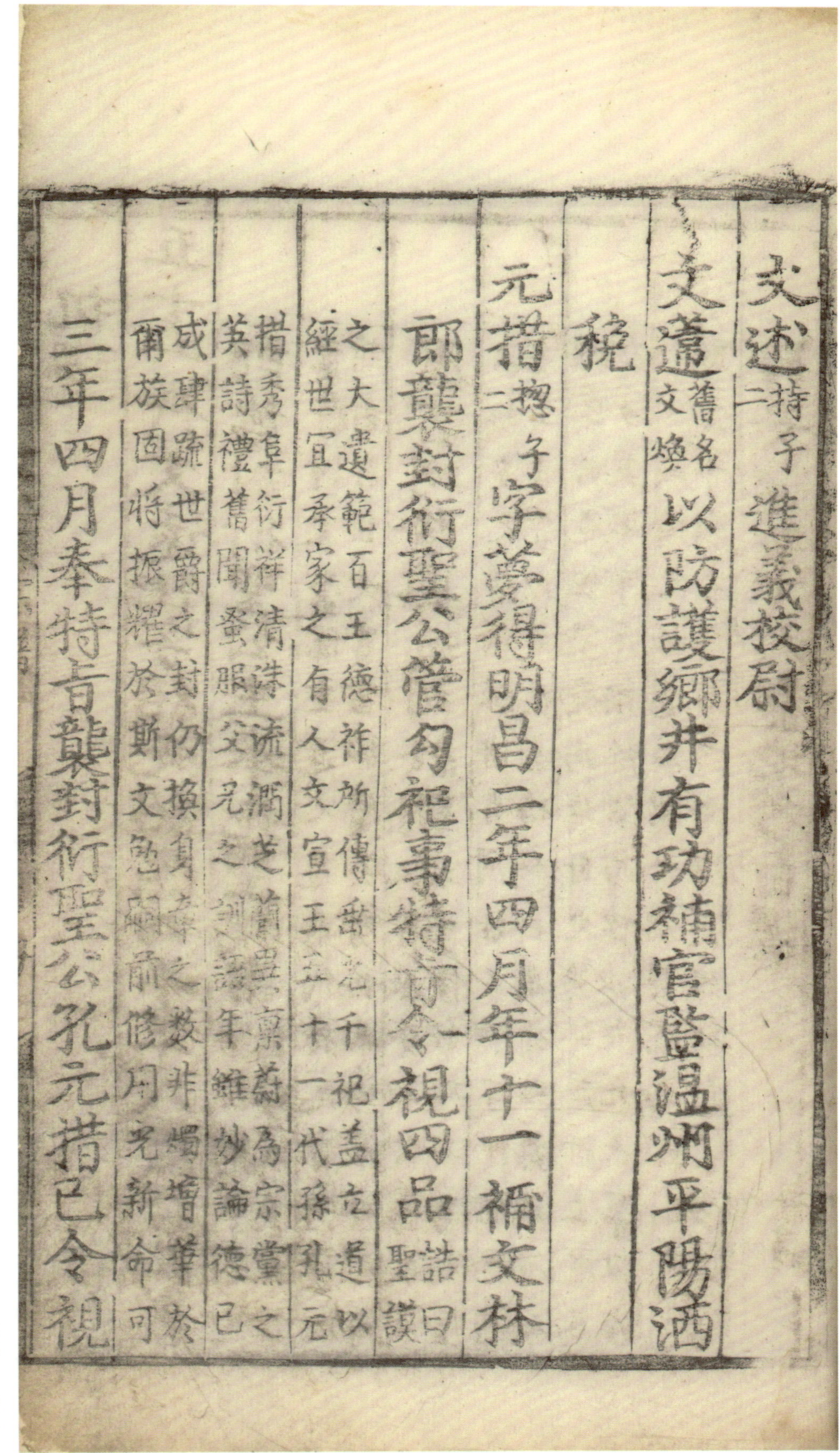
文述持二子進義校尉
文遴舊名文煥以防護鄉井有功補官監温州平陽酒
稅
元措搃二子字夢得明昌二年四月年十一補文林
郎襲封衍聖公管勾祀事特旨令視四品誥曰聖諭
之大遺範百王德祚所傳嶽瀆千祀蓋立道以
經世宜承家之有人文宣王五十一代孫孔元
措秀章衍祥清淳流潤芝蘭與稟蔚爲宗黨之
英詩禮舊聞蚤服父兄之訓詩年雖妙論德已
成肆蹤世爵之封仍換身章之數非嬻增華於
爾族固將振耀於斯文勉嗣前修用光新命可
三年四月奉特旨襲封衍聖公孔元措已令視

19.5cm x 32.0cm

四品其散官係八品仰超授中議大夫已後襲
封並准此例明年超授中議大夫仍賜四品勲
封誥曰夫子既沒千八百年後人相承五十一
世自近古以公其爵顧散階如彼其卑必也
正名難於仍舊是以旲百王之牘典敘五品之
華資以爾有成人之風繼將聖之後當余定搢
會爾疏封暨廟貌忝臣克謹歲時之祀家聲明
久矣無忘詩禮之傳學有餘師善將繼譽可
昌七年十一月二十三日章宗親行郊禮召赴
闕侍祠位在終獻之次承安二年十二月勑襲封
衍聖公年及七十兼曲阜縣令仍世襲不得別
行差占於是始世襲曲阜令宣宗貞祐二年辛

19.5cm x 32.0cm

汴京七月趣赴闕下時方丁母憂三年七月起
復遣授東平府判官初有旨授東平府判侯未春令赴尚書省奏若擬正
授是職緣目今多事之際未赴間恐曠廢本職事務姑且遣授至春乃正授令往管勾祀事兼
元措見丁母憂有無特恩起復於是遣授仍起復焉十月二十五日宣宗
曰東平府判孔元措與隨朝除授平章高琪奏旨曰初與這
職事時我曾尋思待與隨朝職事來為承乏得勝奏孔聖墳塋見在河北若與本人隨朝恐廢
祭祀可與附近州府職事以此不得已與了東平府判曰今土寇未寧若謂廢祭祀與河北職
事儻因而被害却是絕了聖人之後永廢了祭祀也如今與隨朝職事者遂授太常
博士其年十一月二十九日也興定二年秋滿

19.5cm x 32.0cm

復任四年七月二十三日改行太常丞元光元年十一月授同知集賢院兼行太常丞正太二年三月授知集賢院兼行太常丞四年秩滿復任六年十二月又復任至天興元年八月通歷三考九月一日改除遥授泰定軍節度兗州管内觀察使兼行太常少卿天興二年正月遷光禄大夫尋改授太常卿癸巳年歸附

大元於汴梁特取元措還居東平依舊襲封衍聖公主奉先聖祀事無子以親姪之子演嗣爵

19.5cm x 32.0cm

濤按湞係五十二代之固庶子始生遭之固妻任氏之妬隨庶母嫁軀李姓之固無别子元措亦絕嗣遂育湞爲後及公朝籍戶之時元措晉李天輔利其貲產遂以湞於軀戶內具籍且異其名曰紙糊頭任氏實知之元措不知也元措誤湞亦既襲封矣而不事儒雅日以鷹犬獵較爲務不修廟祀不禮族黨於是族人群起攻之訟其籍之爲軀一則曰瞹昧二則曰瞹昧國典以籍爲定遂褫其爵罷爲濰州尹任氏始蹻訴于朝曰湞實孔氏子而事已無及矣今湞卒猶有子孫居東平而圖譜不與焉惟我祖聖以三綱五常之道文行忠信之教施於天下萬世爲子孫者所當澟澟負荷不墜先訓今觀湞之事家訓家法一至於此不忍言矣嗚呼湞往矣覆轍在前厥監不遠後之人其亦當知所自勉矣其亦當知所自重矣濤錄譜至襲封元措因附著于此

19.5cm x 32.0cm

元絃

元衡 括子

元隆 扸卜

元錫 挺子

元泰 摶子二

元讓

元直 拂子五

元孝

元用 字俊卿好學多能時值擾攘天下興峙遁

19.5cm x 32.0cm

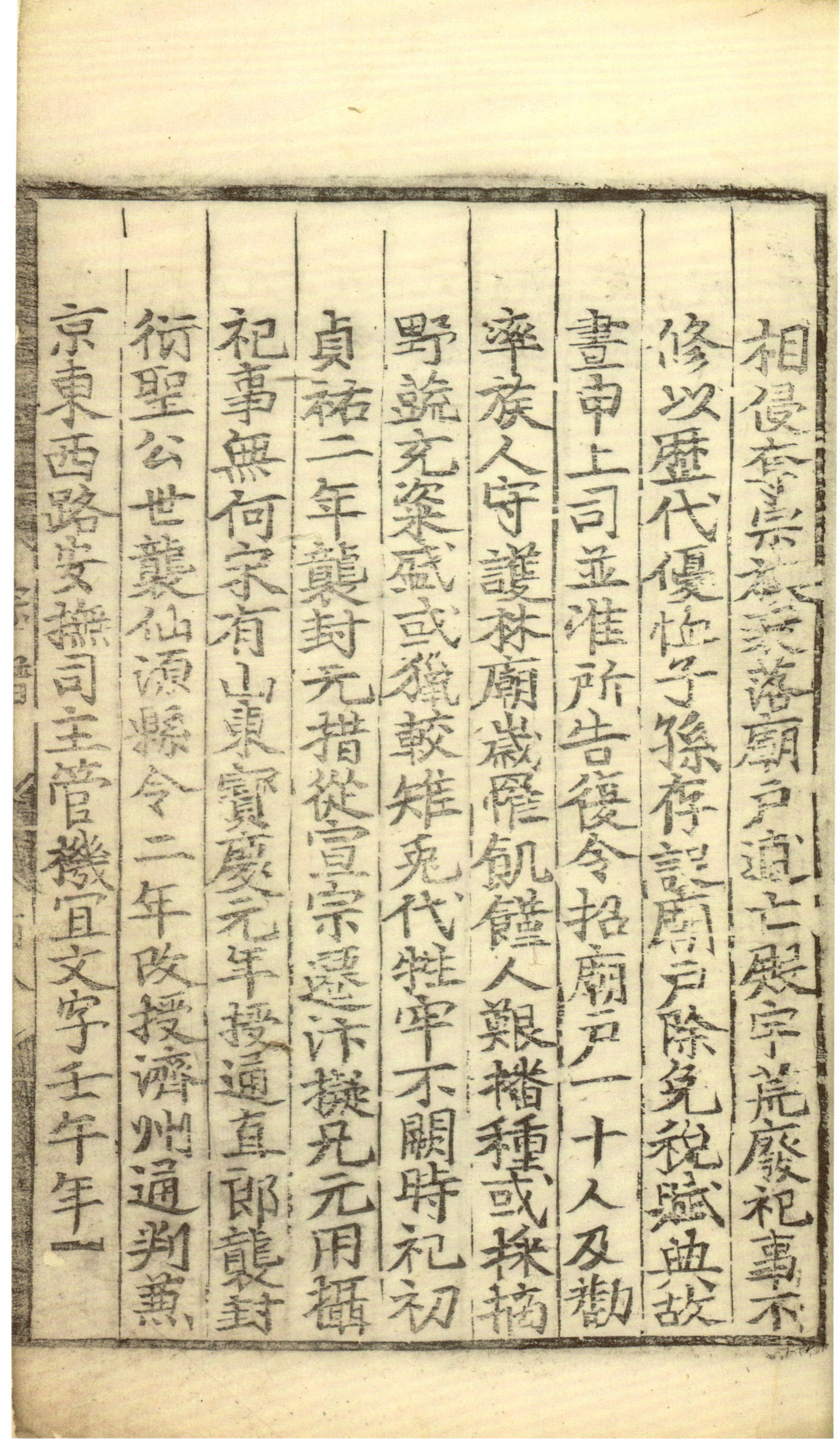

相侵奪崇教荒落廟戶逃亡殿宇荒廢祀事不
修以歷代優恤子孫存設廟戶除免稅賦典故
書申上司並准所告復令招廟戶一十人及勸
率族人守護林廟歲歷飢饉人艱播種或採摘
野蔬充粢盛或獵較雉兔代牲牢不闕時祀初
貞祐二年襲封元措從宣宗遷汴擬凡元用攝
祀事無何宋有山東寶慶元年授通直郎襲封
衍聖公世襲仙源縣令二年改授濟州通判兼
京東西路安撫司主管機宜文字壬午年一

19.5cm x 32.0cm

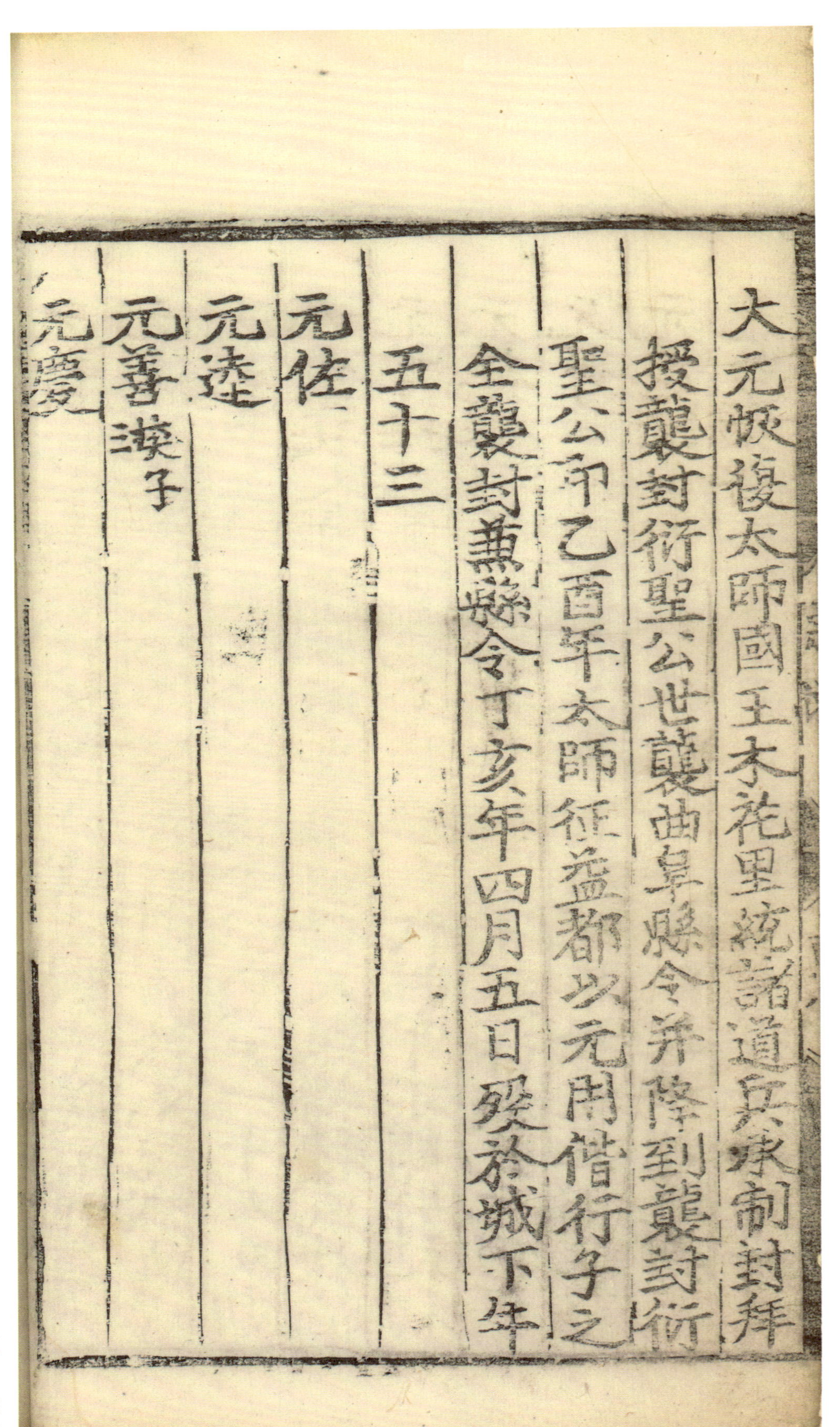

大元恢復太師國王木花里統諸道兵承制封拜
授襲封衍聖公世襲曲阜縣令并降到襲封衍
聖公印乙酉年太師征益都以元用借行子之
全襲封兼縣令丁亥年四月五日殁於城下年
五十三
元佐
元逵
元善 濮子
元慶

19.5cm x 32.0cm

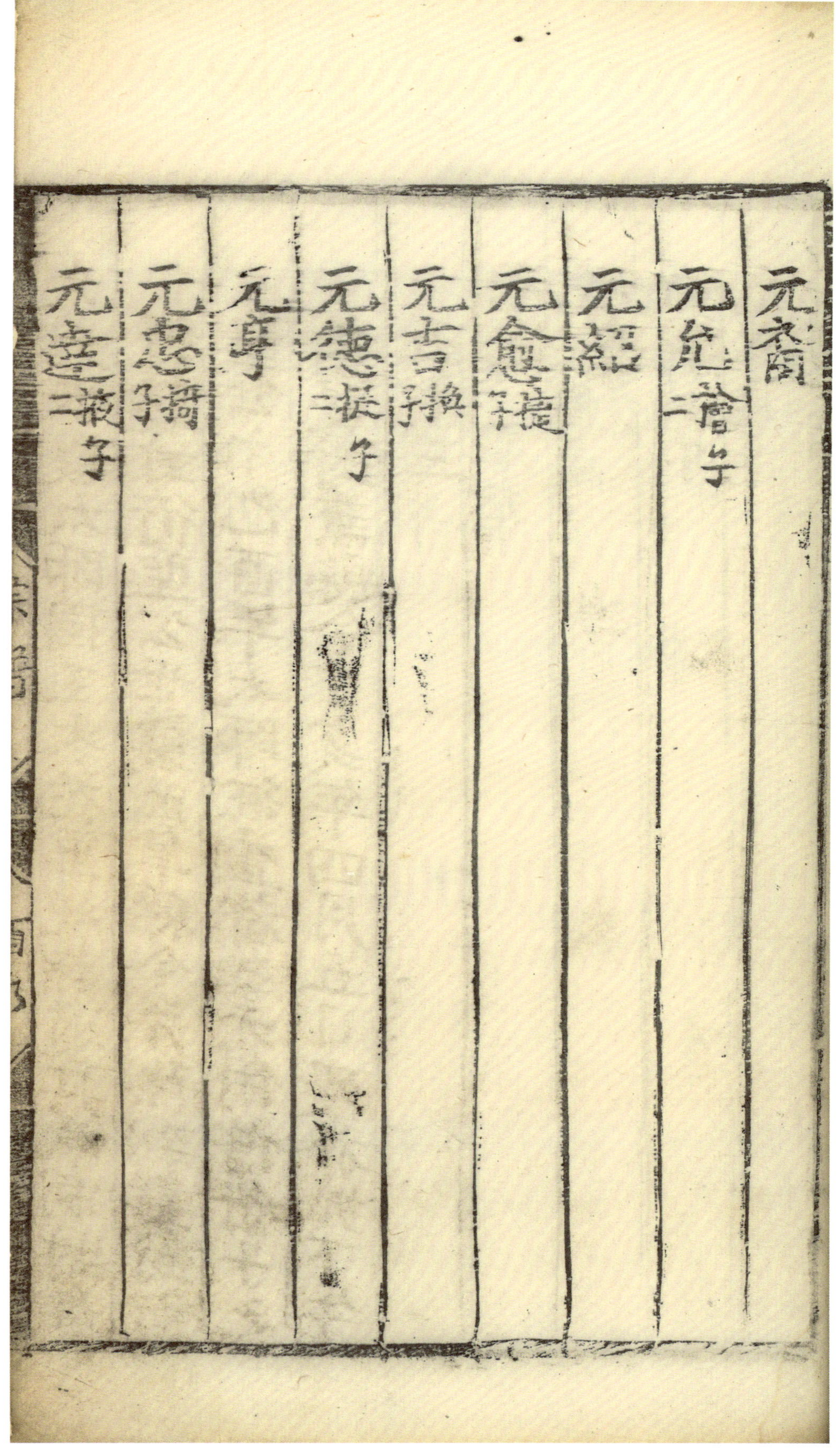

元裔

元允 二詹子

元紹

元愈 子鐿

元吉 子換

元德 二挺子

元亨

元忠 子錡

元達 二掟子

19.5cm x 32.0cm

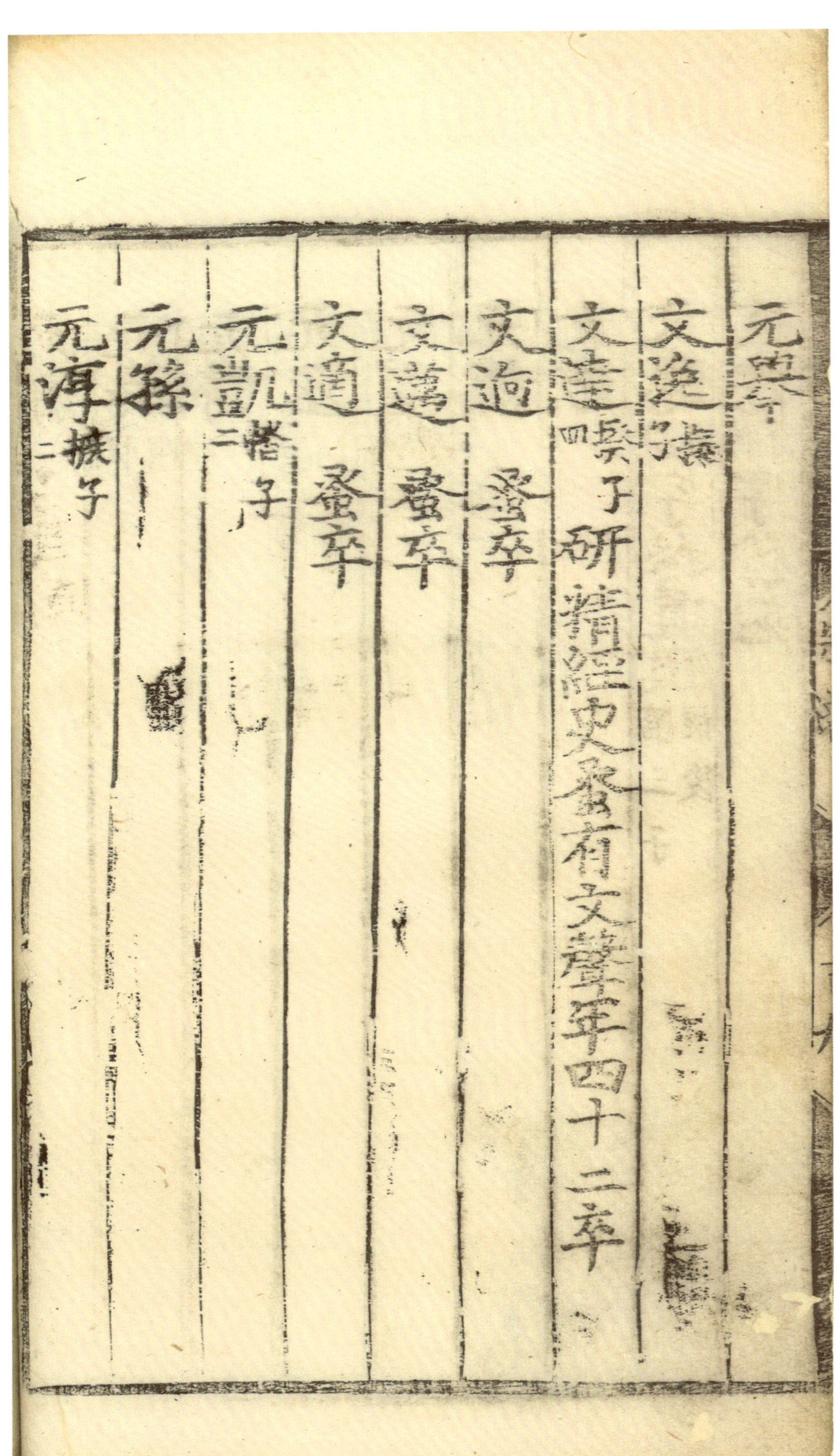
元興

文逸 子[illegible]

文達 四 奚子 研精經史叅有文聲年四十二卒

文逈 蚤卒

文邁 蚤卒

文適 蚤卒

元凱 二 瞀子

元綜

元淳 二 振子

19.5cm x 32.0cm

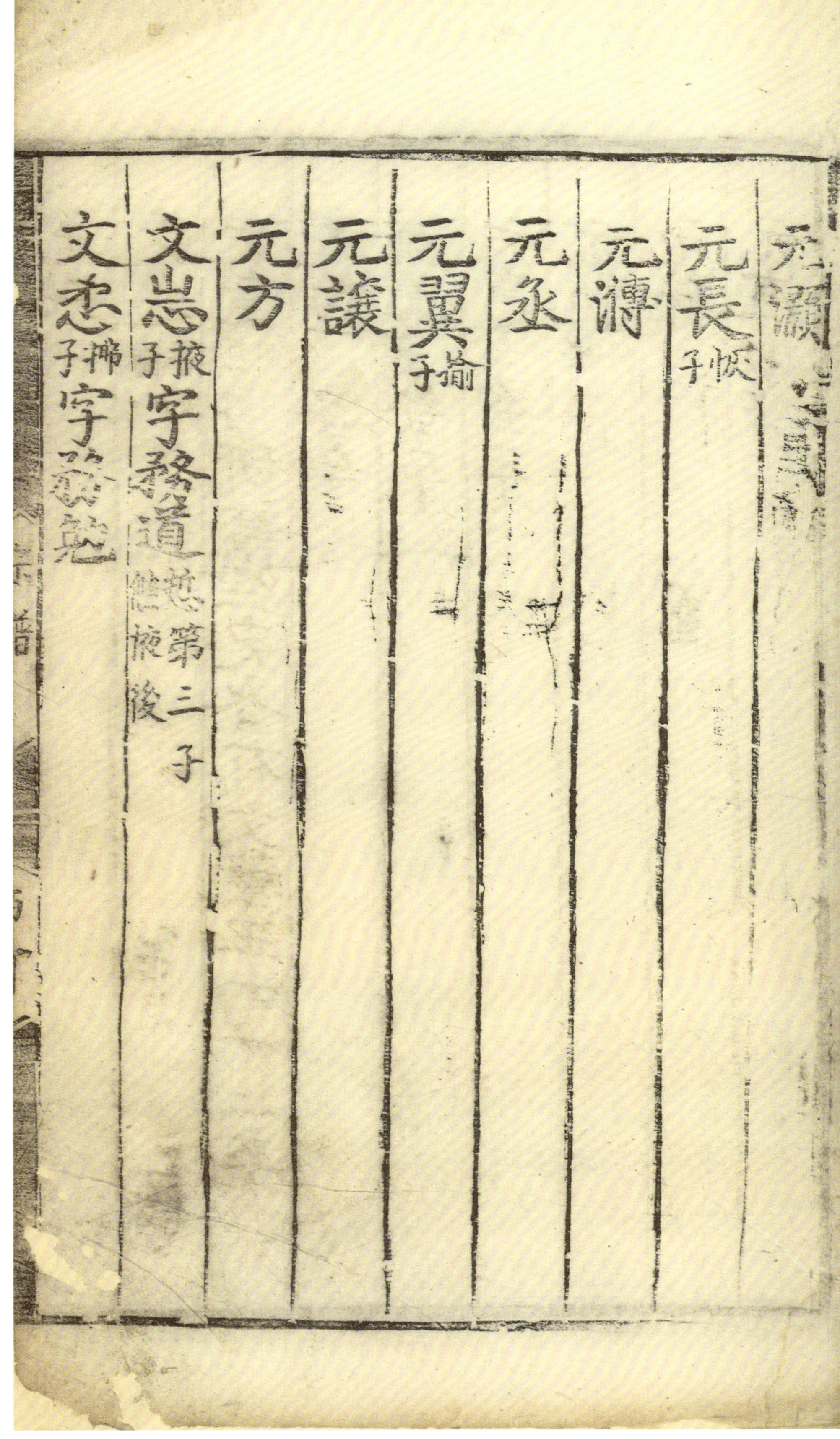
元灝 [illegible]

元長 子悏

元溥

元丞

元翼 子揄

元讓

元方

文岦 子掖 字務道 懋第三子 繼掖後

文忞 子㨔 字懋勉

19.5cm x 32.0cm

文郁擥子字從周

文恭撼子二字務敬

文愻字務謙

文撜擇子字伯助

應選攄子二字彝舉舊名文虎與弟應發自為師友刻意

問學嘉定十二年同請鄉舉淳祐七年用太平

興國二年賜鄉貢進士孔世基同本科出身舊

典特授登仕郎初任迪功郎臨安府餘杭縣主

簿及戍而卒

19.5cm x 32.0cm

應發 字機仲 舊名文豹 初任迪功郎處州府遂昌縣尉權麗水縣事隆興府新建縣丞終通直郎武寧知縣以恩特授文林郎 誥曰從政郎孔應發右可特授文林郎勅從政郎新邵武軍軍事判官趙汝陳等洪惟我幼冲人繼猶伊始允爾有官君子進秩惟均祗適先猷於昭慶澤以表求助之意以旌服政之勤王以入扐馭臣既靡好爵士自一命授職宜勵精忠可依前件奉勅如右牒到奉行德祐元年八月十日也後複進秩通直郎 瘞衢之西安縣嘉慶鄉五十六都七保地名花街頭之南恭人馬氏徐氏俱瘞西安縣靖安鄉十二都金溪壠

19.5cm x 32.0cm

文茲子德

文通二括子叠卒

文達

應得子元龍字德夫號退學舊名文在淳祐元年補入辟廱理宗幸學以恩賜釋褐出身授吉州太和縣主簿歷紹興府臨安府教授通判撫州廣德軍知安吉州台州歷官于朝至資政殿大學士諡議大夫簽書樞密院事年六十一塟衢之西安縣四[illegible]

19.5cm x 32.0cm

㦤符從姪子四字信甫

㦤禧 字鴻甫

㦤祥 字吉甫仕宋從政郎刑工部架閣歸附

大元至元十九年七月以儒族長被

旨召赴

闕庭秉傳至維揚以疾而回累辭徵辟退隱終身自

號秉菊翁年九十九爲族長四十年在中奉公

墓東南

㦤禮 五歲孤貧育于姪呂氏元名大中長於隱別號本多

19.5cm x 32.0cm

不載至元歸附初曾爲建德路總管安撫兼府尹後隱遯不知所終

應遷聖𦍑子

文樸洪中子繼後字伯厚登寶祐元年第以先聖後特旨補修職郎任復州玉沙縣尉兼𦍑四川茶馬司幹官舉員及格改奉議郎知潭州湘潭縣知縣年四十五

文進𦍑子字伯從二

文適字伯駿

19.5cm x 32.0cm

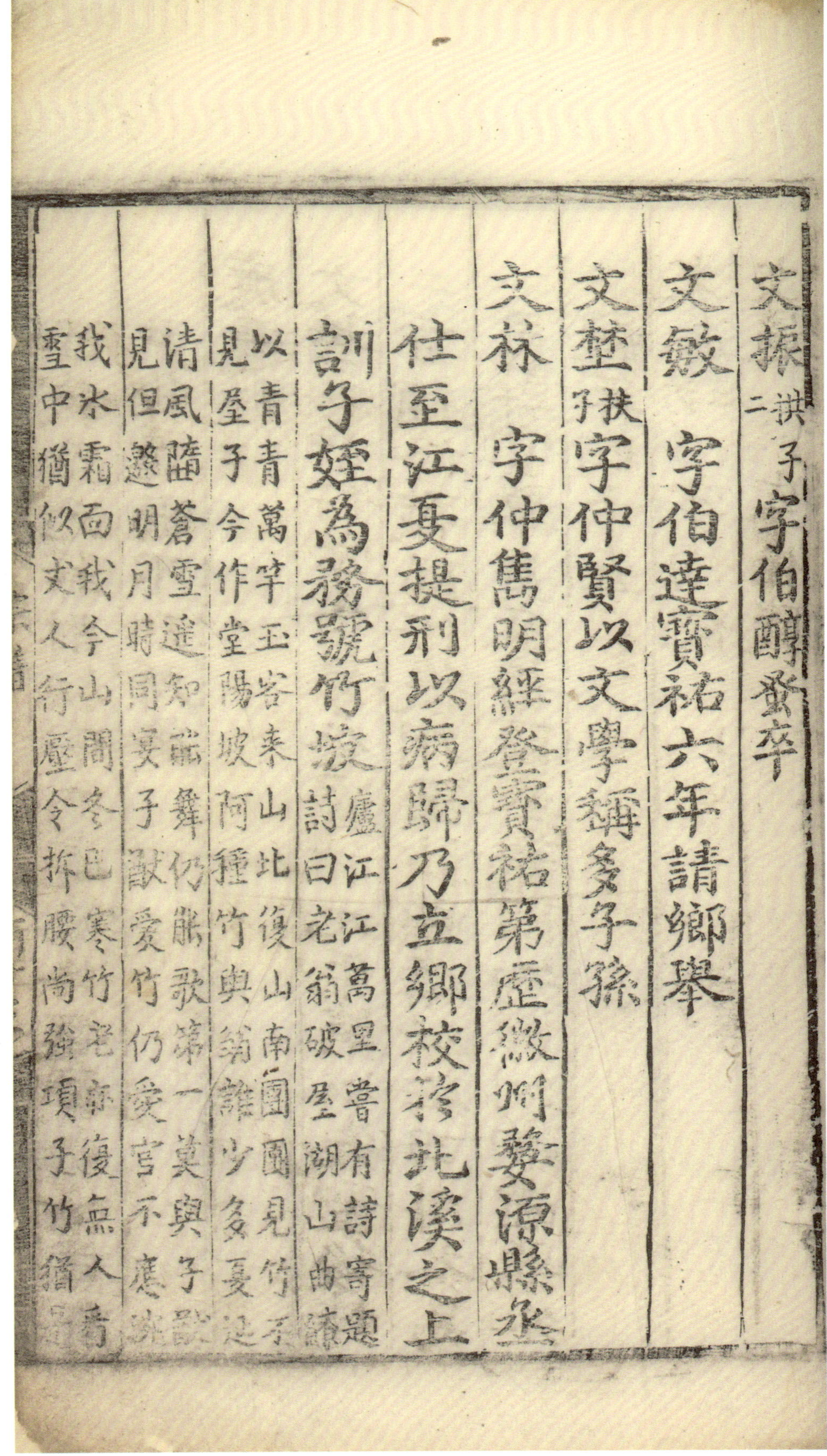
文振 二拱子 字伯醇蚤卒
文敏 字伯達寳祐六年請鄉舉
文整 扶子 字仲賢以文學稱多子孫
文林 字仲雋明經登寳祐第歷徽州婺源縣丞
仕至江夏提刑以病歸乃立鄉校於北溪之上
訓子姪為務號竹坡 廬江萬里嘗有詩寄題
詩曰老翁破屋湖山曲讀
以青青萬竿玉客來山北復山南園園見竹不
見屋子今作堂陽坡阿種竹與翁誰少多夏迎
清風踏蒼雪遥知熊舞仍熊歌第一莫與子猷
見但邀明月時同宴子猷愛竹仍愛官不寒邀
我冰霜面我今山間冬已寒竹老亦復無人看
雪中猶似丈人行壓令折腰尚强項子竹猶[illegible]

19.5cm x 32.0cm

錦棚兒膺寸已抱千尋姿春雨連山雷破桂蒼龍飛上青雲去江號古心堂舊譜無此二人舉要所載增入

文質 復之子二

文彬

元黜 覽子

元石 揮子三 字子修監修祖廟

元則

元康

元士 擒子二

成化年間

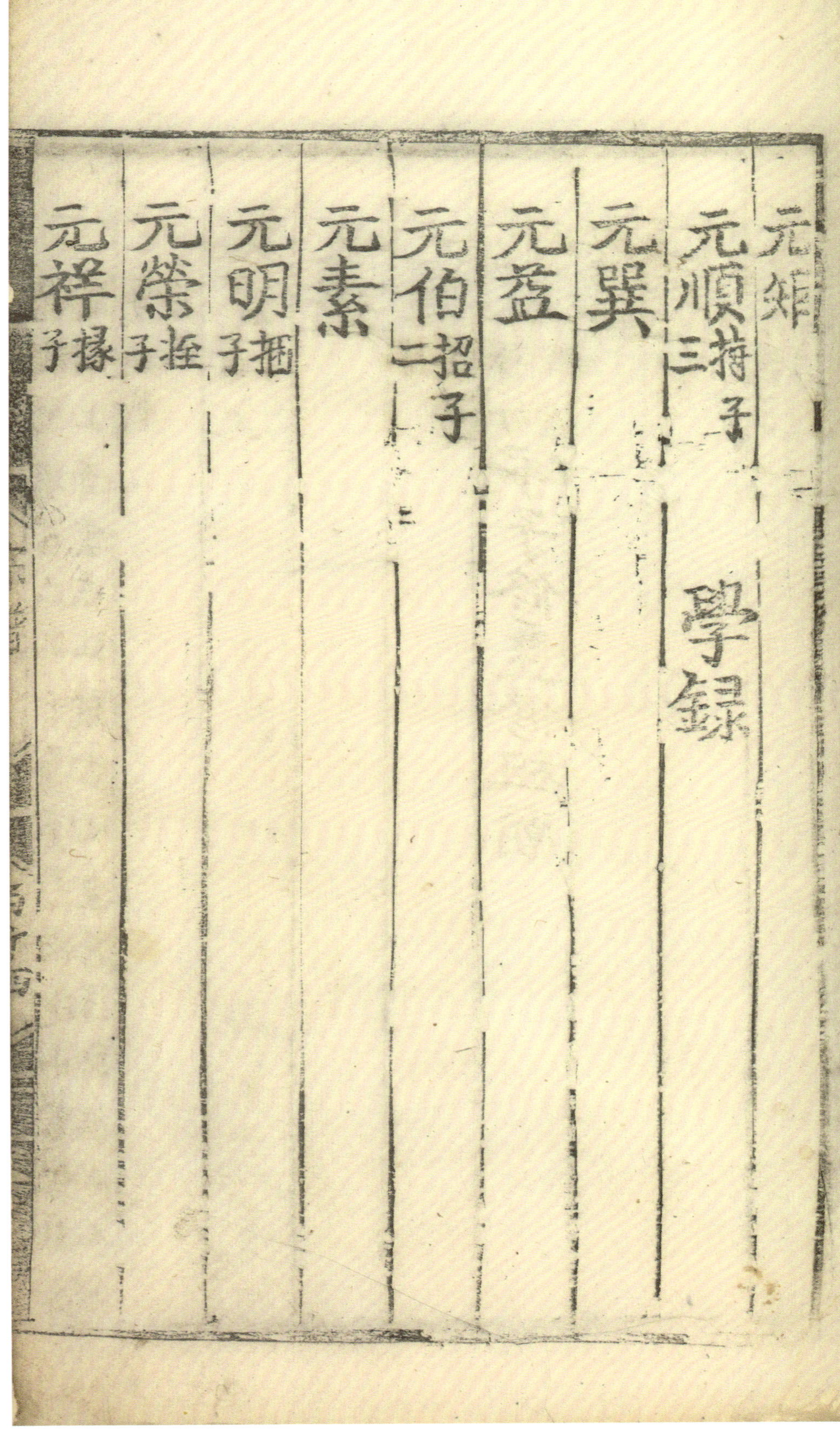

元矩

元順 持子 三

學録

元巽

元益

元伯 招子 二

元素

元明 掘子

元榮 挃子

元祥 掾子

19.5cm x 32.0cm

元興 子掊

元通 擿 四子

元發

元罯

元恩

元功 子琋

元楷 子摧

元鳳 子挌

元龜 子瑋

19.5cm x 32.0cm

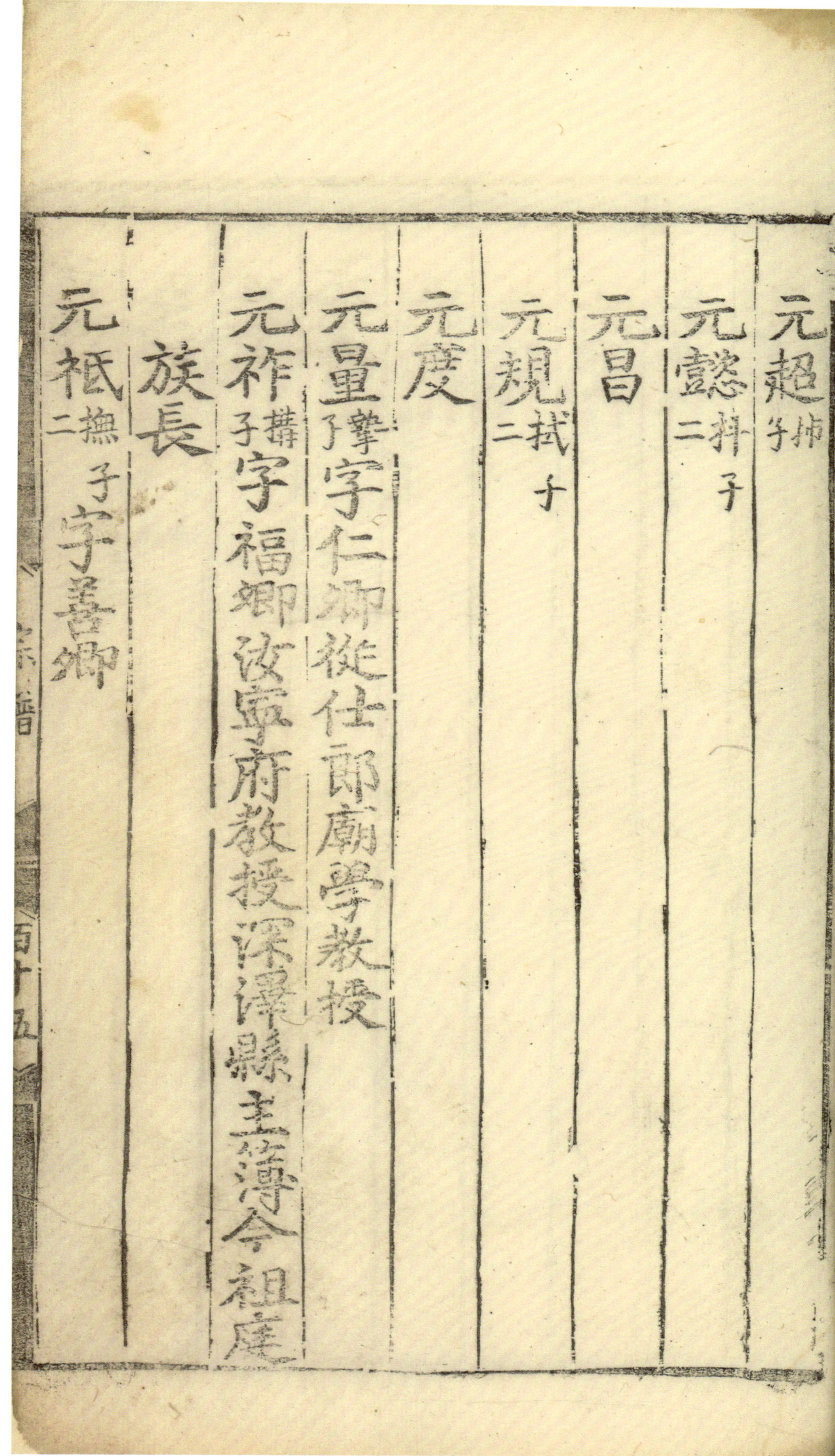

元超 坲子

元懿 拌子二

元昌

元規 拭子二

元度

元量 摯子 字仁卿 從仕郎廟學教授

元祚 搆子 字福卿 汝寧府教授 深澤縣主簿令祖庭

族長

元祗 撫子二 字善卿

19.5cm x 32.0cm

元祐 字祥卿

元質 攄子居曲阜塘

元秀 擬子 二

元智

元和 瓔子 二

元睦

元嬰 振子

元義 抱子 二

元嘉

19.5cm x 32.0cm

元臣紹庚子
元戒揹子二
元成
元整抑子
元龍祐子
元正揹子五　字直卿
元裕　字益卿恩例教授將仕郎濟陽縣主簿祖
庭族長年八十二
元敬　字忠卿歷邵武興化路經歷曲阜縣尹致

19.5cm x 32.0cm

仕年七十五

元沖　字元卿

元仲　字信卿德州教授將仕郎通城縣主簿

五十二代萬春子二文遠字着年襲封衍聖公承奉郎主

奉先聖祠事添差通判衢州不釐務誥曰朕聞盛德必百世祀而況詩書仁義之澤涵浸生民炳然至今者乎爾承休聖門端有傳序屬當次補仍緒世封恪共烝嘗當勉家業使東魯文獻於此有考焉不亦善乎可添差通判泉州

仍釐務兼南外宗正丞終奉議郎並衢之西安

鄉五十九都東壇孝悌里

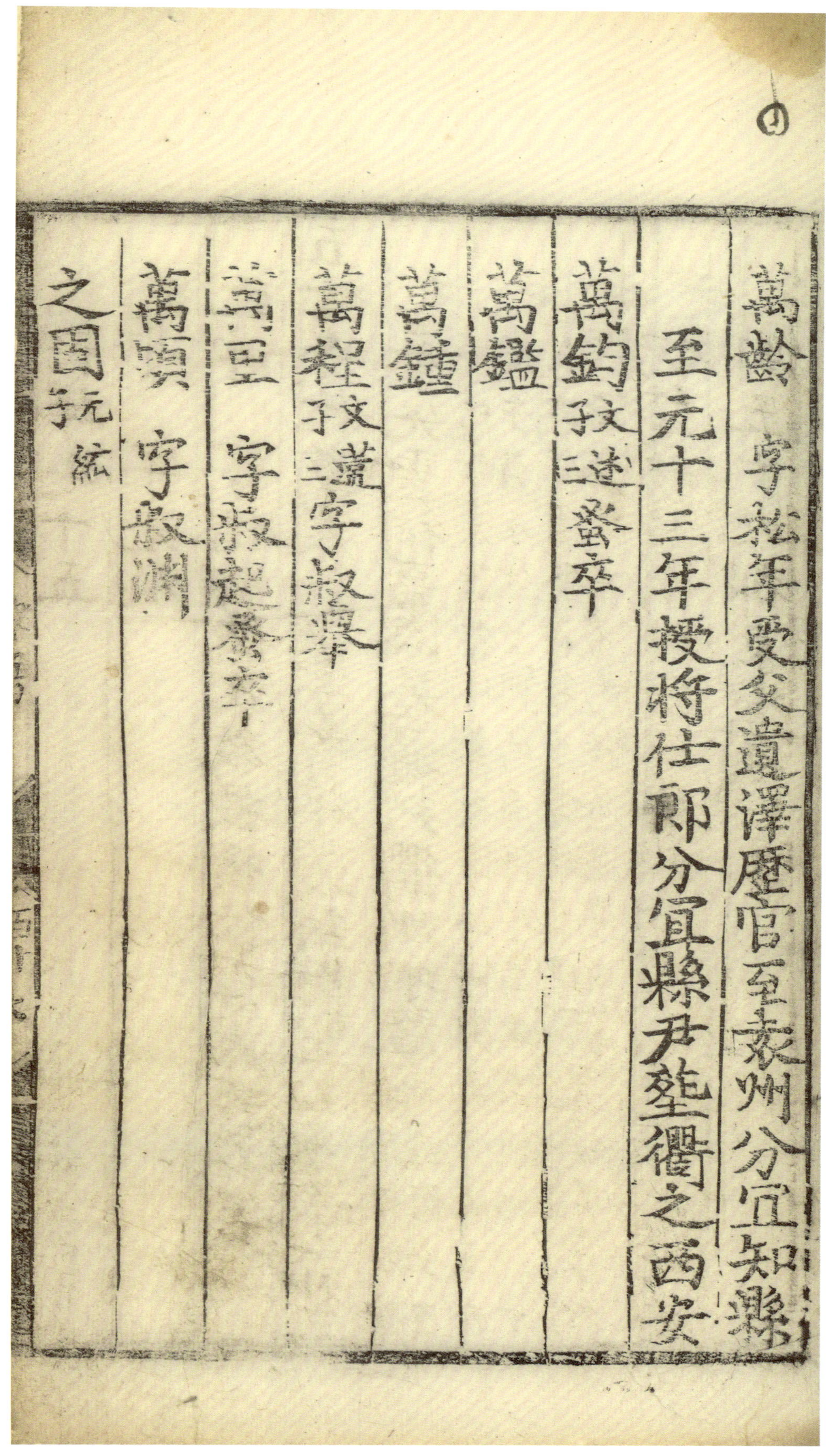
萬齡 字松年受父遺澤歷官至袁州分宜知縣
至元十三年授將仕郎分宜縣尹塟衢之西安
萬鈞 文遂 子三 蚤卒
萬鑑
萬鍾
萬程 文叢 子三 字叔舉
萬里 字叔起 蚤卒
萬頃 字叔淵
之固 元紘 子

19.5cm x 32.0cm

之美　元衡子三

之儀

之問

之則　元泰子二

之遴

之典　元讓子

之經　元直子二

之文

之昂　元孝子二

19.5cm x 32.0cm

之訓

之辱　贈亞中大夫濟寧路總管輕車都尉

之全　孫元用　字工叔乙酉年父元用從太師國王征

益都遂襲封衍聖公曲阜令丙戌年二月先鋒

元帥唆魯忽土統領蒙古扎漢馬步太阜收復

河北山東等處鎮守便宜勾當遷承德郎己丑

年五月加奉訓大夫癸巳年元措自汴梁還東

平依舊襲封衍聖公之全止充曲阜縣令己亥

年七月納歹駙馬鈞旨皇女娶爲忽勸公主皇

19.5cm x 32.0cm

林業速倫公主懿旨依舊世襲曲阜縣令管把
民户句當不妨本職採斫木植監督工匠修完
宣聖廟宇戊申年正月幹陳斷局鈞旨據濟兗
單州管民長官石天祿保曲阜縣令孔之全最
爲宿舊深有勞績比及　聞奏以來依前權勾
當壬子年三月宣差東平路行軍萬户總管民
長官依奉牙會尾赤發斷事官言語襲封衍
聖公兼曲阜縣令年五十一
之純元譜子二

19.5cm x 32.0cm

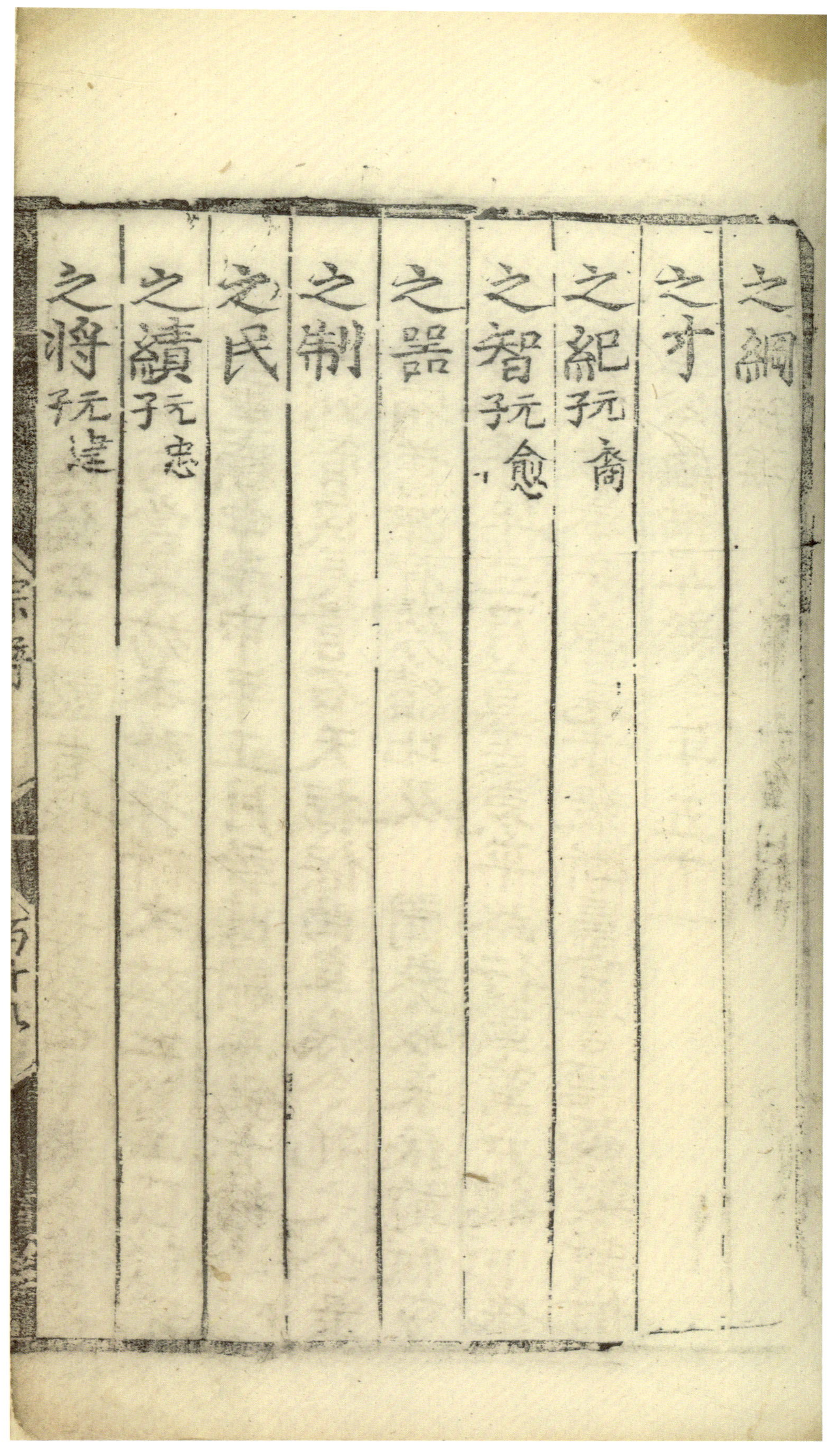
之綱
之才
之紀 子元裔
之智 子元愈
之器
之制
之氏
之績 子元忠
之將 子元逵

19.5cm x 32.0cm

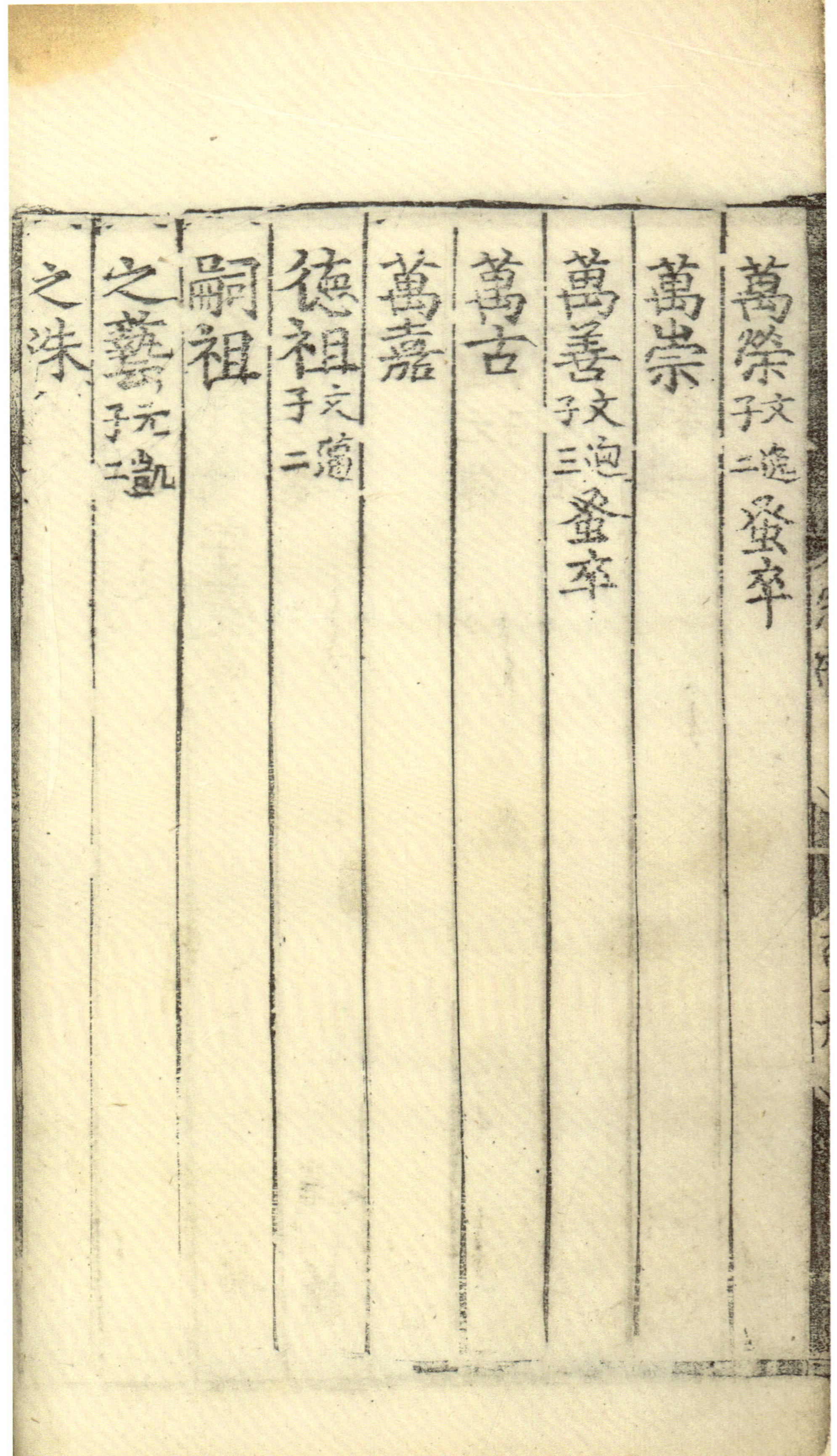
萬榮 文逵子二 蚤卒
萬崇
萬善 文迴子三 蚤卒
萬吉
萬嘉
德祖 文簡子二
嗣祖
之藝 元凱子二
之洙

19.5cm x 32.0cm

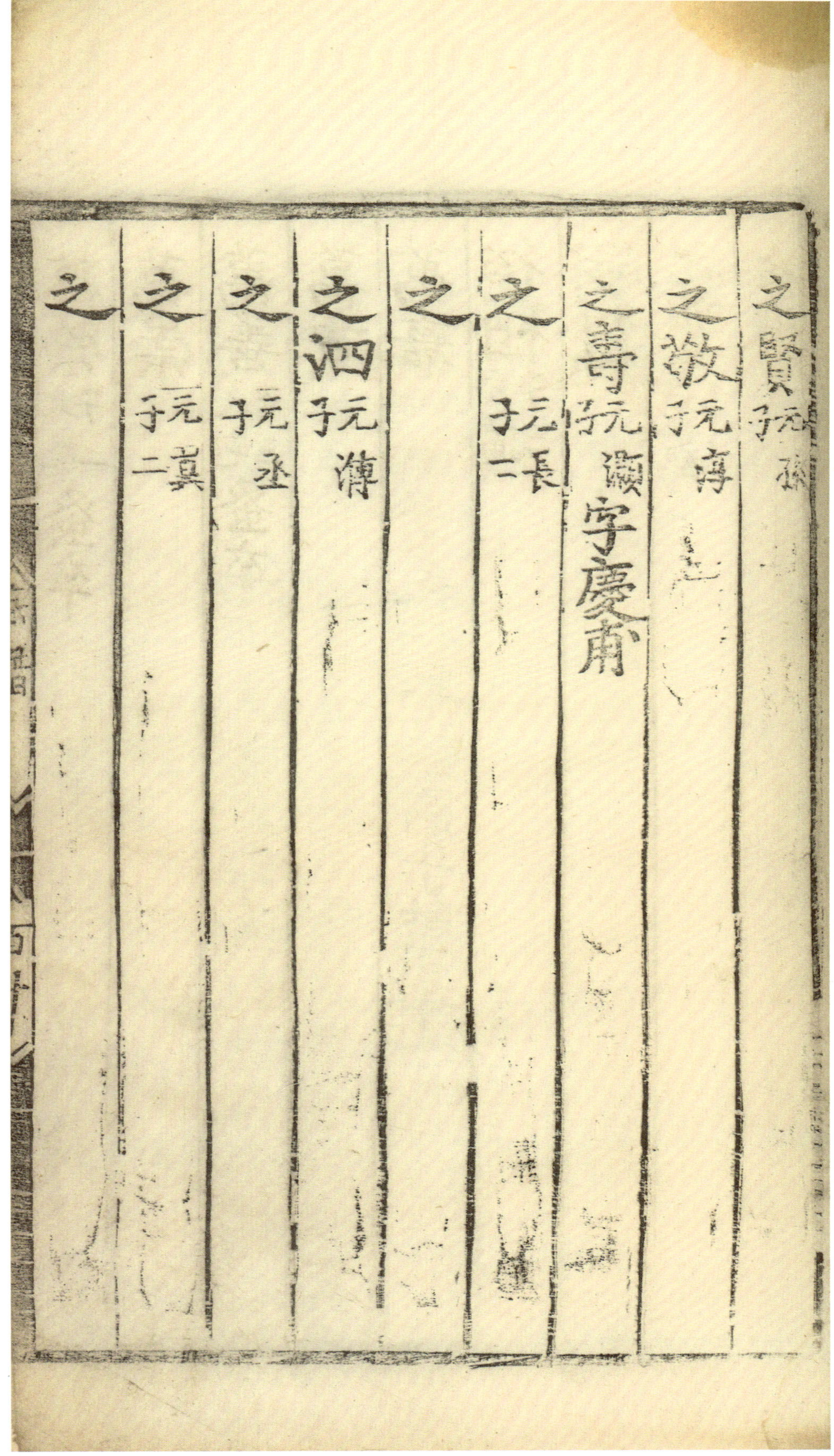
之賢 元孫 子
之敬 元溥 子
之壽 元灝 子 字慶甫
之
之 元長 子二
之
之泗 元溥 子
之 元丞 子
之 元真 子二
之

19.5cm x 32.0cm

重四 子元 四謙

重五

王兒 一名 之福

之深

和孫 文 子敎 崇

景定二年請國子監舉

萬禧 文 子 二 恭

萬全 發卒

隆孫 文 子 慈

萬石 文 子 三 敎 撥

19.5cm x 32.0cm

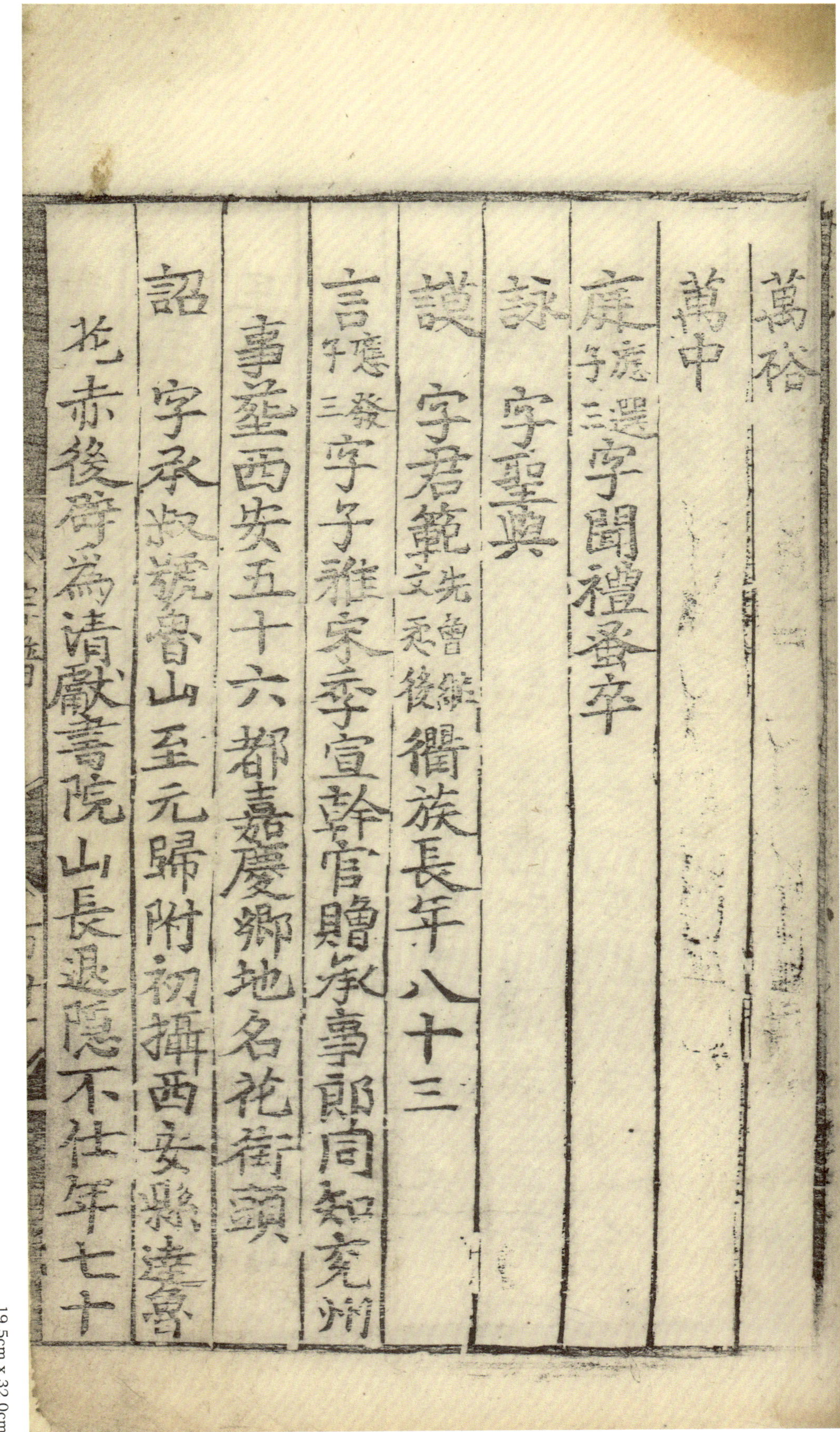
萬裕

萬中

庠應遷子三字聞禮蚤卒

詠字聖與

謨字君範先曾繼文孫後儹族長年八十三

言應發子三字子雅宋季宣教官贈承事郎同知兗州

事莅西安五十六都嘉慶鄉地名花街頭

詔字承叔號魯山至元歸附初攝西安縣達魯

花赤後辭爲清獻書院山長退隱不仕年七十

19.5cm x 32.0cm

宜人孫氏先故葬西安縣龍業鄉十都地名葛
埂繼室衢之常山縣懷安鄉二十二都上舍王
公之女因贅居焉公卒就葬長源王宅後山之
麓宜人王氏葬西安縣靖安鄉十二都荊溪壠

廉 字簡齋（先曾繼萬嵩後）歷信州路廬州路教授開化
縣主簿紹興路知事承事郎池州路經歷文江
縣尹年六十九葬衢之西安縣龍業鄉地名戴
村汪家塘孺人張氏附葬焉

昭縣（虔得子三）字明遠歷慶元路學正蘄州路教授慈溪

19.5cm x 32.0cm

縣主簿辟江浙省掾史從仕郎袁州路知事卒

六十二

學孫、字君實蚤卒

福孫 字平遠奉訓大夫汴梁等處納綿提舉爲爾族長修理廟庭嚴潔祭祀塋西安縣四十六都地名彭溪桐子山宜人王氏祔塋

紀應祥子二 字君亭西安教諭年五十七贈承事郎濟寧路同知兖州事

繹 廢疾蚤卒

經應禮子 字常甫為衢族長主祀事

19.5cm x 32.0cm

萬憲 文樸孚師聰舉要云幼習經學尤長春秋宗子 授迪功郎元初以孔氏特授湖
廣儒學提舉年八十三卒

萬竒 文進子四

萬慶

萬紀

萬儒

萬恩 文通子二

萬惠

萬泉 文振子三

19.5cm x 32.0cm

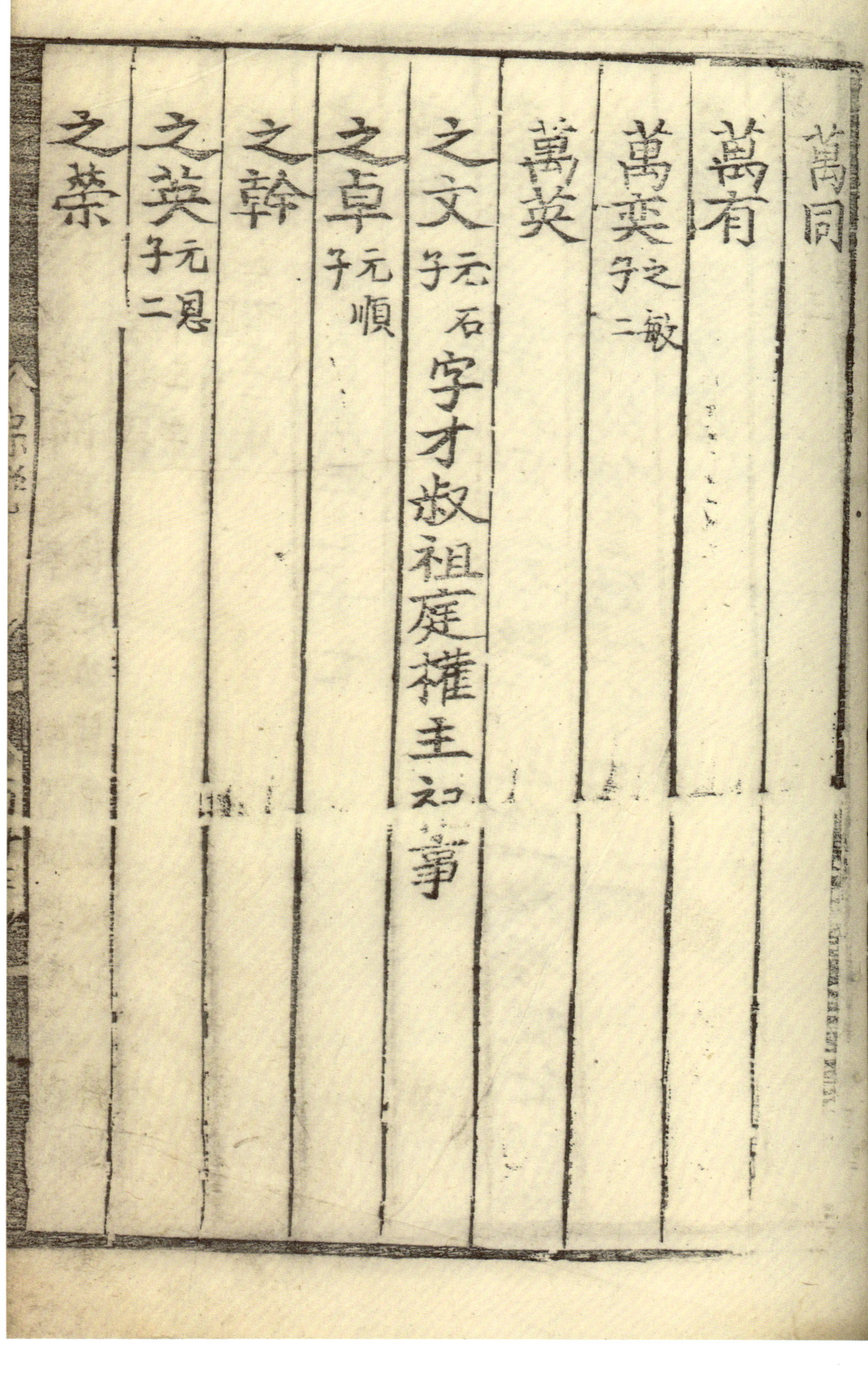

萬同

萬有

萬奕 子二 之敏

萬英

之文 子元石 字才叔 祖庭權主祀事

之卓 子元順

之幹

之英 子二 元恩

之棨

19.5cm x 32.0cm

之孚元揩字顒甫濟南路教授
年五

之選字擇甫

之延字正甫

之溫字良甫年七十七

之翊

之㝅元曅字毅甫太原路濟寧路山東教授從仕郎翰
子四

林國史院編脩官致仕年七十四

之章字文甫

之著

19.5cm x 32.0cm

之奇

之冕 元祚子三 寧夏府學正濮州教授荆山常山壽寧

懷慶縣尹

之景 字光甫

之曇 字雲甫

之輿 元祗子二

之譽

之康 元祐子二

之懐

19.5cm x 32.0cm

之容 元賓子四 字儀甫提領監修

之請 字彥甫

之進 字誠甫林廟提控監修年八十二

之明 字晦甫曹州教授聊城主簿

之彬 元立子三

之強 字立甫開元路教授郟縣主簿

之祥 字吉甫大寧路教授蒲臺主簿

之寧 元裕子二 字澄甫

之安 字定甫

19.5cm x 32.0cm

成化年間

之熙元敍子五字明甫稽山山長杭州路教授如皋靜海清河三縣主簿承事郎雲夢縣尹

之敏字勉甫池州路青陽縣稅使

之戴字德甫福州路學正建寧路教授福州路知事年四十四贈承事郎太常博士

之僅字寬夫保定路深澤縣教諭

之達

之剛元冲子二

之善

19.5cm x 32.0cm

之蘭孔沛字寅甫大寧路學正

之嚴字雍甫盤陽路學正濟南路教授

之威字温甫單父教諭

五十三代洙孫萬春字景清一字思魯號存齋承奉郎襲封

衍聖公主奉先聖祀事歷衢吉平江信州通判

攝郡事歸附

大元至元十九年七月奉

旨召赴

闕辭讓襲爵授國子祭酒承務郎提舉浙東道

19.5cm x 32.0cm

學校事再授奉順大夫福建道儒學提舉年六
十卒塋衢之西安縣靖安鄉金溪壠濤按四十六代聖祐
無子取堂弟宗愿承襲四十七代若蒙坐事廢
以弟若虛承襲兄亡弟襲昭穆相應繼世之定
法也五十三代洙無子又無應繼之者乃取五
十二代言之幼子津改名楷立為之後至元十
九年祖庭以頑騣昧紛爭襲爵洙以大宗嫡長
宋襲封衍聖公歸附居衢特被
召命入
覲欽惟
世祖皇帝及時宰之意謂洙當襲爵無疑洙乃以子
非親出而又志歡回南上章力辭而行
聖恩寬亭雖被以祭酒提舉之命以為歸榮而大宗
之法於是遂差紛擾數十年繆者至於復分南
北之說使洙之朝
京也稍顧大體當以大宗子公然拜

19.5cm x 32.0cm

命襲公爵省林廟會宗族接聲氣之感合睽革之運於百五十年間其氣象爲何如也繼措也不當繼世則於祖庶宗族中擇其昭穆當次如宗急若虛者畀之承襲俗然後告老而南以遂所志則宗法粲然上下帖然誰曰不然亦乞廷誥之素煩告訐戶門老矣惜其見不及此奈何奈何今襲封思晦新刊家譜一編自搢以下至洙皆削去之洙曉號存齋不知所存者何事濤因見新譜甚爲之不平嘗贅數語書其後併附著於此以發識者一嘅云　明道襲封列行此譜所以不載備族者蓋欲明其爲大宗嫡冢也洙以下不書猶不可也洙以上至搢不書其可乎端問端已詆下子孫讀書能文世其業者彬彬然不書又可乎趙本立序謂其增入四百一十餘人殊不知以舊譜及世儀所定宗圖考之自四十八代至五十五代無故削去二百九十九十若以絕後嗣者當郎削去則四十三代以前旁支皆不必存不知誰爲此謀甚悖先世作譜之

意作俑者其無後蓋不思也扶植宗枝興衰繼
絕之道果當如是乎而文字又多舛誤者昔我
祖聖能言夏殷禮痛杞宋之不足徵以其文獻
之不足故也嗚呼吾家二千年之文獻一至於
此可爲長太息流涕慟哭者也恭惟
天之未喪斯文也聖源未泯豈無作者出而一
振頹圮以答報乎
明時尊崇之恩云

泗 萬齡子二 蚤卒

洵 應子繼萬齡後 字景蘇嘉定州教授命下已卒

浩 萬鈞子言第三子爲萬鈞後

濱 萬程子

浣 之孚子 字日新贈中議大夫太常禮儀院同僉上

19.5cm x 32.0cm

騎都尉追封東平郡伯配李氏封魯郡夫人

沂

浲字世澤滄州教授棲霞靜海主簿渭川縣尹

年七十二

治之全子三字先已一字世安壬子年補替父之全充曲阜

管民長官中統元年充曲阜令四年權主祀事

至元十九年授承事郎曲阜縣尹兼管諸軍奧

魯權主祀事二十二年授奉訓大夫單州防禦

二十九年授奉直大夫密州知州元貞元年七

19.5cm x 32.0cm

月赴

闕朝見特授中議大夫襲封衍聖公 舉子要云以江南襲封衍[illegible]

公孔淶延晉乃召赴闕特授中議大夫襲封衍聖公

澄 字世寧材廟提領監修

濟 字世美從仕郎曲阜縣尹 延祐二年以蔭

郎復任至治二年子思凱襲職替之

浦 之子 紀

㴻 之子 紀

淙 之子 四 將

19.5cm x 32.0cm

諒

誼

記

澄 子之壽

源 子之深

演 字世昌居曲阜權主祀事年八十五

沆 子和孫

沆 子高祐

漢 子隆孫

19.5cm x 32.0cm

澄詠子字清夫登卒

淮謨子聆孫第二子繼謨後字世揚福州路教授海寧州教授

辟浙省椽史舉要云歷官湖廣理問所知事江南諸道行御史臺掾徵事郎衢州路江山縣尹公居官介潔持法無少徇豪強畏忌朝野皆知後公隱退而各道憲臣交章薦聞是時守臣承制得專選任乃擢為衢州路經歷晚號桐柏山人年六十八葬西安縣抱載鄉五都地名黃山之原宜人汪氏祔

演言二子字德泉以孔氏恩例初除祠山書院山長歷嘉興路教授臨海樂清兩縣主簿安化縣尹儒林郎鹽官州同知致仕

19.5cm x 32.0cm

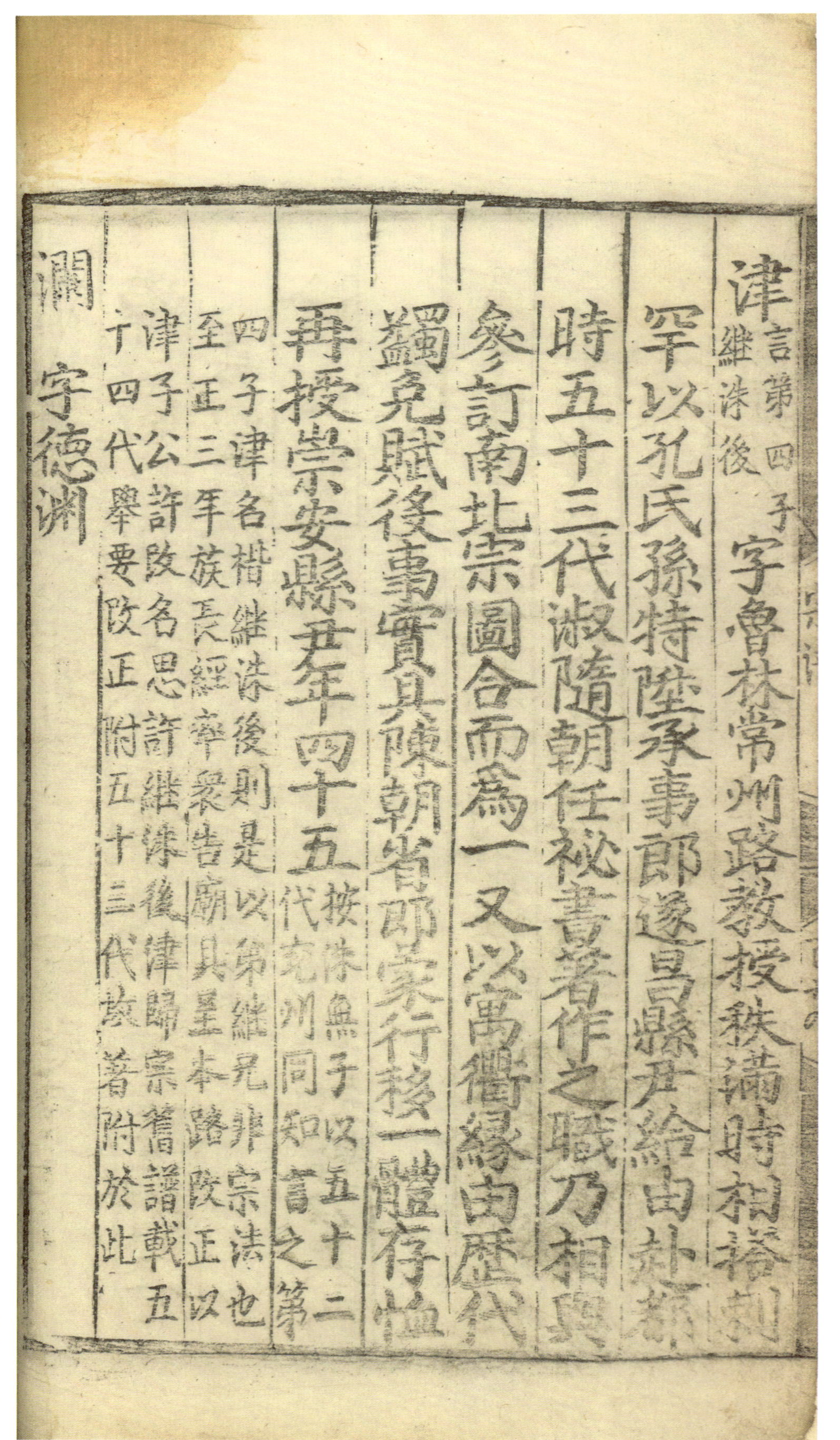

津言第四子繼洙後字魯林常州路教授秩滿時相答剌
罕以孔氏孫特陞承事郎遂昌縣尹給由赴都
時五十三代淑隨朝任秘書著作之職乃相與
參訂南北宗圖合而為一又以寓衢緣由歷代
蠲免賦役事實具陳朝省郎案行移一體存恤
再授崇安縣尹年四十五按洙無子以五十二代兗州同知言之第四子津名楷繼洙後則是以弟繼兄非宗法也至正三年族長經率衆告廟具呈本路改正以津子公許改名思許繼洙後津歸宗舊譜載五十四代舉要改正附五十三代敍著附於此

瀾字德淵

19.5cm x 32.0cm

清西湖子　葬平江府常山縣二十二都長源

源　字魯泉常山縣儒學主奉祀事葬銅陵公墓西妻徐氏合葬地名金溪龍

汾　字世嘉衢族長主祀事葬武寧知縣公墓南妻楊氏合葬

灝　字世廣以先孔氏恩例初任寧國路學正次任建寧路政和縣普竹寨巡檢寧州教授宣司辟爲掾俱不赴擢衢州路西安縣主簿再授將仕郎建德路遂安縣主簿先以轉給餽餉有功府

19.5cm x 32.0cm

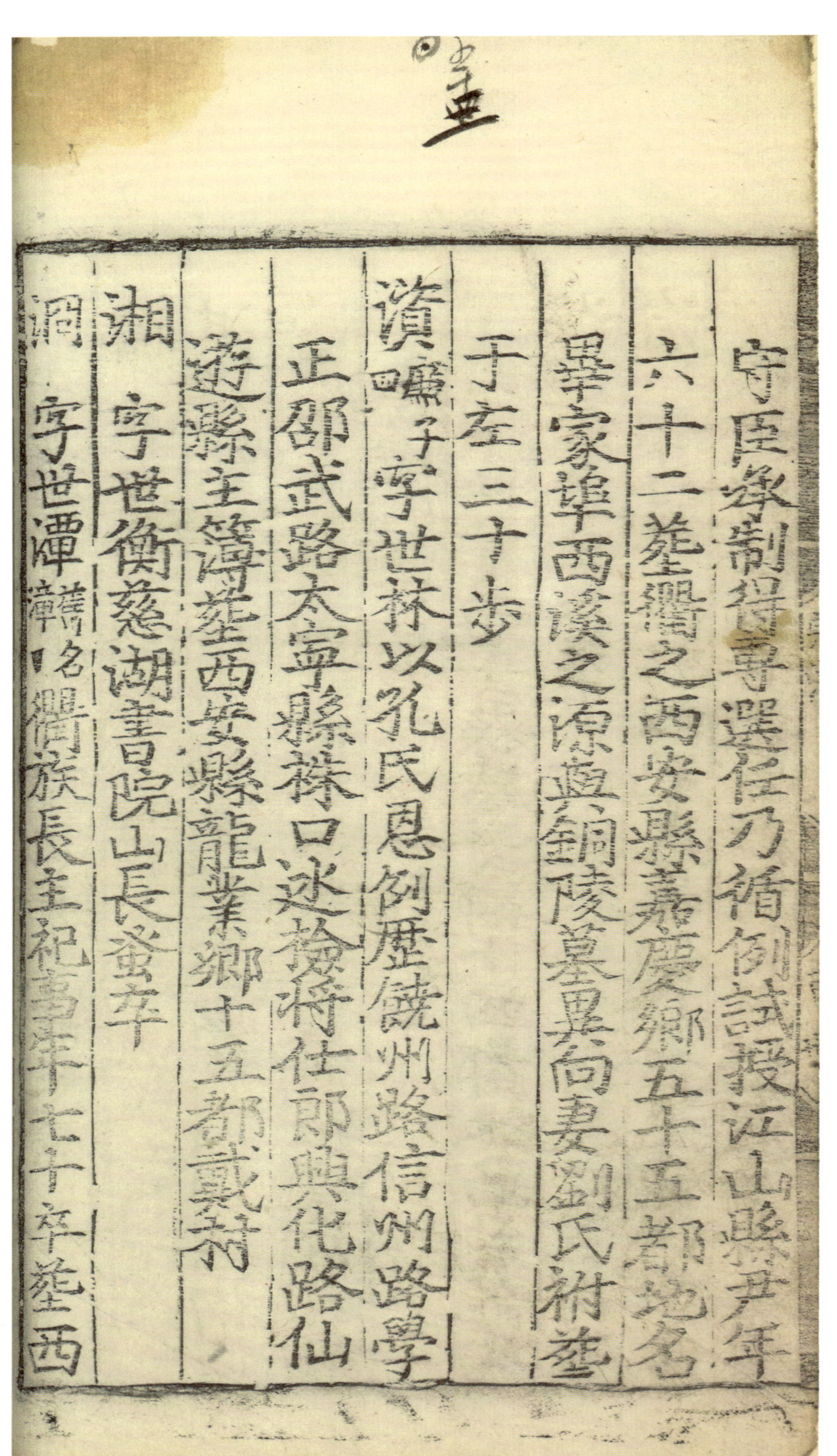

守臣承制得專選任乃循例試授江山縣尹年
六十二葬衢之西安縣嘉慶鄉五十五都地名
畢家塢西溪之源與銅陵墓異向妻劉氏祔葬
于左三十步
瀆 嘯子 字世林以孔氏恩例歷饒州路信州路學
正邵武路太寧縣梅口巡檢將仕郎興化路仙
遊縣主簿葬西安縣龍業鄉十五都戴村
湘 字世衡慈湖書院山長蚤卒
洞 字世潭 譜名潭 衢族長主祀壽年七十卒葬西

19.5cm x 32.0cm

安縣龍業鄉十五都地名土月旺之原

池　壽卒

淇　昭穆孫字世瞻明經習昌進士業以孔氏恩例初

慶元路昌國州比界迷檢次授將仕郎廣德縣

主簿辟浙江省掾徵仕郎延平路順昌縣丑年

六十一塋西安縣靖安鄉十四都地名花龍塢

海　字世容　壽卒

消　字世積先字以孔氏恩例初任建德路學正

次授將仕郎台州路照磨從政郎延平路知事

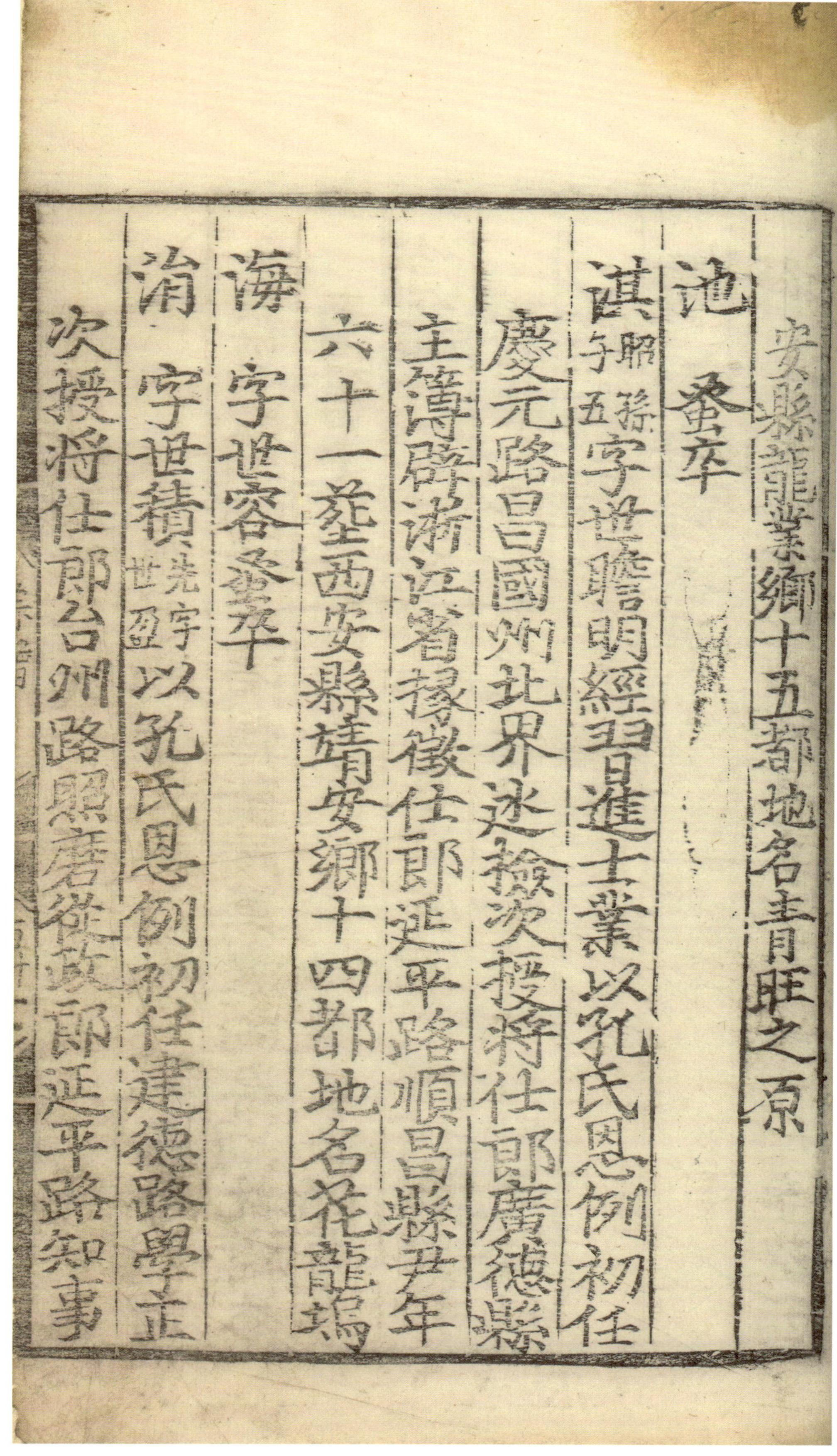

終于任所妻姚氏合葬

瀛 字世表氣槩倜儻姿貌過人以孔氏恩例初任昌國州學正次任岳州路教授辟湖北道憲司書吏登仕郎江浙儒學副提舉承仕郎海陽縣尹再任沅江縣尹奉議大夫湖廣行省檢校官年六十一恭人張氏終于公先葬衢之開化縣十三都地名白田繼室官氏

嵩 字世隆蚤卒

雍 福孫 字世東以孔氏恩例任婺源州學正次任

19.5cm x 32.0cm

温州路南監巡檢將仕郎漢川縣主簿陞徵仕郎廣州路新會縣尹甃衢之西安縣五十六都地名花街頭恭人楊氏祔塋

濤純字二字世平寧國路學録延祐元年東平路鄉貢第四名孔氏辟寓衢依祖籍應試會試終場特恩授勅除溧陽州教授七年東平鄉貢第四名辟江浙省掾至治三年東平鄉貢第一名泰定元年會試第十九人登科賜同進士出身陞授從事郎崑山州判官到任丁憂服闋授承事郎吳

19.5cm x 32.0cm

江州判官再調桂楊州判官承直郎潮州路知事年五十七號存齋提舉中奉公墓壠恭人公爲人慷慨好義奬勵後進損己産以廣庭給祿米以養貧族考訂宗圖刊鋟譜系以至宗門冠婚喪祭之事莫不善以導之俾之中禮力有不及者則思所有以濟之既歿且將數十年矣儒鄉之長老知公者至今稱頌其美思攘録譜至此安得而隱耶

淯 字世成 以孔氏恩例初授徽州路學正次任茅山書院山長常州路教授將仕郎吉安路照磨安人鄭氏祔塋

潤 更名湘萬憲子 字世宗 蚤失怙恃育于兄嫂既長值兵乃抱興國軍儒學祭器文籍歸附元初時年二十六遂以孔氏附籍與国錮免本族差徭復除州學教授

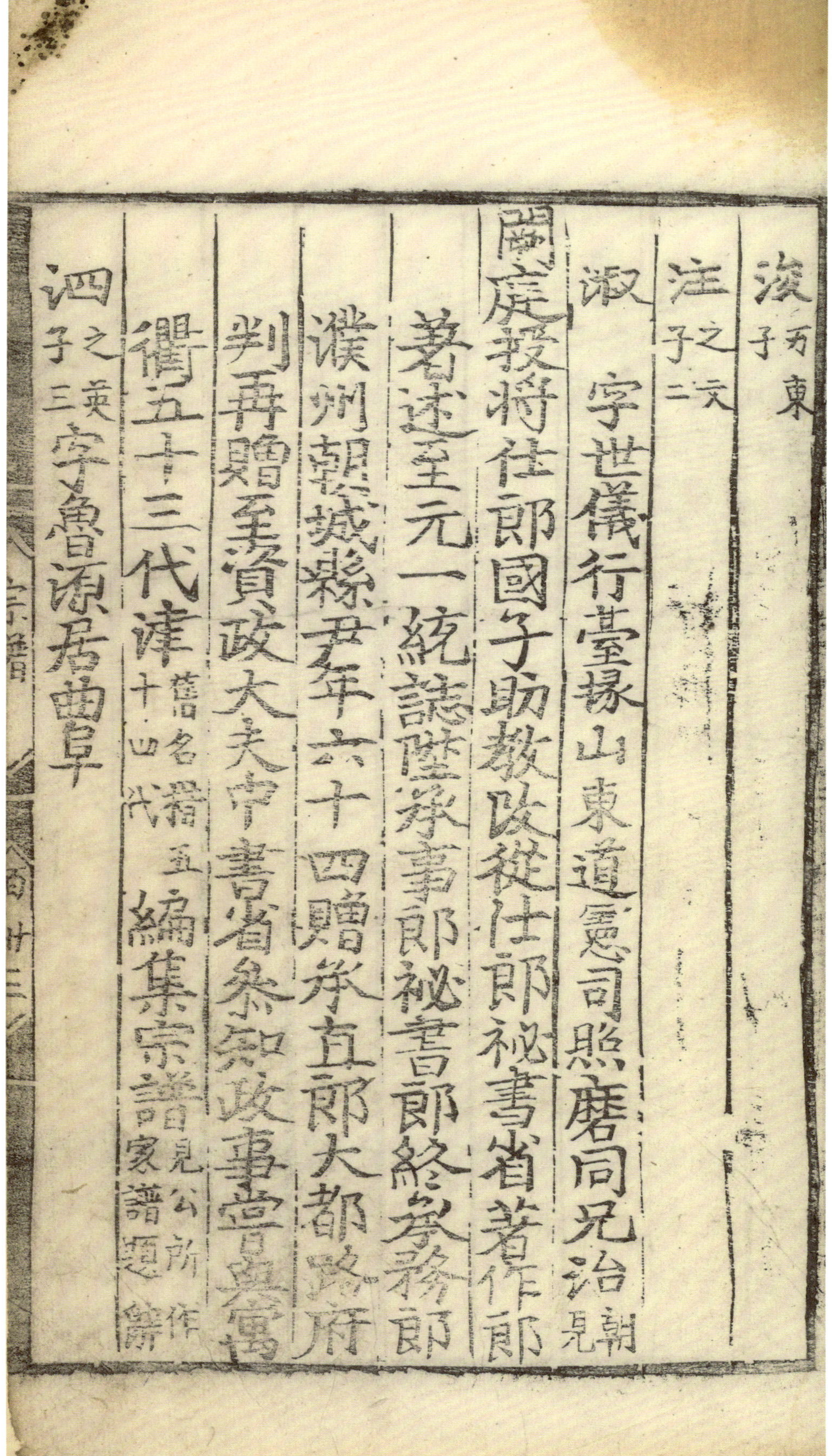

浚丙子東

注之文子二

淑　字世儀行臺掾山東道憲司照磨同兄治朝見

闕庭授將仕郎國子助教改從仕郎秘書省著作郎

著述至元一統誌陞承事郎秘書郎終參務郎

濮州鄄城縣尹年六十四贈承直郎大都路府

判再贈至資政大夫中書省參知政事曾[illegible]萬

衢五十三代津舊名諧十四代至編集宗譜見公所作家譜題辭

泗之英子三字魯源居曲阜

19.5cm x 32.0cm

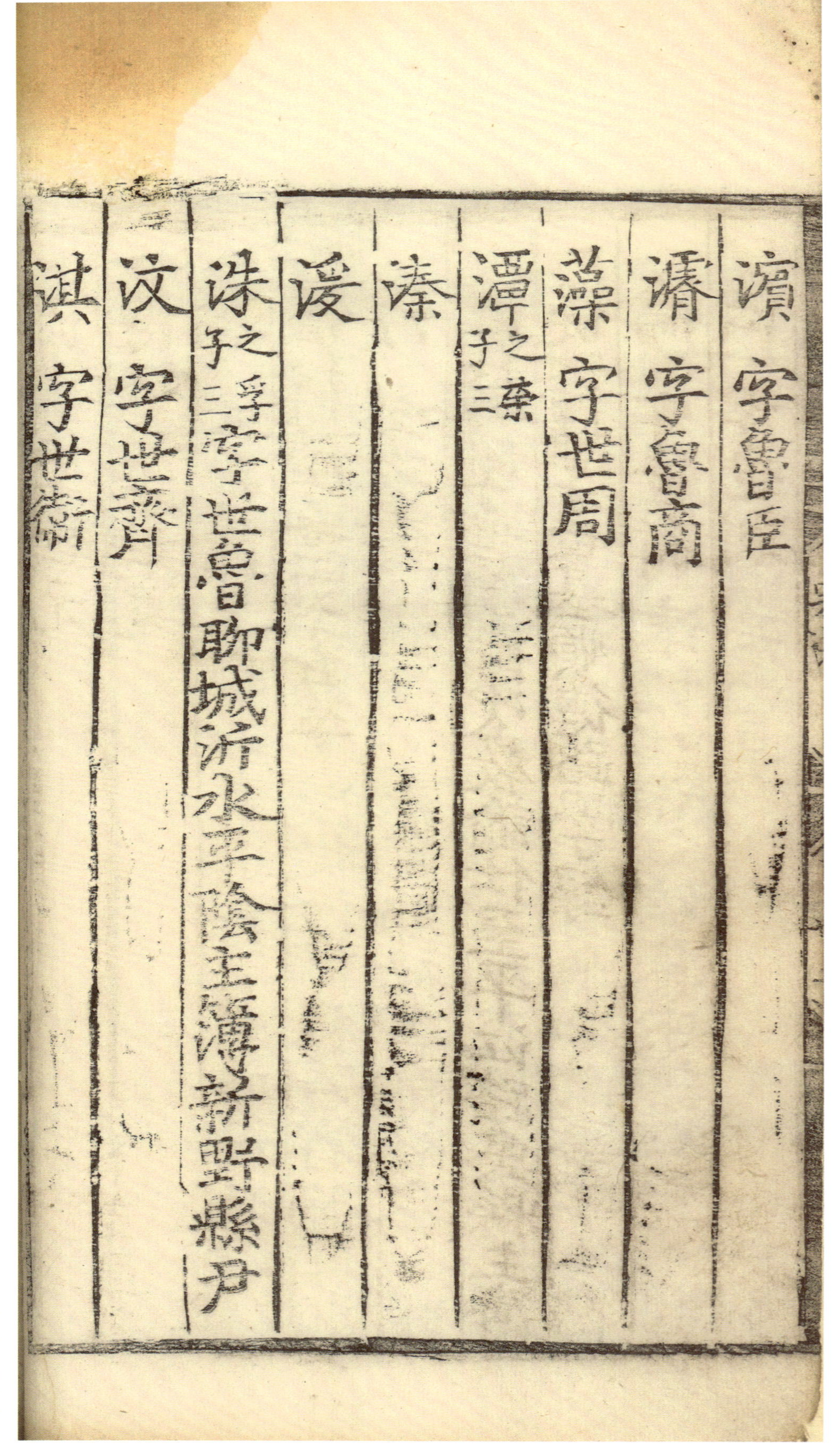
濱 字魯臣
濤 字魯商
藻 字世周
潭 之子三 （榮）
溱
漫
洙 之子三 字世魯 聊城沂水平陰主簿新野縣尹
汶 字世齊
淇 字世衛

19.5cm x 32.0cm

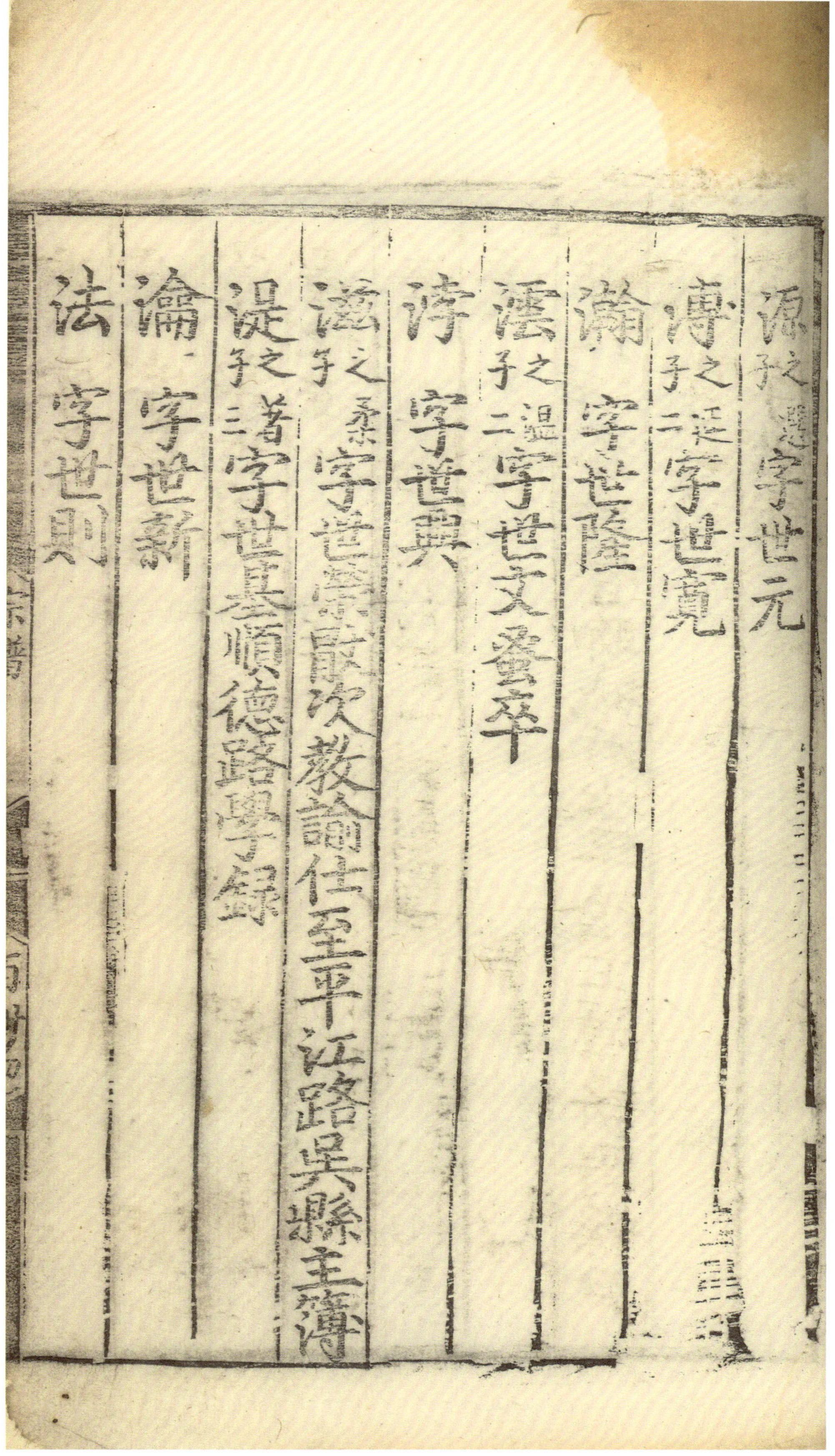

源 湜之子 字世元

溥 涎之子二 字世寬

瀹 字世隆

澐 温之子二 字世文蚤卒

涛 字世興

灩 桑之子 字世榮敢次人教諭仕至平江路吳縣主簿

湜 著之子三 字世昰差順德路學錄

淪 字世新

法 字世則

19.5cm x 32.0cm

魯佳之子奇

馮之容子五

津一 字世達

訢 字世永

浩 字世德初任衛海縣教諭仕至無棣縣主簿

淋 字世霖嘗游學江南寓居會稽

汾之進子 字世潜肥城教諭

沈之明子三 字世衡

渠 字世衍林廟提領監修成都路學正

19.5cm x 32.0cm

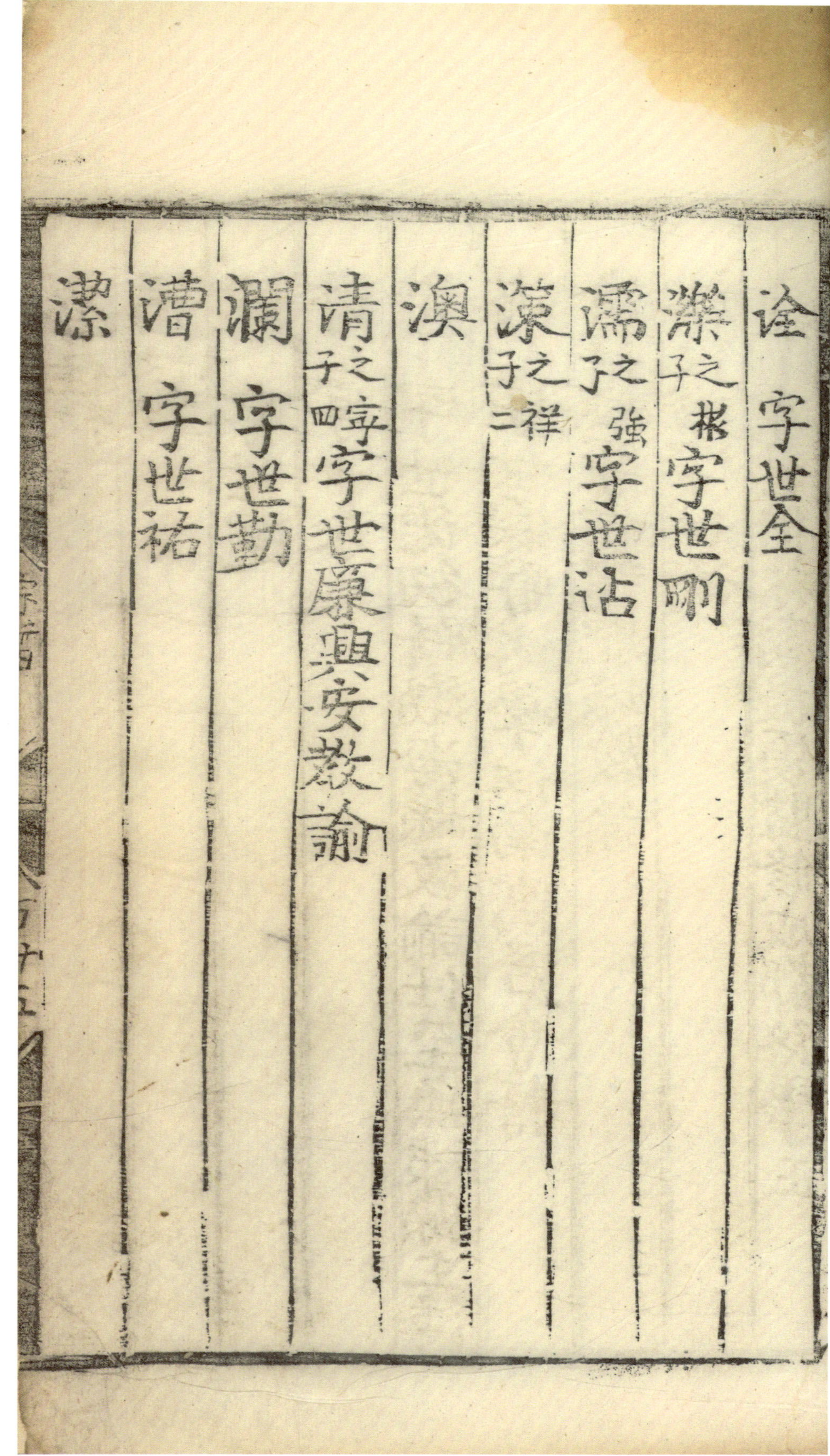
詮 字世全

滐 根之子 字世剛

濡 強之子 字世沾

藻 祥之子二

澳

清 宰之子四 字世廉 興安教諭

瀾 字世勤

漕 字世祐

潔

19.5cm x 32.0cm

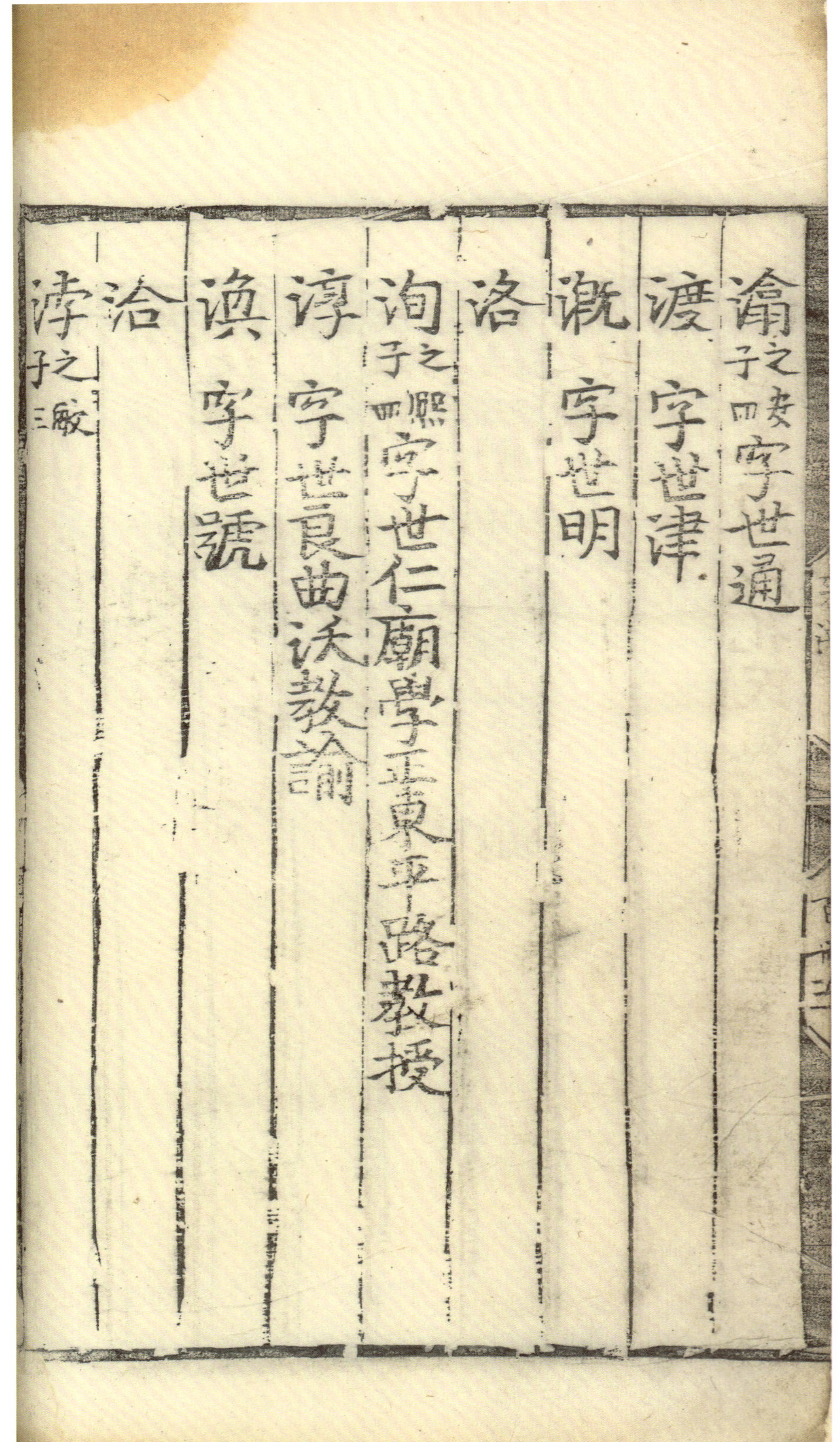

19.5cm x 32.0cm

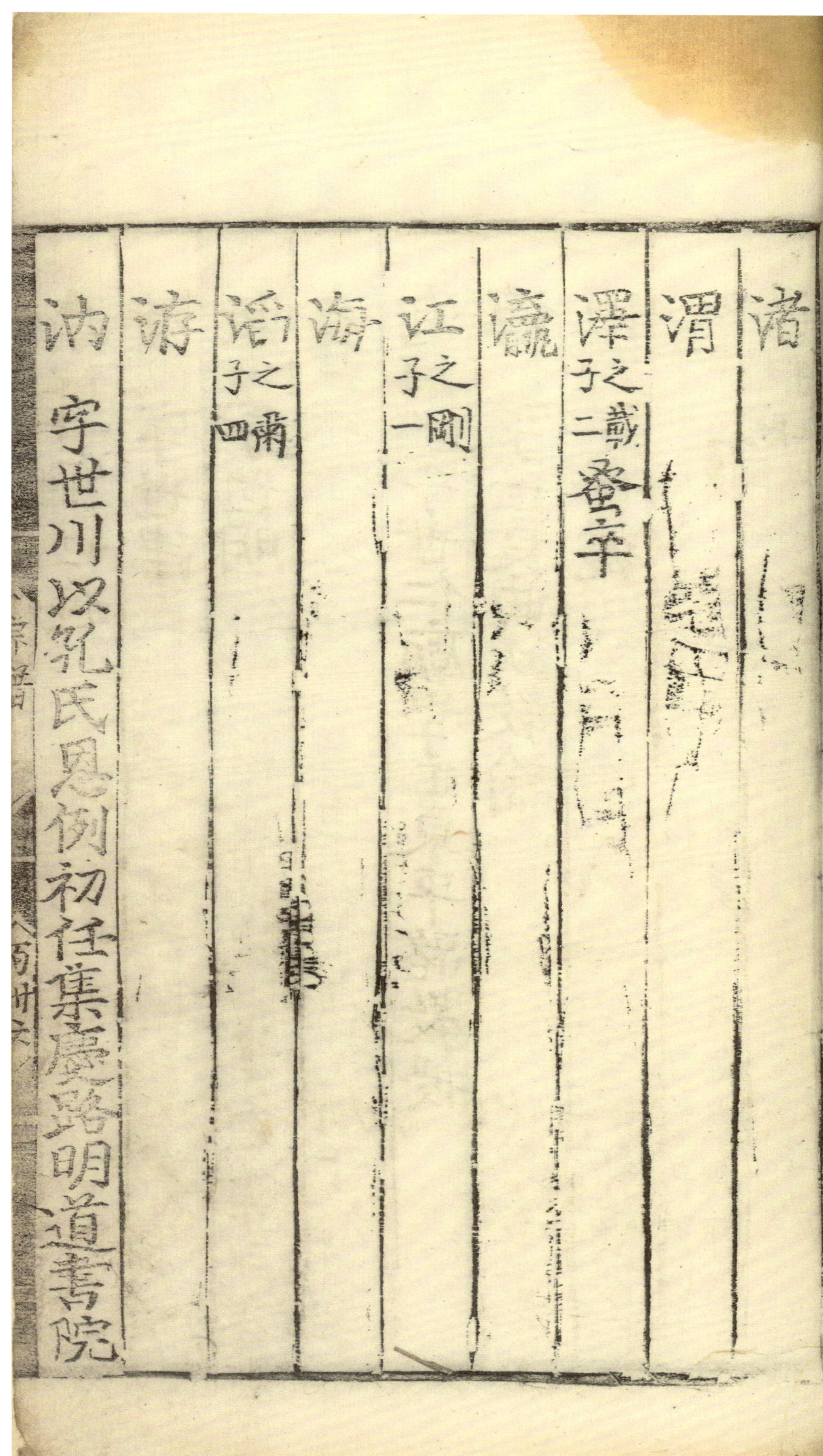

渚

渭

澤 子之二 戩 登辛

瀛

江 子之一 闓

海

滔 子之四 楠

游

汭 字世川以孔氏恩例初任集慶路明道書院

19.5cm x 32.0cm

山長辟湖北憲司書吏將仕郎紹興路知事江浙省掾攝會稽縣尹除江西儒學副提舉福建道憲司經歷南臺監察御史江浙省都事西臺監察御史南臺都事年四十九權厝于紹興之蕭山前室許氏繼室趙氏舊譜無今要增入

經之子惜字世清以孔氏恩例初任興化路學正溫州路平陽州教授除紹興路知事辟樞密院掾從仕郎翰林國史院檢閲高祖庭族長號淅樂翁室呂氏○洪武巳未夏五月恩敘歸拜孫廟府公住曲阜之西厢去廟約二十里

19.5cm x 32.0cm

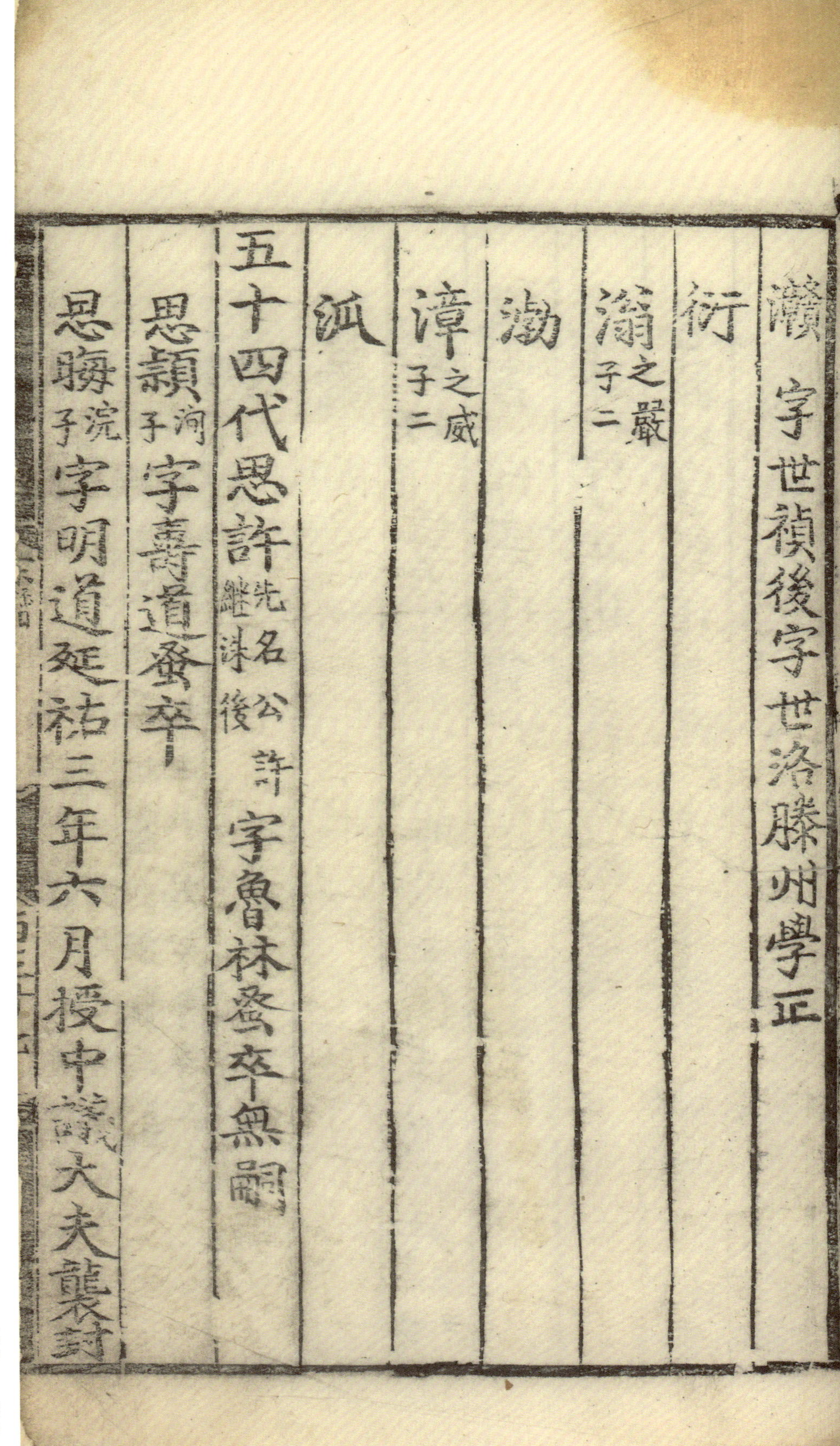

瀕 字世禎後字世洛滕州學正

衍

溺 之嚴子二

渤

漳 之威子二

泒

五十四代思許先名公許繼洙後 字魯林蚤卒無嗣

思頴洞子 字壽道蚤卒

思瞬浣子 字明道延祐三年六月授中議大夫龔封

19.5cm x 32.0cm

衍聖公泰定四年進秩嘉議大夫謚文肅元統元年癸酉閏三月乙巳卒年六十七葬卒後五日乙酉塋祖墓西配張氏封魯國夫人至正己丑八月甲午卒

思進沂子二

思義

思交濟子三字孟道新城平陰主簿汶陽縣尹固城縣尹

思古字志道曹州景山書院山長

思本字正道性善書院山長

思誠治子字致道至元二十二年襲父職從仕郎曲阜縣尹大德五年陞國子監丞歷安慶路推官

19.5cm x 32.0cm

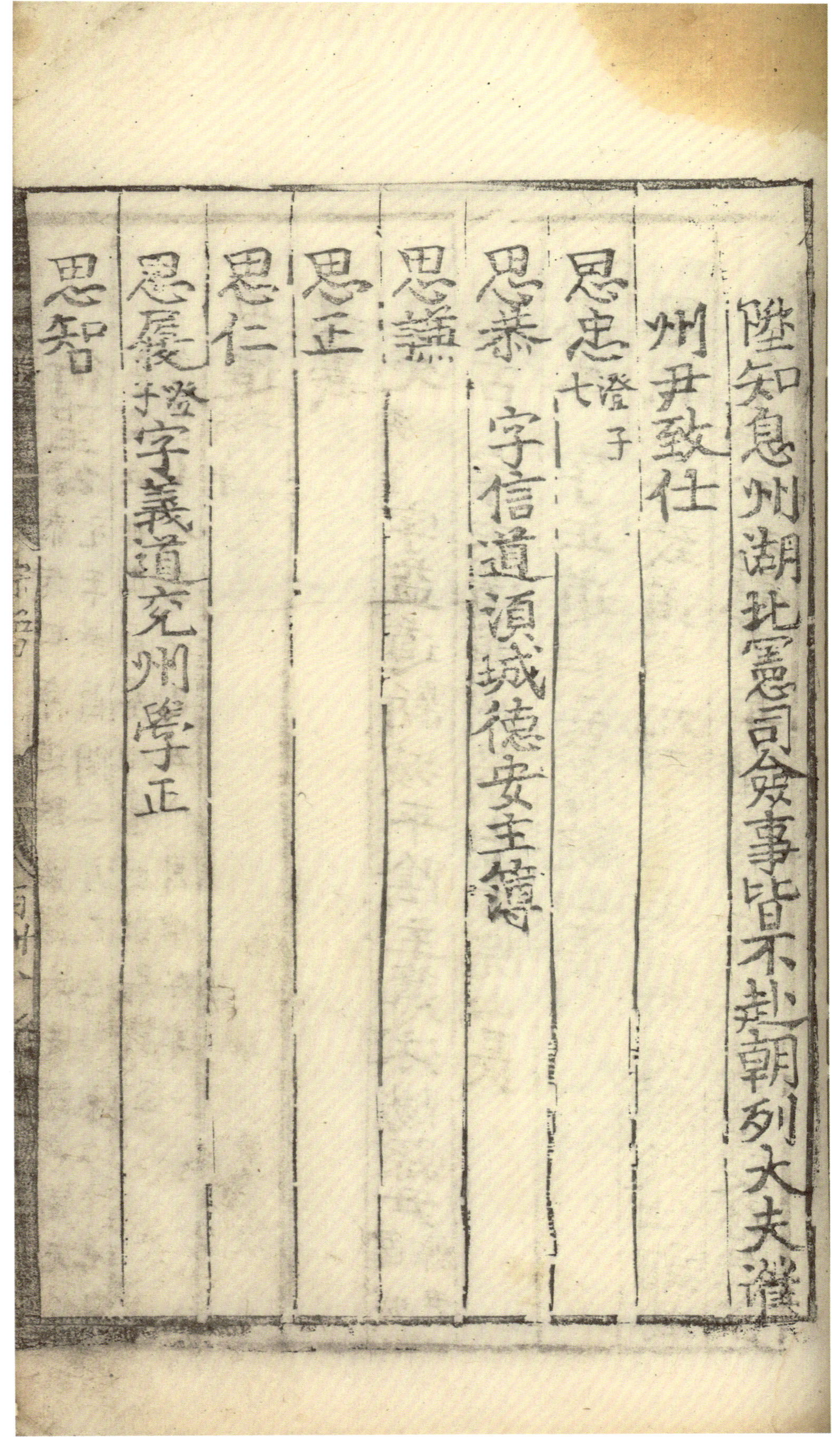
陞知息州湖北憲司僉事皆不赴朝列大夫識
州尹致仕
思忠七子澄
思恭 字信道須城德安主簿
思謙
思正
思仁
思履澄子 字義道兖州學正
思智

19.5cm x 32.0cm

思凱 齊子六 字恒道國子生至治二年授從仕郎曲阜縣尹襲替父職
思庸 字有道
思直 字公道
思元 字舜道
思賢 字希道國子生
思善 字性道國子生太常禮儀院太祝
思蹈 宗子四
思靜

19.5cm x 32.0cm

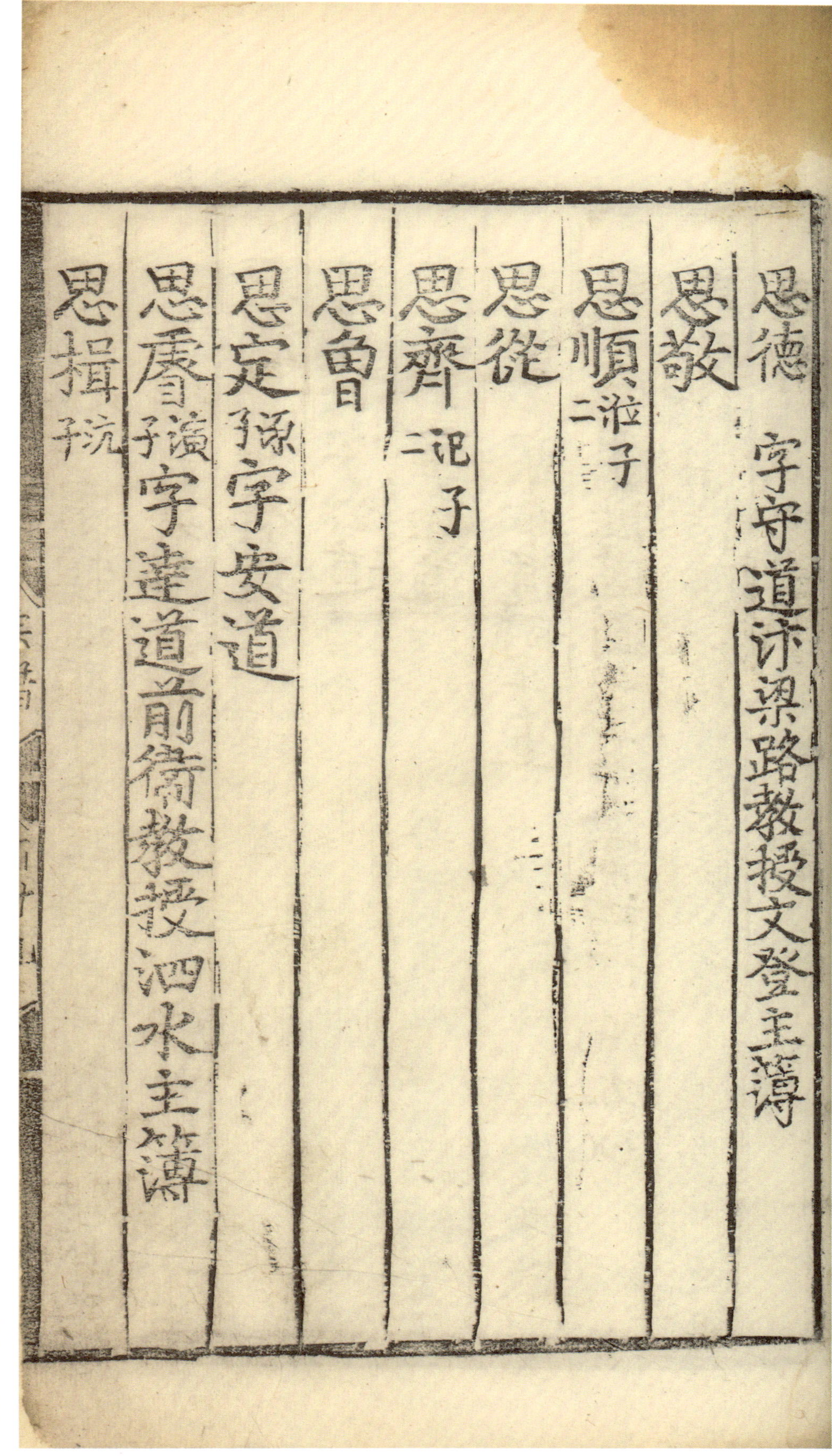

思德　字守道汴梁路教授文登主簿
思敬
思順　滋子二
思從
思齊　汜子二
思魯
思定　孫字安道
思賡　滴子字達道前儒教授泗水主簿
思揖　沆子

19.5cm x 32.0cm

思攄滋子字要道以孔氏恩例除恩州教授陞江西道寰憲司書吏年四十一葬西安縣龍業鄉十五都地名崇玟逆塘壠墓

桂滾二子字以道學道書院山長借注黄蘇寨巡檢陞卓知事興化錄事歷惠安繁昌福安三縣尹終承德郎葬西縣娶嚴氏繼娶朱氏

棣 字庭韡横石磯巡檢

思允源子字信道以孔氏恩例授象山縣東門巡檢葬西安縣靖安鄉十二都金溪壠

19.5cm x 32.0cm

思傚（溍子二名公後）光字師道以孔氏恩例初授鄭山書院山長歷湘潭州教授辟湖南宣慰司書吏登仕佐郎岳州路知事再辟湖廣省掾授承仕郎同安縣尹邵武縣尹福州路推官調延平路推官南安縣尹（舊譜係五十五代名公後字伯明後歸宗）

思溥字元道以孔氏恩例任宗晦書院山長將仕佐郎南康路照磨辟江西省掾（舊譜五十五代名公涛字彥明後歸宗）

思機（汾子二）字省道蚤卒

19.5cm x 32.0cm

思栢 字茂道任龍游縣儒學教諭陞衢州守學
教授年七十卒葬西安縣靖安鄉十二都芝名
旺頭山妻楊氏祔葬

思扑 灝子三 字淳道循例出身歷德興壽昌常山三
縣主簿就陞任本縣尹歸附初守衢州總制官
辟參贊毛練縱福師閩都事後以足疾不仕自
號怡雲道人為衢族長主祀事年六十卒葬西
安縣五十五都湖栢楊家壠

思模 更名思敬 字修道性頴敏博通經史由明經授西

19.5cm x 32.0cm

安縣儒學教諭陞國子監學正年七十五卒葬

西安縣五十六都地名畢家埠孺人張氏合葬

吳氏葬五十六都地名花街頭按洪武己未公持譜歸拜林廟修禮會族叅究碑刻編輯衆家舉要當時公府所移公文及同宗圖卷俱藏于家

思興資子二字新道

思與字相道年七十卒葬三十六都地名太平寺前娶劉氏合葬

思楨泂子字幹道性剛介為衢族長主祀事年七十五卒葬一龍業鄉十五都地名青莊妻葉氏合

19.5cm x 32.0cm

墍先是元季廟燬兵燹，禮部尚書胡公濙至衢，令有司重建家廟于南隅崇文坊，命公以董其事

思桂洪子字砥道聰慧篤學以足疾不仕，為衢族長主祀事

思植洧子字本道嘗侍從父檢校奉議公宦濟川漢間，貴顯欲薦之出仕，力辭不就，後歸衢州樂處田園，年五十三卒

思栗濰三子字敬道洪熙元年三月二十二日贈承德郎太常寺丞，年七十七卒，葬城東五十六都鷄鳴山，娶班氏，贈安人，合葬

勅曰：朕惟為人子者孰不欲顯揚其親，故子之賢而能宣力效職者，朝廷必推恩以報之，所以遂其顯親之心而勸天下之爲

19.5cm x 32.0cm

孝者也爾太常寺寺丞孔克準敬父敬道善積
于躬慶延厥後致有賢子效用於朝推厥本原
宜錫褒顯今特贈爾為承德郎太
常寺寺丞靈其不昧尚其歆承

勑曰朕惟人子之賢雖本於父而資於母德亦深
矣故
國家推恩臣下存則有褒榮之命歿亦有追贈之
典爾班氏乃
太常寺寺丞孔克準之母夙有德善著于閨門是
生令子効勞於國揆厥所自宜有顯襃兹特贈爾
為安人靈其歆承永賁幽壤

19.5cm x 32.0cm

思樹　字敏道
思樟　蚤卒
思森（濬第三子繼瀛後）字英道以聰明正直推舉授湖廣
蘄州知州年四十六卒塟西安縣臨江鄉五十
一都六保東舍塘壠崗山
思構（濤子）字基道以孔氏
思劒任安陸府教授再除
福建道元帥府照磨不赴贅居蘇州吳江州五
都盛氏家

19.5cm x 32.0cm

思柦孫字武道

思學淵子字至道自號朴翁居吳國

思聞字庭道累辭徵辟號無心樵者

思問注子三字詢道

思聰

思溫字宗道提領監修

思導叔子七字從道三氏學教授渭川主簿江陵録

判安陸府知事

思適字弘道以孔氏

19.5cm x 32.0cm

恩例初任恩州教授北海滕縣鄆城主簿陞潁
縣尹陝西儒學提舉歷官至奉政大夫翰林待
制
思逮　字道以孔氏
恩例初任曹州教授左三部照磨入
見授承事郎曲阜縣尹歷太學署丞陞署令兩
任就
陞奉直大夫再任一考授太常禮儀院判五十
七著大元樂書

19.5cm x 32.0cm

思迪　字凝道膠西主簿安慶録事右三部照磨
光山縣尹河南省都事西臺内臺監察御史湖
廣行省都事
思永　字常道廟學正黄縣主簿利國塩場司丞
思禮　字安道祖廟司樂出身至南臺照磨西臺
管勾
思立　字用道國子生太常太祝新河縣尹至中
書叅政河南省左丞
思福　泗子

19.5cm x 32.0cm

思禄 清子 二

思祖

思富

思樂 濱子 二

思政 字近道 居孔林南

思業 蒙子 四

思範 字禹道

思用 浩子 字行道 係國子博士彥輔公位下克祖庄

肇事

19.5cm x 32.0cm

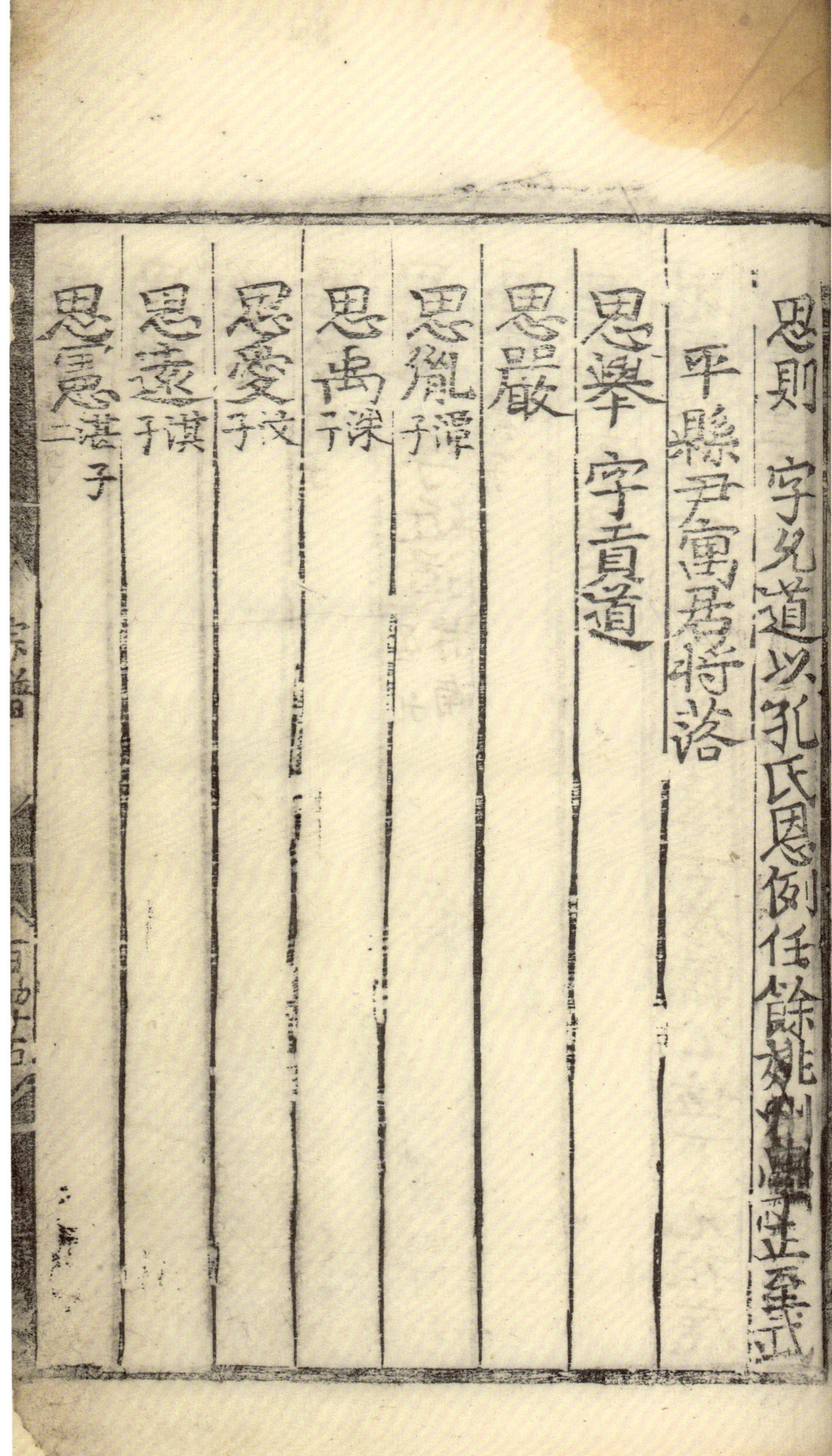

思則　字允道以孔氏恩例任餘姚州學正至武

平縣尹寓居將落

思舉　字貢道

思嚴

思亂 子潭

思禹 子深

思愛 子汶

思遠 子潩

思憲 湛二子

19.5cm x 32.0cm

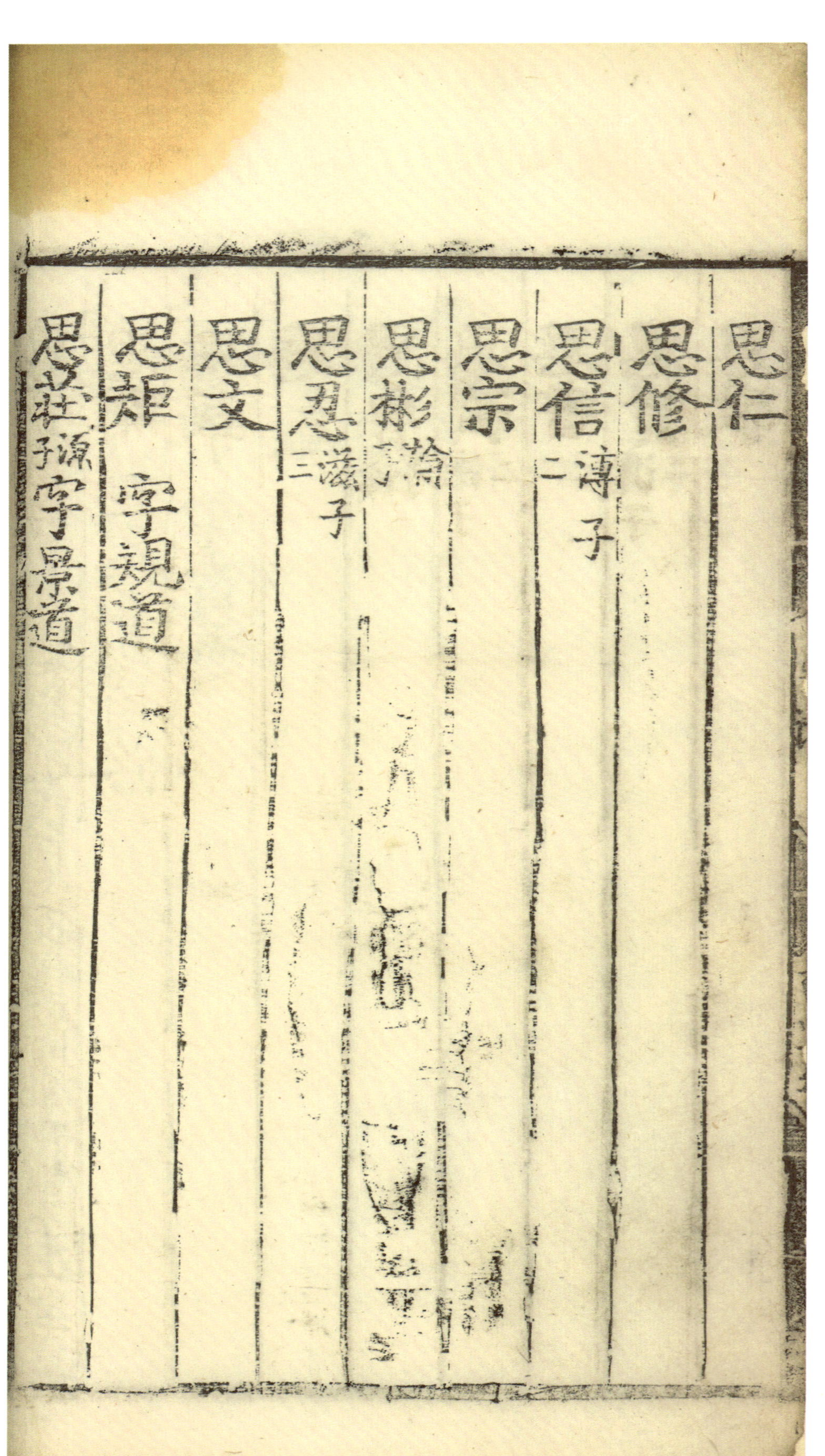

思仁

思修

思信 溥二子

思宗

思彬 琀子

思忍 滋三子

思文

思矩 字規道

思莊 源子 字景道

19.5cm x 32.0cm

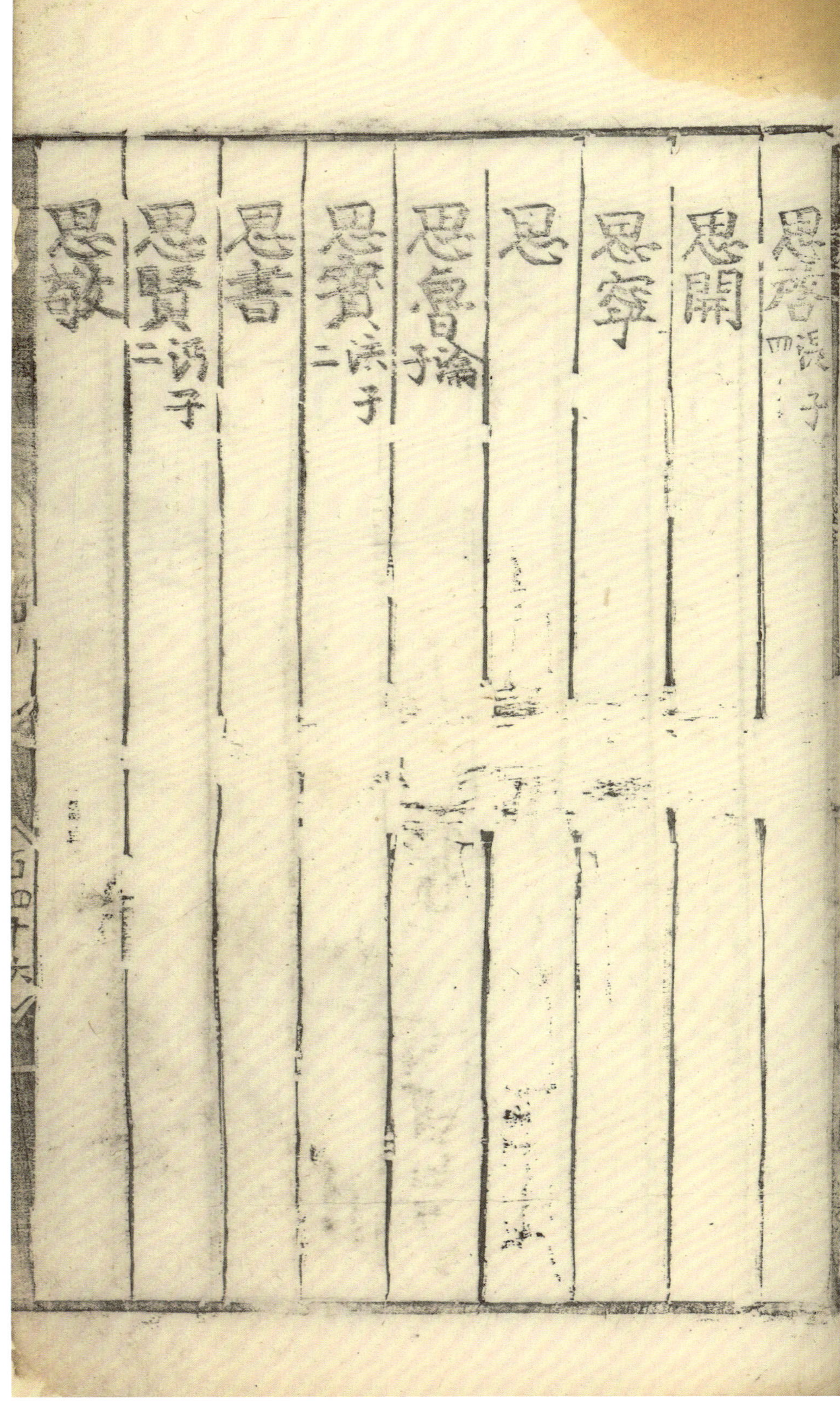

19.5cm x 32.0cm

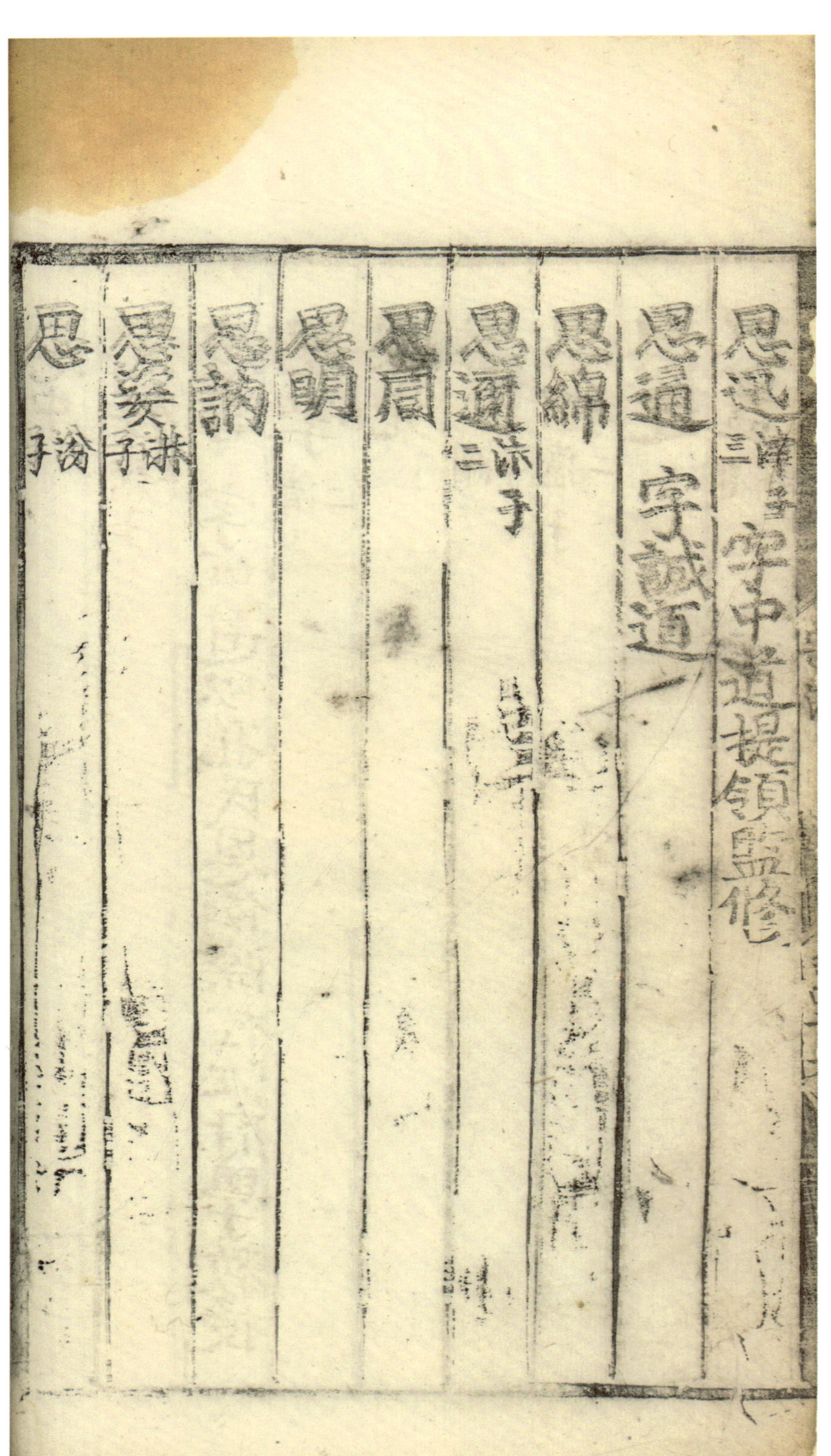
思迅 三 [illegible]子 字中道提領監修
思通 字誠道
思綿
思迺 三 滸子
思扃
思明
思訥
思姿 誅子
思 洽子

19.5cm x 32.0cm

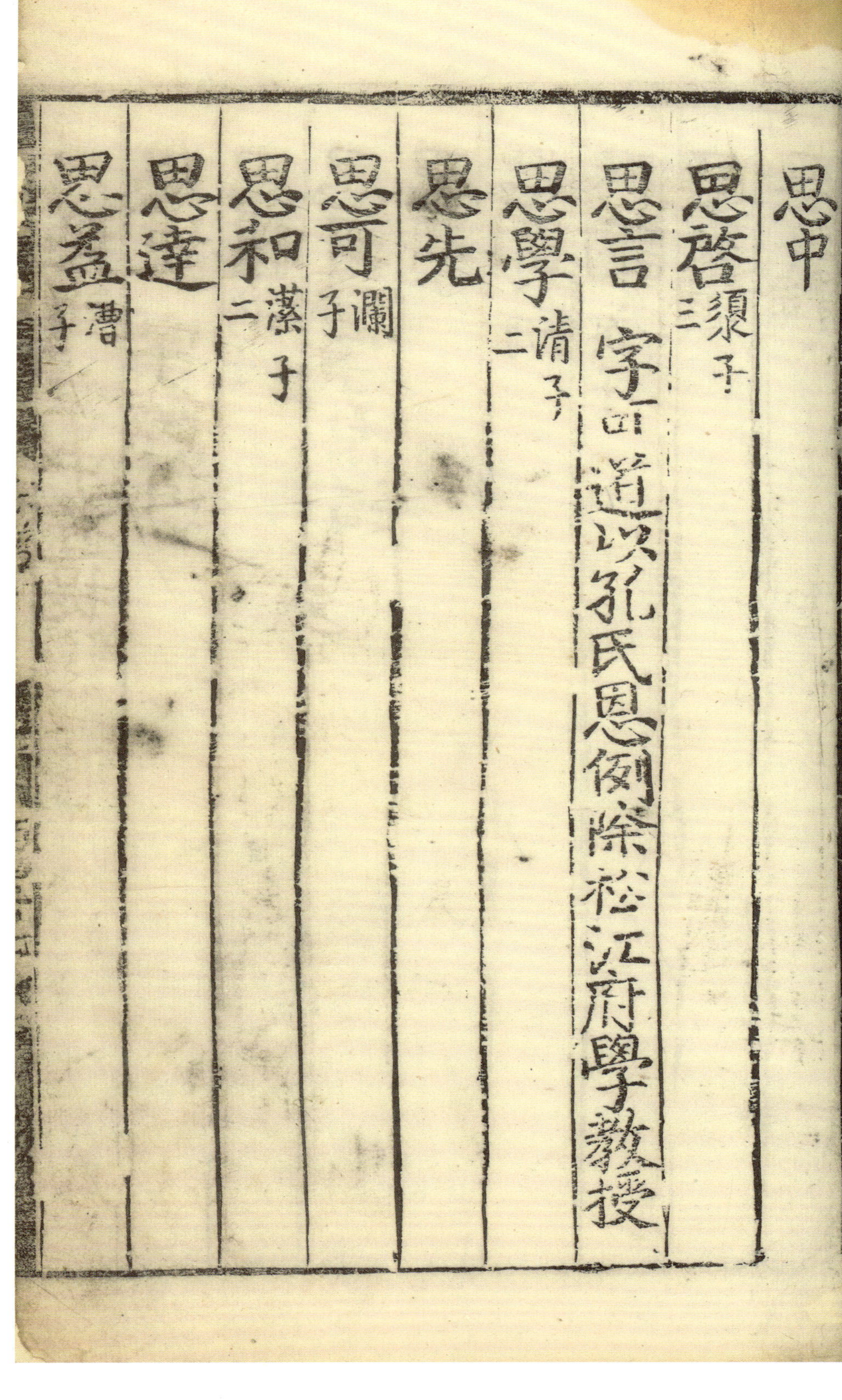

思中
思啓 須子 三
思言 字□道以孔氏恩例除松江府學教授
思學 請子 二
思先
思可 瀾子
思和 藻子 二
思達
思益 漕子

19.5cm x 32.0cm

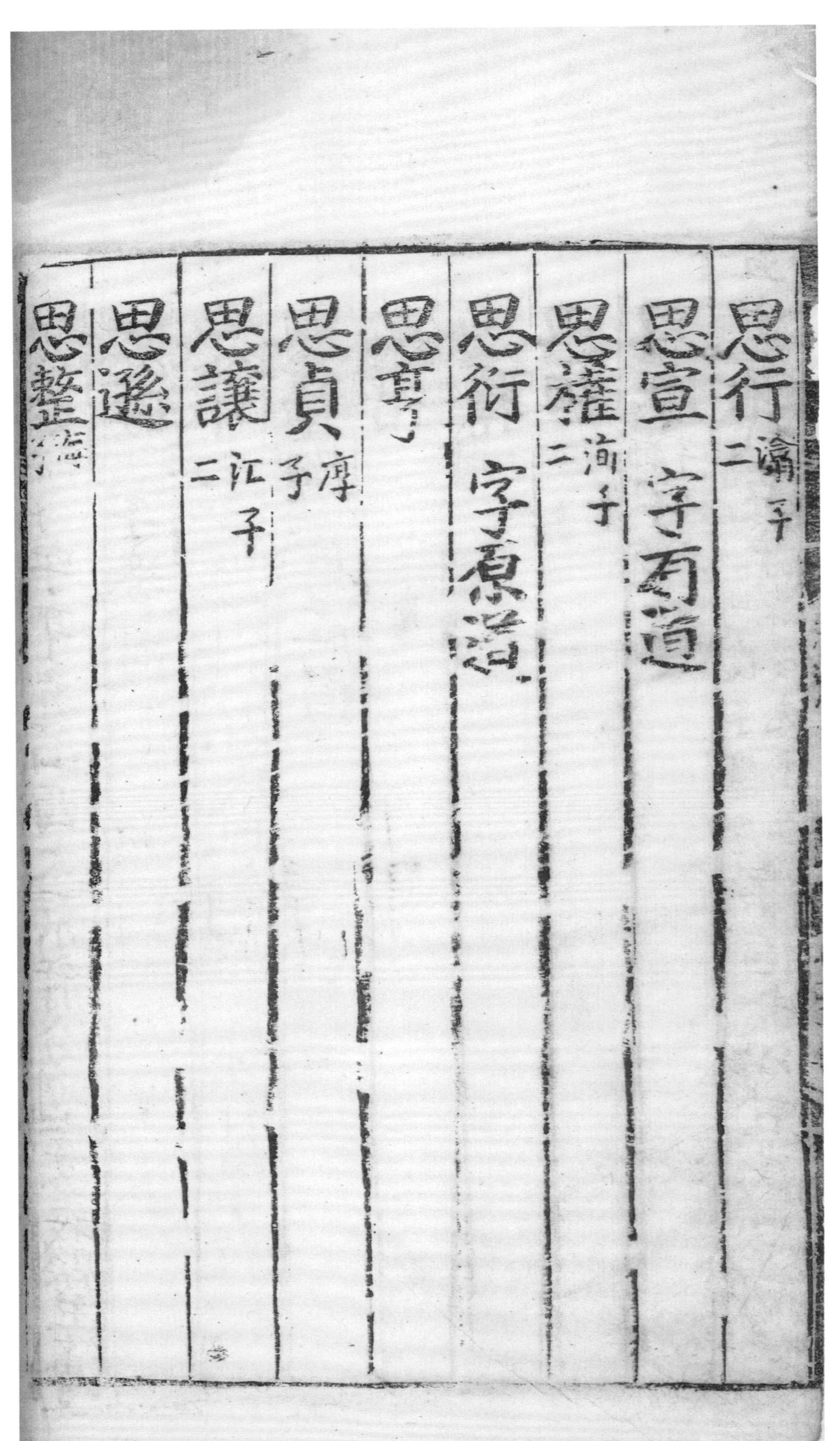
思行 瀹子 二
思宣 字可道
思權 洵子 二
思衍 字原治
思亨
思貞 淳子
思讓 江子 二
思遜
思整 淳子

19.5cm x 32.0cm

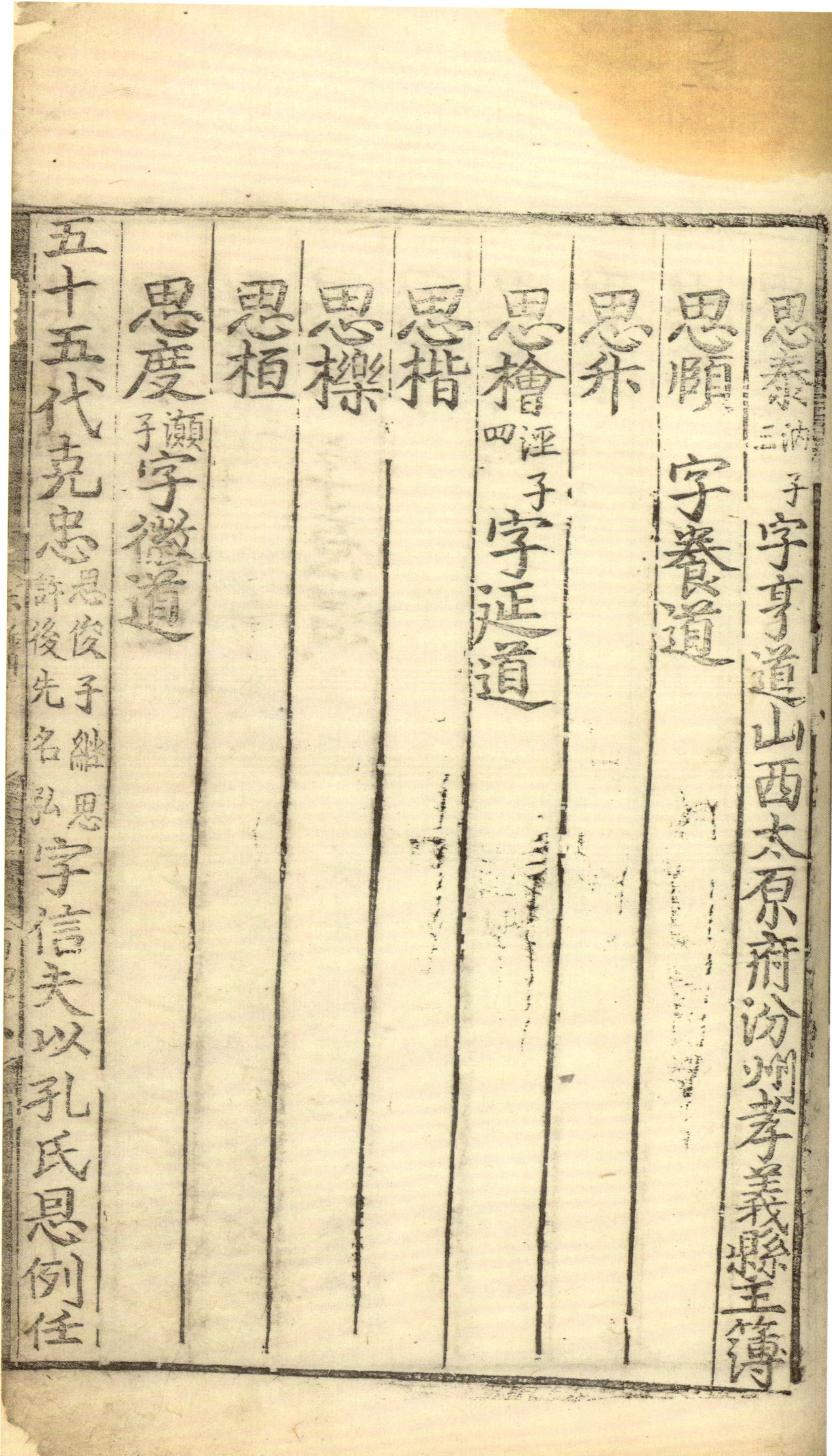
思泰 洧三子 字亨道山西太原府汾州孝義縣主簿

思頤 字養道

思升

思檜 涇四子 字延道

思揩

思欒

思植

思度 灝子 字徽道

五十五代克忠 思俊子繼思許後先名弘 字信夫以孔氏恩例任

19.5cm x 32.0cm

福建青州學正

克謙桂子繼思頴後字吉夫以孔氏恩例除祁庵書院山長

克堅思聰子字景夫中順大夫襲封衍聖公西臺

侍御史禮部尚書通奉大夫國子祭酒夫人張

氏

克寛思進子六字　夫曲阜縣儒學教諭濟州學正

克勤

克慎

克謹

19.5cm x 32.0cm

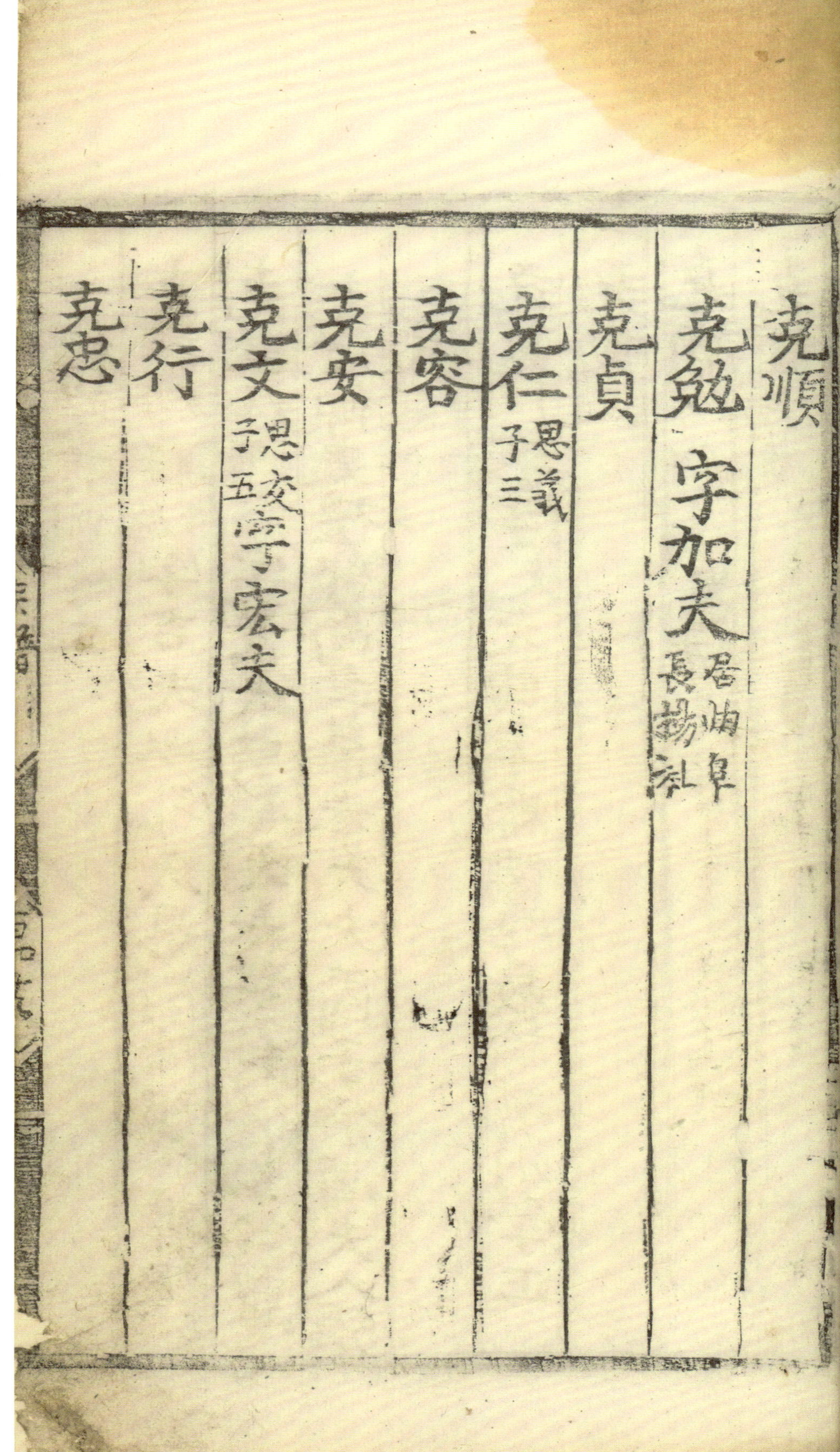
克順
克勉　字加夫　居曲阜　長揚社
克貞
克仁　思義子三
克容
克安
克文　思交子五　字宏夫
克行
克忠

19.5cm x 32.0cm

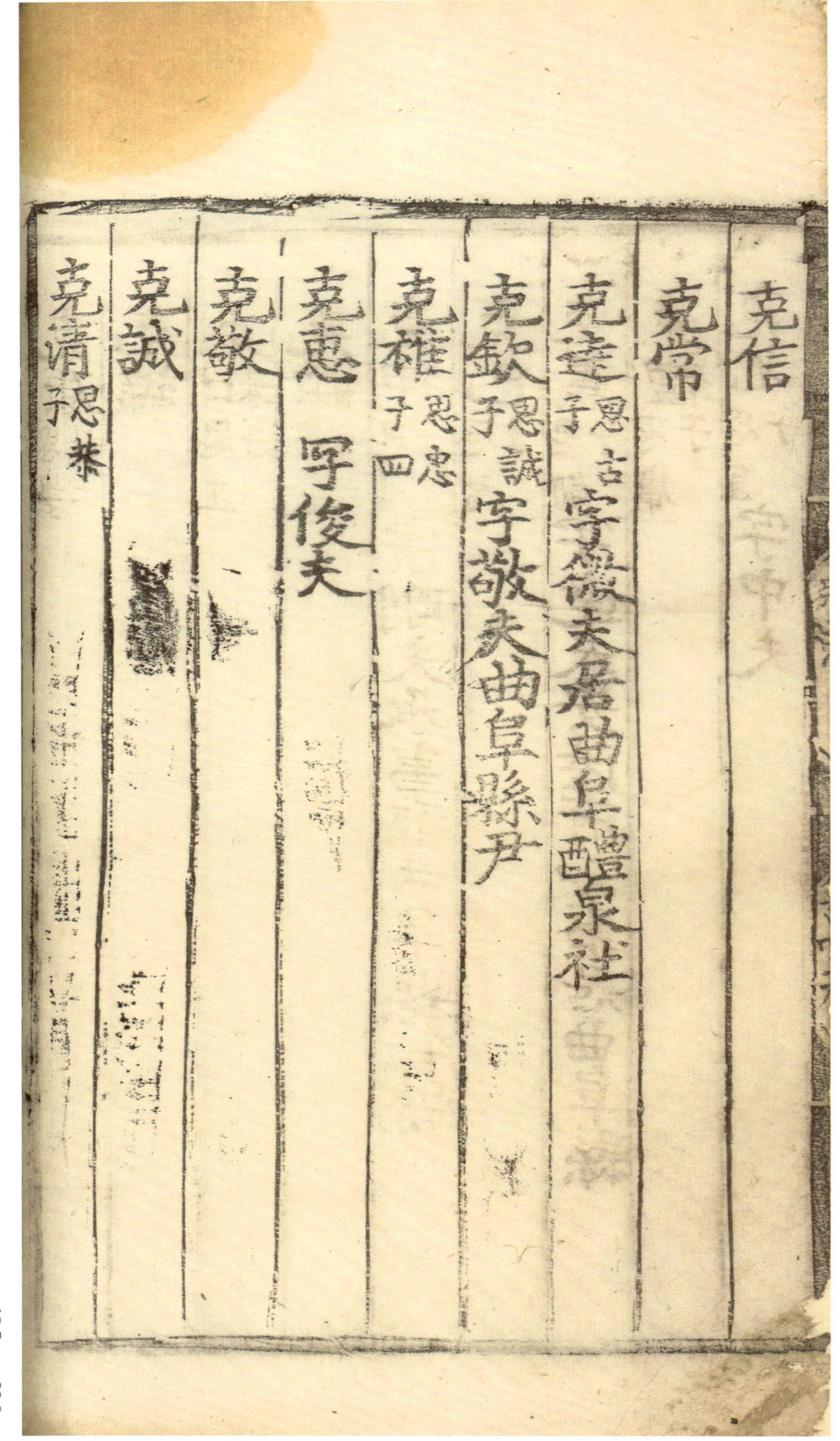

克信

克常

克達 子思吉 字徽夫居曲阜醴泉社

克欽 子思誠 字敬夫曲阜縣尹

克稚 子思忠 四

克惠 字俊夫

克敬

克誠

克清 子思桊

19.5cm x 32.0cm

克康 子二 思謂

克端

克和 子二 思正

克睦

克仲 子思展 字剛夫 承事郎曲阜縣知縣

克巳 子思智

克義 子思凱 字達夫 安陸府知事 遷曲阜縣

克禮 子思庸

克允 子思直 字中夫

19.5cm x 32.0cm

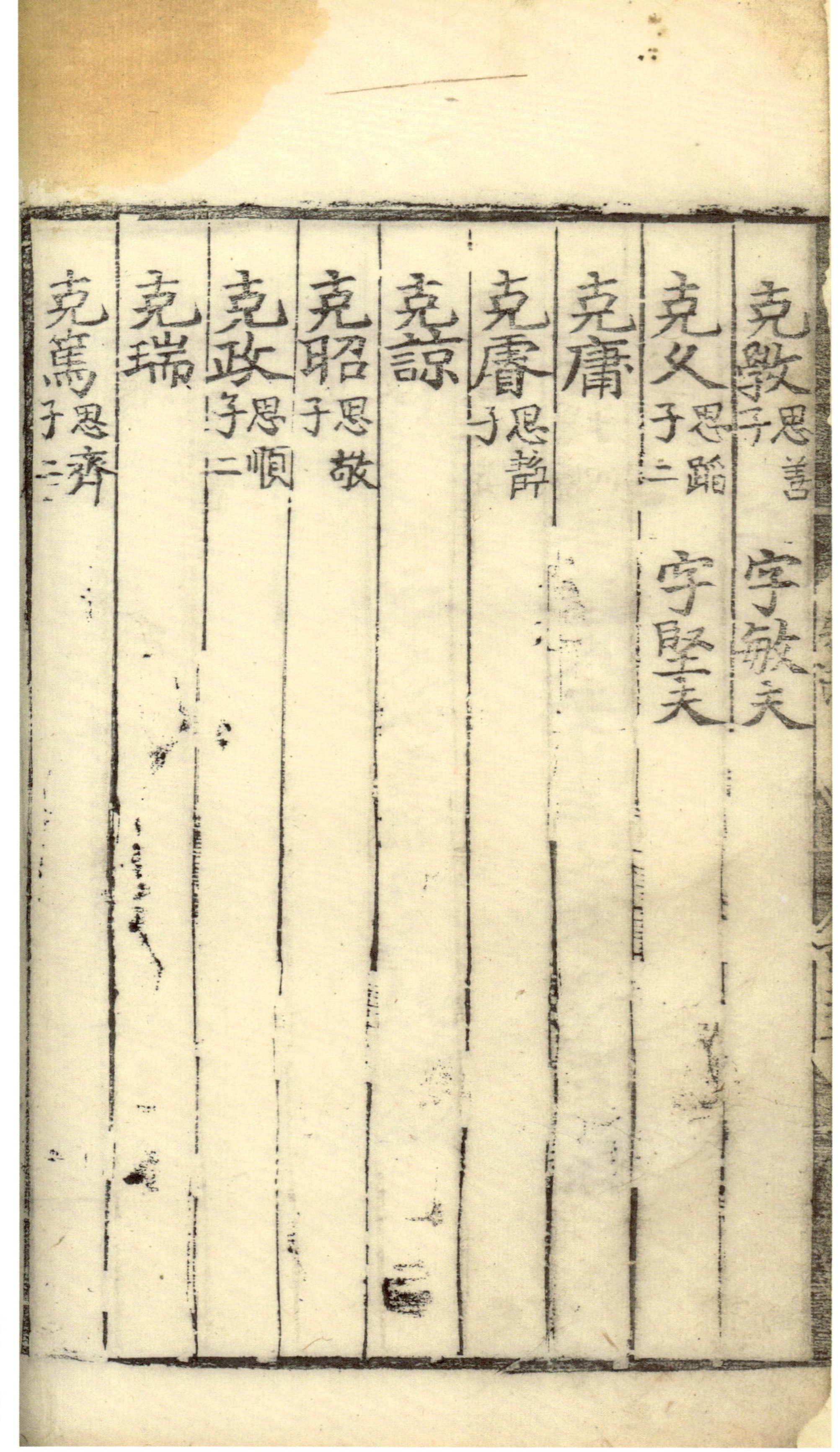

克敎 子思善 字敏夫

克乂 子二 思蹈 字堅夫

克庸

克膺 子 思靜

克諒

克昭 子 思敬

克政 子二 思順

克瑞

克篤 子二 思齊

19.5cm x 32.0cm

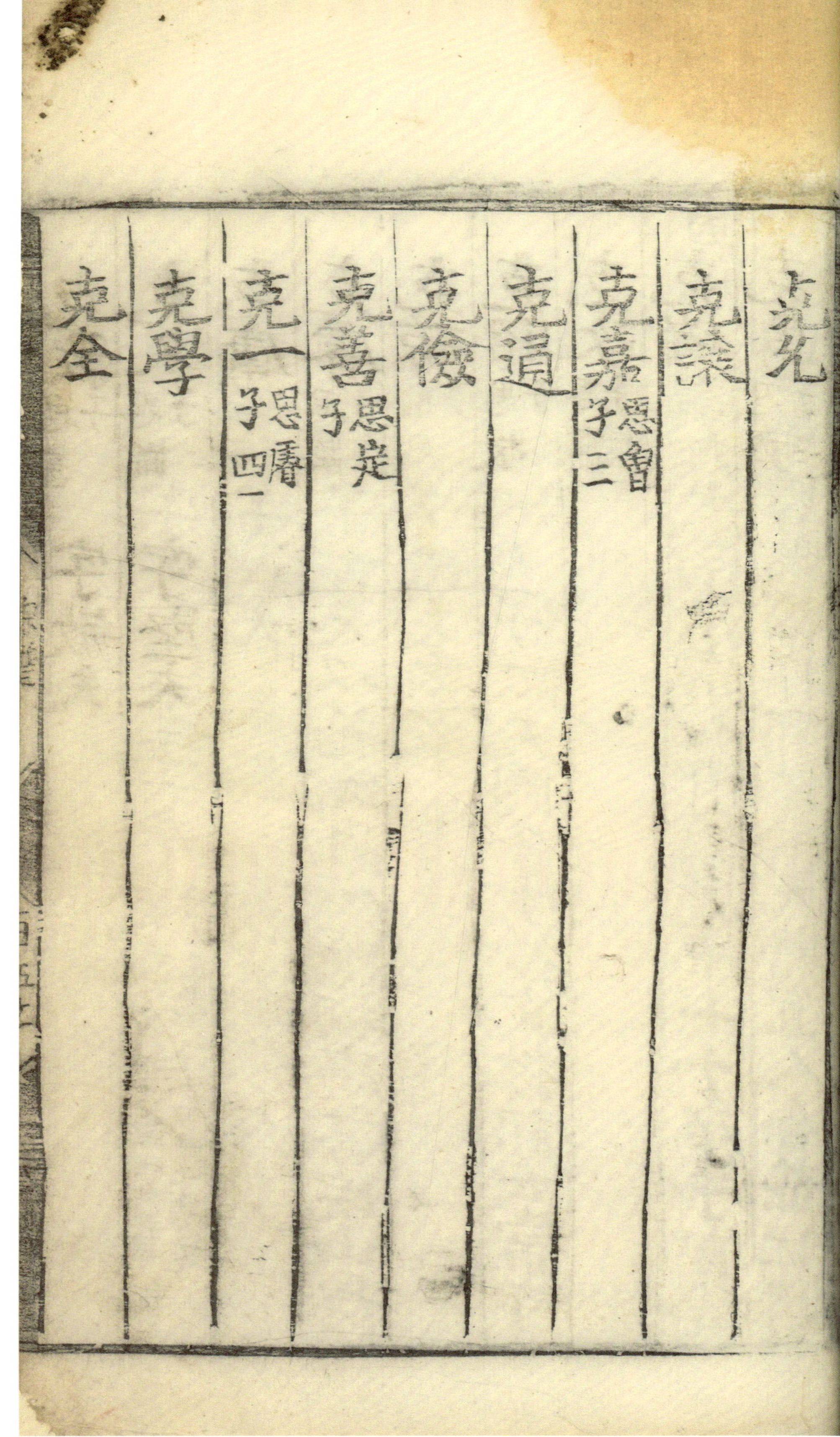
克允
克謙
克嘉 思曾 子三
克道
克儉
克善 思定 子
克一 思曆 子四一
克學
克全

19.5cm x 32.0cm

克攉

克煥恩樞子字文炎年五十六卒娶鄭氏合葬和樂鄉十五都地名漳浯坑

克勤桂子二字敬夫

克謙繼恩顗後字吉夫以孔氏恩例除初庵書院山長

克復恩允子字禮夫蚤卒

克進恩敬子繼恩允後字獻夫國子生授文林郎太常寺

惇士特

恩陞奉議大夫南京宗人府經歷年七十卒于官塋

南京句容縣福祚鄉娶王氏贈宜人合葬元宵應制[illegible]

19.5cm x 32.0cm

詩云

聖主龍飛履治朝與民同樂慶元宵天開玉輦共燮
鳳地擁金蓮駕六鰲萬衛神兵環袞冕九重仙
樂協簫韶小臣何幸逢斷世頓祝南山壽帝堯

克忠 思俊子三 繼思許後

克安 字誠夫循吏任白水書院山長勅授瀏陽州教授辟湖北憲司書吏年五十一塟湖州府南潯鎮二子守墓因家焉 舊譜無 舉要增入

克宗 字朝夫

克良 字善夫蘇州府吳江縣爛溪巡檢

克泰 思灣子

19.5cm x 32.0cm

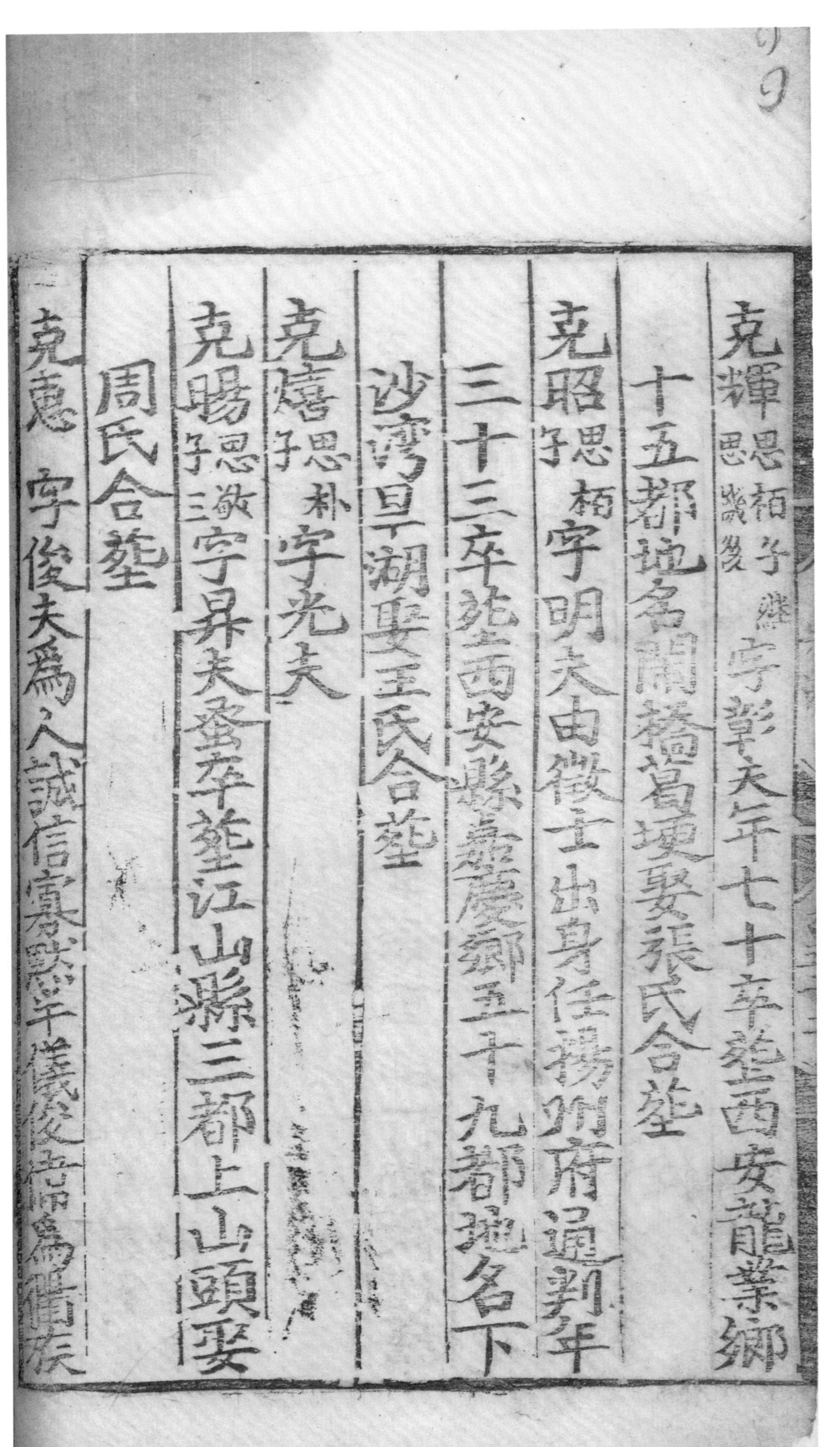

克輝思栢子思戩後繼字彰夫年七十卒葬西安龍業鄉
十五都地名開橋舊埂娶張氏合葬
克昭思栢子字明夫由徵士出身任揚州府通判年
三十三卒葬西安縣嘉慶鄉五十九都地名下
沙灣旱湖娶王氏合葬
克憘思朴子字光夫
克賜思敬子三字昇夫蚤卒葬江山縣三都上山頭娶
周氏合葬
克惠 字俊夫為人誠信寡默平儀俊嘗為儒族

19.5cm x 32.0cm

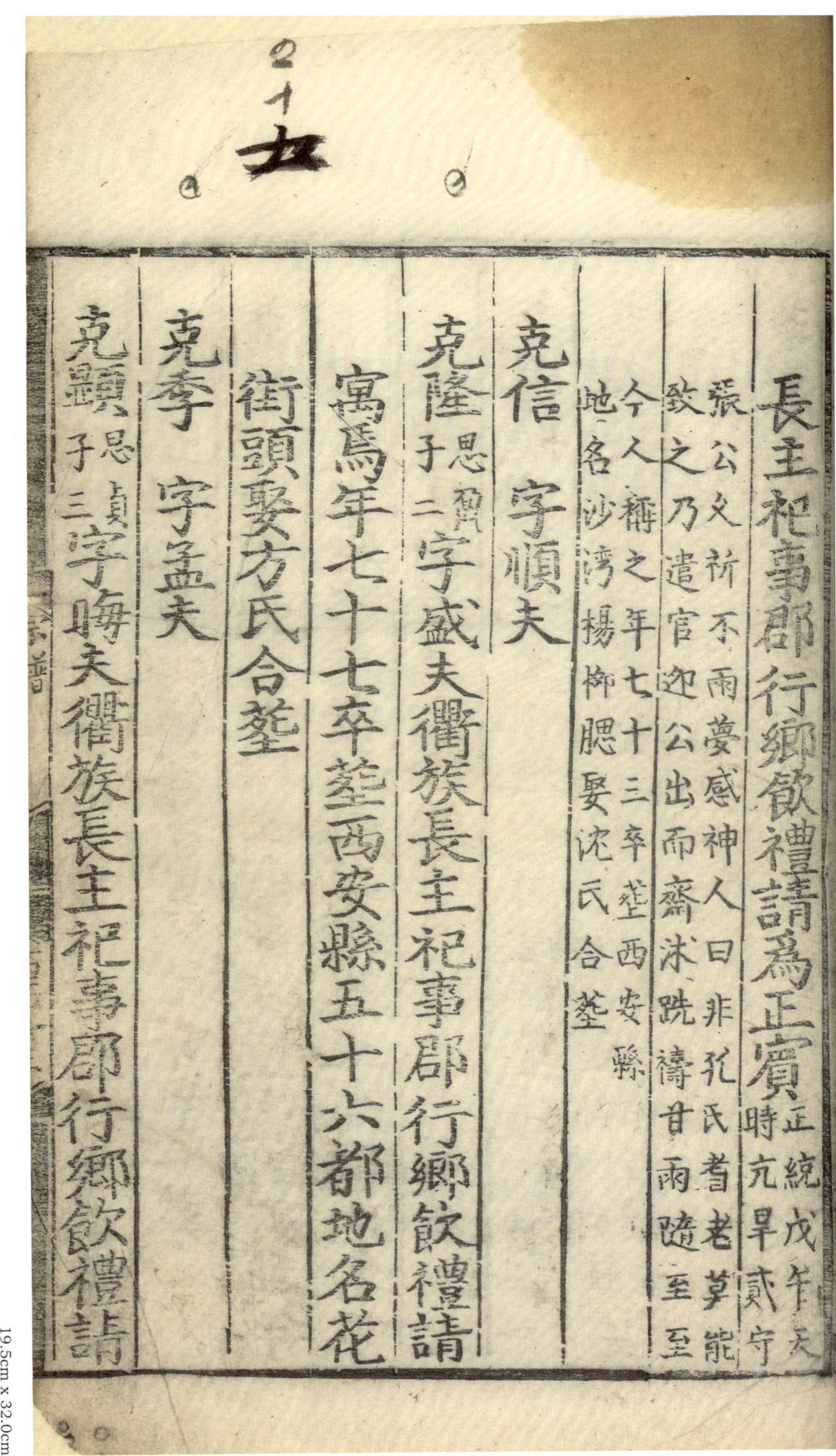

二十九

長主祀事郡行鄉飲禮請爲正賓正統戊午天時亢旱貳守張公父祈不雨夢感神人曰非孔氏耆老莫能致之乃遣官迎公出而齋沐跣禱甘雨隨至至今人稱之年七十三卒葬西安縣地名沙湾楊柳腮娶沈氏合葬

克信　字順夫

克隆思賢子二字盛夫衢族長主祀事郡行鄉飲禮請寓馬年七十七卒葬西安縣五十六都地名花街頭娶方氏合葬

克季　字孟夫

克顯思貞子三字晦夫衢族長主祀事郡行鄉飲禮請

19.5cm x 32.0cm

寓馬年七十卒葬西安縣龍業鄉十五都地名
青旺在祖墓後娶徐氏年四十九卒合葬

克通　字亨夫性慈祥居家孝友重義輕財爲衢
族長主祀事郡行鄉飲禮請爲正賓年八十二
卒葬西安縣五十六都地名龍塘之西娶王氏
塟龍業鄉十五都地名青旺繼室張氏合葬時
塟二口為守禦千户所官舍填塞作田耕種歲
久辛遇唐侯瑜来守衢郡公捐已俸吕復之

克淮　字清夫府學廩膳生年三十卒葬五十六都花街頭

克家思桂子二　字立夫

19.5cm x 32.0cm

克宁　字昺夫

克潼思植子二字澄夫

克晏　字安夫

克准思渠子三字則夫國子生授工部主事陞承德郎

太常寺寺丞年七十卒于官歸葬于𡽹之西安

縣二十六都地名鷄鳴山勅曰太常卿典國三礼蓋古秩宗之職其

或佐亦必秉寅清之德始克恪于祀事祗奉明神爾承德郎太常寺丞孔克准乃先聖之後孝學

謙勤選自冑監始為主事務陞太常典司礼儀恭勤不怠朕用爾嘉今特錫之勅命以示褒榮

夫祭國之大事而其用礼樂為要爾益敬備乃職使礼共樂和神其顧歆則予汝嘉懋哉勅安人

19.5cm x 32.0cm

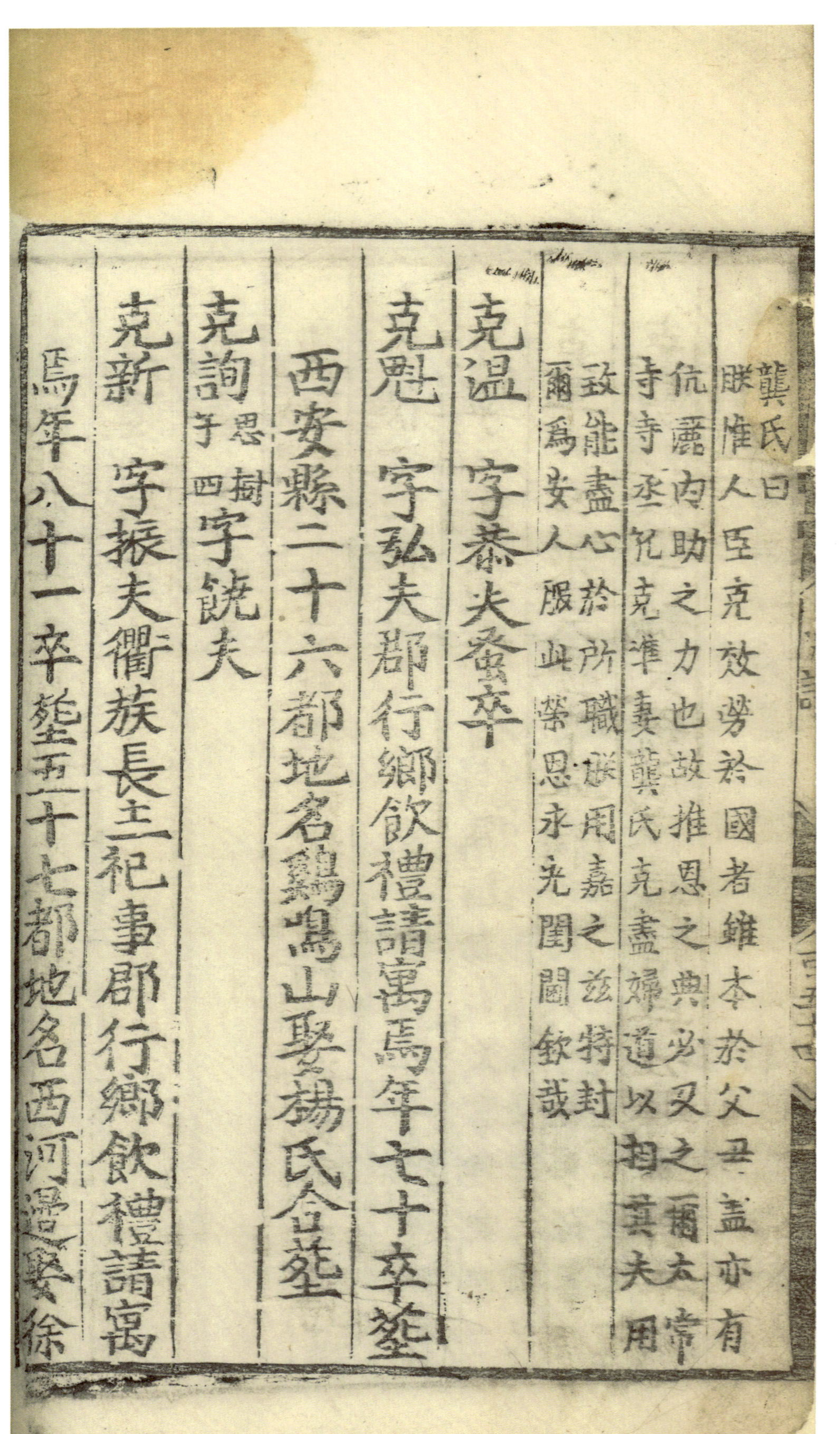

龔氏曰

朕惟人臣克效勞於國者雖本於父母盡亦有伉儷內助之力也故推恩之典必及之爾太常寺寺丞孔克準妻龔氏克盡婦道以相其夫用致能盡心於所職朕用嘉之茲特封爾爲安人服此榮恩永光閨閫欽哉

克温 字恭夫蚤卒

克魁 字弘夫郡行鄉飲禮請寓焉年七十卒葬西安縣二十六都地名鷄鳴山娶楊氏合葬

克詢 思樹子四 字銑夫

克新 字振夫衢族長主祀事郡行鄉飲禮請寓焉年八十一卒葬五十七都地名西河遏娶徐

19.5cm x 32.0cm

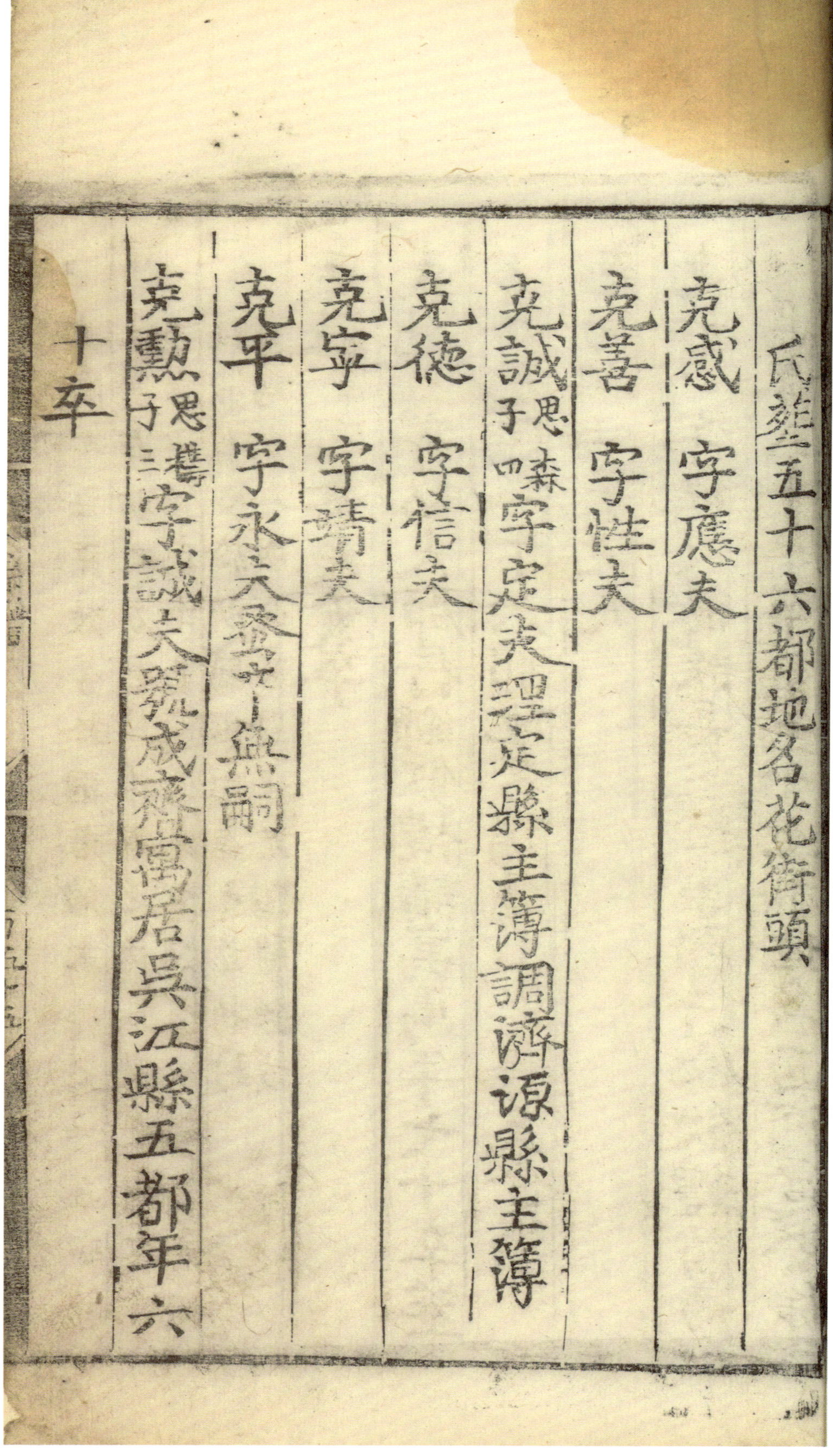
氏塋五十六都地名花街頭

克感　字應夫

克善　字性夫

克誠思森子四字定夫理定縣主簿調濟源縣主簿

克德　字信夫

克寧　字靖夫

克平　字永夫娶亡無嗣

克勳思疇子三字誠夫號成齋寓居吳江縣五都年六十卒

19.5cm x 32.0cm

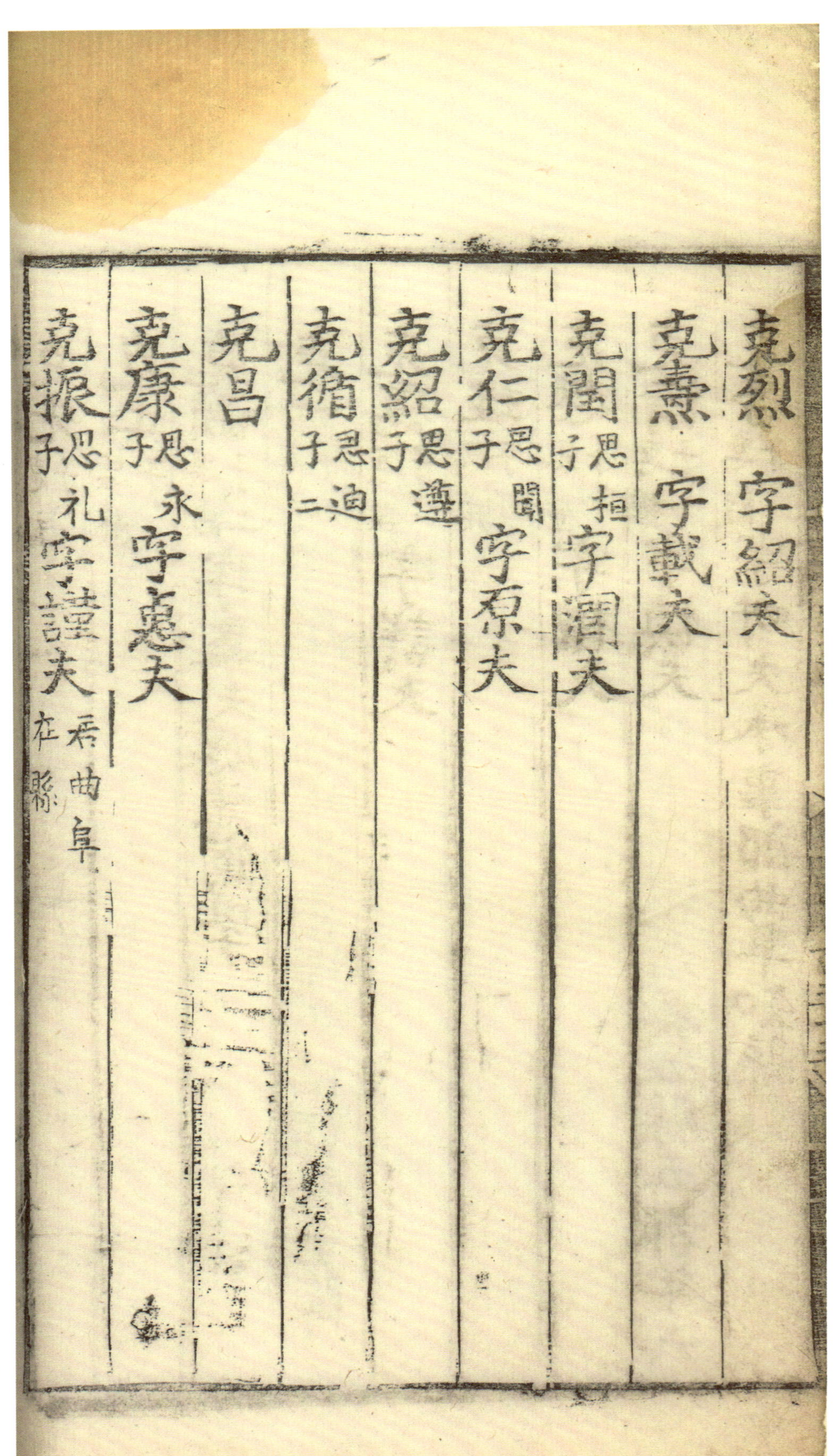

克烈 字紹夫
克燾 字載夫
克閏 子思拒 字潤夫
克仁 子思閒 字原夫
克紹 子思遵
克循 子思迪 二
克昌
克康 子思永 字憲夫
克振 子思礼 字謹夫 居曲阜 在縣

19.5cm x 32.0cm

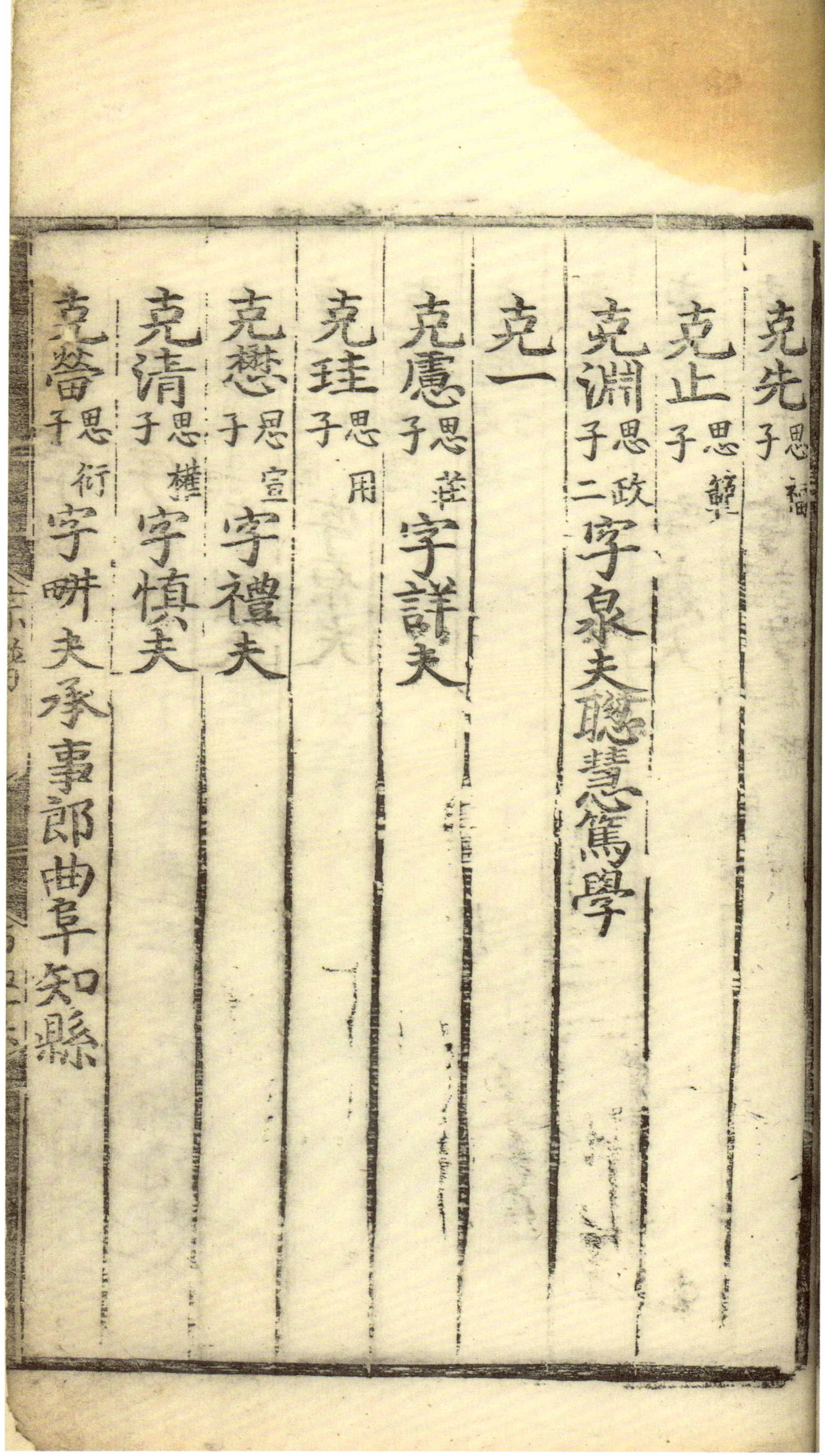

克先 思福子

克止 思韓子

克淵 思政子二 字泉夫聰慧篤學

克一

克憲 思荘子 字詳夫

克珪 思用子

克懋 思宣子 字禮夫

克清 思樵子 字慎夫

克畬 思衍子 字畊夫承事郎曲阜知縣

19.5cm x 32.0cm

五十六代希路克忠子二字士正先名希魯福州府三山書院山長年七十七卒塟五十九都清獻書院東首娶湛氏合塟

希尹字士聘蚤卒

希愷克譓子字士和

希學克堅子字士行年二十一授中奉大夫襲封衍聖公

希説字士巖國子生

希範字士則曲阜知縣

19.5cm x 32.0cm

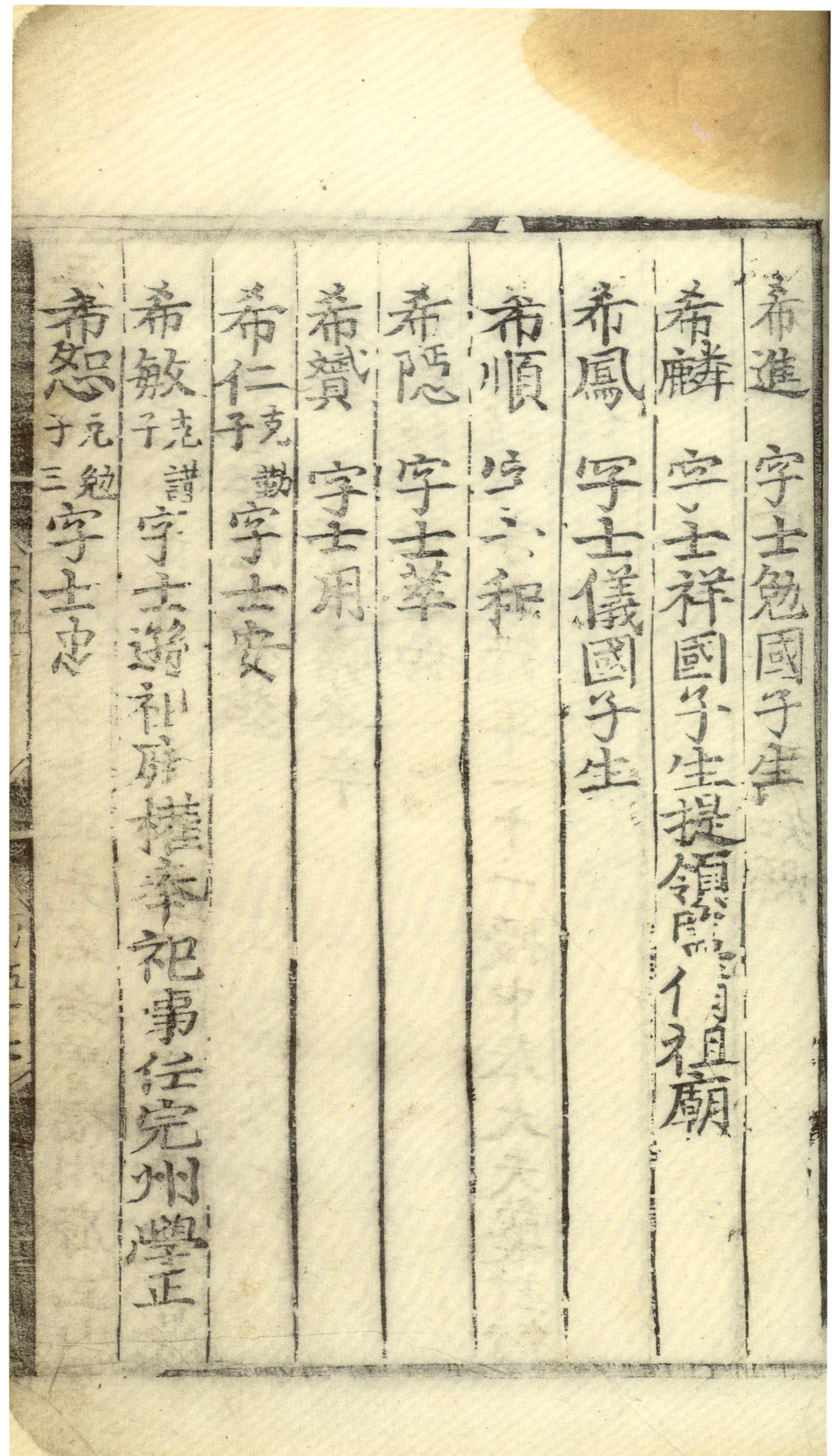
希進 字士勉國子生
希麟 字士祥國子生提領闕里祖廟
希鳳 字士儀國子生
希順 字士和
希隱 字士華
希贇 字士用
希仁克勤子 字士安
希敏克讓子 字士遜祖廟權奉祀事任兗州學正
希恕克勉子三 字士忠

19.5cm x 32.0cm

希則

希禎

希文 克全子二 字士周舉[illegible]縣知縣

希泰 字士亨

希仁 克勛子 字士安

希廣 克慈子 字士寬

希夫 克欽子二 [illegible]知縣

希章 字士憲

希翁 克清子三 字士舉

19.5cm x 32.0cm

希翀

希鐸

希祚 子二克仲 字士膺

希武

希夔

希皋 子克義

希源 子克允 字士本 先名頭

希英 子克諒 字士彥 居西皋時家庄鋪西近兖州界地名仁義里士彥實中丞道輔公立下

19.5cm x 32.0cm

希溫 克文子四

希恭

希良

希儉

希古 克一子三

希韞

希準

希祖 克紹子五 字士嚴遵化主簿泗水縣尹

希聖 字士賢三氏學教授寧國縣主簿漕運知

19.5cm x 32.0cm

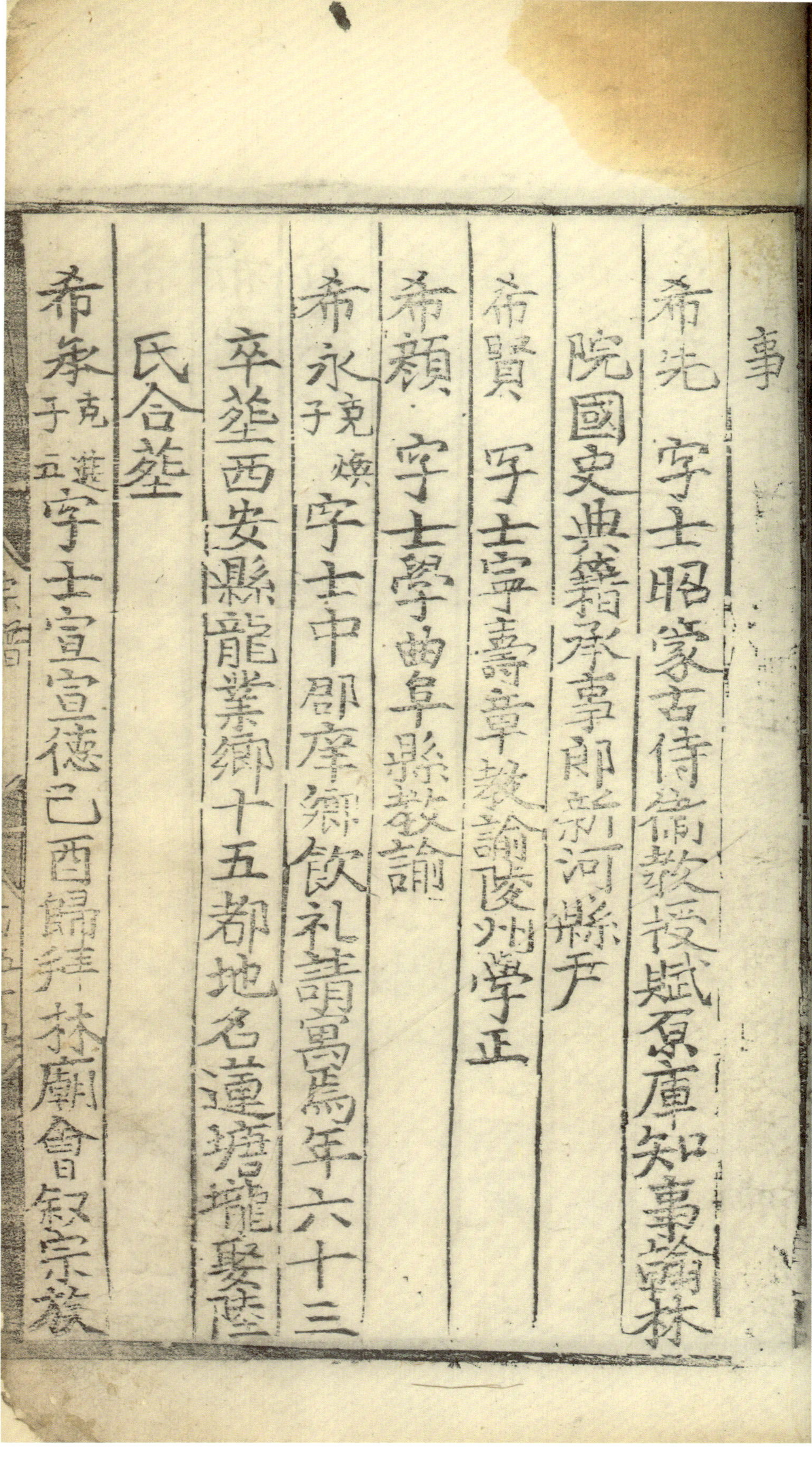

事

希先 字士昭蒙古侍衛教授賦原庫知事翰林

院國史典籍承事郎新河縣尹

希賢 字士寧壽章教諭陵州學正

希顏 字士學曲阜縣教諭

希永 克煥子 字士中郡庠鄉飲礼請富馬年六十三

卒葬西安縣龍業鄉十五都地名蓮塘壠娶陸

氏合葬

希象 克璉子五 字士宣宣德己酉歸掛林廟會叙宗族

19.5cm x 32.0cm

公府給與執照護守衢之祖廟墳塋時行鄉飲
禮請賓焉年八十卒塟西安縣地名孝愫里娶
周氏合塟
希實　字士真登浙江鄉貢進士登卒
希潮　字士宗寓居衢之江山縣
希鳳　字士岐景泰間以明經薦授江西建昌府
儒學訓導改授廣東潮州府潮陽縣儒學訓導
卒于官歸塟于衢娶周氏繼娶祝氏
希麟　字士清

19.5cm x 32.0cm

希廉子克安　字士能
希珊子克曄　字士瞻
希斌　字士全郡行鄉飲禮請寓馬年六十九卒
葬西安縣地名鬧橋葛塘娶何氏合葬
希琢　字士賓
希誠子克昭三　字士敬年五十卒葬西安縣嘉慶鄉五
十九都地名旱湖娶葉氏合葬
希瓊
希洪

19.5cm x 32.0cm

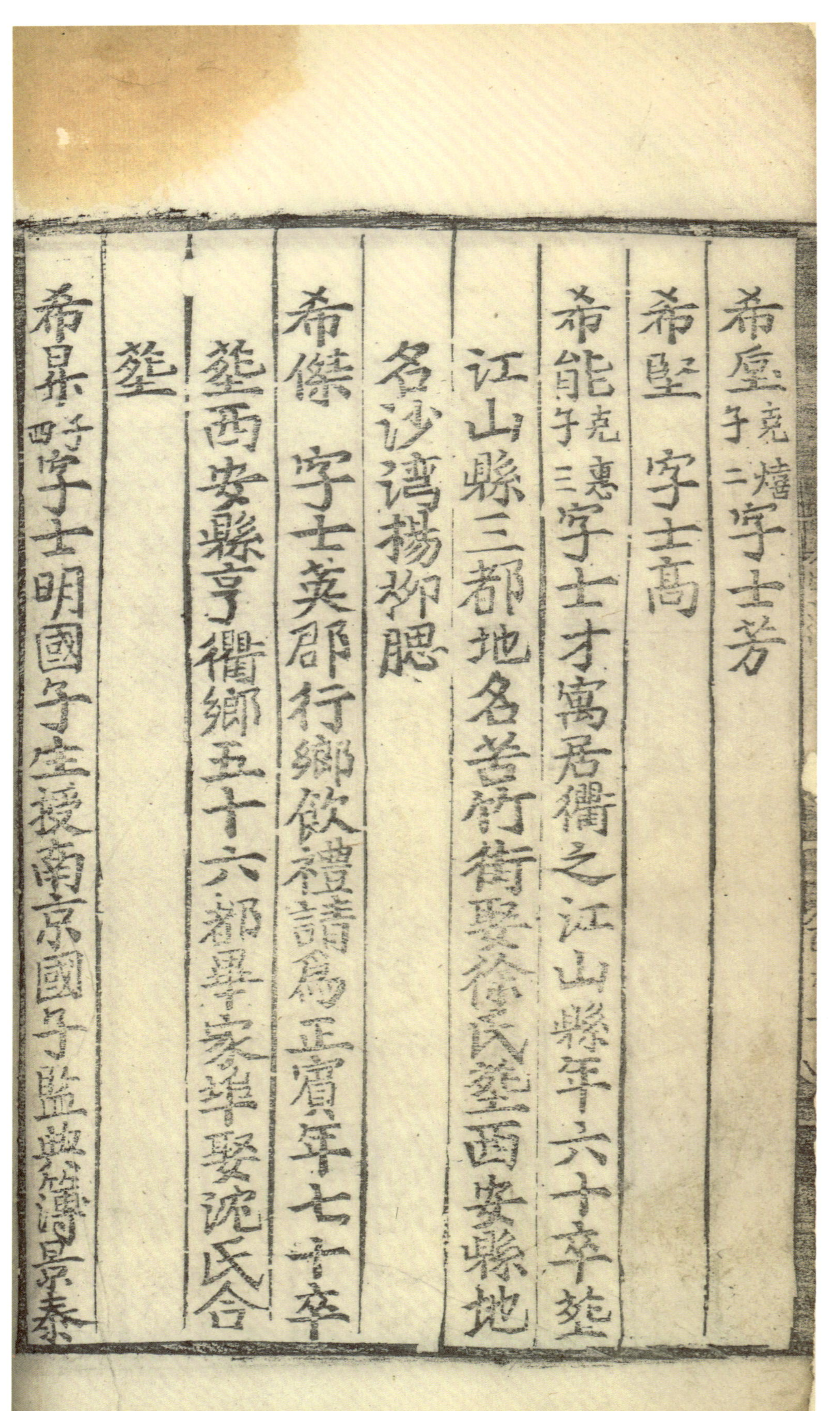

希壐子二克熺字士芳
希堅字士高
希能子三克惠字士才寓居衢之江山縣年六十卒塟
江山縣三都地名苦竹衢娶徐氏塟西安縣地
名沙灣楊柳腮
希傑字士英邵行鄉飲禮請爲正賓年七十卒
塟西安縣亨衢鄉五十六都畢家埠娶詭氏合
塟
希昇子四字士明國子生授南京國子監典簿景泰

19.5cm x 32.0cm

二年二月初二日勅贈脩職郎勅曰國子監育材之地教化之
源其長二賓任之而治其簿書謹其倉庾一切
之務亦設以領焉爾南京國子監典簿廳典簿
孔希昪蚤自上庠擢任斯職歷年滋久克慎且
勤是用進爾階修職佐郎錫之勅命以爲爾榮
爾益端乃心勵乃行必
勤必慎以畢其官欽哉考諱隆山東泰安州判
官年七十卒于官歸塟于衢之西安縣地名沙
灣楊柳腮娶劉氏卒繼娶蔣氏俱祔塟

希昪克信子字士軒無嗣

希斂克隆子字士連衢族長主祀事郡行鄉飲禮請
爲正賓年七十九卒塟五十六都地名花街頭

19.5cm x 32.0cm

娶王氏合塋時家廟歲久傾敝適吏部郎中周公本出使蜀藩經備謁廟因令有司措置材植脩建就于西廟房延教讀以訓孔氏子孫碑文在廟之西前太子洗馬羅璟撰文

希華克季子字士榮年七十卒塋西安鄉五十九都地名楊柳腮下沙灣

希坦克顕子二字士平衢族長主祀事郡行鄉飲禮請爲正賓年七十六卒塋西安鄉五十九都地名黄土壠娶繆氏年九十卒合塋

希益字士進娶方氏塋嘉慶鄉五十六都地名花街頭

19.5cm x 32.0cm

希文克通子二字士章備族長主祀事郡行鄉飲禮請
爲正賓時年七十八娶留氏先卒塟嘉慶鄉五
十六都龍塘西公之壽域亦卜于此時弘治二年春予浙
江右布政使吴公繹思詣家廟增設酒掃人一户弘治戊午夏謹予
欽差巡按浙江監察御史陳公拜詣家廟乃巡按浙江監察御史張公議增酒掃人一
户斷擧也公崇儒重道吾念斯文之盛心也敢記以示于後

希武字士勇爲備擧事郡行鄉飲禮請居三賓
位時年七十五娶陳氏先卒塟嘉慶鄉五十六
都龍塘西公之壽域亦卜于此

19.5cm x 32.0cm

希深克家子字士淵

希禮克德子字士恭

希永克宴子字士聞

希綱克淮子三字士常年七十卒葬鷄鳴山祖音墓西

希經字士綸性警悟精於文辭以恩例入監授承直郎刑部江西清吏司主事年四十三卒于官葬衢西西安縣一十六都地名鷄鳴山祖墓西宜人郁氏年七十四卒合葬

希縉蚤卒無嗣葬鷄鳴山祖墓東

希維克思子字士純郡行鄉飲禮請賓爲年六十六卒葬鷄鳴山祖墓東娶徐氏年八十後八年合葬

19.5cm x 32.0cm

希綸 字士治蚤卒

希紳 字士鏞郡行鄉飲禮請禺焉時年七十娶

張氏預卜壽藏于西安鄉五十九都地名黃土

橋東楊栁腮

希政 克新 字士正儕族長主祀事郡行鄉飲禮請

爲正賓年七十七卒葬五十七都地名西河邉

娶吳氏蚤卒繼娶鄭氏合葬先年祖廟基址爲

因地方不寧守禦千戶所暫借作教場歲久不

還適

19.5cm x 32.0cm

巡按浙江監察御史劉公奎入分巡浙東道僉憲
李公俊按臨謁
廟詢及廷理始撥通廣門外對岸官地照數丈
量易換因書以備參考

希廣行一先善 字士容蚤卒

希洪行二[illegible]閏 字士大

希育 字士春

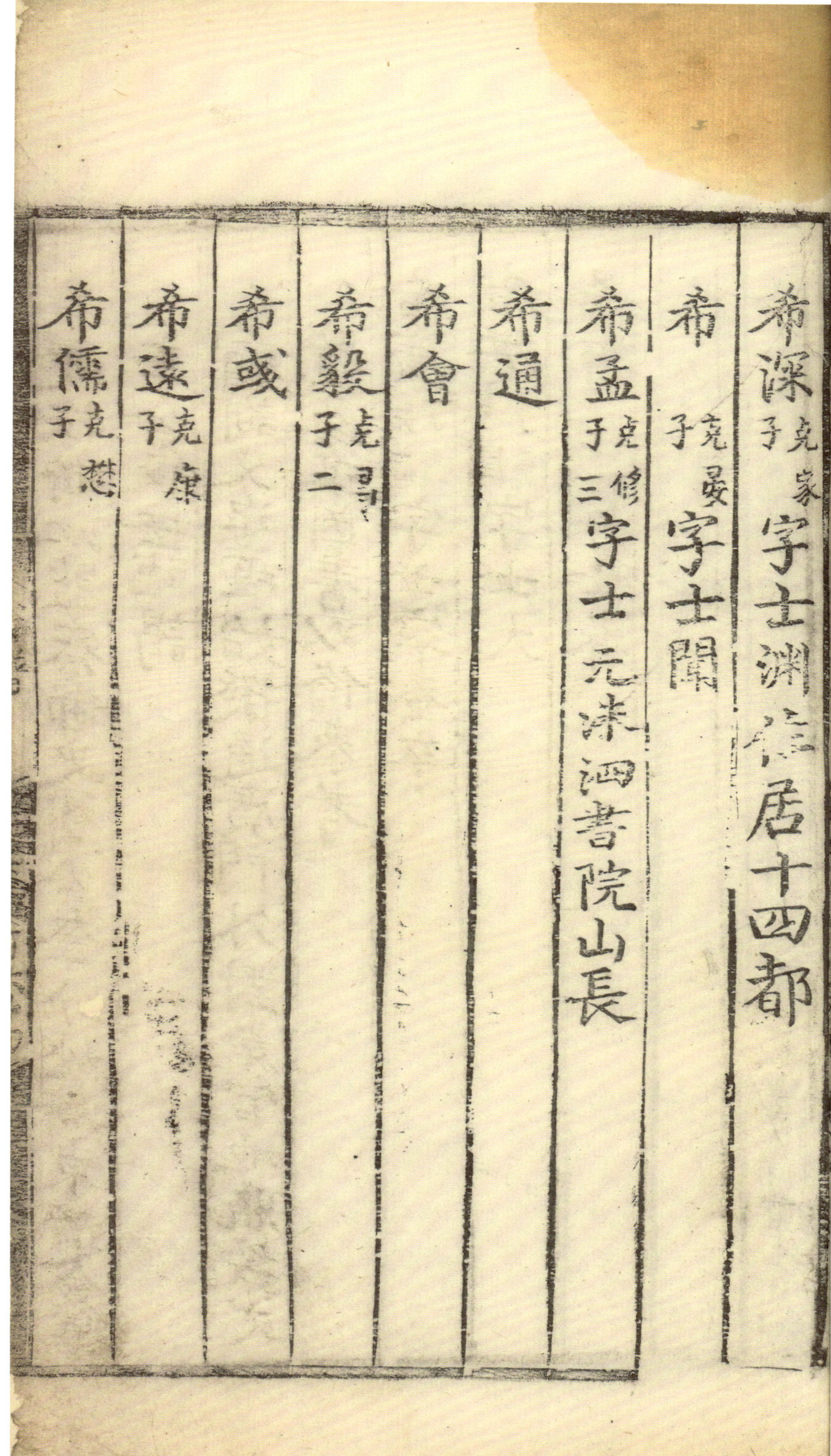

希深 子克家 字士淵 往居十四都

希 子克晏 字士閒

希孟 子三克修 字士元 洙泗書院山長

希通

希會

希毅 子二克尋

希或

希遠 子克康

希儒 子克慈

19.5cm x 32.0cm

希從 克醬八子 字士容

希讓 字士謙

希幹 字士貞

希善 字士言

希恒 字士德

希豫 字士和

希鄗 字士廉

希濟 字士咸

希曾 克廣子 字士宗 長清縣尉夏邑主簿衛輝路知

19.5cm x 32.0cm

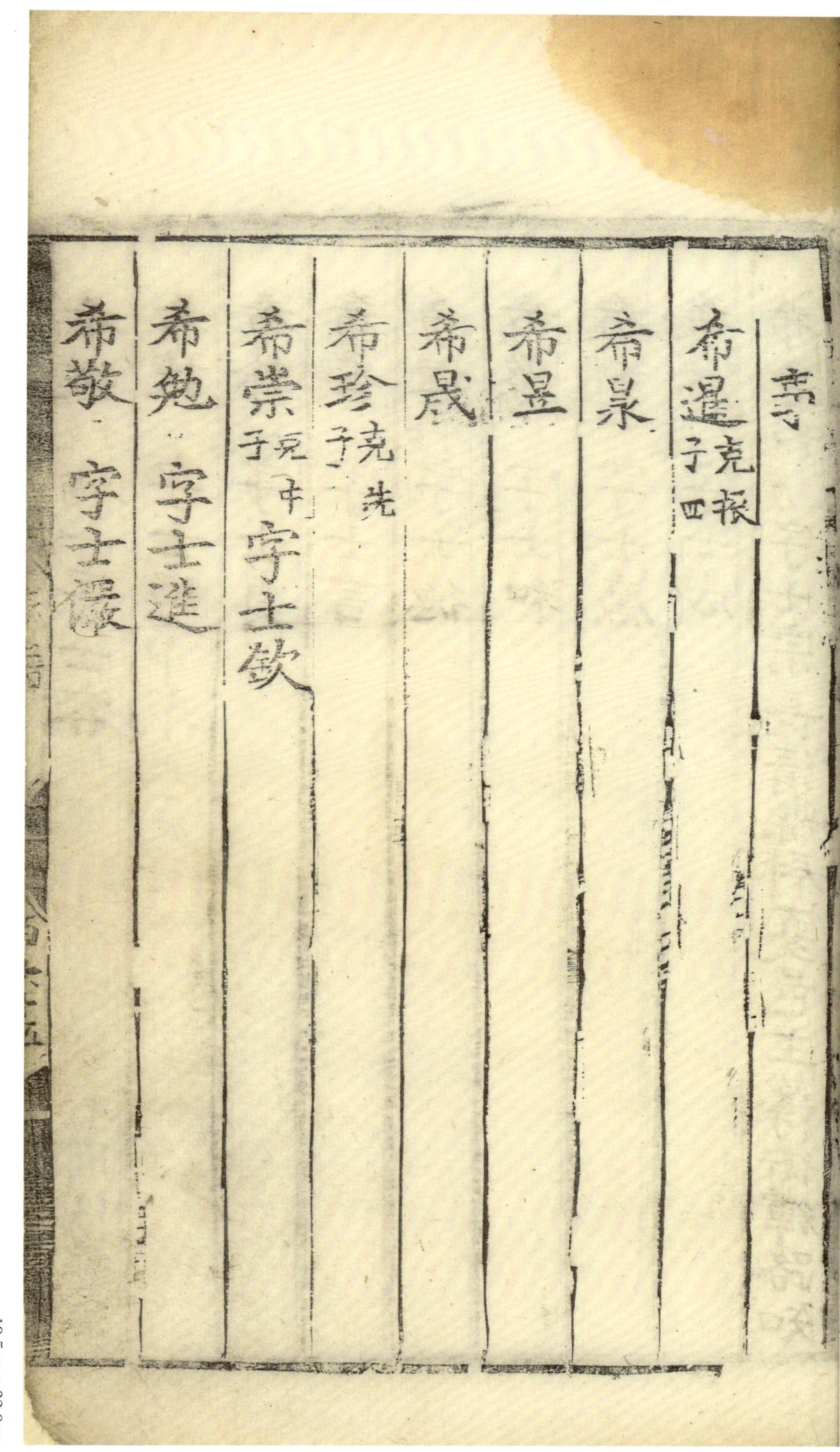

亨

希暹子克振四

希泉

希昱

希晟

希珍子克先

希崇子克午 字士欽

希勉 字士進

希敬 字士濛

19.5cm x 32.0cm

希采 字士安性明敏善詩楷書授魯府儀賓尚

文登郡主階中奉大夫

希朴 子克砥一

希蒙

希誠 子克洣

希詠

希誼

希古 子二 克陵一

希韞

19.5cm x 32.0cm

希準

希璪　祖庭族長

希瑾

希瑩

希瑶

希瑄

希勇　字士毅曲阜知縣

五十七代議希路子三字文伯年五十二娶陳氏葬衢之

西安縣天保鄉十八都卜婆壠

19.5cm x 32.0cm

詠　字聲伯

讓　字恭伯

訥　希學三子　字言伯奉議大夫襲封衍聖公

諤　希武子　文林郎曲阜縣知縣

論　希鳳子　字經伯三氏學録

諤　希麟子　字貞伯任監察御史

譎　字智伯

讓　希敏子

諼　希恕子

19.5cm x 32.0cm

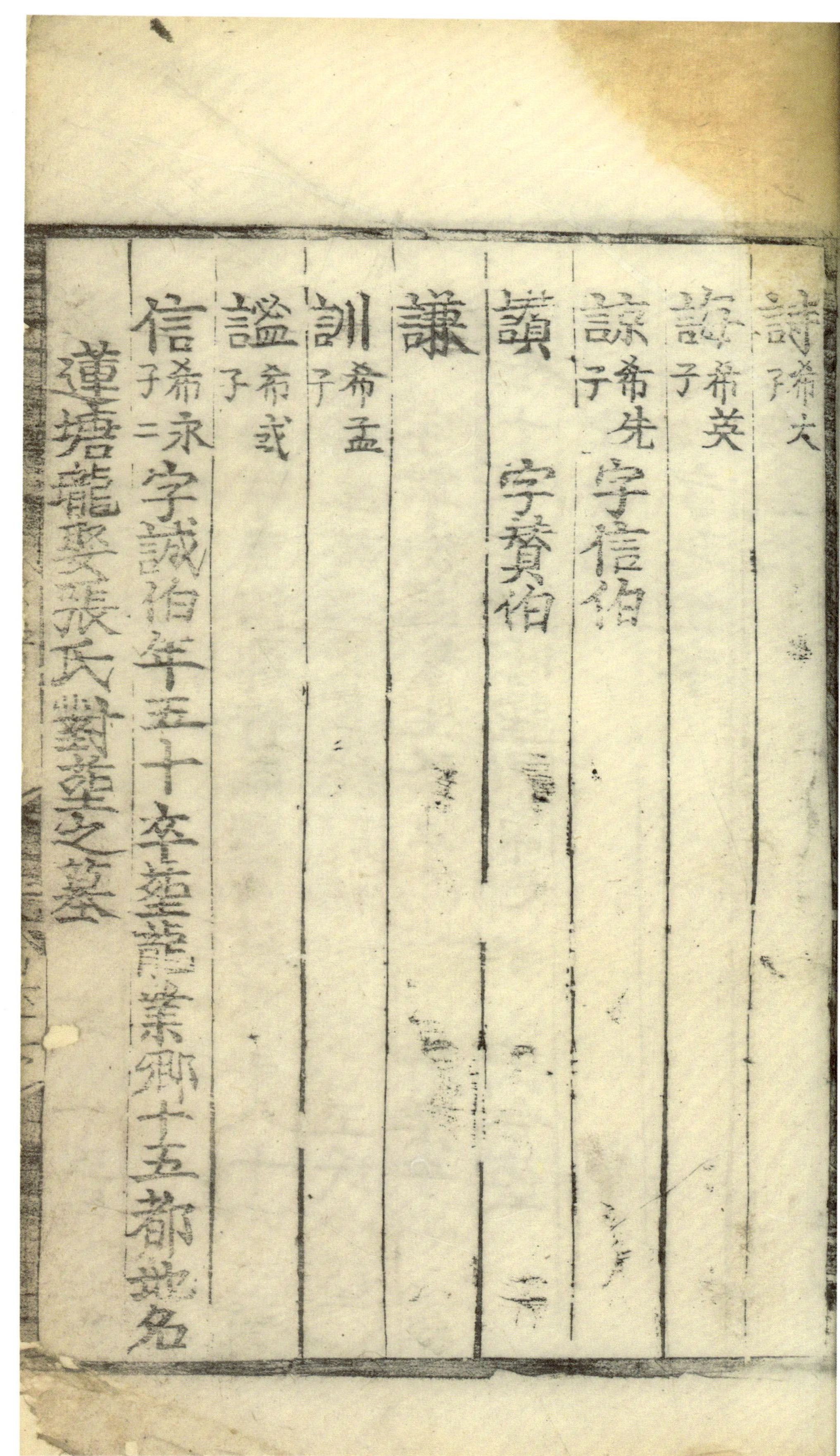

詩 希文子

諍 希英子

諒 希先子 字信伯

讃 字賛伯

謙

訓 希孟子

謐 希武子

信 希永子二 字誠伯 年五十卒葬龍業鄉十五都地名

蓮塘壠娶張氏對葬之墓

19.5cm x 32.0cm

議 字亨伯年六十三卒葬龍業鄉十五都地名
蓮塘壠娶呂氏

諫 希承子 字忠伯郡行鄉禮選爲年八十四過例
冠帶卒葬西安書院前孝悌里娶王氏合葬

謐 字寧伯國子生任江西撫州府樂安縣丞年
七十卒葬孝悌里祖墓側娶江氏合葬

訓 字安伯

諤 希瀾子二 字起伯卒

詎 字識伯

19.5cm x 32.0cm

譁希周子四字傳伯

諭字献伯

證字謹伯

誥字命伯

謨希麟子二字賢伯

鑾字朝伯

誌希斌子四字記伯

議字明伯為人誠信篤實性敏嗜學舉為郡庠生成化丙申以能經㬪貢入南雍授江西瑞

19.5cm x 32.0cm

州高安丞歷任七年四民安堵六事見聞總粮
儲而會計明白列征沛而老穉攀轅禮讓鄉族
志不下人矧以義經數季子則補報之心不忘
於旦夕也康文録譜至此敢不述所聞以誌其
後娶安人陳氏

誼 字暢伯

詘 蚤卒

諤 字正伯

譯 字通伯 希堺子一

19.5cm x 32.0cm

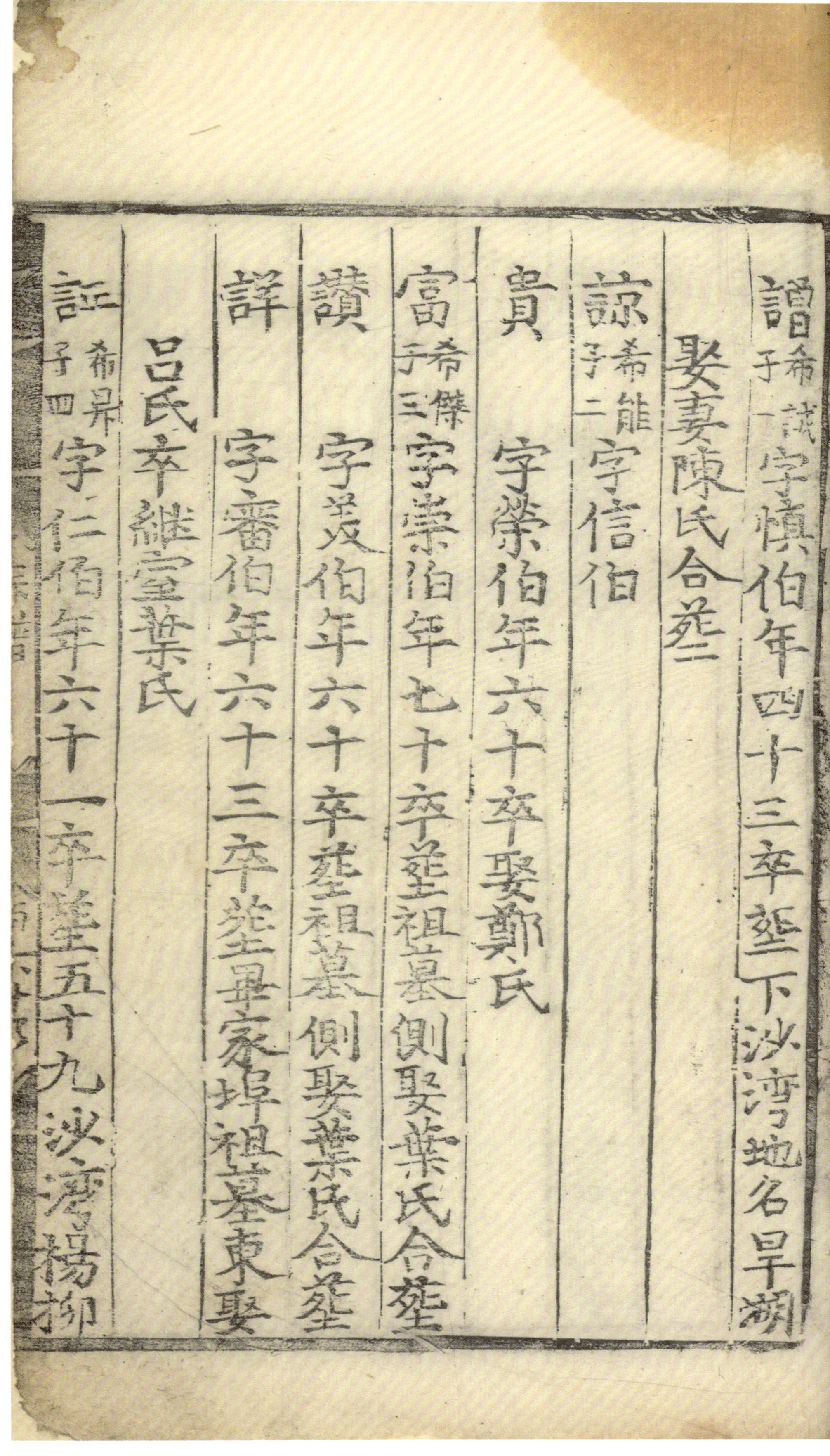
諝 希試子一 字慎伯年四十三卒葬下沙灣地名旱湖

娶妻陳氏合葬

諒 希能子二 字信伯

貴 字榮伯年六十卒娶鄭氏

富 希傑子三 字崇伯年七十卒葬祖墓側娶葉氏合葬

讚 字旻伯年六十卒葬祖墓側娶葉氏合葬

詳 字審伯年六十三卒葬畢家埠祖墓東娶

呂氏卒繼室葉氏

証 希昇子四 字仁伯年六十一卒葬五十九沙灣楊柳

19.5cm x 32.0cm

總祖墓西娶吳氏合葬

諦　字讓伯

訥　字慎伯

謇　字揚伯

諧　子希敏　子五　字和伯娶鄭氏年五十先卒葬五千六都

地名黄公坑繼娶張氏

詸　字善伯年四十六卒葬于七都長龍坦娶

張氏

詡　字全伯娶鄭氏蚤卒繼娶周氏

19.5cm x 32.0cm

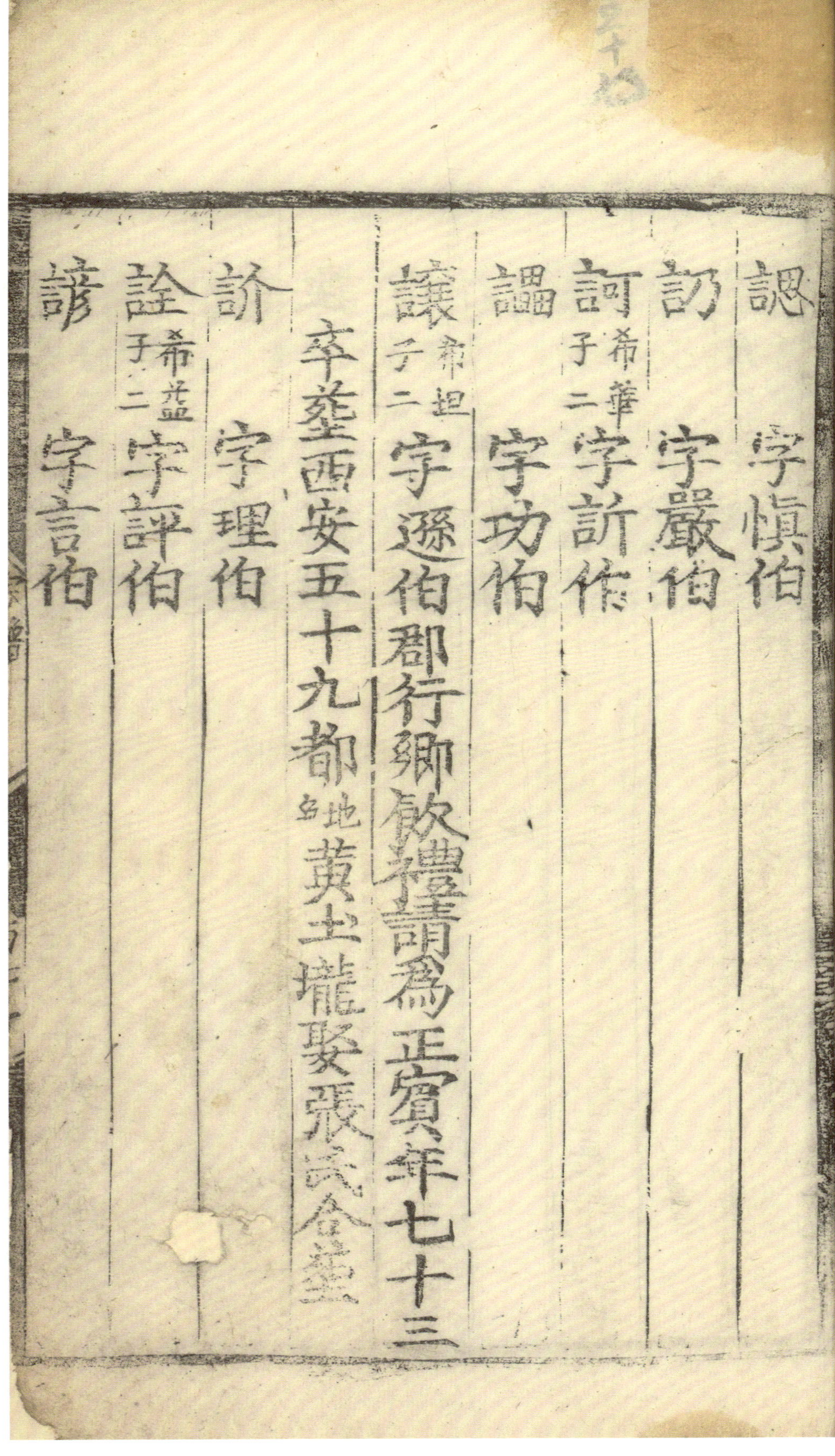

諰　字慎伯

訪　字嚴伯

訶　希華子二　字許作

謳　字功伯

議　希坦子二　字遜伯郡行鄉飲禮請為正賓年七十三

卒葬西安五十九都地名黃土壠娶張氏合葬

訢　字理伯

詮　希益子二　字評伯

諺　字言伯

19.5cm x 32.0cm

詢 希文子三 字咨伯娶葉氏先卒葬五十九都地名[illegible]

街頭

誠 字順伯

詿 字謚伯

誼 希武子二 字儀伯

諆 字俊伯

講 希深子二 字寬伯

誦 字敏伯

諶 希維子繼希禮後 字信伯

19.5cm x 32.0cm

誾二子 字和伯年六十卒

誠 字碓伯

評希絰子二 字允伯年七十一卒塟雞鳴山祖墓側娶顏氏祔塟

誼 字宜伯蚤卒

誨希繼子四 字勉伯

試 字中伯

詧 字辯伯年五十六卒

諠繼希禮後 字信伯

19.5cm x 32.0cm

詠 希紳子二 字吟伯

說 字進伯

諄 希政子三 字清伯

譎 字澄伯

唬 字源伯

譜 希育子三 字世伯住居十一都

訪 字延伯

語 字詳伯

詮 希幹子 字全伯祖㕔岸亭

19.5cm x 32.0cm

誣 字朝伯由皐人授壽州學訓導國子監學

正陞奉議大夫沈府長史

燮 字理伯文林郎曲阜知縣

諗 字 國子監生登成化鄉貢進士第

諱 字 中奉大夫魯府儀賓

諟 字 兵馬指揮

信孝子泰 字忠伯性聰敏登永樂丁酉鄉貢進士

五十八代公誠二議子 字貴文郡行鄉飲禮請寓爲年

七十八辛壑十八都地名卜以溪流父墓側娶留

19.5cm x 32.0cm

氏合塋

公信 字有文年七十七預卜壽歲于四十三

都浮石鄉地名童婆塘下娶朱氏壽歲亦卜於

此

公鏞 詠子 字聲文郡行鄉飲禮請寓爲年七十四

卒葬書院南堅資氏合塋

公貴 讓二子 字顯文

公榮 字茂文蚤卒

公鑑 訥子 字昭文奉[illegible][illegible]大夫襲封衍聖公

19.5cm x 32.0cm

公鍠　字聲文宣德八年授曲阜知縣

公錫　詮子　字賜文登景泰庚午鄉貢進士授曲阜知縣

公鑛　字輔文三氏學錄

公禮　字節文登鄉貢進士授徐州訓導監國子監學正從侍郎詹事府主簿

公恪　諤子　國子生

公怡　國子生

公鏞　詩子　字數文登永樂庚子鄉貢進士

公恂　信子　字宗文以禮經登景泰甲戌科進士授禮科給事中大理寺左少卿中憲大夫南京詹

19.5cm x 32.0cm

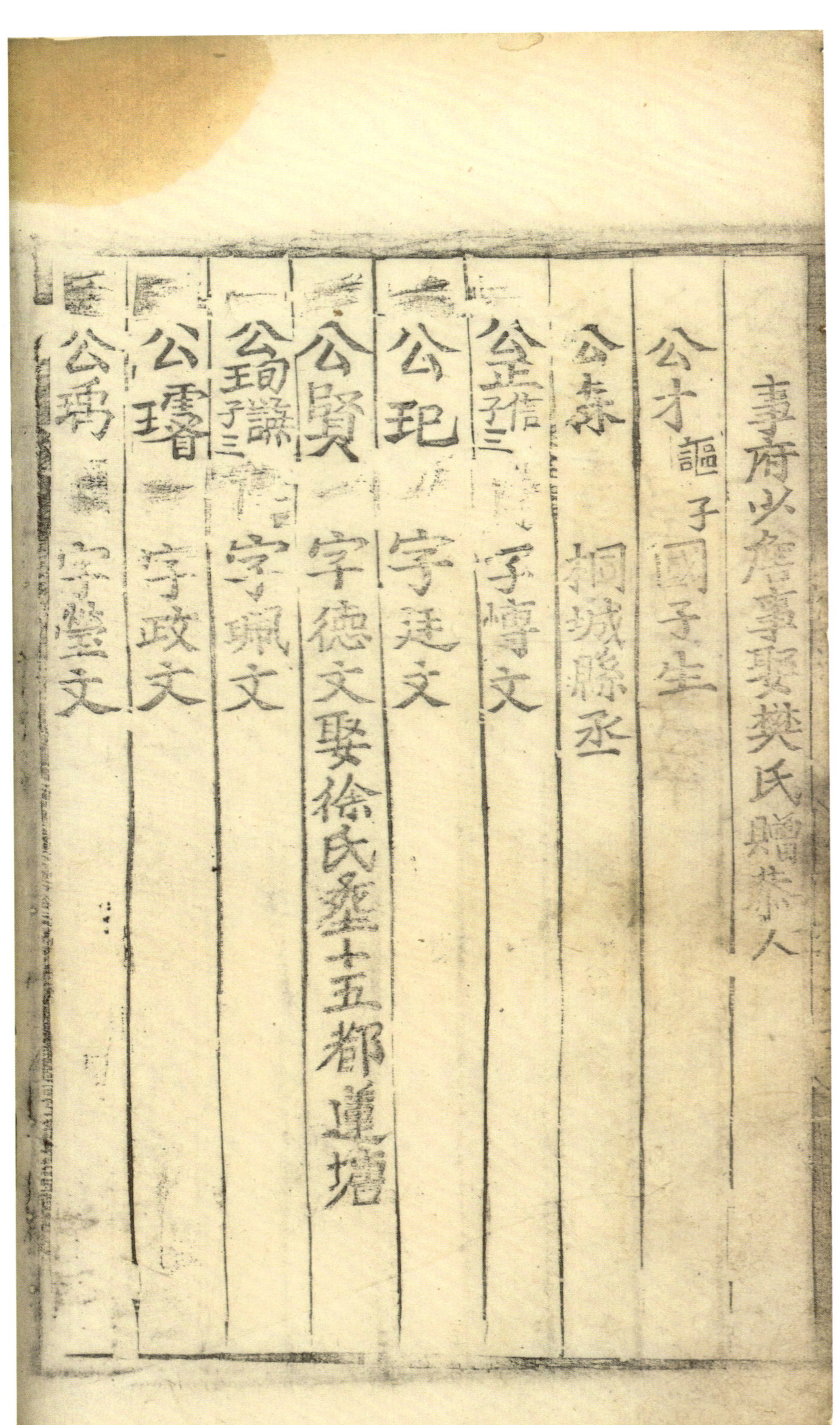

19.5cm x 32.0cm

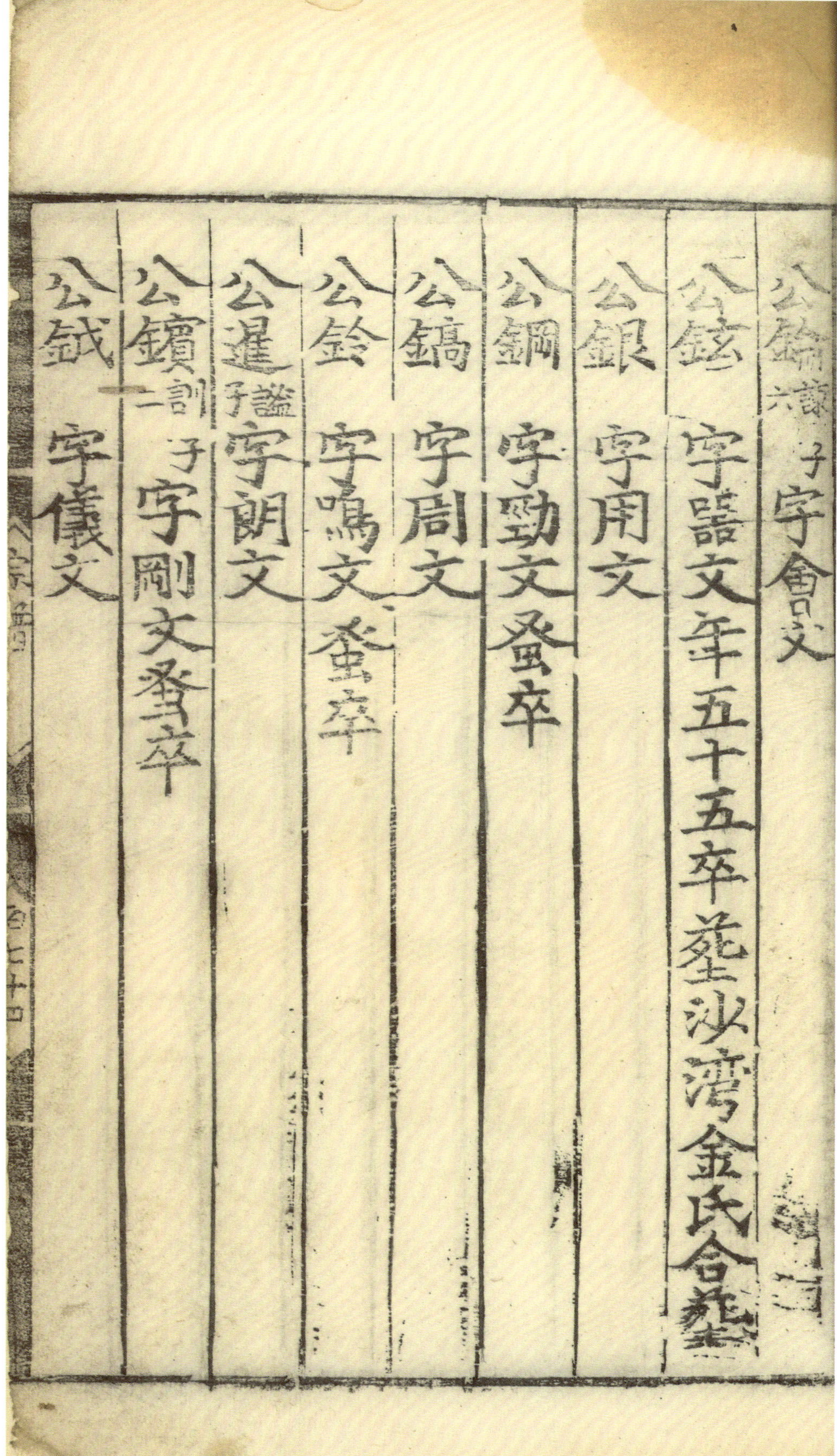

公鑰 諒六子 字會文

公鉉 字嚚文年五十五卒葬沙灣金氏合葬

公銀 字用文

公鋼 字勁文蚤卒

公鎬 字扃文

公鈐 字鳴文蚤卒

公遲 謐子 字朗文

公鑌 訓二子 字剛文蚤卒

公鉞 字儀文

19.5cm x 32.0cm

公鎰子惃字覩文

公絲二譜 子字裔文　公壽

公舍子諠字仕文

公堂子壡字字文

公勝四誼 子字克文

公璋字圭文

公玩字潛文

公琺字畏文

公璦一誌 子字栗文

公勤二議子字敬文蚤卒

公廉字潔文

公慎字禮文

公和二諤子字悅文

公穆字輯文

公順譯子字從文

公釪二譜子字節文

公鈁字宣文

公銘貴子字警文

19.5cm x 32.0cm

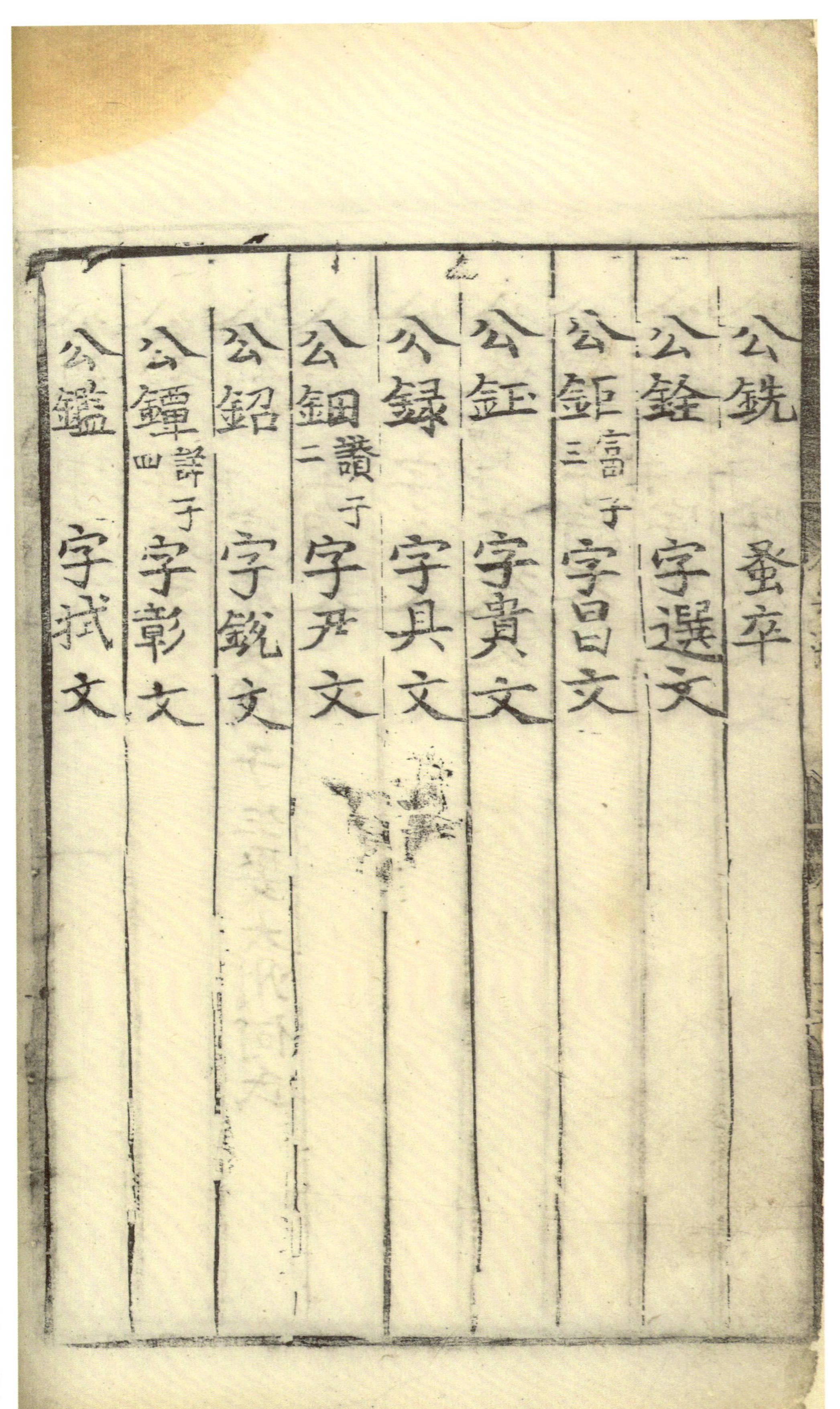
公銑　蚤卒
公銓　字選文
公鉅　富子　三　字昌文
公鉦　字貴文
公録　字具文
公錮　讚子　二　字尹文
公鉊　字銳文
公鐔　評子　四　字彰文
公鑑　字栻文

19.5cm x 32.0cm

公鎮　字右文

公鎧　字煒文

公釗　三 誠子　字康文國子生娶大州何氏

公鏡　字明文

公鏊　字全文

公欽　二 諭子　字徽文

公錦　字綺文

公鐗　一 詠子　字輝文

公鑺　二 耆子　字煥文

19.5cm x 32.0cm

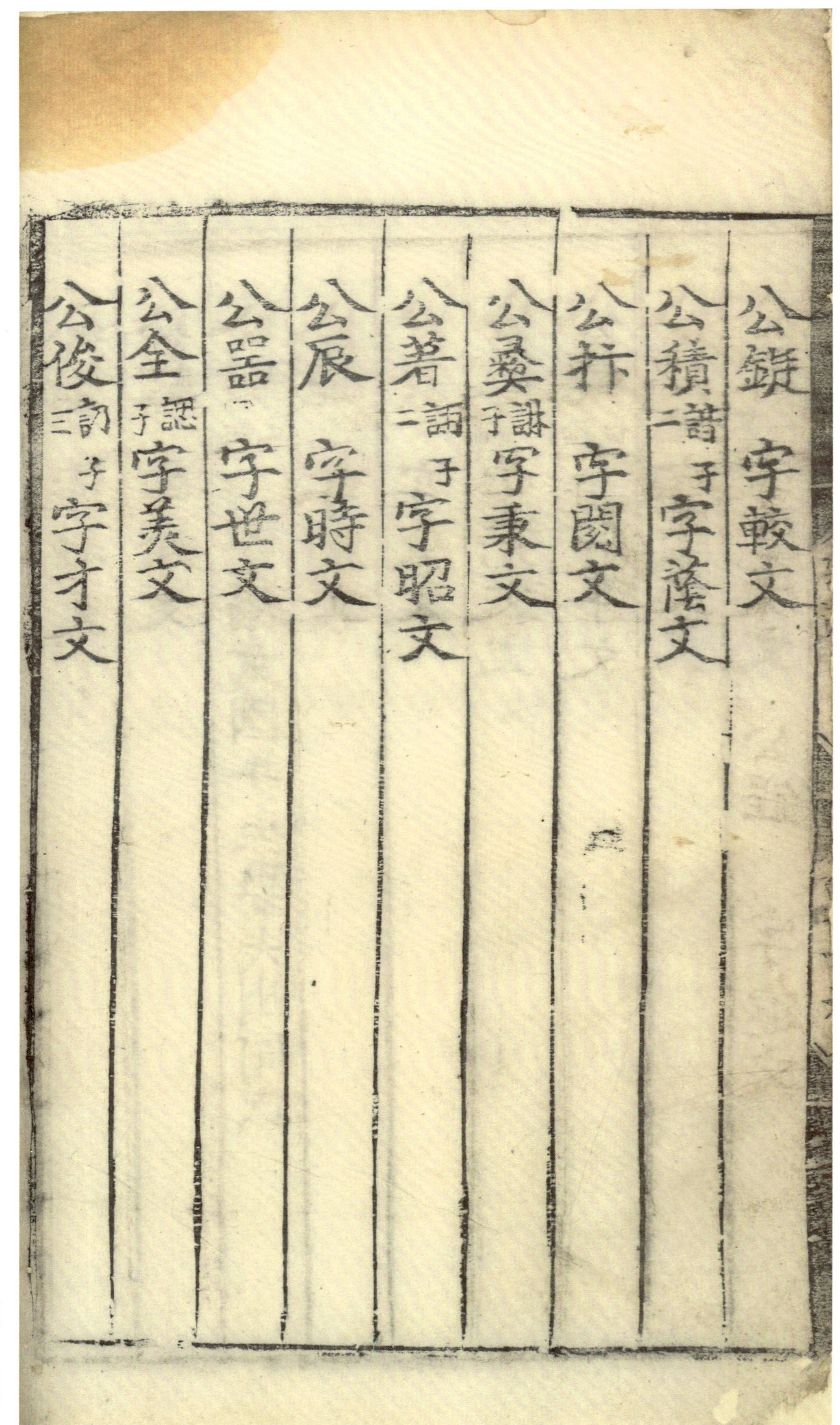

公鋌 字較文
公績 譜二子 字藩文
公枅 字闓文
公燊 謙子 字秉文
公著 詞二子 字昭文
公辰 字時文
公噐 字世文
公全 認子 字美文
公俊 訒三子 字才文

19.5cm x 32.0cm

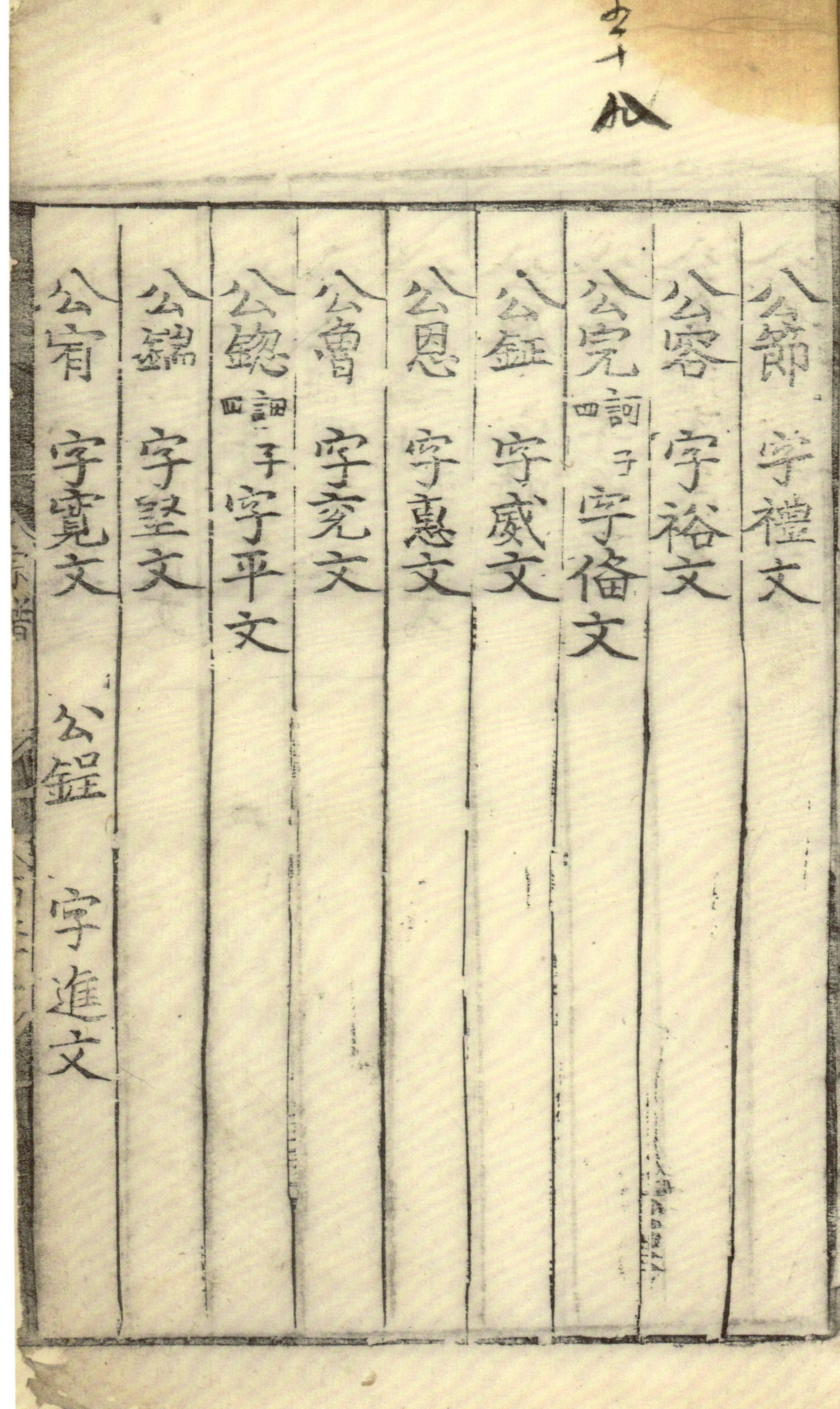

五十八

公節　字禮文

公睿　字裕文

公完　四詞子　字倫文

公鉦　字威文

公恩　字惠文

公會　字兖文

公鏓　四詛子　字平文

公鍴　字竪文

公宥　字寛文

公鍉　字進文

19.5cm x 32.0cm

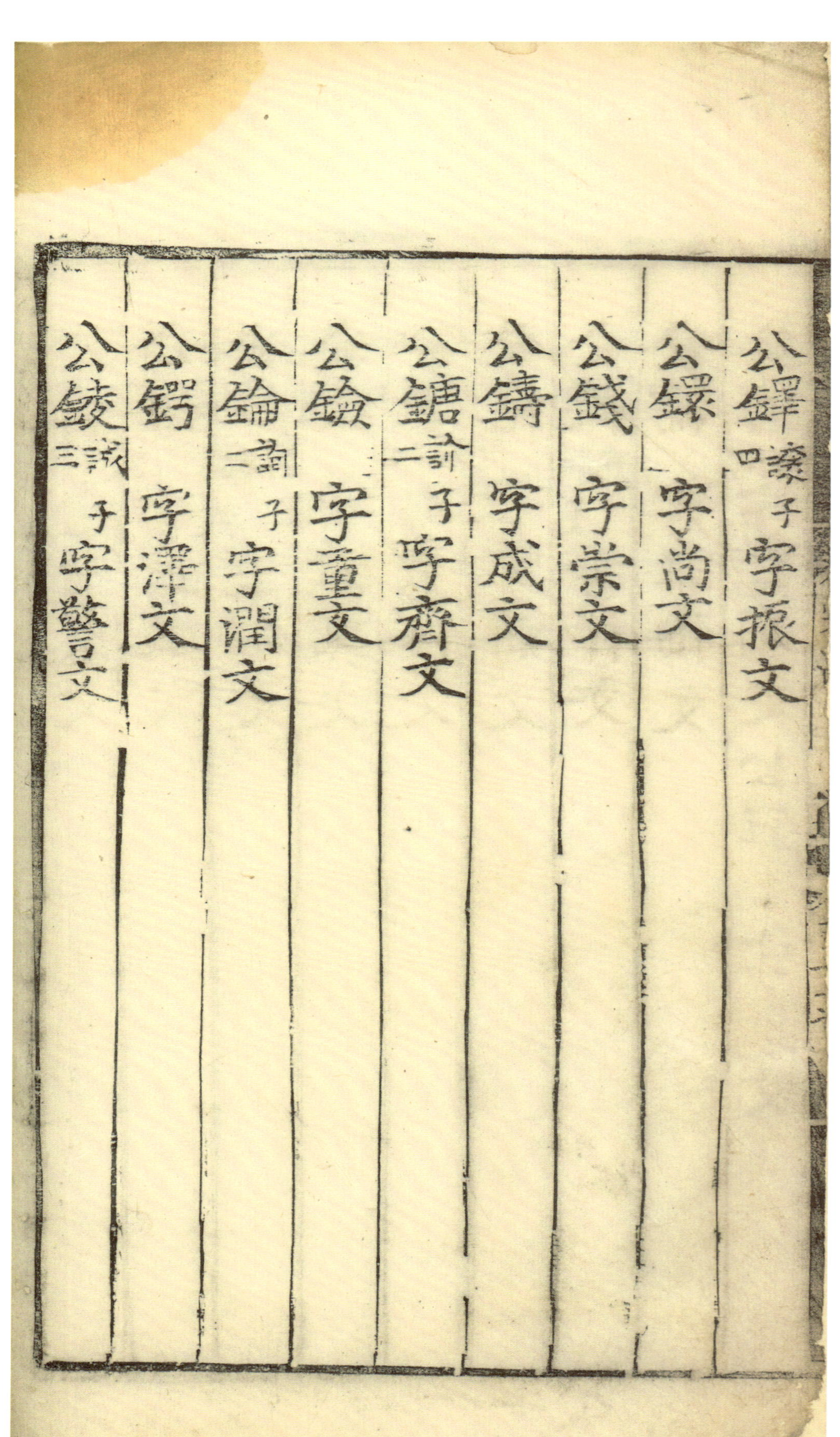

公鐸四遼子字振文
公鐶字尚文
公錢字崇文
公鑄字成文
公鏞二詡子字齋文
公鐱字董文
公錀二詢子字潤文
公鍔字澤文
公鈹三誠子字警文

19.5cm x 32.0cm

公鏞　字愷文

公釩　字椎文

公鉒二詿子　字耀文

公鋹　字異文

公鍈　誼子　字韻文

公範三諆子　字則文

公輅　字朴文

公輔　字相文

公瑞四諶子　字兆文

19.5cm x 32.0cm

公祥 字吉文

公康 字安文

公寧 字清文

公璽[二] 誾子 字信文

公瓊 字玉文

公壽 誠子 字仁文

公麒[三] 評子 字祥文

公麟 字瑞文

公鸞[二] 字禎文

19.5cm x 32.0cm

公明四誨子字鑑文
公昊字欽文
公杲字旭文
公昂字軒文
公聯三晉子字績文
公權字正文
公衡字考文
公衢四詠子字亨文
公衛字祐文

19.5cm x 32.0cm

公衎 字徐文

公衙 字洹文

公鋰 說子 字道文

公鑾 四諄子 字飾文

公鳳歎文

公鍪 字載文

公孝 字原文

公友 字慶文

公基 訪子 字本文

公填 語子 字音文

19.5cm x 32.0cm

五十九代彥繩公誠二子 字朝武弘治癸丑詣闕里拜謁

林廟會叙宗族

彥紳 字朝佩

彥繽公信二子 字朝彩

彥隆 字朝盛

彥䌙公鏞五子 字朝亨

彥傑 字朝英

彥纓 字朝清

彥紋 字朝旌

19.5cm x 32.0cm

彥綸　字朝用弘治癸丑詣闕里拜謁林廟會叙

宗族

彥紹公子貢　字朝宗

彥繒公子鑑　字朝紳奉議大夫襲封衍聖公

彥禄　字朝榮河南裕州知州

彥士　字朝臣曲阜縣知縣

彥能公子正　字朝使

彥富公子二玘　字朝豊

彥魁　字朝元

19.5cm x 32.0cm

彦珂公賢子字朝鳴

彦洪公宥子字朝大

彦淑　字朝貞

彦洋公璲一字朝泌

彦紳公鑰子二字朝卿

彦綬　字朝儀

彦紘公鉉子三字朝制

彦綷　字朝志

彦縱　字朝冕

19.5cm x 32.0cm

彥繪公子五鋘字朝質
彥緋字朝賜
彥紀字朝綱
彥綺字朝襲
彥給字朝祿
彥緗公子二錭字朝素
彥緩字朝容
彥經公子二鎬字朝濟
彥緯字朝化

19.5cm x 32.0cm

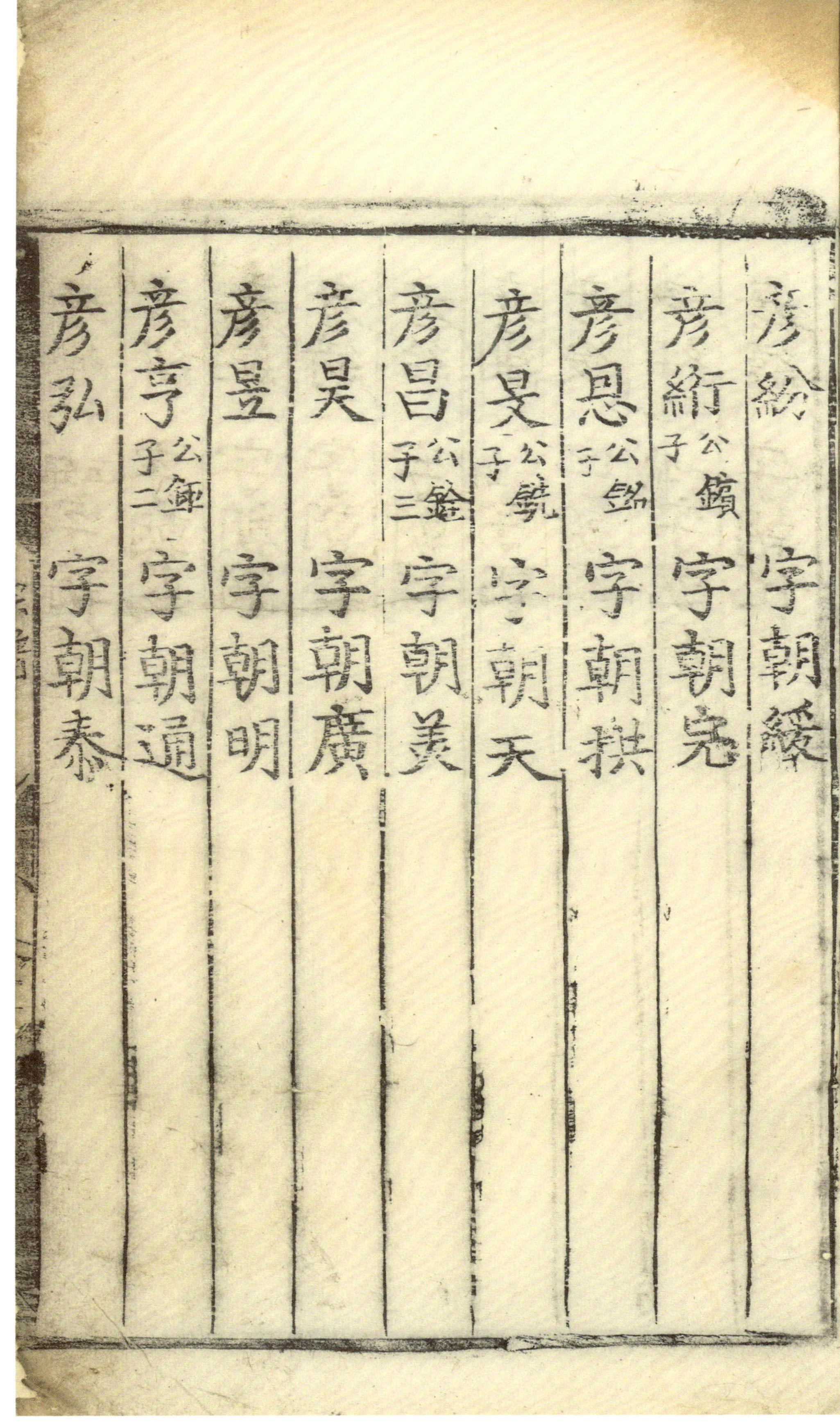

彥紛　字朝綬

彥絎　公鐄子　字朝宪

彥恩　公銘子　字朝拱

彥昰　公銃子　字朝天

彥昌　公銓子三　字朝美

彥昊　字朝廣

彥昱　字朝明

彥亨　公錘子二　字朝通

彥弘　字朝泰

19.5cm x 32.0cm

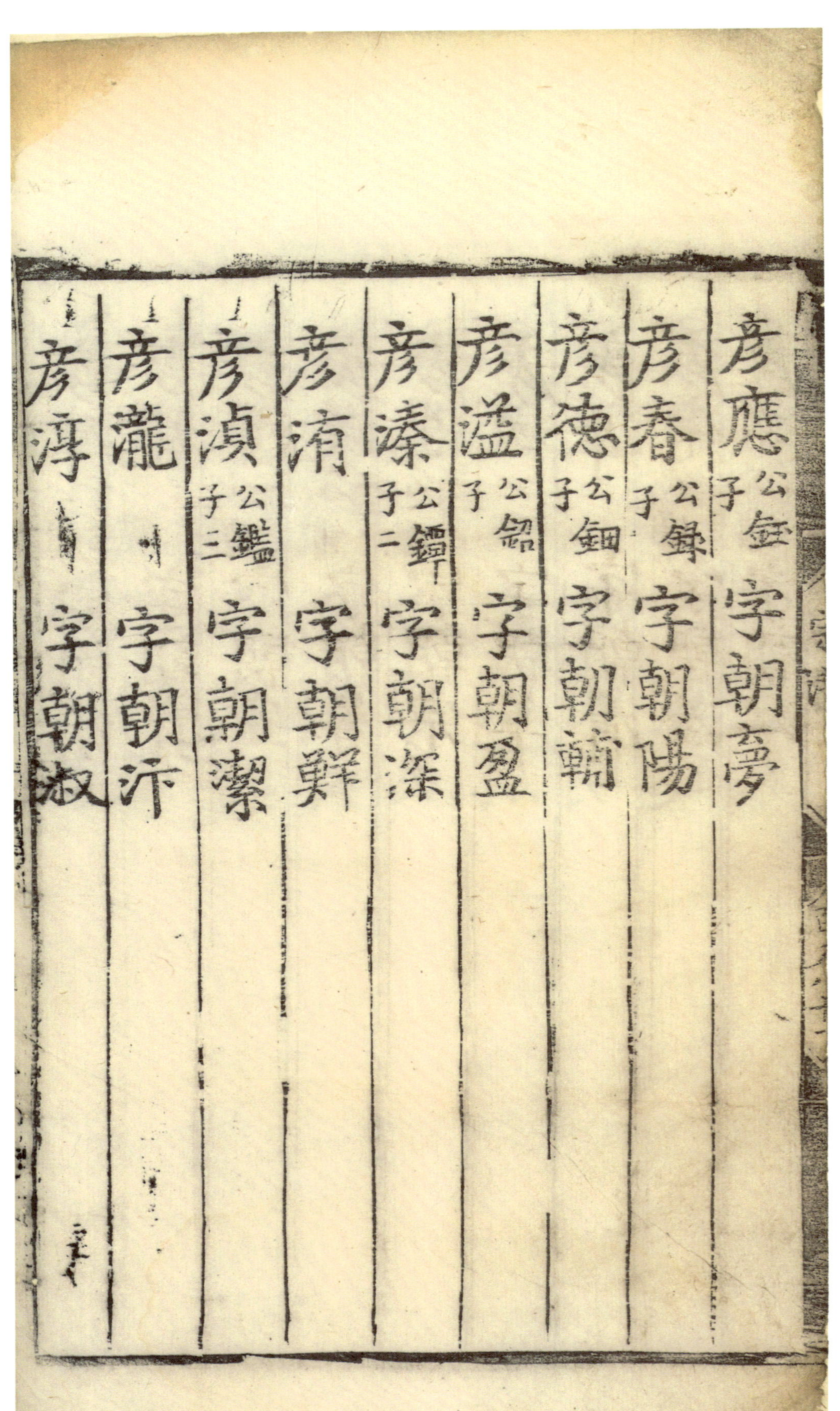
彦應 公鉦子 字朝夢
彦春 公録子 字朝陽
彦德 公鈿子 字朝輔
彦溢 公鉊子 字朝盈
彦溱 公鐔子二 字朝深
彦淯 字朝鮮
彦湞 公鑑子三 字朝潔
彦瀧 字朝汙
彦淳 字朝淑

19.5cm x 32.0cm

彦漳 公鎮子二 字朝漢

彦淵 字朝賢

彦浩 公鐺子 字朝盛

彦溪 公劍子 字朝魯

彦洙 公欽子三 字朝宗

彦泗 字朝阜

彦沂 字朝清

彦津 公錦子 字朝澄

彦淞 公鑭子 字朝江

19.5cm x 32.0cm

彥浤　字朝式

彥汶公燮子　字朝齊

彥渭公著子　字朝呂

彥綍公鐸子二　字朝宣

彥綜　字朝欽

彥繼公錄子二　字朝諼

彥組　字朝簪

彥繜公鉞子三　字朝美

彥繐　字朝彩

19.5cm x 32.0cm

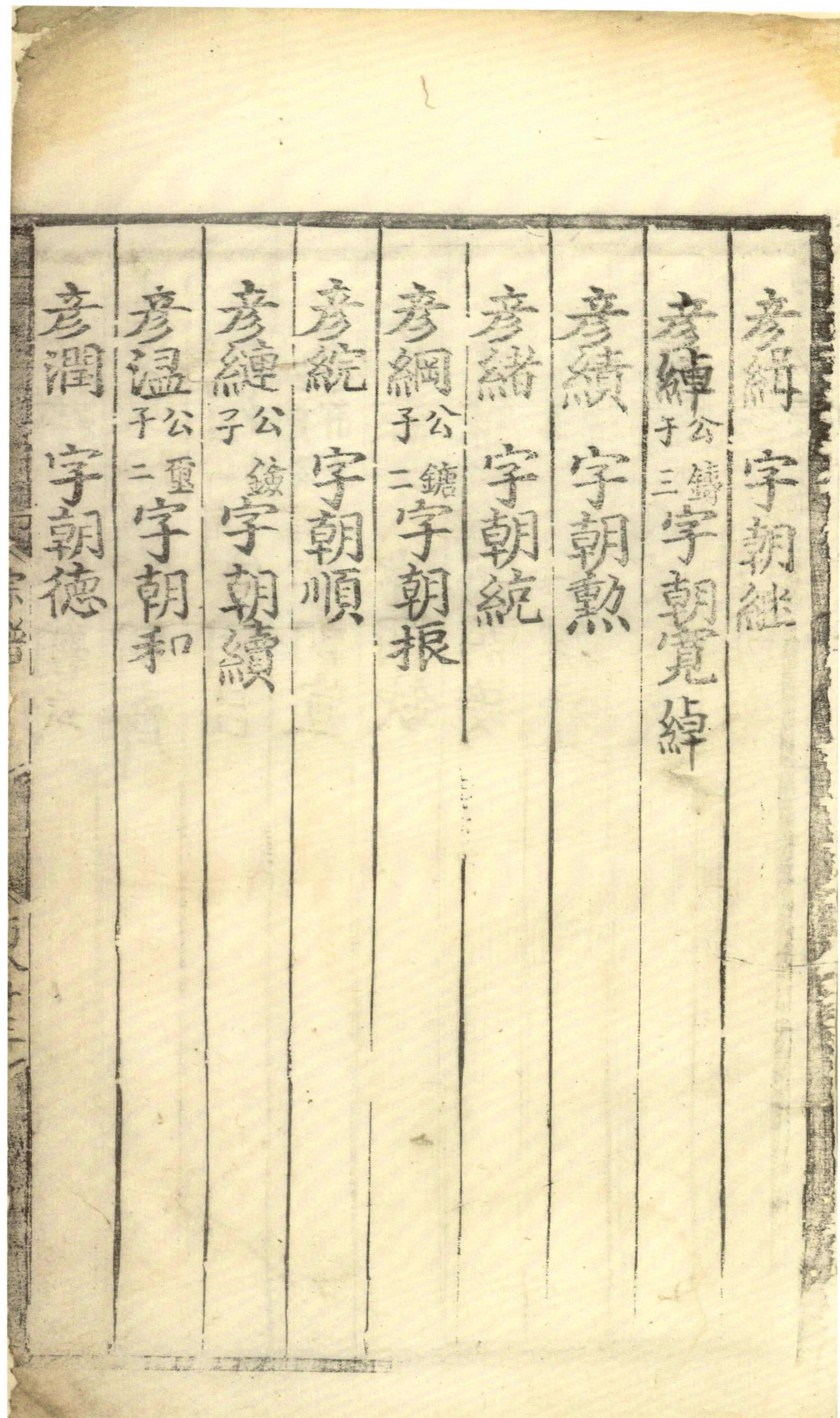

彥緈 字朝繼

彥紳 公鑄子三 字朝寬綽

彥績 字朝勲

彥緒 字朝統

彥綱 公鏞子二 字朝振

彥統 字朝順

彥纏 公鏸子 字朝續

彥溫 公璽子二 字朝和

彥潤 字朝德

19.5cm x 32.0cm

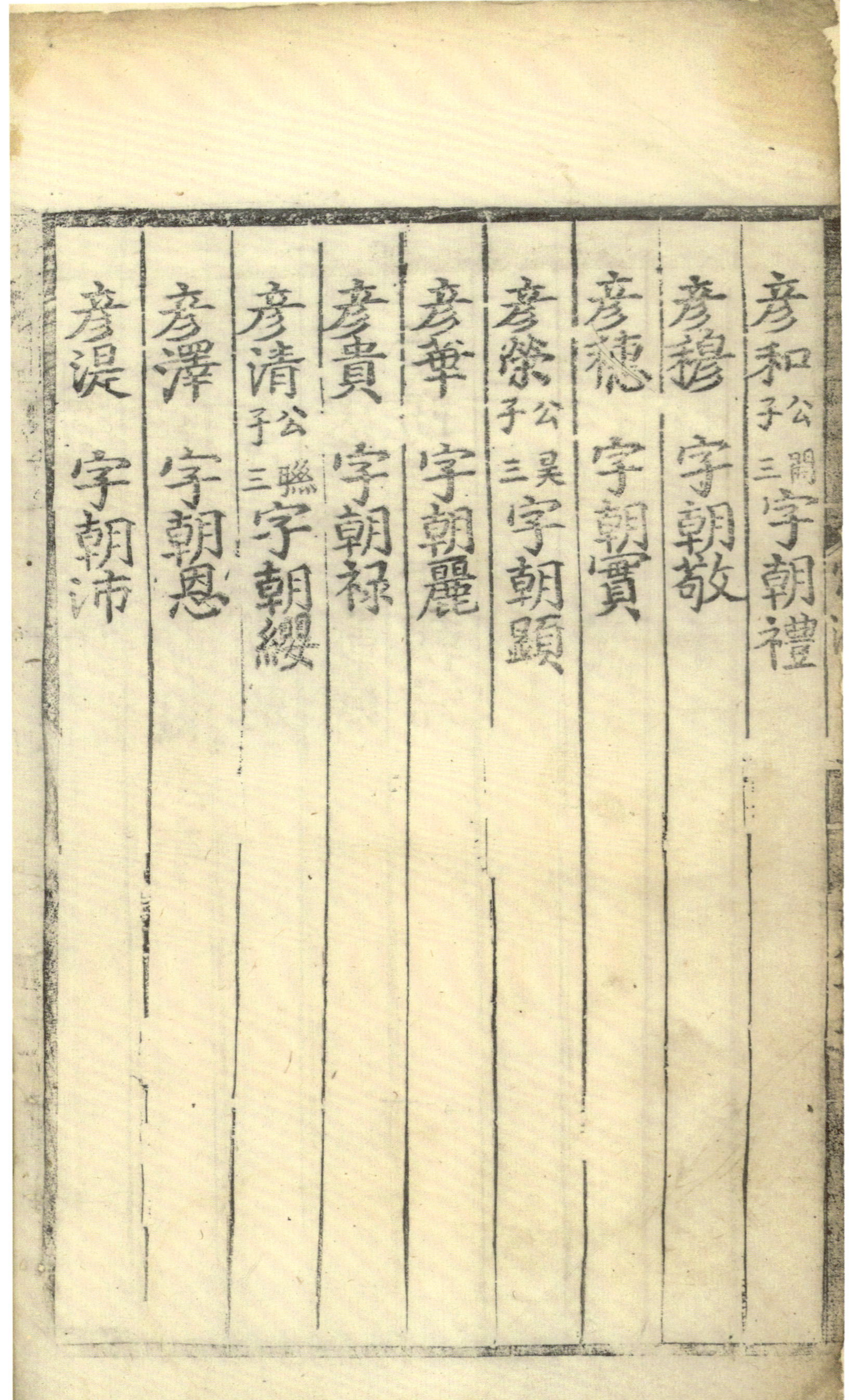

彥和公閒子三 字朝禮
彥穆 字朝敬
彥穗 字朝實
彥榮公吴子三 字朝顯
彥華 字朝麗
彥貴 字朝禄
彥清公縣子三 字朝纓
彥澤 字朝恩
彥湜 字朝沛

19.5cm x 32.0cm

彥湒公子推字朝洪

彥繻公子衢字朝符蚤卒

彥奇公子蛮字朝魁

彥滋公子鍪字朝濡

彥髙公子勤字朝浩

19.5cm x 32.0cm

19.5cm x 32.0cm

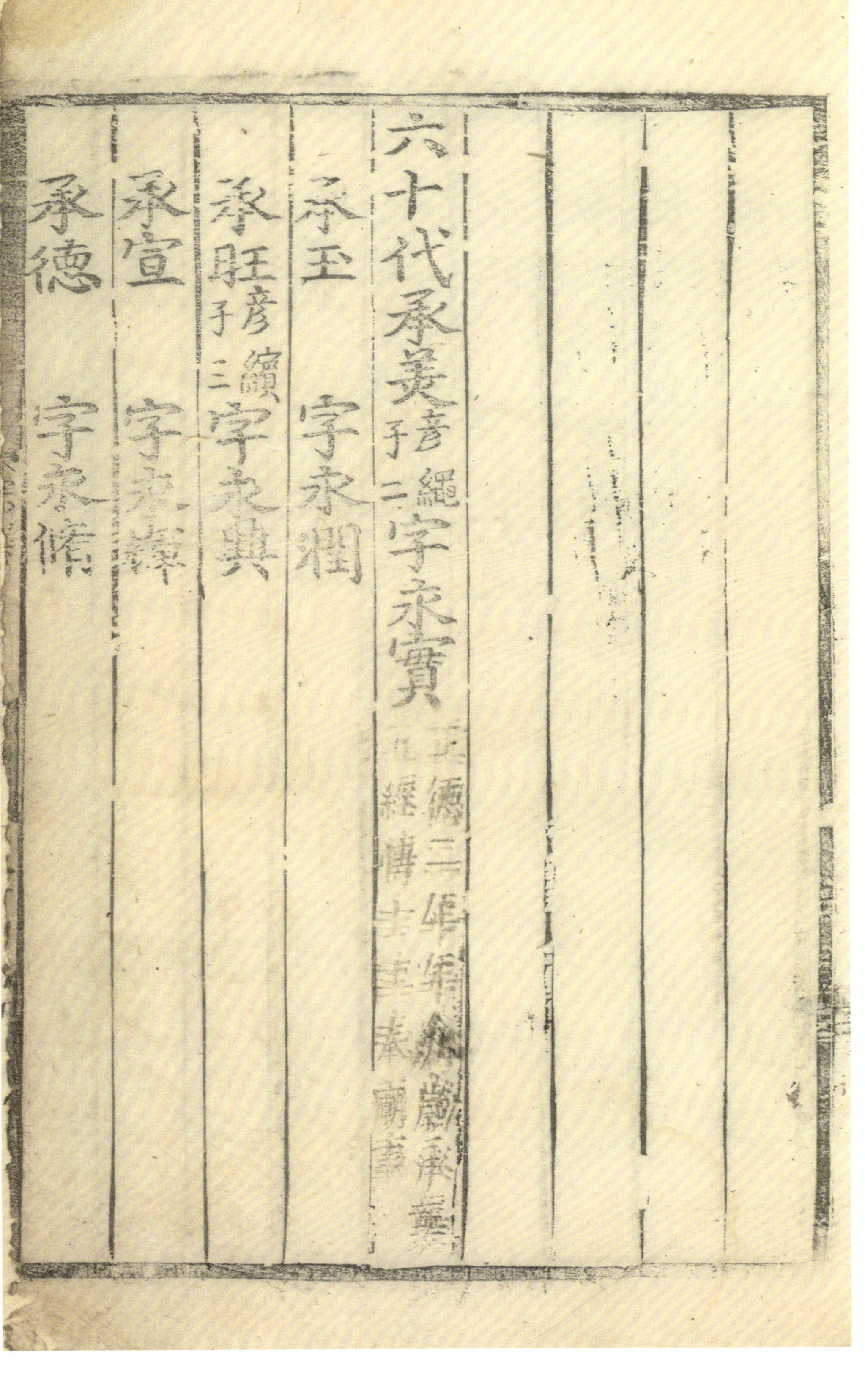

六十代承美彥縉子二 字永實 正德三年[illegible][illegible][illegible]承襲五經博士主奉祠事

承玉 字永潤

承旺彥纘子三 字永典

承宣 字永暐

承德 字永修

19.5cm x 32.0cm

承芳 彥階子二 字永華

承寵 字永光

承玑 彥純子二 字永符

承璽 字永信

承瑞 彥傑子二 字永祥，蚤卒

承忠 字永良

承恩 彥僩子 字永休

承祿 彥緣子 字永貴

承家 字永宗

19.5cm x 32.0cm

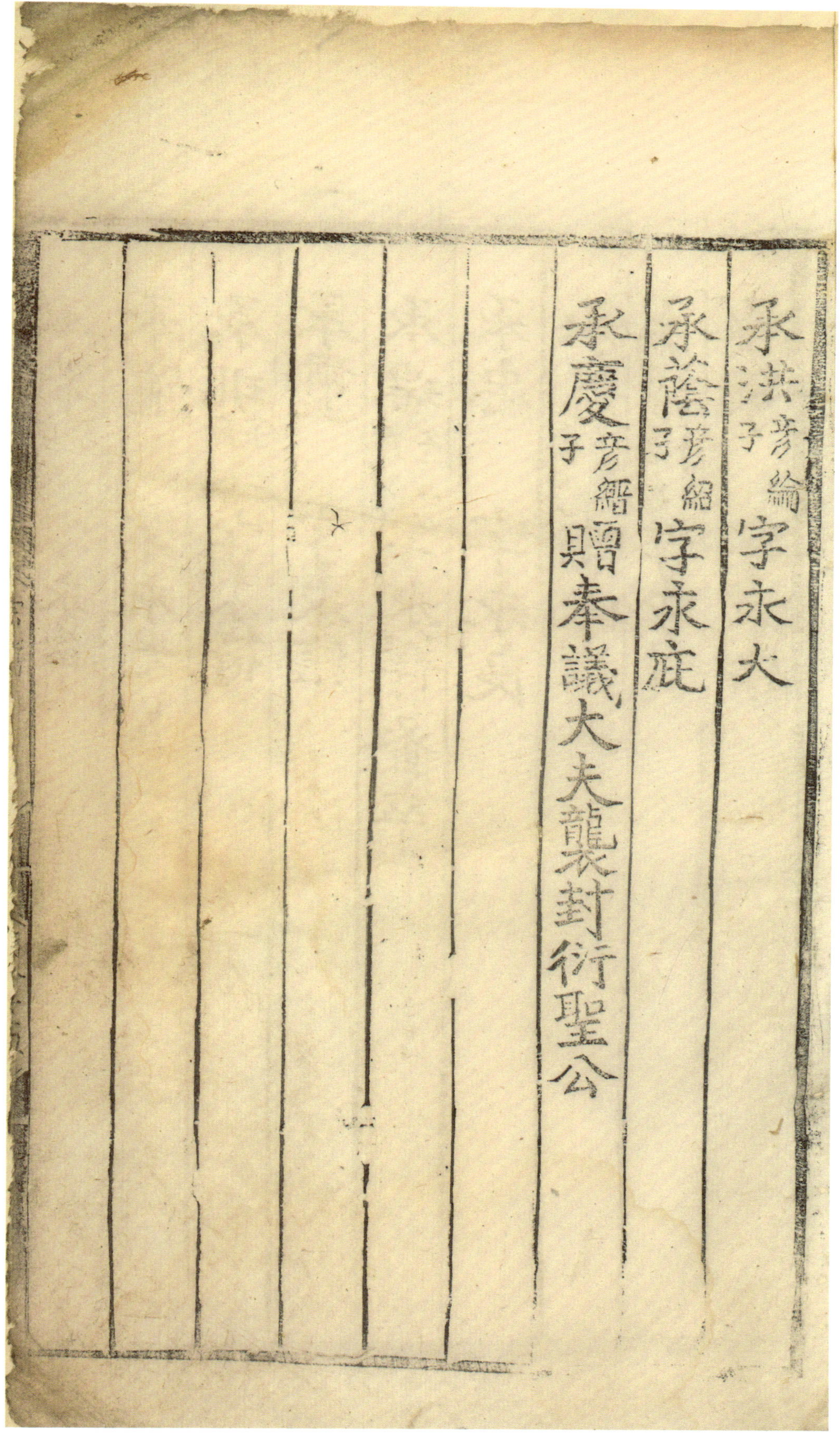
承洪子彥綸字永大

承蔭子彥紹字永庇

承慶子彥縉贈奉議大夫襲封衍聖公

19.5cm x 32.0cm

19.5cm x 32.0cm

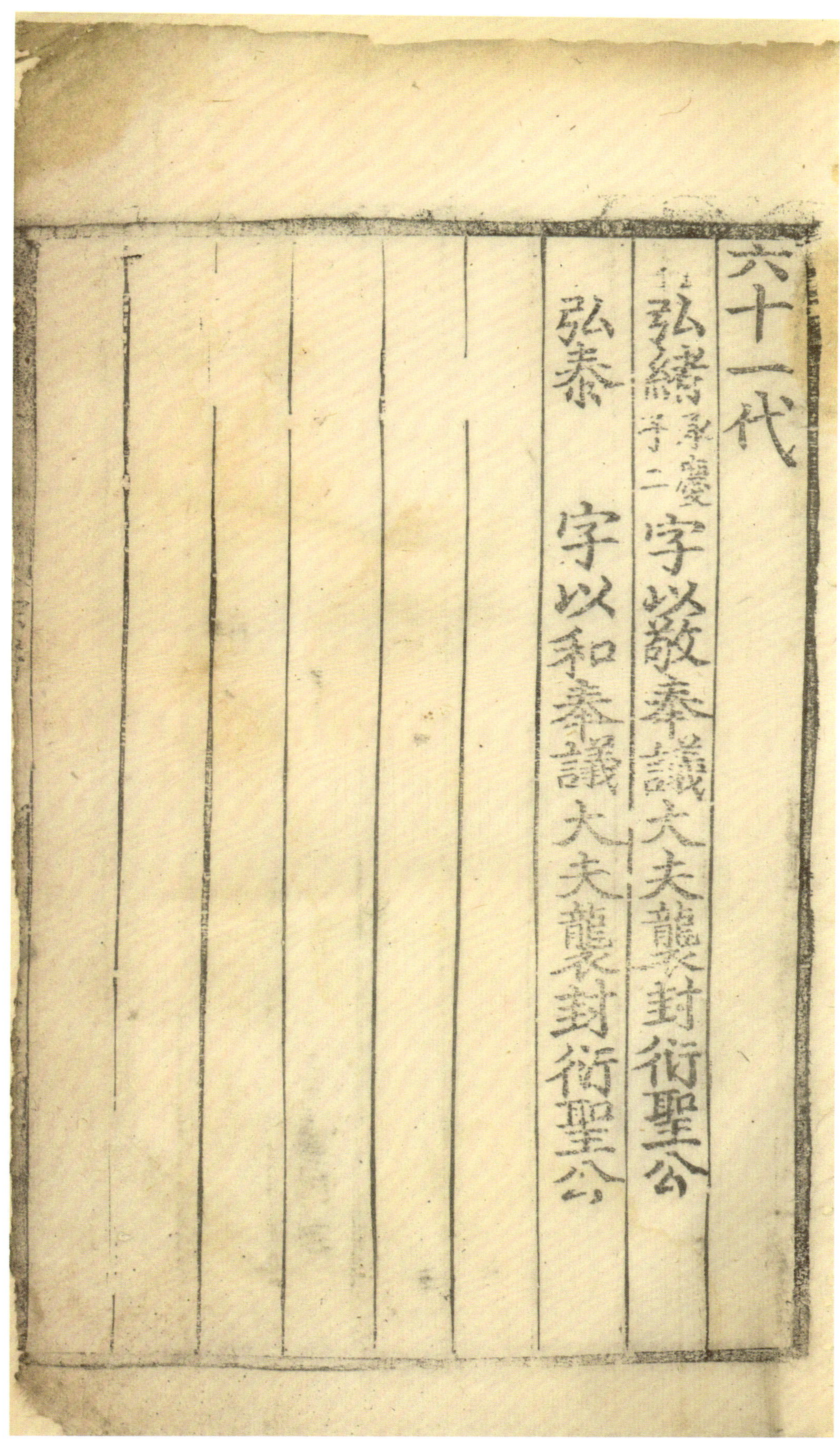

六十一代

弘緒 承夔子二 字以敬奉議大夫襲封衍聖公

弘泰 字以和奉議大夫襲封衍聖公

19.5cm x 32.0cm

19.5cm x 32.0cm

考證表

機關代號第　　號

保管單位第　　號

本案卷内共有壹本一百張張已編號之文件。一百頁

保管單位缺點的説明。

附註

檔案工作人員的職務（簽名）

公元一九六二年十二月　日

代号		卷号	0000008

衍聖公府

案卷標題

嘉靖年間重修漆橋孔氏家譜（一）

機構或類目：宗族

本卷張數：壹本

保管期限：

起止 年 月 日

曲阜文物保管所整理

代号		卷号	

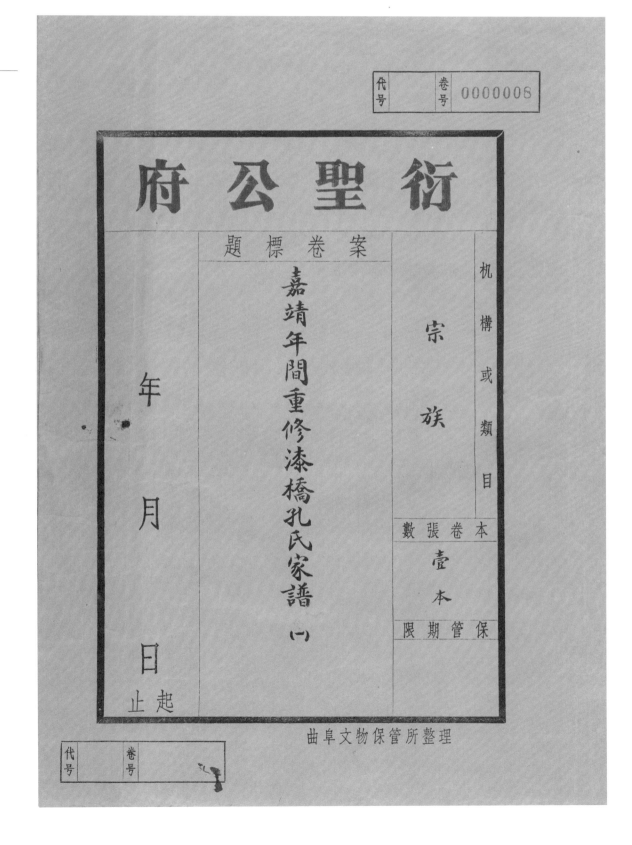

卷内目錄

顺序号	作者	内容摘要	文件上的号数	文件上的日期	文件所在的张数	备註
		嘉靖年間重修漆橋孔氏家譜		年 月 日	—	
				年 月 日	—	
				年 月 日	—	
				年 月 日	—	
				年 月 日	—	
				年 月 日	—	
				年 月 日	—	
				年 月 日	—	
				年 月 日	—	

填寫人　　年　月　日

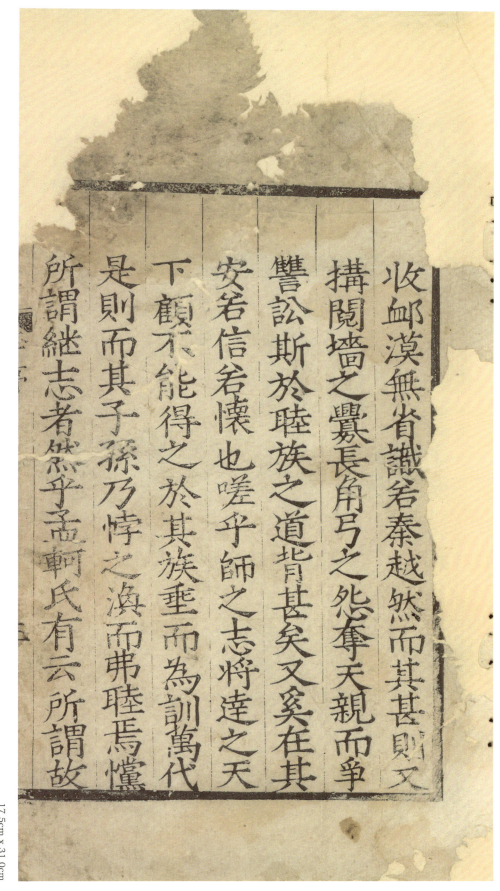

嘉靖三十五年十月

收䘏漠無省識若秦越然而其甚則又
搆閱墻之釁長角弓之怨奪天親而爭
讐訟斯於睦族之道背甚矣又奚在其
安者信者懷也嗟乎師之志將達之天
下顧不能得之於其族垂而為訓萬代
是則而其子孫乃悖之渙而弗睦焉儻
所謂繼志者然乎孟軻氏有云所謂故

17.5cm x 31.0cm

嘉靖三十五年十月

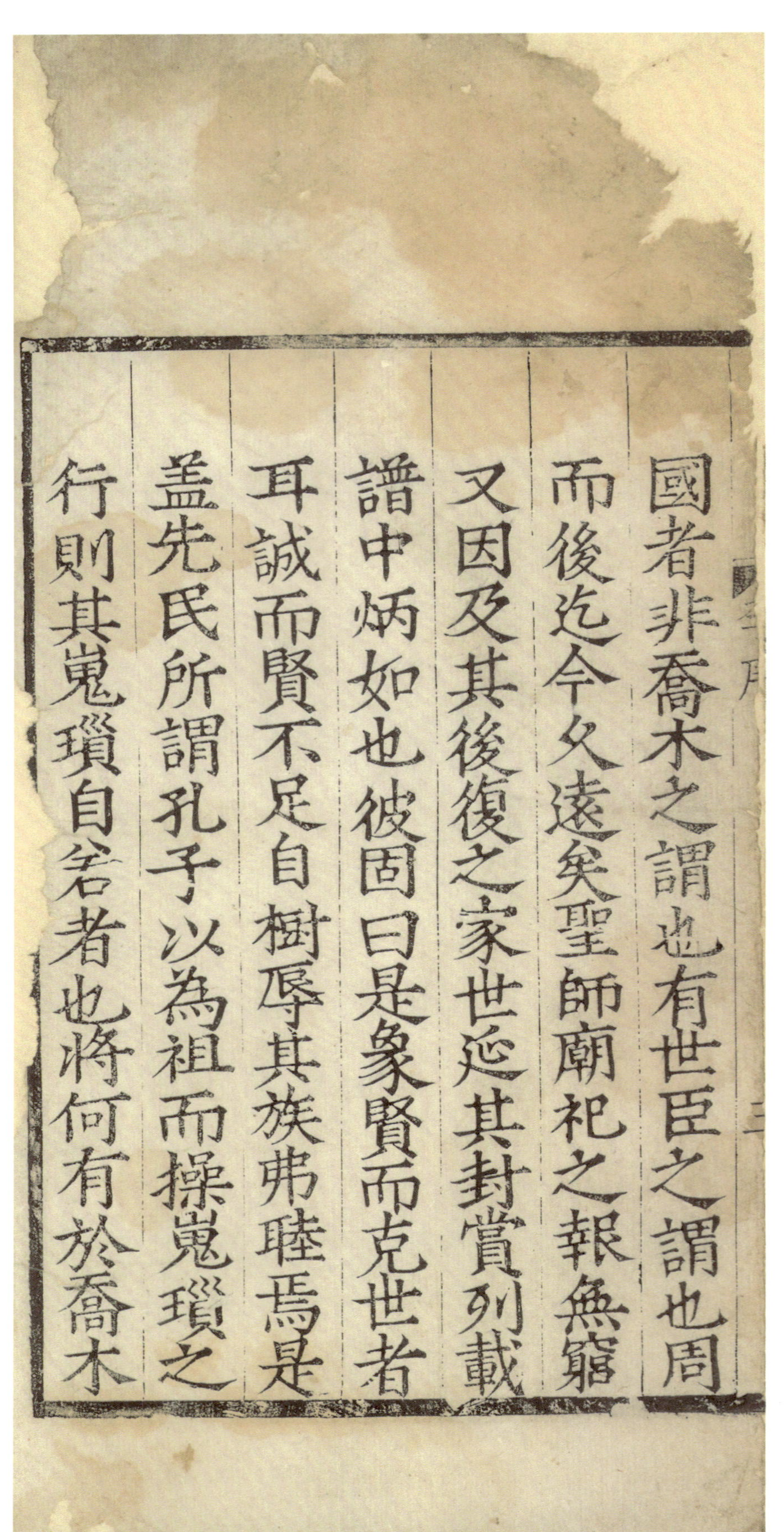

國者非喬木之謂也有世臣之謂也周
而後迄今久遠矣聖師廟祀之報無窮
又因及其後復之家世延其封賞列載
譜中炳如也彼固曰是象賢而克世者
耳誠而賢不足自樹辱其族弗睦焉是
蓋先民所謂孔子以為祖而操嵬瑣之
行則其嵬瑣自咎者也將何有於喬木

17.5cm x 31.0cm

嘉靖三十五年十月

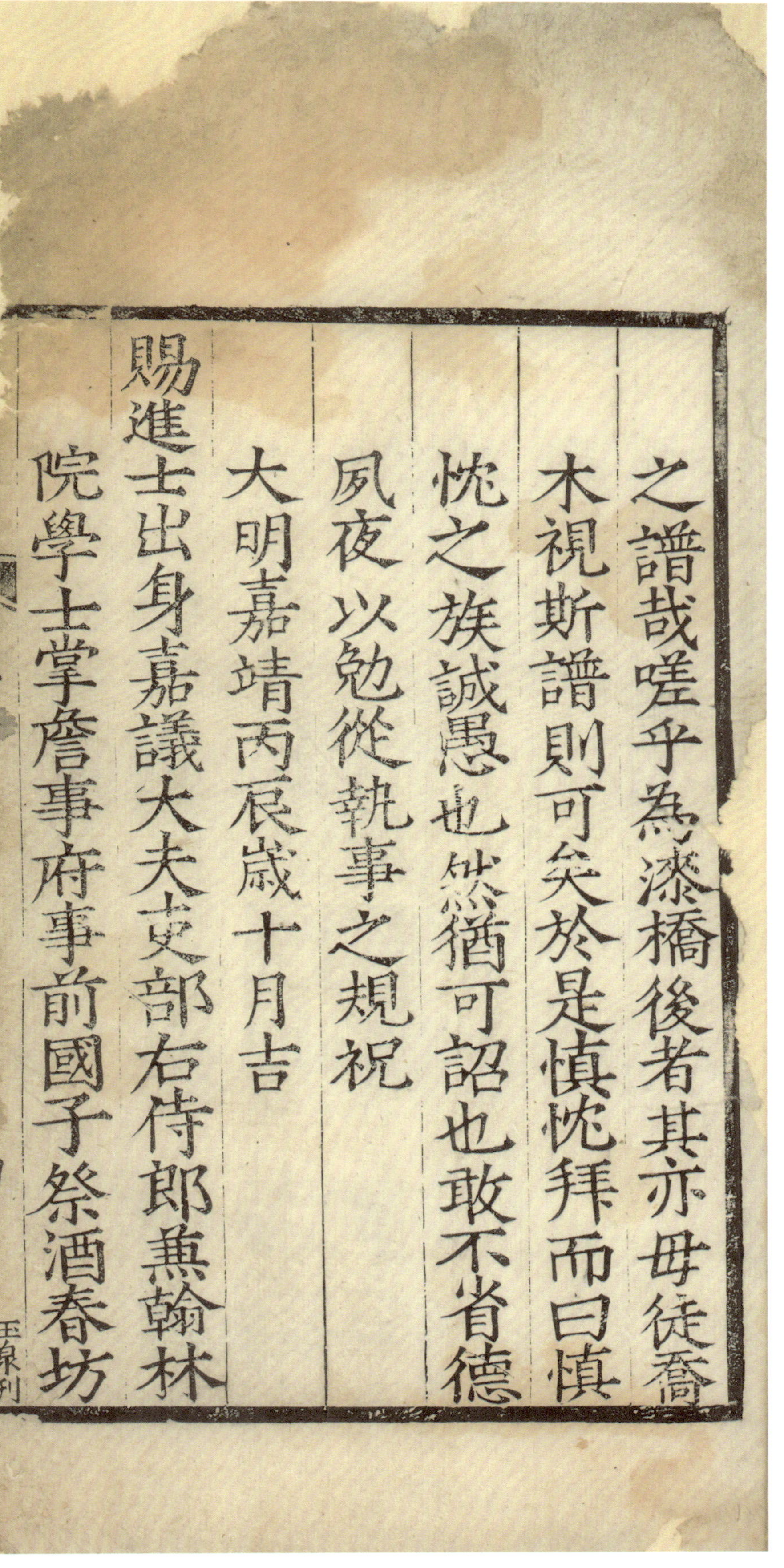

之譜哉嗟乎為漆橋後者其亦毋徒喬
木視斯譜則可矣於是慎恍拜而曰慎
恍之族誠愚也然猶可詔也敢不省德
夙夜以勉從執事之規祝
大明嘉靖丙辰歲十月吉
賜進士出身嘉議大夫吏部右侍郎兼翰林
院學士掌詹事府事前國子祭酒春坊

玉泉刋

17.5cm x 31.0cm

嘉靖三十五年十月

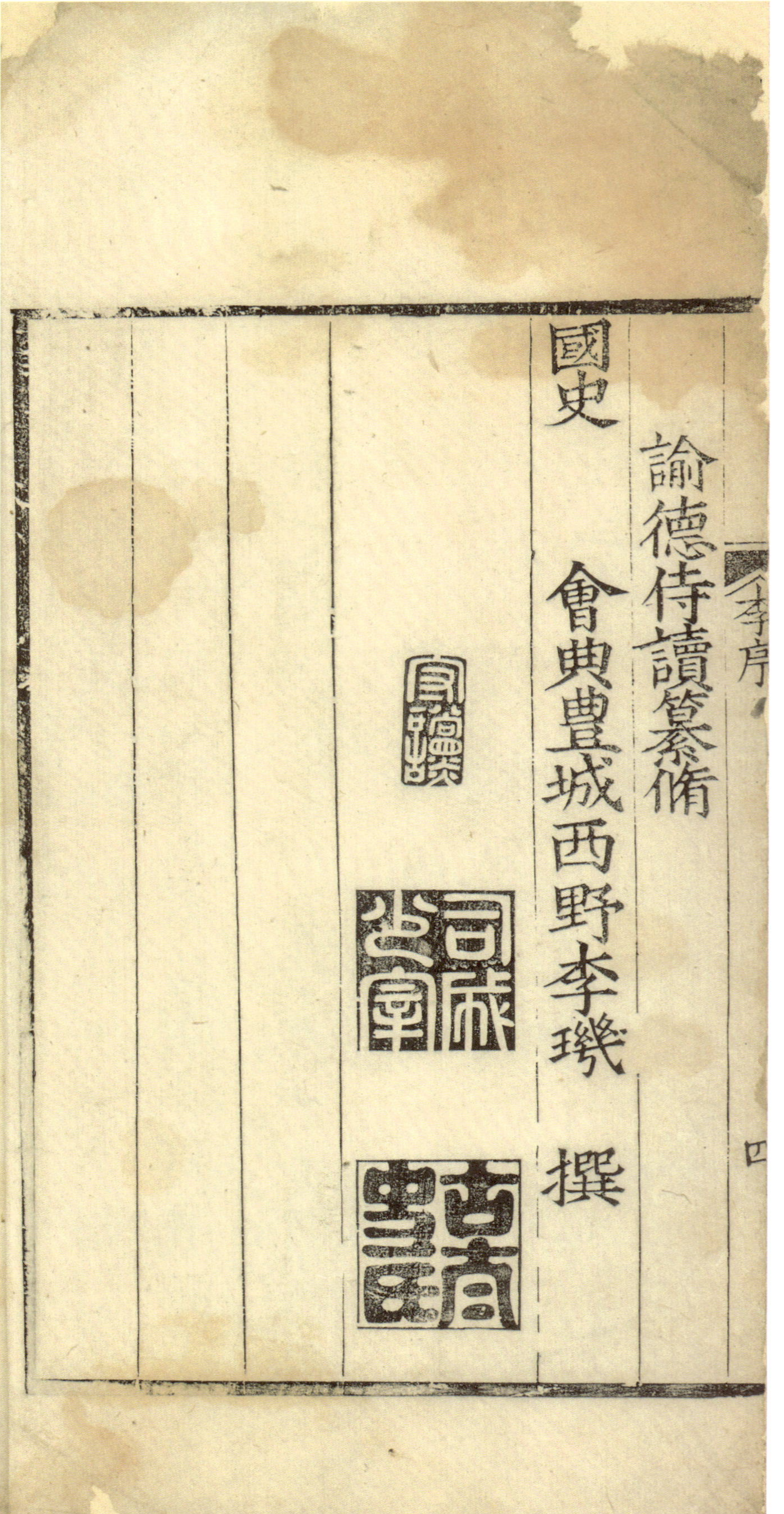
李序　四

諭德侍讀纂脩國史會典豐城西野李璣撰

17.5cm x 31.0cm

嘉靖三十五年十月

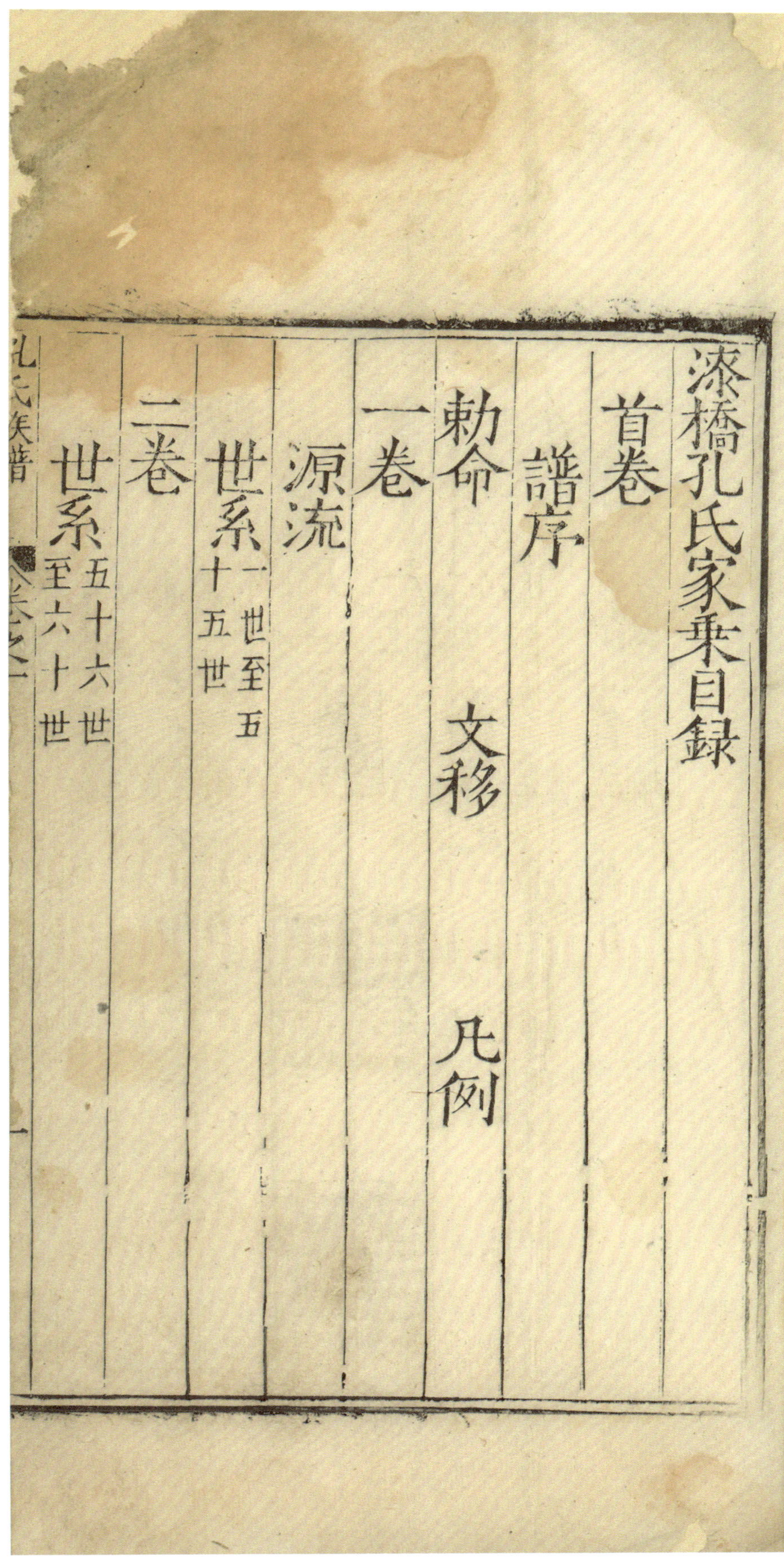

滦橋孔氏家乘目録

首卷

譜序

勅命　文移　凡例

一卷

源流

世系一世至五十五世

二卷

世系五十六世至六十世

孔氏族譜　卷之一　一

17.5cm x 31.0cm

嘉靖三十五年十月

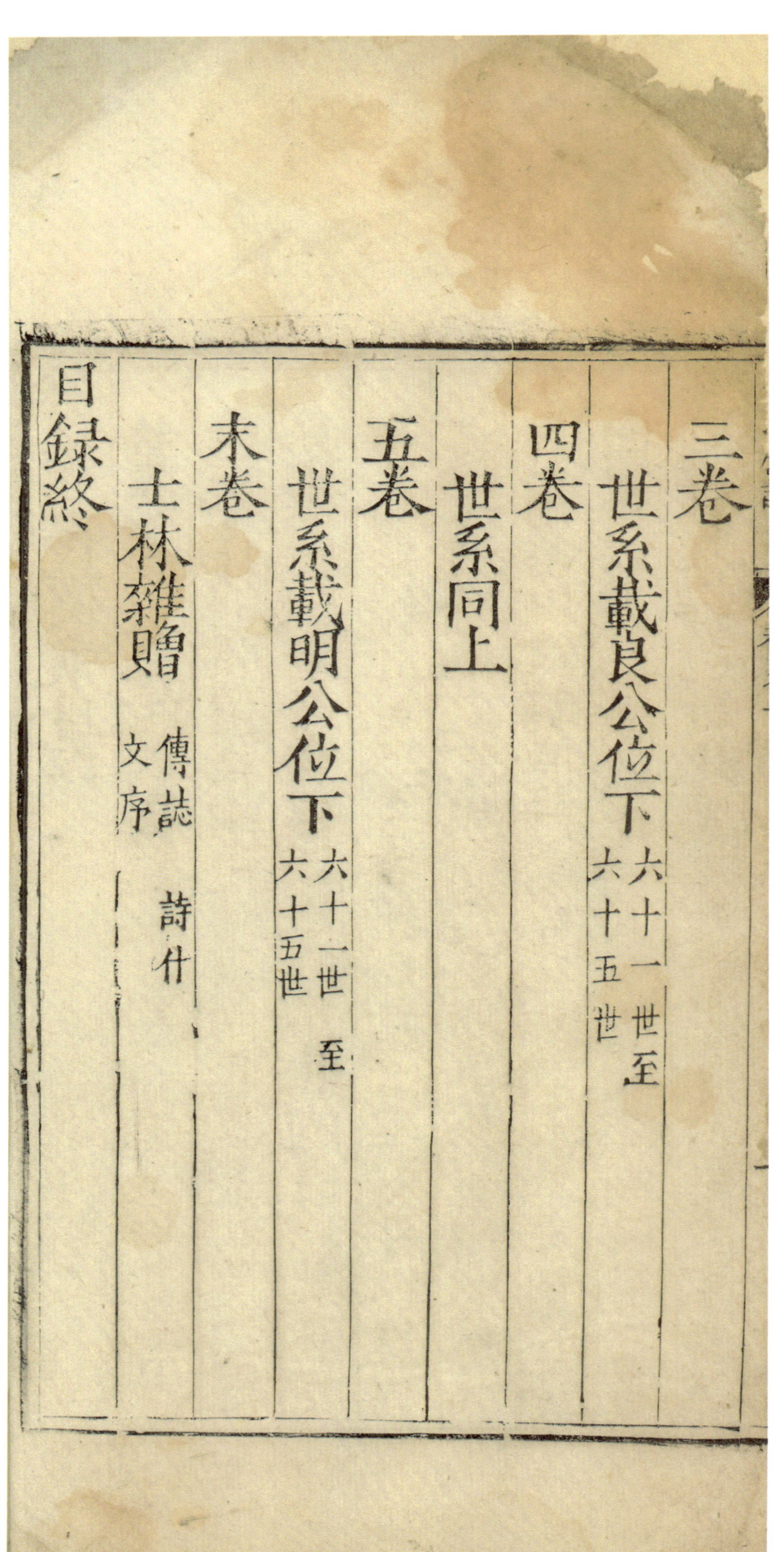

目録終

17.5cm x 31.0cm

嘉靖三十五年十月

重修族譜序

譜之義大矣所以廣愛敬叙彝倫美風俗者也譜牒不作則昭穆弗辨親踈無別尊卑長幼莫之統一無以敬宗而收族盜姓假籍者或得以亂真世系之修續其可緩乎嘗讀周禮太宰有宗以族得民宗伯有小史掌邦國之志以奠繫世辨昭穆又有州長以攷其德行道藝族師以書其孝弟睦婣閭胥以書其敬敏任恤其所以薰陶而防範之者至詳且容也自此義不行君子所持以教家者譜

17.5cm x 31.0cm

嘉靖三十五年十月

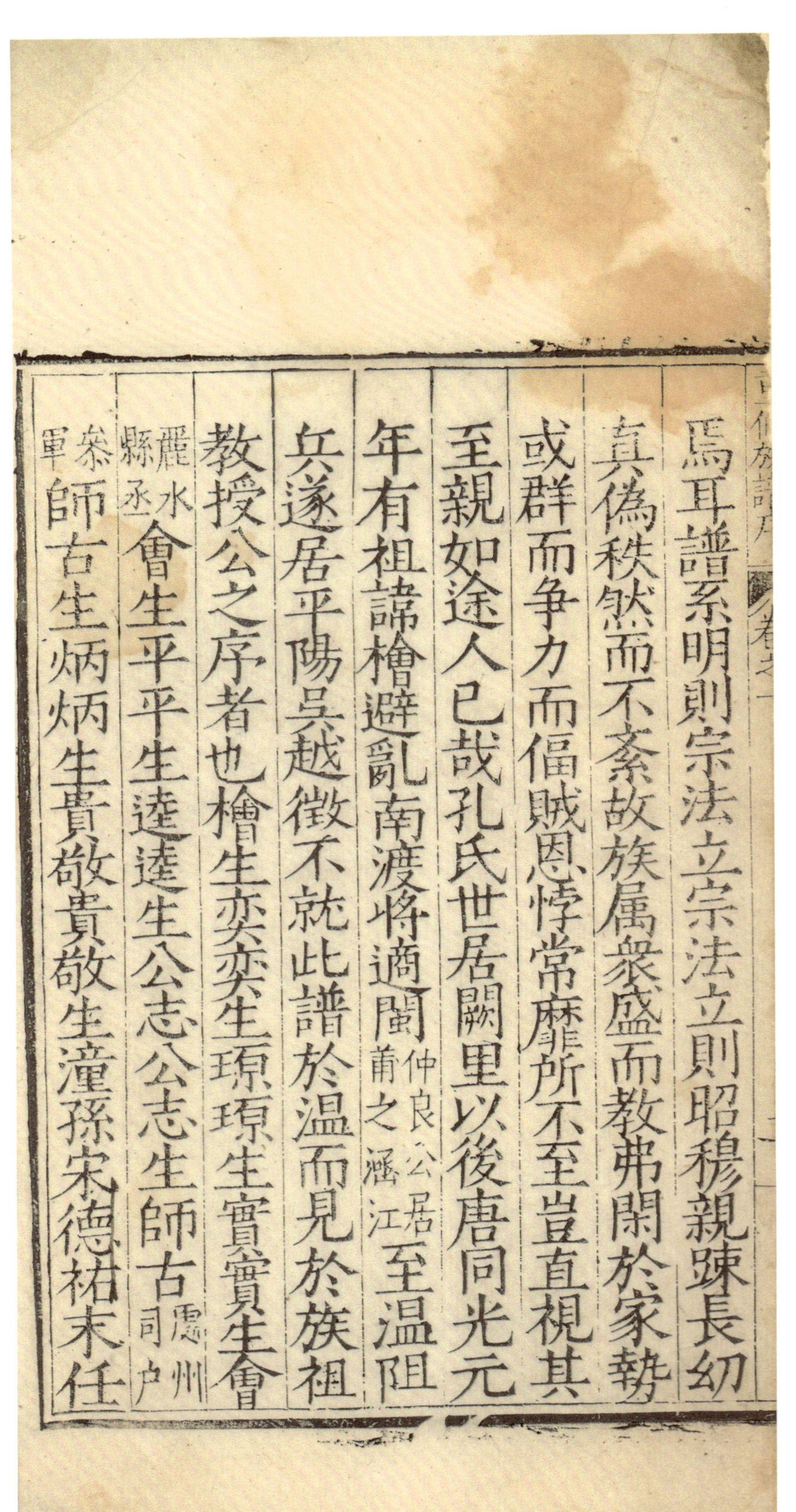
焉耳譜系明則宗法立宗法立則昭穆親疏長幼真僞秩然而不紊故族屬衆盛而教弗閑於家勢或群而争力而偪賊恩悖常靡所不至豈直視其至親如途人已哉孔氏世居闕里以後唐同光元年有祖諱檜避亂南渡將適閩仲良公居莆之涵江至溫阻兵遂居平陽吳越徵不就此譜於溫而見於族祖教授公之序者也檜生奕奕生瓌瓌生實實生會麗水縣丞會生平平生逵逵生公志公志生師古處州司户參軍師古生炳炳生貫敬貫敬生潼孫宋德祐末任

17.5cm x 31.0cm

嘉靖三十五年十月

建康路教授，因家于官。伯子文昇娶於溧陽，携諸幼弟就外氏以居。嘗作譜系，而致序於趙孟頫，其墨跡至于今不廢。季文昱又娶于溧水遊山鄉，遂即其鄉而屬籍焉。

本朝弘治分析高淳，故族今為高淳人，據文昱公去徵君甫十二世，徵君去先聖四十二世，則文昱公者，實先聖五十四世孫。迺傎之十世祖，為溧橋百世不遷之宗者也。族姓蕃衍，布散而居，譜修自成化辛丑，今且七十餘年，曠代無刻焉。愚懼其久而

17.5cm x 31.0cm

嘉靖三十五年十月

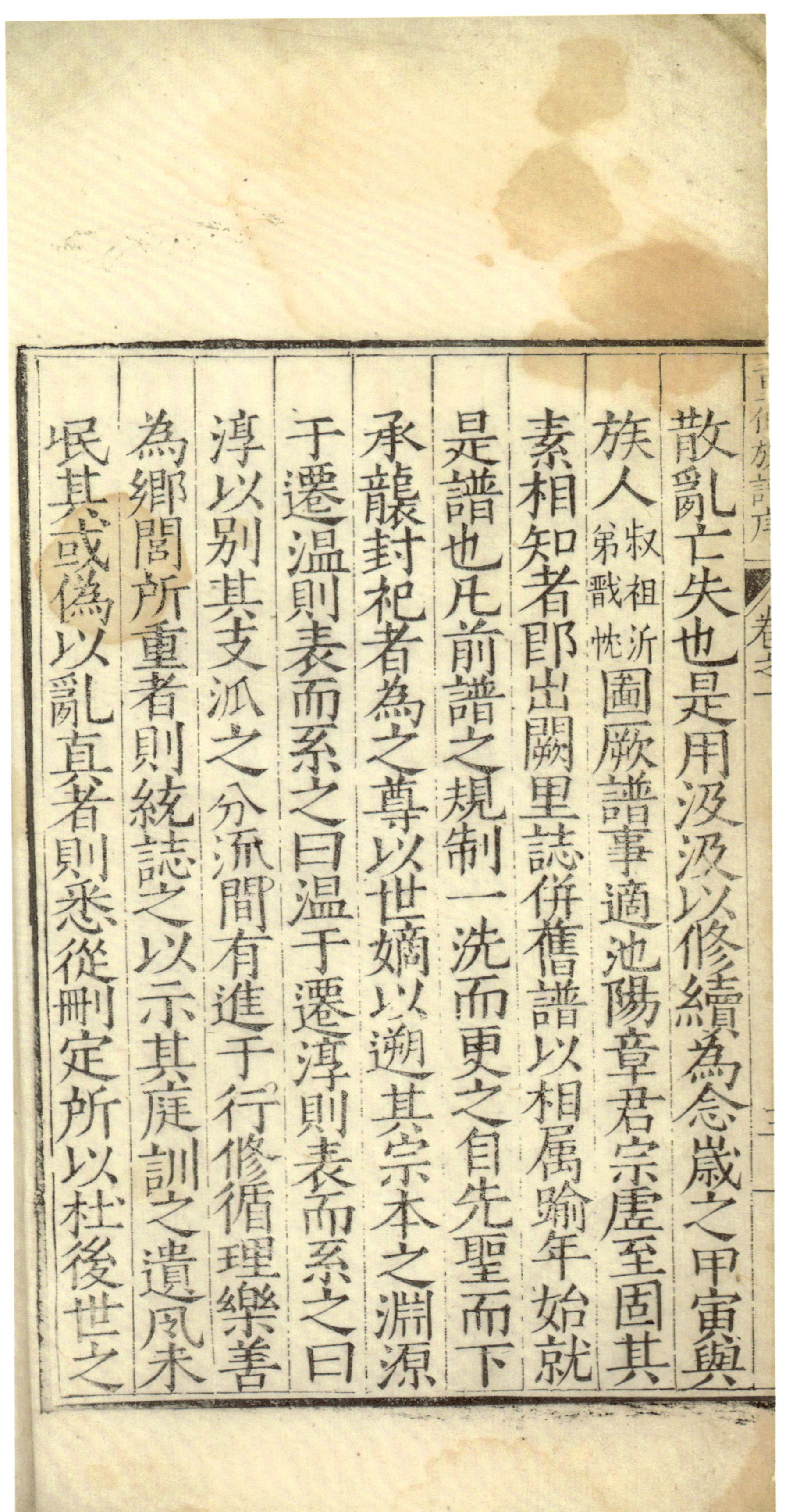
散亂亡失也是用汲汲以修續爲念歲之甲寅與
族人叔祖沂弟戩忱圖厥譜事適池陽章君宗虞至固其
素相知者即出闕里誌併舊譜以相屬踰年始就
是譜也凡前譜之規制一洗而更之自先聖而下
承襲封祀者爲之尊以世嫡以遡其宗本之淵源
于遷溫則表而系之曰温于遷淳則表而系之曰
淳以别其支派之分派間有進于行修循理樂善
爲鄉閭所重者則統誌之以示其庭訓之遺風未
泯其或僞以亂真者則悉從删定所以杜後世之

17.5cm x 31.0cm

嘉靖三十五年十月

混冒凡嫁娶姓氏生年卒塟并得以類附者固乃
謹其所與處而亦譜之所有事也若夫優領四教
秉率六德有裨于世者則天下之公道在焉而非
一家之譜所能顯晦之矣是故于宗封之尊則可
以見其義于踈戚之別則可以見其親于尊卑長
幼之辨則可以見其序于嫁娶生死則可以見其
別而天下之道藹然有可率者族之子姓其尚士
期于士農期于農群而弗争力而弗偪遠宗近守
不愆不忘則愛敬於是乎廣彝倫於是乎叙禮教

17.5cm x 31.0cm

嘉靖三十五年十月

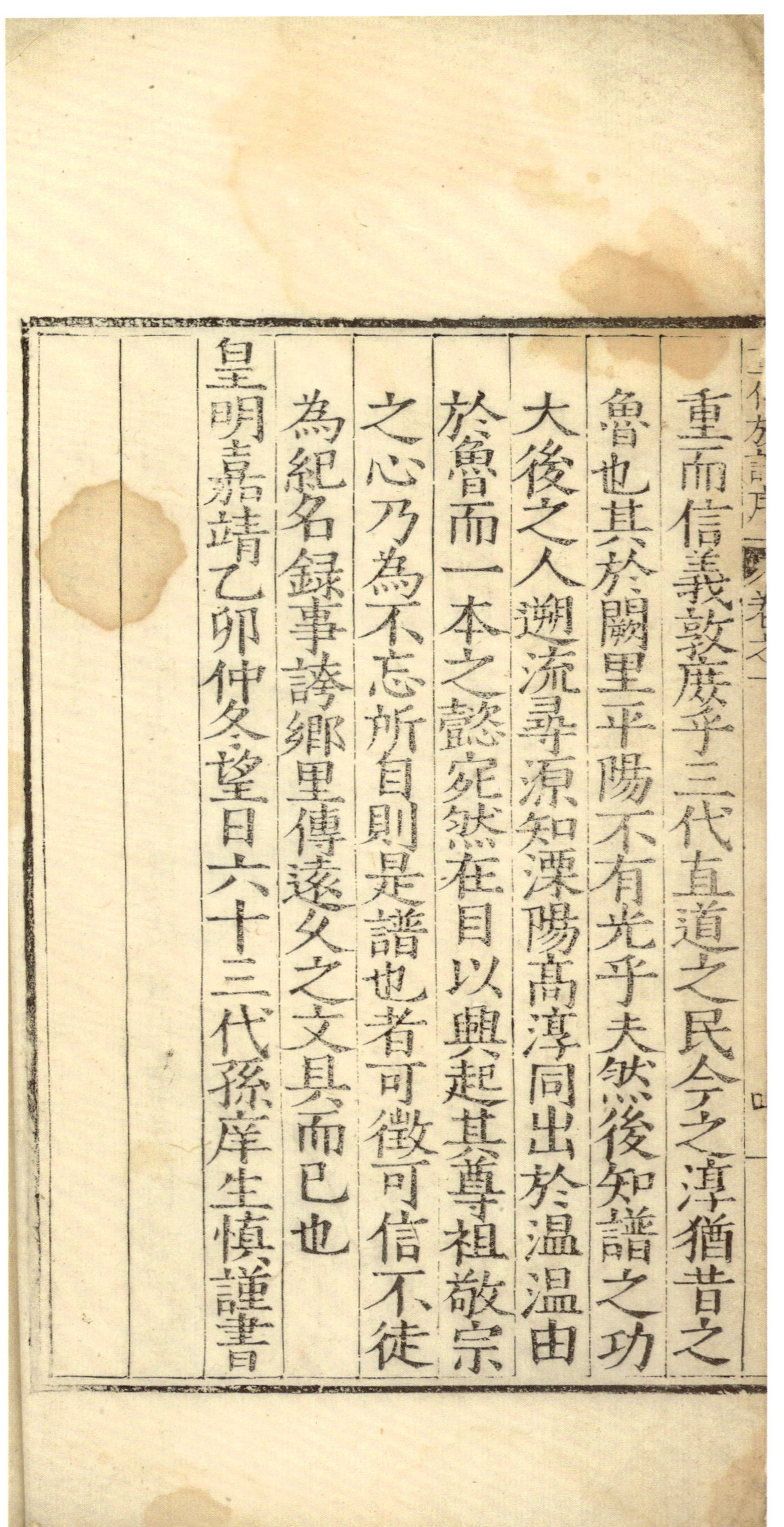

重而信義敦厖孚三代直道之民今之淳猶昔之魯也其於闕里平陽不有光乎夫然後知譜之功大後之人遡流尋源知溧陽高淳同出於溫溫由於魯而一本之懿宛然在目以興起其尊祖敬宗之心乃為不忘所自則是譜也者可徵可信不徒為紀名錄事誇鄉里傳遠久之文具而已也

皇明嘉靖乙卯仲冬望日六十三代孫庠生慎謹書

17.5cm x 31.0cm

嘉靖三十五年十月

重脩族譜序

夫譜也者合宗族存亡具載者也重脩者懼愈久寖失其傳者也宗族蕃衍譜系不明稱謂之間其不相視如途人者幾希譜作則長幼序昭穆不惑婚嫁明氏族不迷塋埋具祭掃不遺一舉而數事備先儒謂宗法不可不立而族譜不可不修者以此譜之時義大矣哉且我孔氏宗系前人述之備矣居是土者實温祖潼孫公幼子文昱公也歷年三百垂世十二自成化辛丑增修迨今七十有三

17.5cm x 31.0cm

孔氏族譜序　卷之一　五

年矣册帙散逸無復悉識予小子忱慨然修譜以敦
親睦以萃涣散夙夜競惕不敢遑處由是遠自
先聖中自潼孫公以及於今支派字諱班班可考
青陽章君宗虞編次逾年始就命工梓板世為不
朽庶幾子孫相承者宗派攸別服屬攸定遡流窮
源知吾宗植本發源耳豈敢以門第之高自矜而
不以繼述之難自懼故為修譜之説以要譽於鄉
黨誇傳於後世也哉
皇明嘉靖乙卯季冬吉六十三代孫太學生忱謹書

17.5cm x 31.0cm

嘉靖三十五年十月

漆橋孔氏重脩家譜論

吾孔氏居兹土自遷邵公始至是凡十有二世自
聖祖至是凡六十有五世大約三十年為一世計
自周至今凡二千年元至今凡三百餘年矣其間
興亡治亂遷徙隆替何可勝言嗚呼其由於天者
吾不可得而主張也其由於我者吾可以自勉以
求勝乎天者也凡我宗族固有服勤而不墜先業
者亦有懈弛而自致顛越者其去今以往蚤晏興
思勉自樹立盛者與丁寧儆戒求不淪於替衰者

孔氏族譜　卷之一

17.5cm x 31.0cm

嘉靖三十五年十月

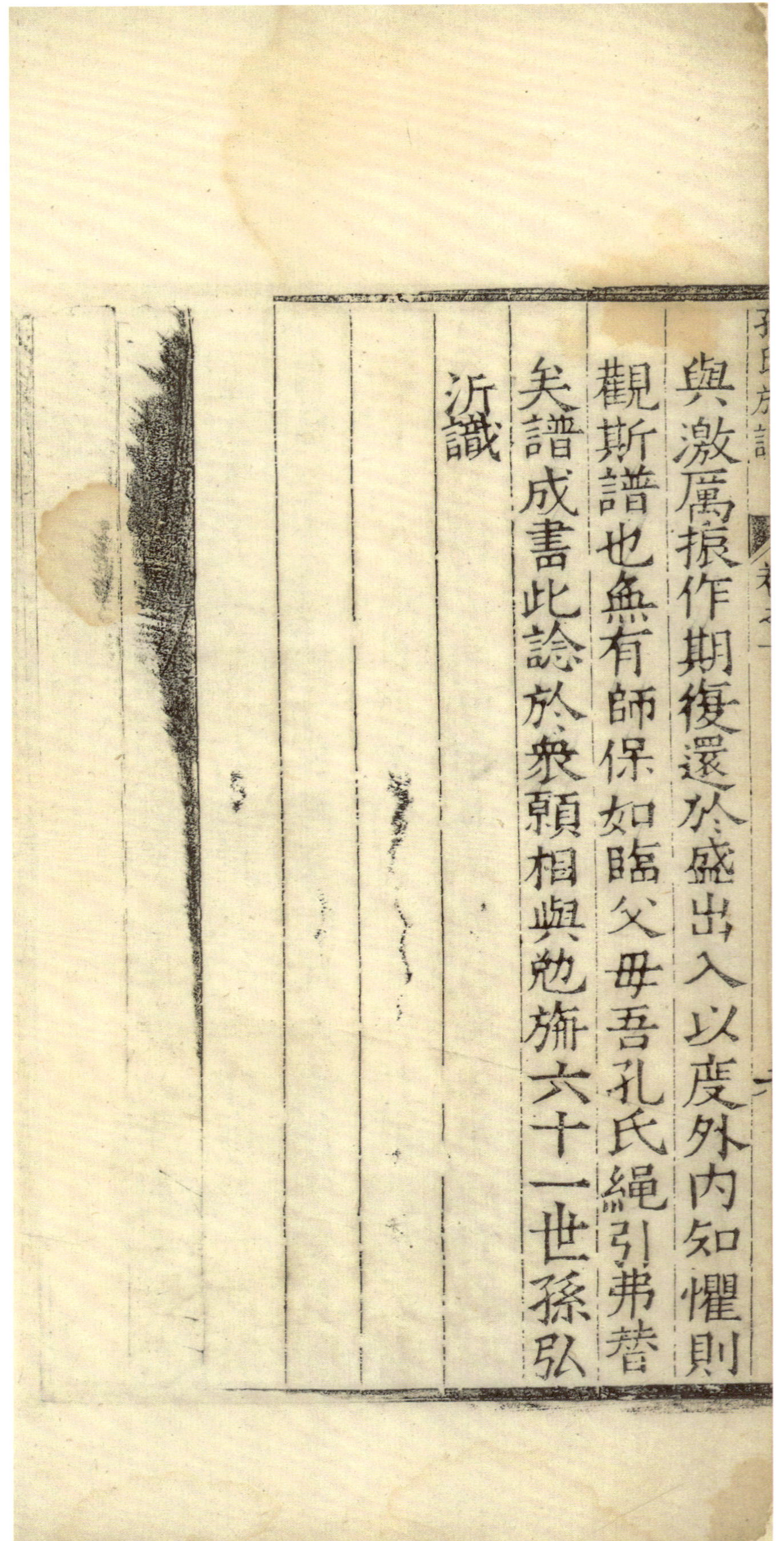

與激厲振作期復還於盛出入以度外内知懼則

覩斯譜也無有師保如臨父母吾孔氏繩引弗替

矣譜成書此諗於衆頫相與勉旃六十一世孫弘

沂識

17.5cm x 31.0cm

嘉靖三十五年十月

漆橋孔氏家乘引

予少讀論語時嘗歆慕吾夫子之鄉既長不能東西南北一至其地以遊覩其所謂闕里洙泗防山孔林者往往為之於邑及假館漆橋孔氏見其長幼卑尊有鄒魯遺風因異之詢知其為先聖嫡派其來自温温去自闕里既而別且數年矣他日過其族諸長老偕厥俊彥以家乘委弁出闕里志為徵予因得盡攷夫諸古勝蹟恍若親履其地私自喜幸得償其夙企是用受簡不辭按譜及志漆橋之

孔氏族譜 卷之一 七

17.5cm x 31.0cm

先本先聖四十二世孫檜後唐同光元年自闕里如溫州吳越累徵不就檜之後潼孫職教建康德祐間元侵宋道梗不能歸溫卒于官伯子文昇因籍溧陽定卜漆橋者次子文昱也其他自襲封正派而蔓延於丹陽新淦莆田徽衢者皆徵君之族也相去先後不一故有譜類併及之省郡隔越族屬遐邈卒難識合茲祗於派分下書及其始遷之祖而止不復表見漆橋則自闕里而溫而抵於今世系必表而出之非有所去取理勢然也於凡勅

17.5cm x 31.0cm

嘉靖三十五年十月

命文移傳誌序記詩什並録於左以足他日之文獻覩者循是而求之昭穆疏戚秩然矣譜既成少長咸集各以其次為壽畢請益予復於衆曰諸君固聖人之後亦聖人之徒聖人立言見行以示教者論語也天下之人苟有向道之心者亦必由是而求益焉而况親為其後有不率其教者乎熟讀詳味之餘固已從事斯語身體而力行之矣苟乘是更服勤而無倦焉則率乃祖攸行仁人孝子肩相摩跡相踵惇宗睦族風遠敏邇其於先聖赫然

17.5cm x 31.0cm

嘉靖三十五年十月

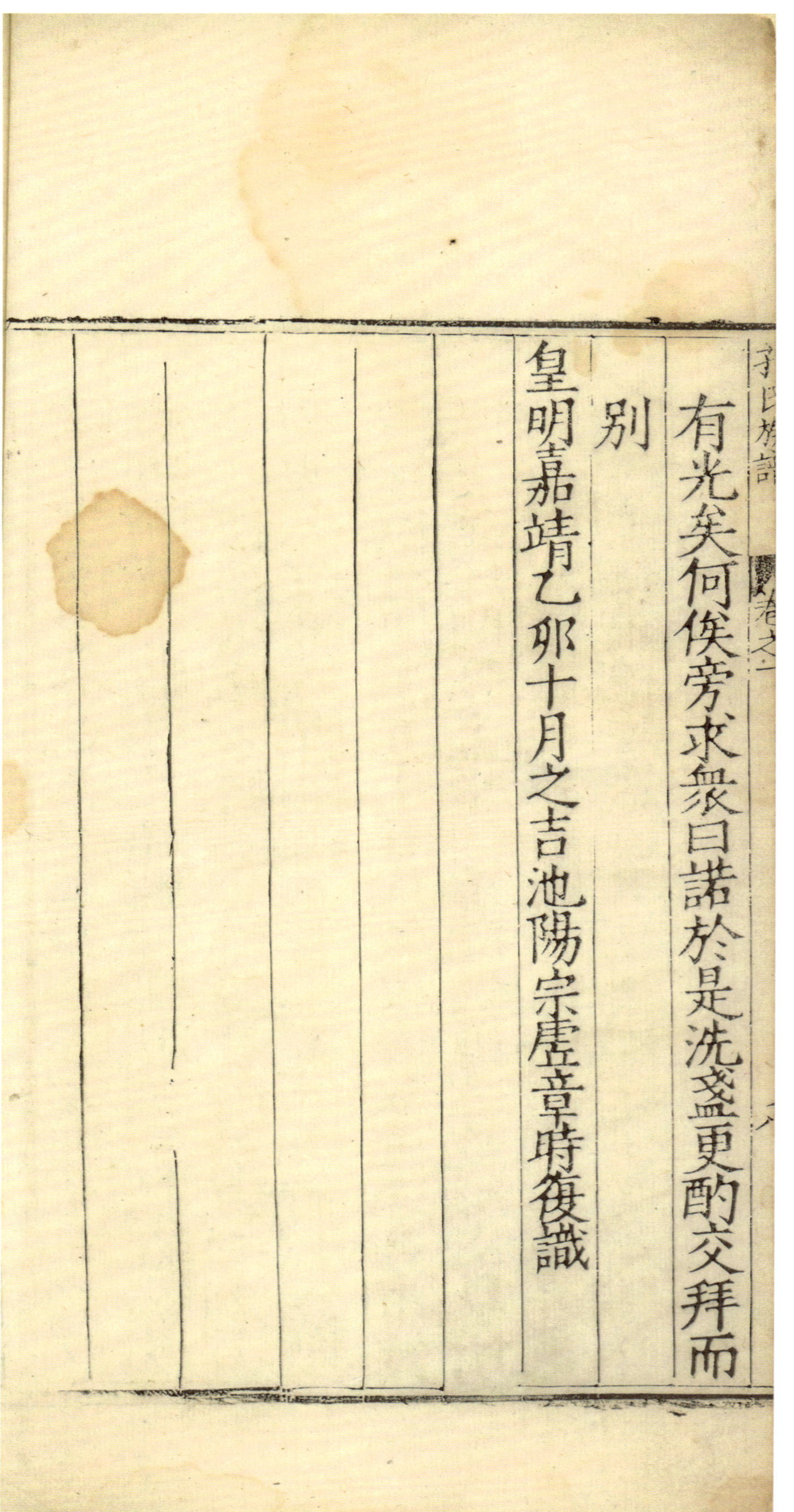

孔氏族譜　卷之一

有光矣何侯旁求衆曰諾於是洗盞更酌交拜而

別

皇明嘉靖乙卯十月之吉池陽宗虗章時復識

17.5cm x 31.0cm

嘉靖三十五年十月

漆橋孔氏家乘卷

序類

按舊譜序多篇今其所録者同宗如四十八
代端問公與宗親之念五十一代縣丞公垂
勤飭之訓五十五代教授公叙流派為最詳
異姓則趙孟頫一篇所叙源流足徵文獻所
以共宗世代於無窮者也餘無益於譜者悉
不録焉慎謹識

孔氏族譜序

17.5cm x 31.0cm

嘉靖三十五年十月

孔氏之在江南者始於唐而盛於宋四十世諱續唐吉州推官居新淦四十一世諱仲良莆田縣令居莆之涵江四十二世諱檜避五季亂渡江將適閩至溫阻兵遂居平陽吳越徵不仕卒塟瑞安學水山中題碣曰唐襲封文宣公曾孫之墓代有顯者始受命必具冠服拜墓下奠獻用古禮至于今不廢四十七世諱傳宋南渡居于衢官至中散大夫贈中奉大夫方衢之未有族也溫與莆為近歲時饋問慶吊相往來或謂溫之族自莆分非也南

17.5cm x 31.0cm

渡初徽孔氏子孫之在江南者得中奉之從孫故
襲封之後諱玠于衢遂賜官襲世爵高叔祖諱履
常亦賜官尉衢之常山遂與衢族會中奉之嫡孫
從事公諱端問率子弟叙少長講拜于庭郁然孝
弟敦睦之意見於序譜之辭至今觀者猶為興懷
宋故事嗣服之初詔
先聖于大學孔氏子孫在學者一人陪拜特賜進
士第在理宗則衢之五十一世監丞公諱應得也
在度宗則先大父架閣公也又許孔氏子孫用衍

17.5cm x 31.0cm

聖公及朝士舉明試國子監先世由是恩登進士第及中冑試者舉不乏人焜燿後先當時朝士尚書周公坦侍郎方公來交章薦舉以先聖詩書之脉在温者此也國朝異恩度越前代族祖潼孫叔文植文栩文雋弟烱皆自布衣擢教授自餘以學正山長暨路教授教授暨流内銓者林與母弟湖口縣主簿史輩皆是也自昔至今江南孔氏之顯者惟温與衢並稱焉族祖渻孫教授三衢以温之舊譜與衢譜合為一鋟板于衢叔公定教授南康

17.5cm x 31.0cm

嘉靖三十五年十月

以衢之新譜與祖庭及江西之譜合為一鋟板于南康於諸譜為最詳然而枝派繁衍不能以悉識夂必有缺焉者衢族又自四十三世尚書公諱仁玉而下與祖庭別為一圖以舊譜之序有曰五季俶擾宗族散亡獨尚書公守墳墓不去今之族聚皆尚書公子孫依廟為宅先侍郎諱宗翰之意深有感於子孫之散亡特以守墳墓依廟宅之難其人也今衢亦已南遷矣按江南孔氏惟吉州推官分派最遠尚書與莆田令相去纔三世去徵君止

孔氏族譜　卷之一　十一

17.5cm x 31.0cm

嘉靖三十五年十月

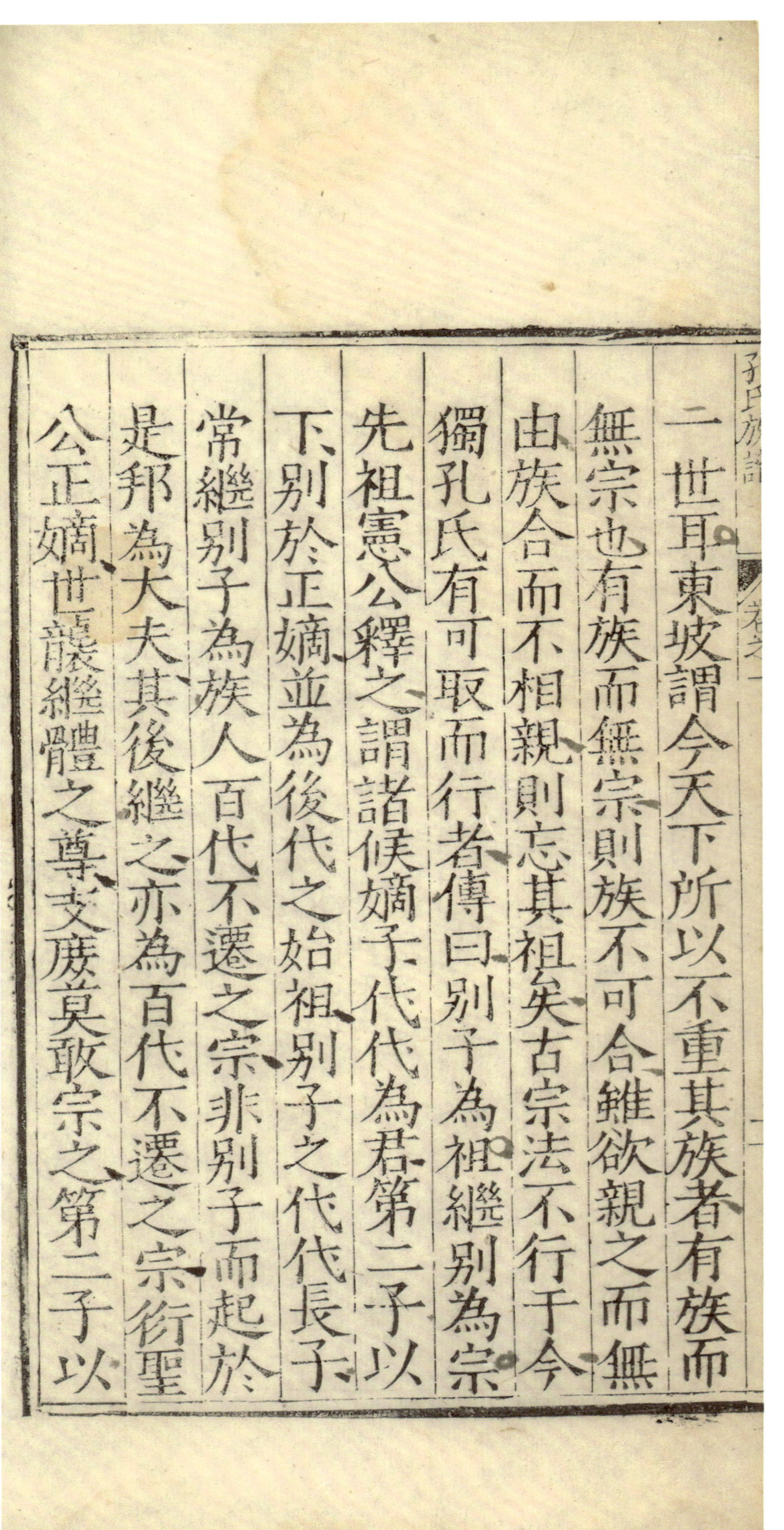

孔氏族譜　卷之一

一世耳東坡謂今天下所以不重其族者有族而無宗也有族而無宗則族不可合雖欲親之而無由族合而不相親則忘其祖矣古宗法不行于今獨孔氏有可取而行者傳曰別子為祖繼別為宗先祖憲公釋之謂諸侯嫡子代代為君第二子以下別於正嫡並為後代之始祖別子之代代長子常繼別子為族人百代不遷之宗非別子而起於是邦為大夫其後繼之亦為百代不遷之宗衍聖公正嫡世襲繼體之尊支庶莫敢宗之第二子以

17.5cm x 31.0cm

嘉靖三十五年十月

下並為別子之祖繼別為宗以溫之族論之四十世太子舍人為別子之祖徵君為繼別之宗而居于溫溫之族當宗徵君百代不遷也莆則三十八世滄州録事為別子之祖而宗縣令衢則四十四世工部侍郎為別子之祖中奉非繼別之嫡而起於衢為大夫亦為宗而百代不遷也因取舊譜芟其繁亂叙江西之族至推官而止叙莆至縣令而止叙衢至中奉而止各詳所自來以為不遷之宗其顯於前而下無所傳顯於後而上無所承與支

17.5cm x 31.0cm

庶之子孫悉不録焉南渡後江南之襲封在衢故叙衢之襲封至五十三世爵除而止而祖庭之族獨詳焉今襲封與家長在也襲封正嫡相傳家長則代推其蔭序之最尊者嫡庶之更迭不常不得而不詳也或曰今孔氏之顯者表表在人耳目子之譜獨缺焉得無病其疎乎曰不然譜系之作所以别宗派定服屬使人自知其來處耳非志人物叙官爵如史傳之必不可或遺也宗法立而譜系明後之人有所考焉於江西知為推官之後甫為

17.5cm x 31.0cm

嘉靖三十五年十月

縣令之後溫為徵君之後衢則中奉大夫之後而
又江南百餘年襲封之所在也按葉尋根從流遡
源推而致極之有以得夫所謂其初一人之身者
孝敬之心油然于中故雖簡而有要可乂而無弊
也又奚疎之足病雖然今祖庭之派有居杭者衢
之派有居浙右江湘間者而林之近屬有居溧陽
居錢塘居角東者倘記録不繼則數傳之後又安
知其不相視如途人也耶悲夫乃若勤學飭行不
以門地之高為榮而以繼承之難為懼所以屬望

孔氏族譜　卷之一　十三

17.5cm x 31.0cm

嘉靖三十五年十月

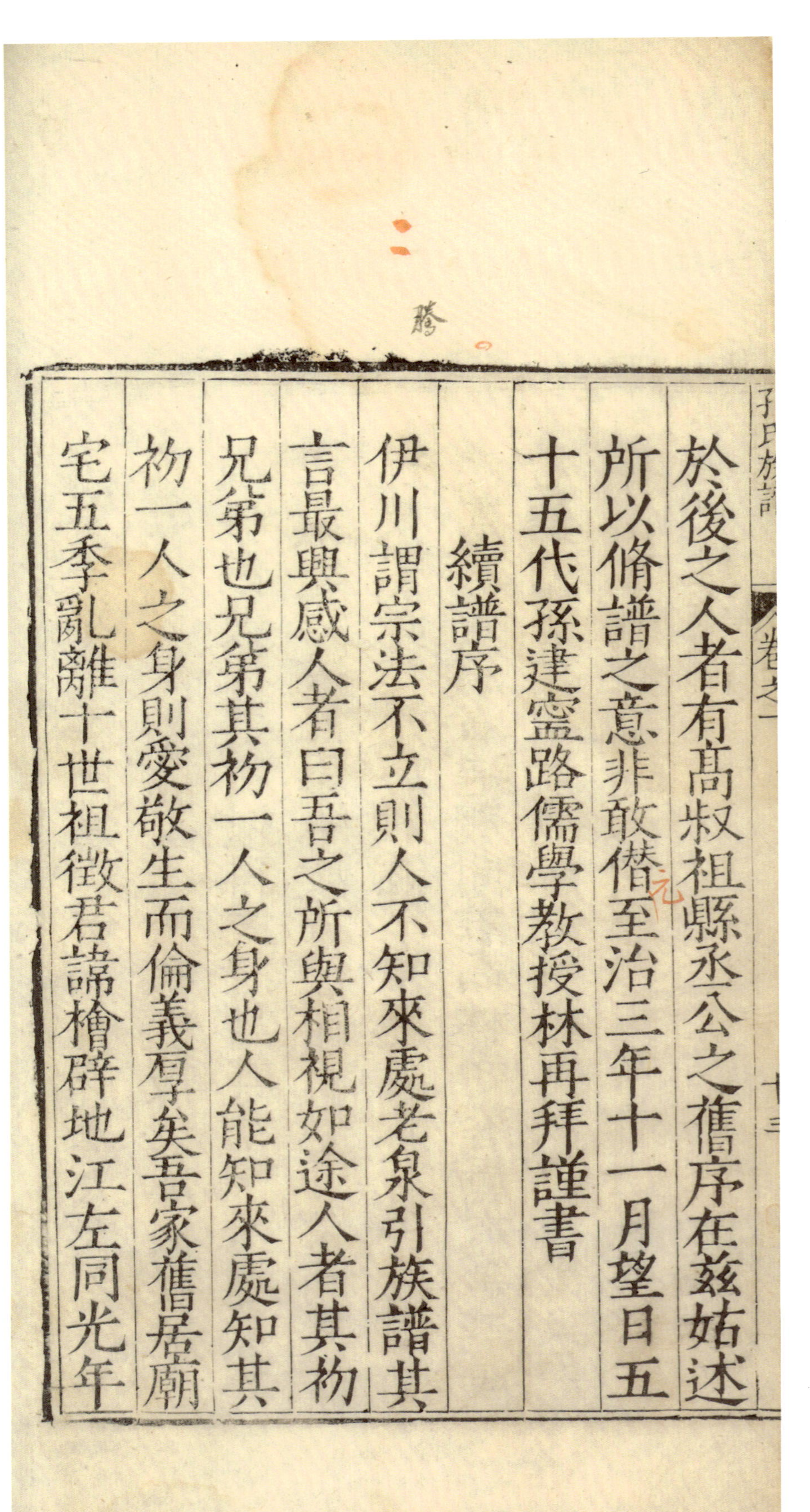

於後之人者有高叔祖縣丞公之舊序在茲姑述所以脩譜之意非敢僭至治三年十一月望日五十五代孫建寧路儒學教授林再拜謹書

續譜序

伊川謂宗法不立則人不知來處老泉引族譜其言最興感人者曰吾之所與相視如途人者其初兄弟也兄弟其初一人之身也人能知來處知其初一人之身則愛敬生而倫義厚矣吾家舊居廟宅五季亂離十世祖徽君諱檜辟地江左同光年

17.5cm x 31.0cm

嘉靖年間重修漆橋孔氏家乘
卷首至卷一

嘉靖三十五年十月

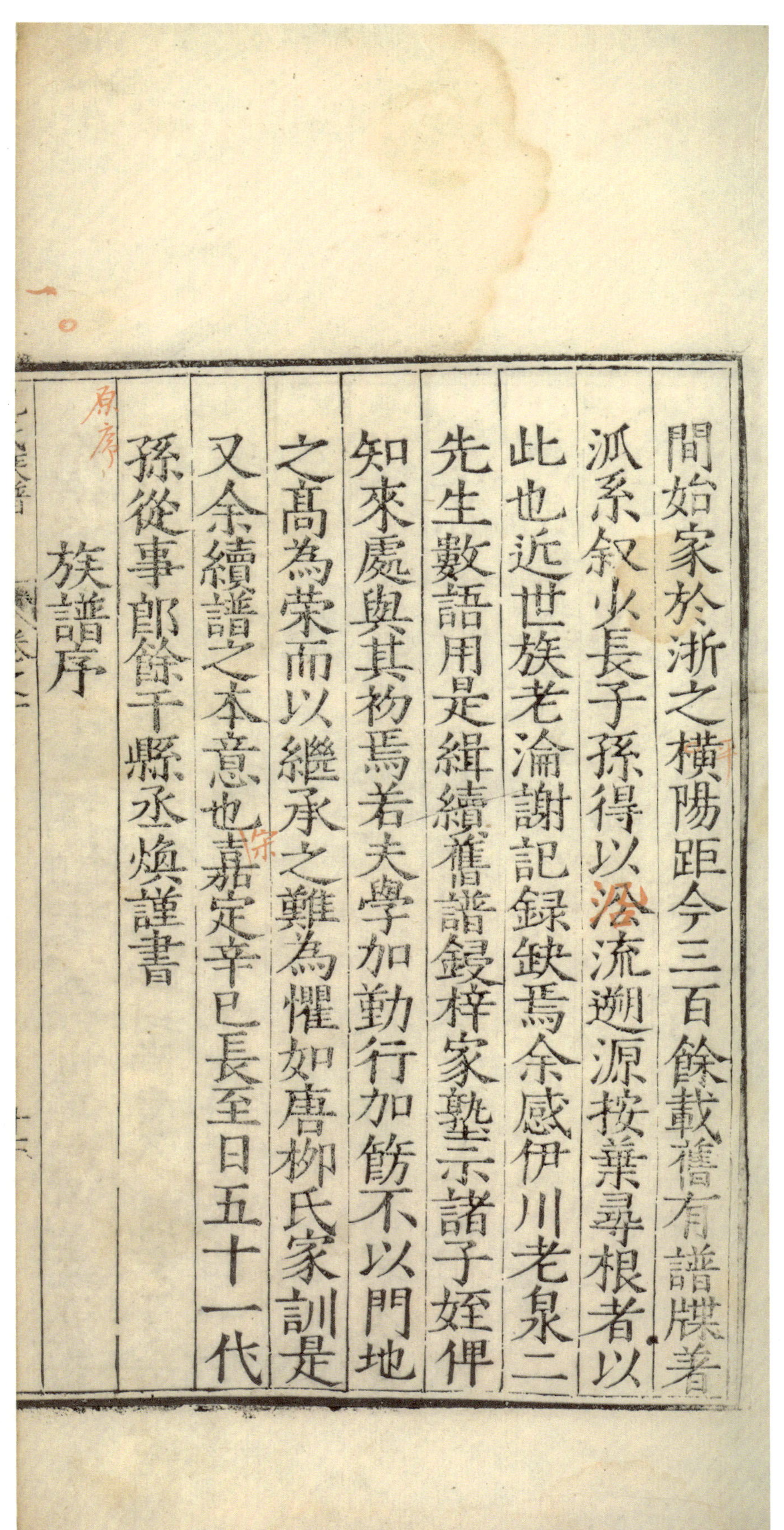

閒始家於浙之横陽距今三百餘載舊有譜牒著泒系叙必長子孫得以沿流遡源按籍尋根者以此也近世族老淪謝記録缺焉余感伊川老泉二先生數語用是緝續舊譜鋟梓家塾示諸子姪俾知來處與其礽焉若夫學加勤行加飭不以門地之高為榮而以繼承之難為懼如唐柳氏家訓是又余續譜之本意也嘉定辛巳長至日五十一代孫從事郎餘干縣丞煥謹書

族譜序

17.5cm x 31.0cm

嘉靖三十五年十月

孔氏族譜　卷之一　一

先聖沒逮今千五百餘年子孫世居廟宅支派蕃衍唐季假擾始各奔播獨襲封尚書公諱仁玉守墳墓不去周高祖平兗州召見奏對復授曲阜令今兼監察御史自是子孫族處百餘口皆尚書公後也靖康間群盜起入兗泗族黨有留魯者有南渡者星散四去不復相聞譜牒失傳先叔祖侍郎諱宗翰元豐八年序家譜首歎舊譜叙承襲者僅止一人踈畧之弊識者痛之先君編東家雜記亦曰祖壁之遺書闕里之陳迹尚可追尋於傳聞之

17.5cm x 31.0cm

近獨族黨散離者其蹤跡不可得而尋余每每記憶此語紹興癸亥族姪履常調尉常山因訪之出示譜牒乃東家古本與余根系本同流泒未遠而族祖自唐避地永嘉今八世矣衣冠未墜詩禮未歇東魯之氣脉尚未斬也余遂率子弟來序少長講拜於庭因追惟先世嘗以骨肉散亡爲恨今幸一見焉豈不快哉詩云豈無他人不如我同姓况吾宗乎紹興癸亥臘月朔四十八代孫端問謹書

宗

17.5cm x 31.0cm

嘉靖三十五年十月

17.5cm x 31.0cm

嘉靖三十五年十月

三

闕里譜系序

魯國孔君文昇以書抵僕示以闕里譜系求僕爲之序且自序其世家曰文昇之十二世祖諱檜後唐同光間辟亂自闕里來居温州之平陽檜生奕奕生璟璟生實實生會麗水縣丞會生平平生逵逵生公志公志生師古處州司户參軍師古生炳炳生貴敬貴敬生潼孫是爲文昇皇考始家于揚德祐末職教建康當是時大兵渡江道梗不可南因又家焉至元二十八年以官事赴大都道卒臨

17.5cm x 31.0cm

嘉靖三十五年十月

清文昇忍死扶柩歸瘞建康而諸孤長者方十歲小者未離乳抱家貧累衆不能復歸温州既又娶于溧陽携諸孤就外家以居遂爲溧陽人矣竊懼久而忘其所自來故切切然以譜系爲急僕嘗謂人之得姓始皆一也至其末流餘裔往往不知其所從來者歷年之多遷徙之不常而文獻之不足徵也今孔君自曲阜而温自温而建康自建康而溧陽凡三徙矣其視温之族已若温之視曲阜矣數世之後愈遠而愈疎譜系之作其可緩乎子曰

17.5cm x 31.0cm

嘉靖三十五年十月

夏禮吾能言之杞不足徵也殷禮吾能言之宋不足徵也文獻不足故也孔君清修好學故能繼紹先志纘述家譜使後世子孫知本支之傳愈久而不忘夫禮者所以教民不忘所由生也君子謂孔君於是乎知禮謹按自先聖至平陽府君凡四十二世至孔君凡五十四世繼自今子子孫孫修先世之志勤勤以譜系爲事雖百世可知也歷年雖多遷徙雖不常尚何久而忘之之懼乎君字退之今爲浙西廉訪掾云大德三年十月既望吳興趙

17.5cm x 31.0cm

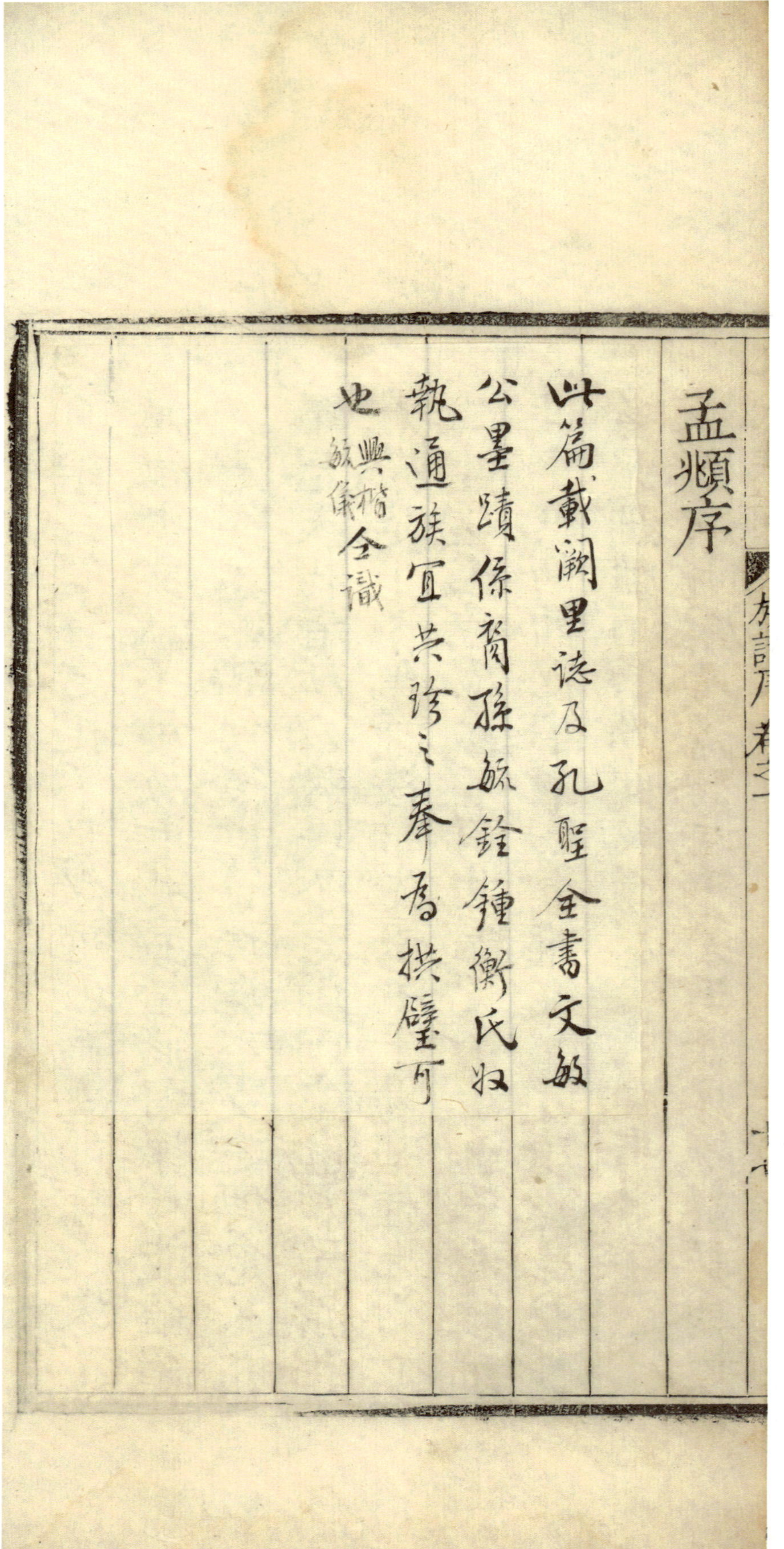

孟顯序

此篇載闕里誌及孔聖全書文敏公墨蹟係裔孫鉉鍾衡氏收執通族宜共珍之奉為拱璧可也

興楷敏儀仝識

17.5cm x 31.0cm

嘉靖三十五年十月

孔氏族譜序

家有譜猶國有史國無史君臣之賢否政治之得失風俗之盛衰後世末由知家無譜祖宗之源委支派之承襲尊卑之倫次子姓奚以徵此譜系所係爲至重有家者不可不續也仰惟吾族本
宣聖後裔世居闕里後唐同光間有祖諱檜辟地吴越因家丹陽迨其後諱潼孫任建康路學教授卒于官值元侵宋道梗莫能歸温四子文昇文昪文得文昱昪娶溧陽福賢鄉沈氏遂携諸弟依外

17.5cm x 31.0cm

嘉靖三十五年十月

家居為溧陽人旵既長贅溧水遊山諸氏居漆橋
為溧水人舊有譜五十五代以後世系鈌而未續
宗叔祖公約叔彥倫有志未就卒子緣内艱自武
陵還思竟厥志適溧陽宗叔彥季以所續譜會閲
乃合七代字諱行泒增入梓以傳噫凡我宗族服
窮親盡相視如塗人者其初本一人之身也觀於
斯譜者苟不爲塗人視而忽忘焉則孝弟之心生
而禮遜之風肇矣續成謹撮其槩紀歲月云
明成化辛丑仲夏朔楚武陵訓導六十代孫承敏識

17.5cm x 31.0cm

嘉靖三十五年十月

勑命類

勑

勑應天府溧水縣民孔安國家施仁養民為首爾能出穀二千碩用助賑濟有司以

聞

朕用嘉之今特賜獎諭勞之以羊酒旌為義民仍免本户雜泛差役五年尚允蹈忠厚表勵鄉俗用副

朝廷褒嘉之意欽哉故勑

17.5cm x 31.0cm

嘉靖三十五年十月

正統　年　月　日

寶

17.5cm x 31.0cm

嘉靖三十五年十月

孔子博物館藏

文移類

宋襲封衍聖公孔承奉保明温州孔淙孫等赴

國子監試狀

寶祐三年承温州牒檢准轉運使衙備准尚書省
劄子檢會淳祐十二年五月二十七日臺臣奏乞
求孔氏直下子孫聽召保官從州給據仍牒衍聖
公保明申省部臺監赴國子試今
宣聖五十三代孫孔淙孫等十一世祖檜因唐季
徼擾於同光年間從廟宅徙居本州係五十三代

17.5cm x 31.0cm

嘉靖三十五年十月

孔氏族譜　卷之一　十

訂之闕里譜牒一一可考於前項指揮合得赴國
子監試併擬朝議大夫寳章閣待制提舉崇禧觀
方來寳章閣直學士朝奉大夫提舉隆興玉隆萬
壽宫周坦二負保明孔淙孫等實係嫡泒子孫郎
非竊跡强附今所赴國子監試各人委係正身於
貢舉條制郎無違碍諸般等事所保詣實本州除
已具狀申國子監外合移牒衍聖公照應保明備
申收試事洙體勘孔淙孫等委係
宣聖嫡泒五十三代孫與洙同共十四世祖文宣

17.5cm x 31.0cm

嘉靖三十五年十月

公諱策曾孫諱檜於同光年間從廟宅徙居温州以洙譜系叅訂一一分晓雖是異郡宗盟不散郎非泛泛同姓牵合强附者比於前項指揮合赴國子監試保明是實如後異同甘俟朝典

家廟張掛榜文

皇帝聖旨裏

宣聖五十五代孫中奉大夫襲封衍聖公准族長孔之安狀呈嘗謂祖林世守祀典所遵唐季僭擾子孫始各散居靖康亂離族黨又從南渡所以江

17.5cm x 31.0cm

南宗派其由本出於斯切見近年以來同姓孔氏多自妄指
宣聖遠裔為名或有隱然竊跡強附之者雖已詐稱於鄉里實難考其源流若不辨驗姓氏所從分別誠偽久後必致混淆污雜深恐有負
聖朝嘉崇
宣聖子孫之美意如蒙将譜牒通行叅照會驗温衢族長秉執公論訂正定本轉闡省部印縫勘合發下奎文閣典籍掌管以憑稽考誠為允當呈乞

17.5cm x 31.0cm

嘉靖三十五年十月

照驗施行得此看詳經史所載典籍所傳天下氏
族難拘一體孔氏嫡泒子孫世守林廟者已有祖
庭廣記明白可見寓居江南者須得前代文憑辯
驗無偽照得孔族自丁酉年扎魯火赤也可那演
忽都虎斡魯不花扎魯火赤那演奏奉聖旨蠲免
孔氏子孫賦役欽此在後襲封申准孔顔孟三氏
并廟户一應絲綿顔色銀石軍役大小差發盡行
蠲免欽荷國恩永為定例又照得省部元議奏定
三年七月呈准照得孔氏已有襲封衍聖公曲阜

孔氏族譜　卷之一　二十三

17.5cm x 31.0cm

縣尹等職名世世褒崇近年以來但係孔氏子孫
者歷儒教一任俱於從八品流官内遷用其間宗
派無憑稽考以此參詳似此人員今後合從孔氏
族長保勘明白依例定奪如不經保勘者止於教
官一任陞轉如蒙呈准本部為例遵守呈奉都堂
鈞旨送吏部依上施行奉此伏惟我元聖朝尊崇
宣聖恩澤子孫不與庸調科役又蒙優除出身歷
代以來莫盛於此以此參詳合准族長孔之安所
呈訂正譜系文字三氏子孫教授選保族中年高

17.5cm x 31.0cm

嘉靖三十五年十月

德邵之人一同監脩校勘相同為定以憑稽考施
行間又准
宣聖五十五代嫡孫孔克齊狀呈侍父親前建康
路上元縣尹孔承事寓居本路溧陽州切念道途
遠涉不能時奉祖林今將所置到民産脩創家廟
春秋祭祀以思報本呈乞出給榜文照驗得此文
字族長照勘是否明白從實呈來以憑施行去後
回准族長孔之安呈考訂林廟譜系相同委係
宣聖嫡派子孫户計雖寓江南即係一體事理所

17.5cm x 31.0cm

孔氏族譜　卷之一　十三

攄建立家廟實為忠孝之源擬合出榜照驗施行

准此除關省部給降明文照驗外合行出給文榜

付江南嫡派孔氏家廟張掛更為轉送所在官司

照驗施行所有榜文湏議出給者

右付

宣聖五十五代孫孔克齊收執准此

印　印　印　印

至正八年正月十一日給

榜　押

17.5cm x 31.0cm

嘉靖三十五年十月

襲封衍聖公府劄付

襲封衍聖公府為陳言事據孔安狀告見年五十六歲係應天府溧水縣遊山鄉籍民原籍係山東兖州府曲阜縣

先聖五十八代孫狀告三十九代唐襲封文宣公策四世孫檜後唐同光元年避地渡江家於溫州之平陽其十二世孫潼孫至元年間任建康路儒學教授卒于彼處遺男四人文昇文昦文得文昱因家毀累代不能復歸後伯祖文昇贅於溧陽州

17.5cm x 31.0cm

沈氏携諸幼弟就外家居住文昇任上元縣令今
傳五世孫長庚文昇鎮江路知事今傳五世孫公
儀文得今傳五世孫節文昱係安等高祖贅於溧
水縣遊山鄉諸氏為婿生男載良載明等載良生
仲德等載明生仲文等仲德生希魯等仲文生存
道等希魯生公能等存道生安等的係
宣聖五十八代嫡泒子孫近奉
行在户部應天七十六號勘合内一件褒崇道學
事仰本縣照依

17.5cm x 31.0cm

嘉靖三十五年十月

欽依內事理將各處聖賢子孫體訪
上聞照例優免差役子孫就於所在儒學習業擇
材質可用者量加甄録應有祠墓官為脩葺置守
等因正統三年十二月內蒙本縣帖下里老僉得
一等行勘本宗是否曲阜孔氏子孫安等隨賫原
刋行家譜并原降印信榜文祖庭實録到官辯驗
明白是實當畫宗枝圖本粘連備供在官及拘排
年里老徐得一等保勘相同又蒙溧陽縣關拘弟
孔長庚狀告前事蒙本縣官吏里老保結備申於

孔氏族譜　卷之一　三十六

17.5cm x 31.0cm

正統四年二月内申繳本府轉達行在户部去後
未蒙明降即今寓居溧陽溧水等縣未得均霑
恩澤與民一體當差原創家廟年深傾圮墓碣摧
折無力重建如蒙准告乞為移文溧水縣照例編
充儒户優免便益等詞具告到府隨於祖庭廣記
并孔氏實録考查得自宋元以前世系相同於後
其子孫因籍溧陽溧水南北另居各有流派譜系
為照為此合行劄付溧水縣當該官吏文書到日
照依劄付内事理速拘孔安孔俊等闔門子孫到

17.5cm x 31.0cm

孔子博物館藏

嘉靖三十五年十月

官審勘明白照依
欽依內事理照例優免雜泛差役毋將隣近不係
孔安族屬一槩混雜優免徭役未便仍具本縣官
吏里老不違依准申報施行須至劄付者
右劄付溧水縣准此
陳言事
正統六年二月十九日
劄付 押
溧水縣下帖

孔氏族譜 卷之二 二十六

17.5cm x 31.0cm

嘉靖三十五年十月

應天府溧水縣爲陳言事承奉
宣聖五十九代龔封衍聖公府劄付前事據孔安
等狀告云云等因備行到縣奉此案内查得先奉
本府帖該奉
行在户部應天七十六號勘合内一件褒崇道學
事伏覩
聖朝崇尚聖賢之道推
恩及其子孫孔氏宗子承龔封爵其餘子姪皆免
差役與顔孟二氏之後專設教授以師訓誨俾習

17.5cm x 31.0cm

嘉靖三十五年十月

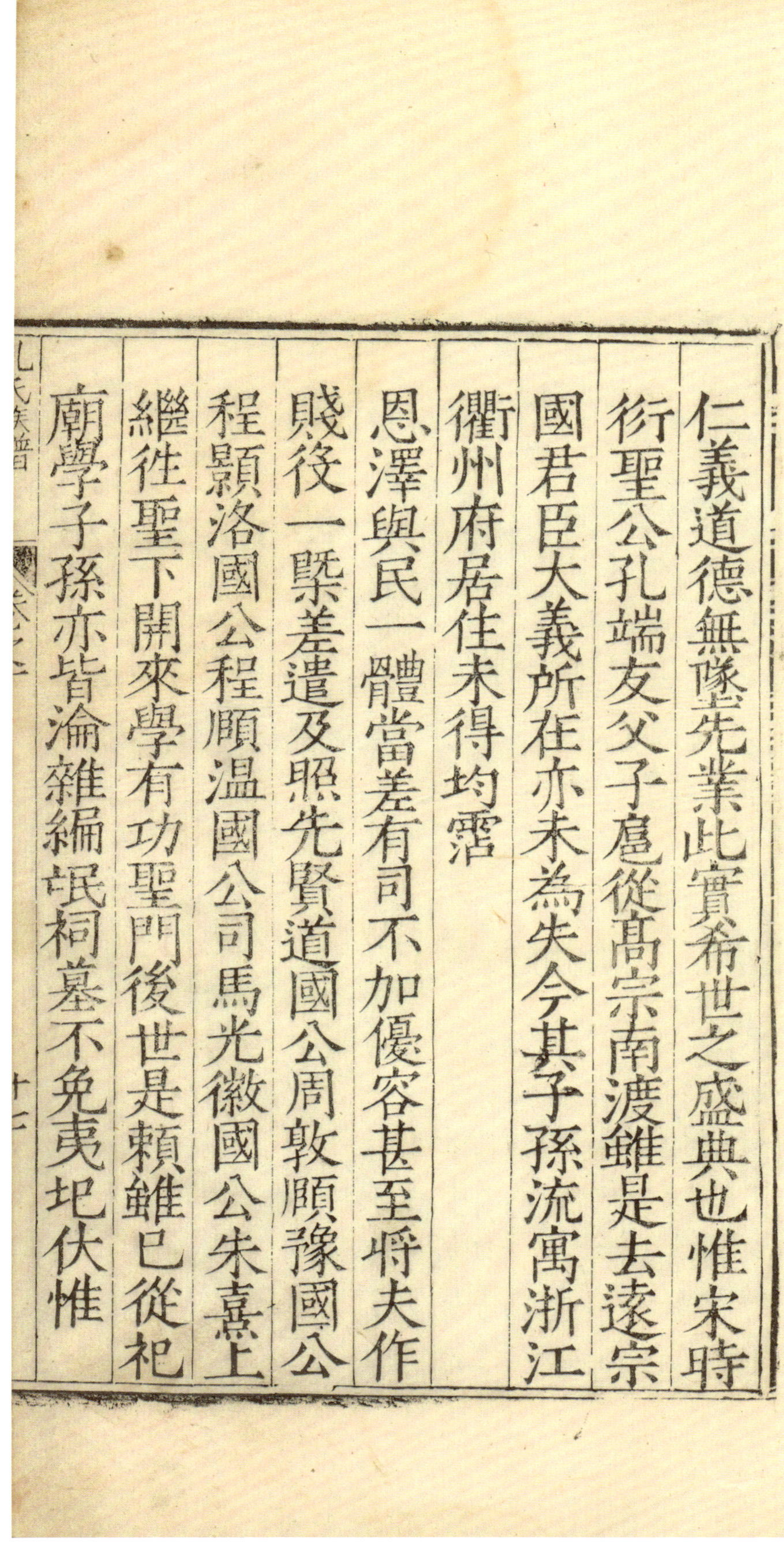

仁義道德無墜先業此實希世之盛典也惟宋時
衍聖公孔端友父子扈從高宗南渡雖是去遠宗
國君臣大義所在亦未為失今其子孫流寓浙江
衢州府居住未得均霑
恩澤與民一體當差有司不加優容甚至將夫作
賤役一槩差遣及照先賢道國公周敦頤豫國公
程顥洛國公程頤温國公司馬光徽國公朱熹上
繼往聖下開來學有功聖門後世是賴雖已從祀
廟學子孫亦皆淪雜編氓祠墓不免夷圮伏惟

孔氏族譜　卷之十　十二

17.5cm x 31.0cm

皇上大興文治於變斯民如蒙

准言乞

勅該部轉行各處將聖賢子孫體訪

上聞照例優免差役令於所在儒學習業擇材質可用者量加甄録應有祠墓官為脩葺置守庶使人知君子之澤悠久不替感發興起有補世教則比屋可封之美亦可以馴至矣前件合准所言宜從

行在户部禮部施行奉此已經取勘申達去後今

奉前因依奉行拘孔安等到官審勘明白及拘據

17.5cm x 31.0cm

嘉靖三十五年十月

該都里老劉敬等保勘相同合就通行爲此除行
里老劉敬等將伊等夫馬差役照例優免外合行
帖仰收照施行須至帖者
右帖下遊山鄉儒户孔魯等准此
正統七年四月初三日
陳言事
帖　押
衍聖公府執照
宣聖五十九代孫襲封衍聖公府爲優免事照得

17.5cm x 31.0cm

嘉靖三十五年十月

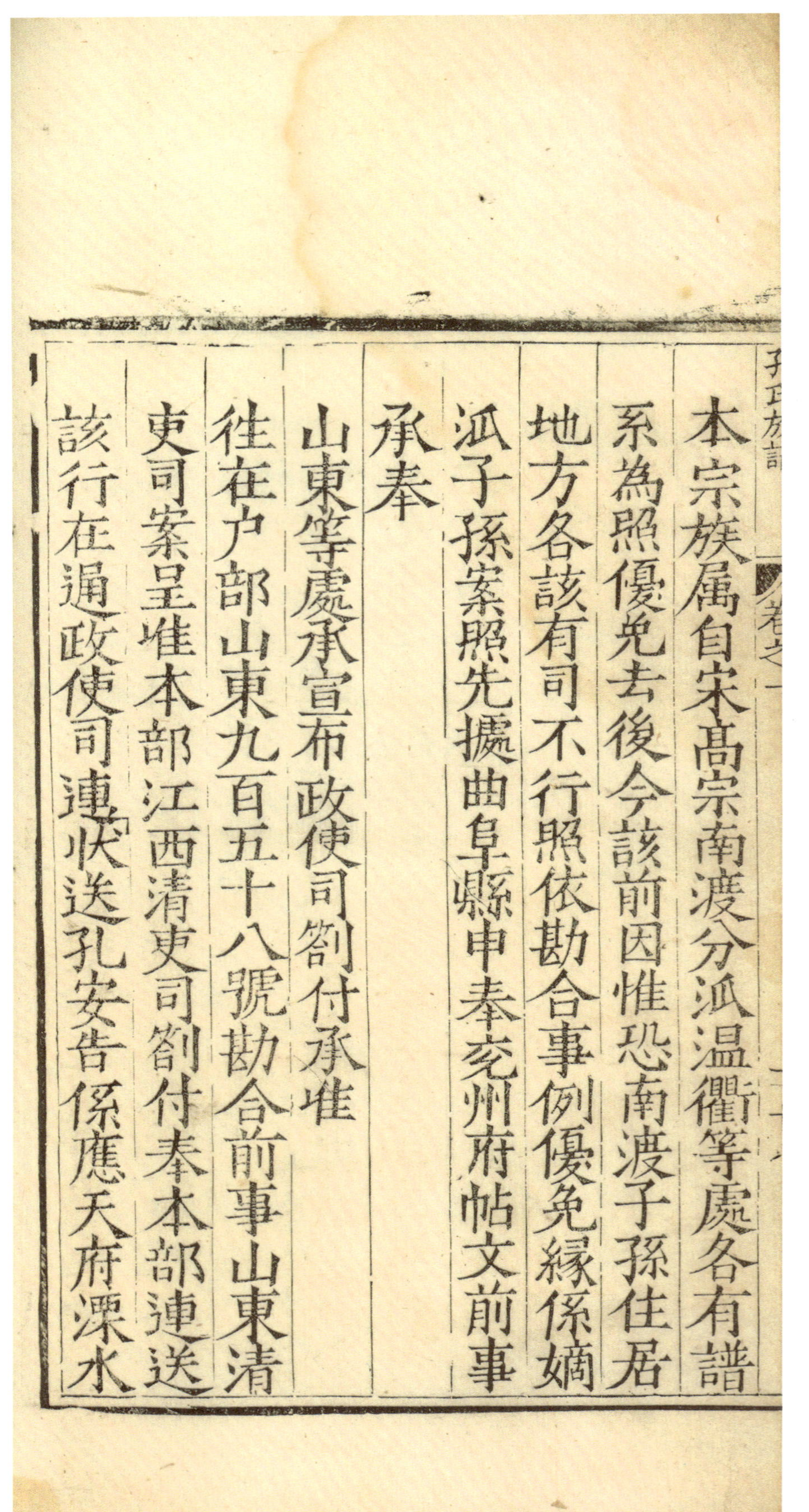

孔氏族譜　卷之一

本宗族屬自宋高宗南渡分泒温衢等處各有譜系為照優免去後今該前因惟恐南渡子孫住居地方各該有司不行照依勘合事例優免緣係嫡泒子孫案照先據曲阜縣申奉兖州府帖文前事承奉

山東等處承宣布政使司劄付承准

往在户部山東九百五十八號勘合前事山東清吏司案呈准本部江西清吏司劄付奉本部連送該行在通政使司連狀送孔安告係應天府溧水

17.5cm x 31.0cm

嘉靖三十五年十月

縣遊山鄉三都民籍原係山東兗州府曲阜縣
宣聖五十八代裔孫有高祖三十九世襲封文宣
公策四世孫檜後唐同光元年避地渡江家於溫
州之平陽檜生奕奕生瑣瑣生實實生會麗水縣
令會生平平生逵逵生公志公志生師古處州司
户叅軍師古生炳炳生貴敬貴敬生潼孫潼孫生
文昇文昇文得文昱四人潼孫於至元年間任建
康路儒學教授卒於彼處遺男文昇等在任不能
歸溫贅於溧陽州沈家為婿就携諸弟文昇等隨

17.5cm x 31.0cm

嘉靖三十五年十月

兄外家依住後文昇任上元縣令因寓居溧陽州切念道途遼涉不能侍奉祖林将所置民産就創家廟春秋祭祀以為報本文昇今傳五世孫孔長庚文昇任鎮江路知事今傳五世孫孔公儀文得今傳五世孫孔節文昱係安等高祖前來溧水縣遊山鄉諸氏為婿今生男載明等載明生仲文等仲文生存道等存道生安等的係曲阜流裔至今五十八代見收孔氏刊行家譜并祖庭録記及曽伯祖孔克齊親賫本宗刊行譜系具呈五十八代

17.5cm x 31.0cm

嘉靖三十五年十月

孫衍聖公處轉行族長孔之安保勘相同至正八
年正月内蒙降印信榜文仍仰於家廟張掛照驗
見存為證安等今思高祖孔文昱與溧陽縣孔長
庚高祖孔文昇等同胞共乳兄弟即今本枝伯叔
兄弟共有一十八户寓居溧水未得均霑見當一
應夫馬等項差役安等思係宣聖五十八代嫡泒
子孫近奉
行在户部應天七十六號勘合内一件褒崇道學
事仰本縣照依

17.5cm x 31.0cm

嘉靖三十五年十月

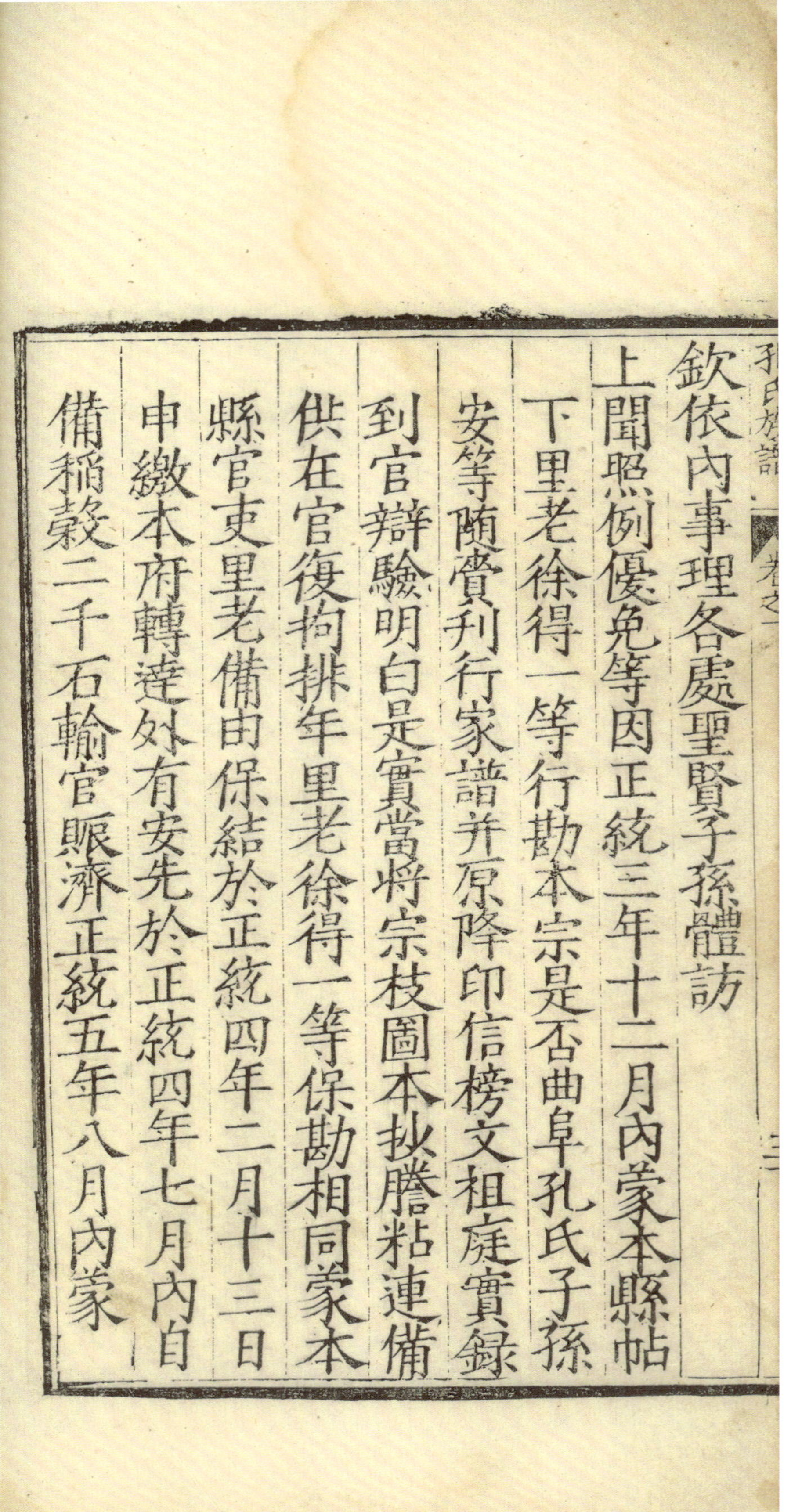
孔氏族譜　卷之一　三

欽依內事理各處聖賢子孫體訪
上聞照例優免等因正統三年十二月內蒙本縣帖
下里老徐得一等行勘本宗是否曲阜孔氏子孫
安等隨賫刊行家譜并原降印信榜文祖庭實録
到官辯驗明白是實當將宗枝圖本抄謄粘連備
供在官復拘排年里老徐得一等保勘相同蒙本
縣官吏里老備由保結於正統四年二月十三日
申繳本府轉達外有安先於正統四年七月內自
備稻穀二千石輸官賑濟正統五年八月內蒙

17.5cm x 31.0cm

嘉靖三十五年十月

欽差行人司行人賁
勅書勞以羊酒族為義民今給本縣批文赴京謝
恩安等思得本宗枝泒已供保在官至今未奉明文
除谿等因告送到司案查先據應天府呈備溧水
縣據遊山鄉三都里老徐得一等拘得本都人户
孔安等到官供稱原係山東兖州府曲阜縣宣聖
四十九代裔孫見當一應夫馬等項差役備供及
十年里老審勘相同將畫到宗枝圖本粘連官吏
人等保結呈繳到部送司已經移付山東清吏司

17.5cm x 31.0cm

嘉靖三十五年十月

類行山東布政司轉行兖州府行移襲封衍聖公處查勘去後未報今又告前因雖稱的係曲阜流泒緣行勘未報難便定奪除令回還外案呈合行連送該司移付山東清吏司類行山東布政司轉行兖州府移文襲封衍聖公處照依原令事理從實查勘孔安等是否孔氏同宗枝裔明白回報施行連送到司合行該司煩為施行備付到司案呈合行本司轉行所屬照依勘合內事理施行劄付本府轉行衍聖公處從實查勘孔安等是否孔氏

17.5cm x 31.0cm

嘉靖三十五年十月

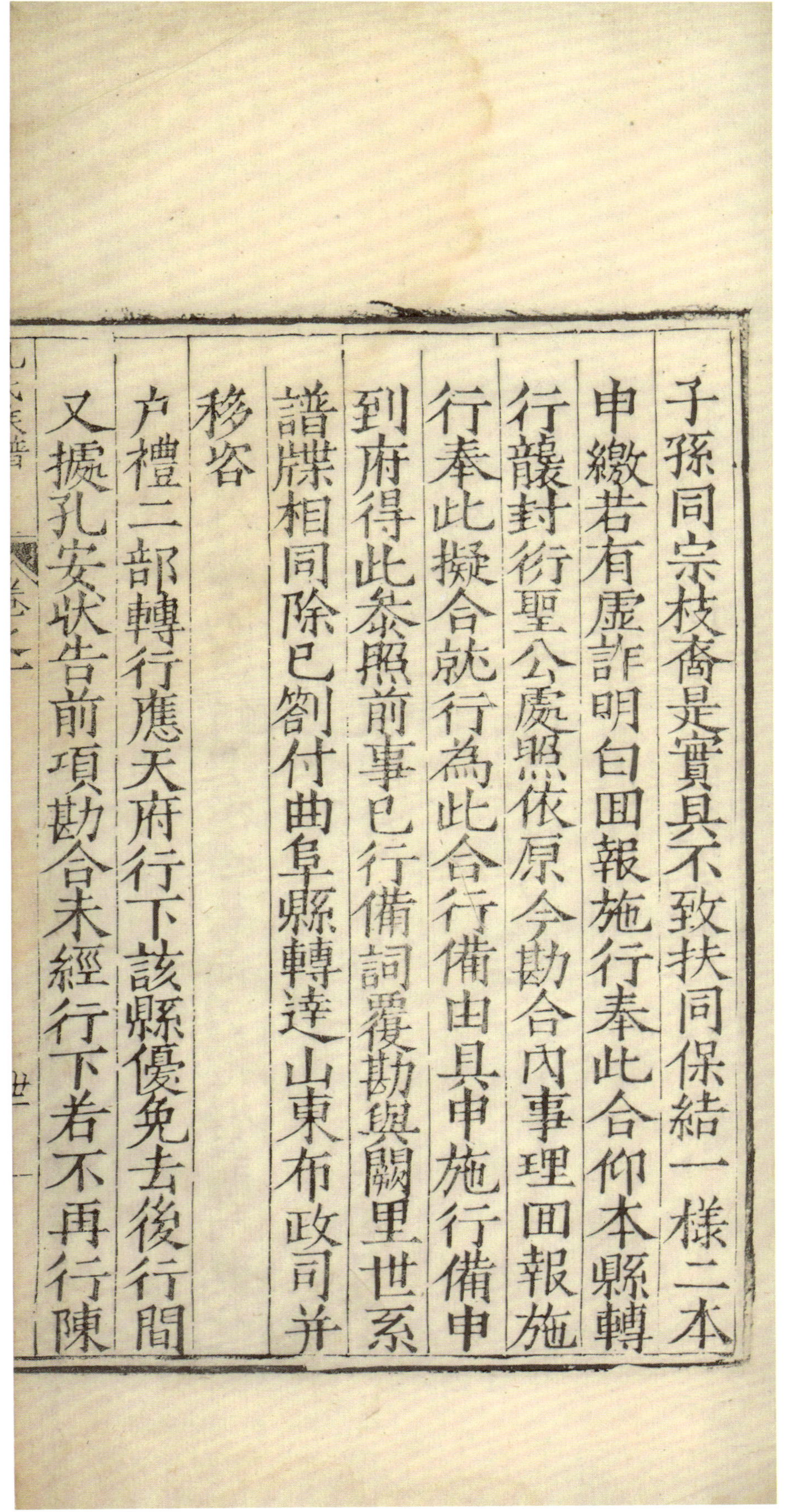

子孫同宗枝裔是實具不致扶同保結一樣二本
申繳若有虛詐明白回報施行奉此合仰本縣轉
行襲封衍聖公處照依原今勘合內事理回報施
行奉此擬合就行為此合行備由具申施行備申
到府得此參照前事已行備詞覆勘與闕里世系
譜牒相同除已劄付曲阜縣轉達山東布政司并
移咨
户禮二部轉行應天府行下該縣優免去後行間
又據孔安狀告前項勘合未經行下若不再行陳

17.5cm x 31.0cm

告見今然是優免雜泛况今不見明文付下理合
再行具状來告行移知會便益得此今將備云優
免勘合事例通行去後今告前因擬合通行為此
除咨
户部并本縣照依勘合内事理速拘孔安等到官
審係各人照依
欽依内事理一體優免施行准此參照前事若不出
文憑誠恐各該有司不知前因事例一槩與民科
泒甚是不便擬合就行為此公府今給半印勘合

17.5cm x 31.0cm

嘉靖三十五年十月

執照付族人孔蕙等收執凡遇有司科泒雜泛等
因驗此除豁優免所有執照勘合文憑合行須至
出給者

右給付孔蕙收執准此

正統九年二月初六日

優免事

執照　押

17.5cm x 31.0cm

嘉靖三十五年十月

17.5cm x 31.0cm

嘉靖三十五年十月

漆橋孔氏家乘凡例

一孔氏其先本宋人子姓發源自微子得姓自祈父大著自先聖而曼延於天下漆橋孔其來自温温去自闕里譜斷自先聖為一世祖以上作源流以下作世系表以見其所自云

一世系上自先聖下抵今日惟列唐太子舍人郁一派其自正派散居各郡邑者舊譜該載從各分派畧叙源委及其始遷之祖而止餘並不列有闕里家乘在

17.5cm x 31.0cm

嘉靖三十五年十月

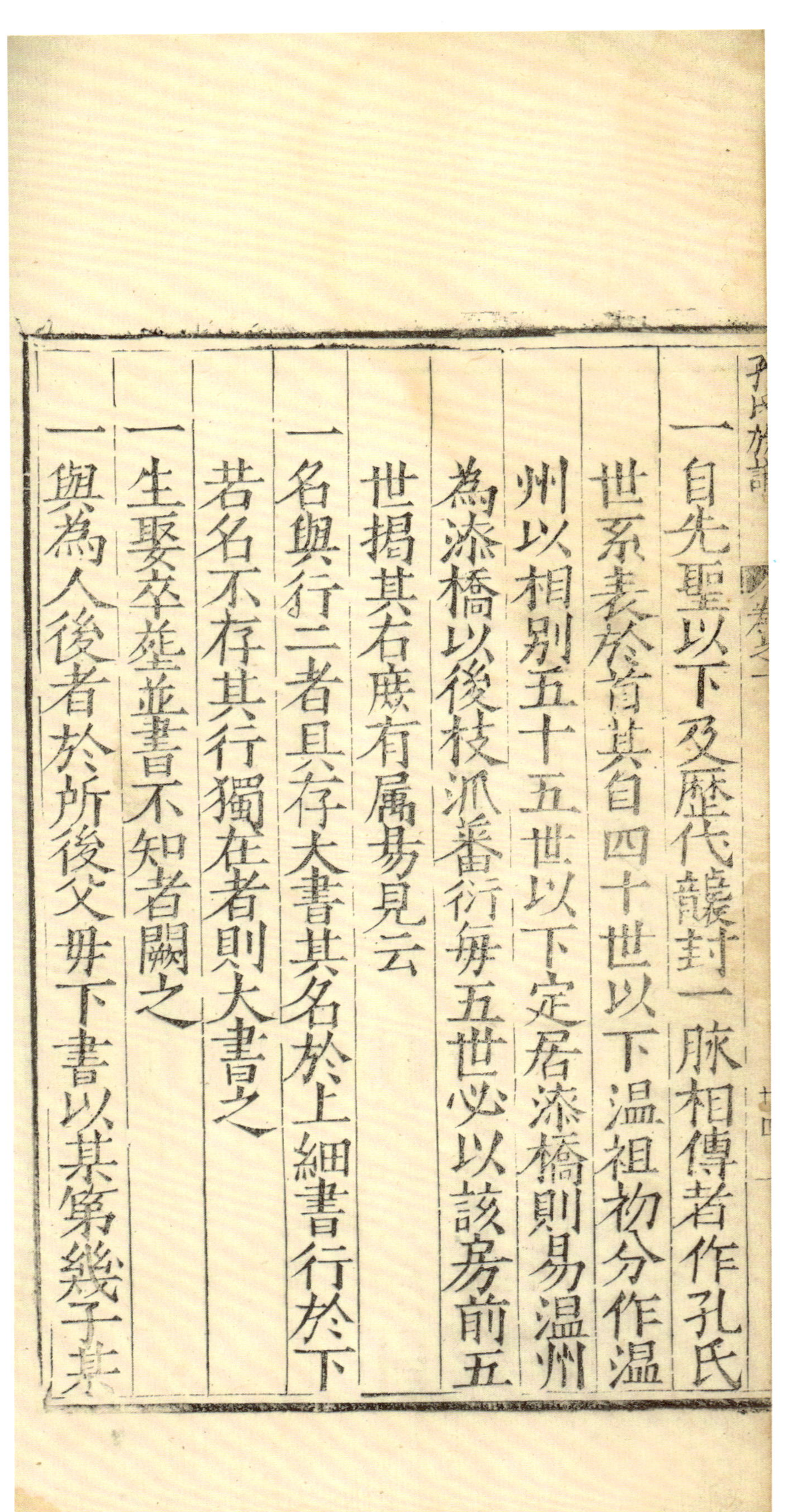

孔氏族譜 卷之一 十四

一自先聖以下及歷代襲封一脉相傳者作孔氏世系表於首其自四十世以下温祖初分作温州以相别五十五世以下定居滦橋則易温州為滦橋以後枝派蕃衍每五世必以該房前五世揭其右庶有屬易見云

一名與行二者具存大書其名於上細書行於下若名不存其行獨在者則大書之

一生娶卒塟並書不知者闕之

一與為人後者於所後父母下書以某第幾子其

17.5cm x 31.0cm

嘉靖三十五年十月

為嗣本生父毋下書第幾子某為某嗣彼此互見物故不立後者名下書止
一散逸無攷者格內作闕
一殤而無後者不書
一文昱公為茲孔氏元祖載良載明二公為宗別有傳以紀其事其他宗族行誼足稱者統誌以附三傳之後凡具慶未高年及進取畱補報者所就尚未可量姑闕以俟志史
一

孔氏族譜　卷之一　廿五

17.5cm x 31.0cm

孔氏族譜　卷之一　廿五

勅命文移文序士林雜贈序記詩什凡有關於溫州

漆橋者書之餘並不録有關里家乘在

一倡首賛成採訪校刋諸宗人皆於是譜有功備

書其名於首

凡例　終

17.5cm x 31.0cm

嘉靖三十五年十月

歷代脩譜宗人名目

元　大德三年五十四世孫文杲

國朝　成化辛丑五十九世孫彥季

六十世孫承敏

承諒

承贇

嘉靖丙辰六十一世孫弘沂

六十三世孫慎

戩

17.5cm x 31.0cm

嘉靖三十五年十月

17.5cm x 31.0cm

嘉靖三十五年十月

漆橋孔氏家乘卷

按孔氏本唐虞司徒契之後子姓周公相成王封微子啓於宋（今歸德府）以奉湯祀啓卒弟微仲衍立至木金父辟宋華督之難奔魯為大夫因家於魯（今曲阜縣）生祈父五世親盡别為公族以王父字為孔氏生防叔防叔生伯夏伯夏生鄒大夫叔梁紇娶顔氏生先聖於魯昌平鄉陬邑世居闕里先聖之四十二世孫檜舊唐同光元年避地呉越因家温州之平陽檜十二世孫潼孫宋德祐末授建康路學教授卒于官四子

17.5cm x 31.0cm

文昇差長文昇文得文昱皆幼孤累累不能歸溫文
昇携諸弟依舅氏居溧陽文昱既長徙溧水家漆橋
（今屬高淳）漆橋有孔氏自茲始泝漆橋而上溫州為漆橋
之源溫州而上闕里為溫州之源譜斷自先聖為一世
祖以上逆至微子書源流於右以詳其所自出以下
抵於今日作世系表於左以述其所由達其自正派
而蔓延於諸郡邑者畧叙源委及其始遷之祖而
止從別派分者不書勢難徧也若襲封則先聖之林
廟主世世相傳而弗替毎世必表於首簡（見有所承）統云

17.5cm x 31.0cm

嘉靖三十五年十月

孔氏源流

微子啓　商王帝乙元子周公相成王命微子為殷後封國於宋以奉湯祀啓卒弟微仲衍立

微仲衍　啓舍其子而立弟

宋公稽　衍子

丁公申　稽子

湣公共　申子或作閔公恭有弟曰煬公熙

弗父何　共子

宋父周　何子

世子勝　周子

17.5cm x 31.0cm

嘉靖三十五年十月

正考父 子勝

孔父嘉 正考父子

木金父 孔父嘉子辟宋華督之難奔魯為大夫因家於魯

祈父 木金父子或曰夷睪五世親盡別為公族祈父因以王父字為氏孔氏得姓始此

孔防叔 祈父子

伯夏 防叔子

叔梁紇 伯夏子為鄹大夫娶顏氏禱於尼丘生子丘丘生而叔梁紇死葬于防山顏氏卒合葬焉

歷代封爵不一從祀廟庭

國朝嘉靖九年制以父子大倫不容紊亂別立

啓聖公祠於文廟東北稱

啓聖公孔氏以顏無繇曾點孔鯉孟孫氏配享

17.5cm x 31.0cm

嘉靖三十五年十月

孔氏世系

一世	孔子	歷代封爵諡號不一國朝嘉靖九年正祀典詔去其彌文主用木製稱至聖先師孔子配享如故娶并官氏一子鯉
二世	鯉	字伯魚先孔子卒歷代封泗水侯從祀廟庭國朝嘉靖九年制配享啓聖公稱先賢孔氏子伋
三世	伋	字子思歷代封爵不一國朝嘉靖九年制稱述聖孔子生子白
四世	白	字子上齊威王召為國相不授生子求
五世	求	字子家楚召不受生子箕

孔氏族譜

17.5cm x 31.0cm

六世	箕	字子京為魏相生子穿
七世	穿	字子高楚魏趙三國交聘不就子謙
八世	謙	史記作慎字子順又名斌任魏為安釐王相以孔子後嗣封魯國文信君子騰
九世	騰	字子襄漢高帝元年過魯以大牢祀孔子封騰為奉嗣君子忠
十世	忠	字子貞文帝徵為博士子武

17.5cm x 31.0cm

嘉靖三十五年十月

十一世　武　字子威臨淮太守子延年

十二世　延年　武帝時為博士轉少傅遷大將軍子霸

十三世　霸　元帝即位拜太師賜爵関内侯子福

十四世　福　襃封関内侯子房

十五世　房　襃封関内侯子均

十六世　均　襃封関内侯平帝元始元年更封襃成侯

十七世　志　東漢建武十四年襃封襃成侯子損

十八世　損　襃封襃成侯和帝永元四年改封襃亭侯

十九世　曜　襃封襃亭侯二子完讃讃生羨

二十世　完　襃封襃亭侯早卒無子以毋弟讃子羨襲

17.5cm x 31.0cm

嘉靖三十五年十月

是年追謚孔子為褒成宣尼公子志

二十一世　羨
魏文帝黄初元年封宗聖侯子震

二十二世　震
晉武帝泰始三年改封奉聖亭侯子嶷

是年追封孔子為褒亭侯子曜

二十三世　嶷
襲封奉聖亭侯子撫

二十四世　撫
舉孝廉襲封奉聖亭侯子懿

封

二十五世　懿
東晉襲封奉聖亭侯子鮮

17.5cm x 31.0cm

二十六世　鮮
宋文帝元嘉十九年襲封奉聖亭侯改封宗聖侯子乘

二十七世　乘
後魏舉孝廉封崇聖大夫泰和十六年改謚孔子為文聖尼父二子靈珍靈龜

二十八世　靈珍
泰和十九年封崇聖侯子文泰

靈龜
魏國子博士生碩治書侍御史生安青州法曹叅軍生顗達國子祭酒生志玄國子司業生惠

二十九世　文泰
襲封崇聖侯子渠

三十世　渠
襲封崇聖侯北齊改封恭聖侯後周改封鄒國公子長孫

17.5cm x 31.0cm

嘉靖三十五年十月

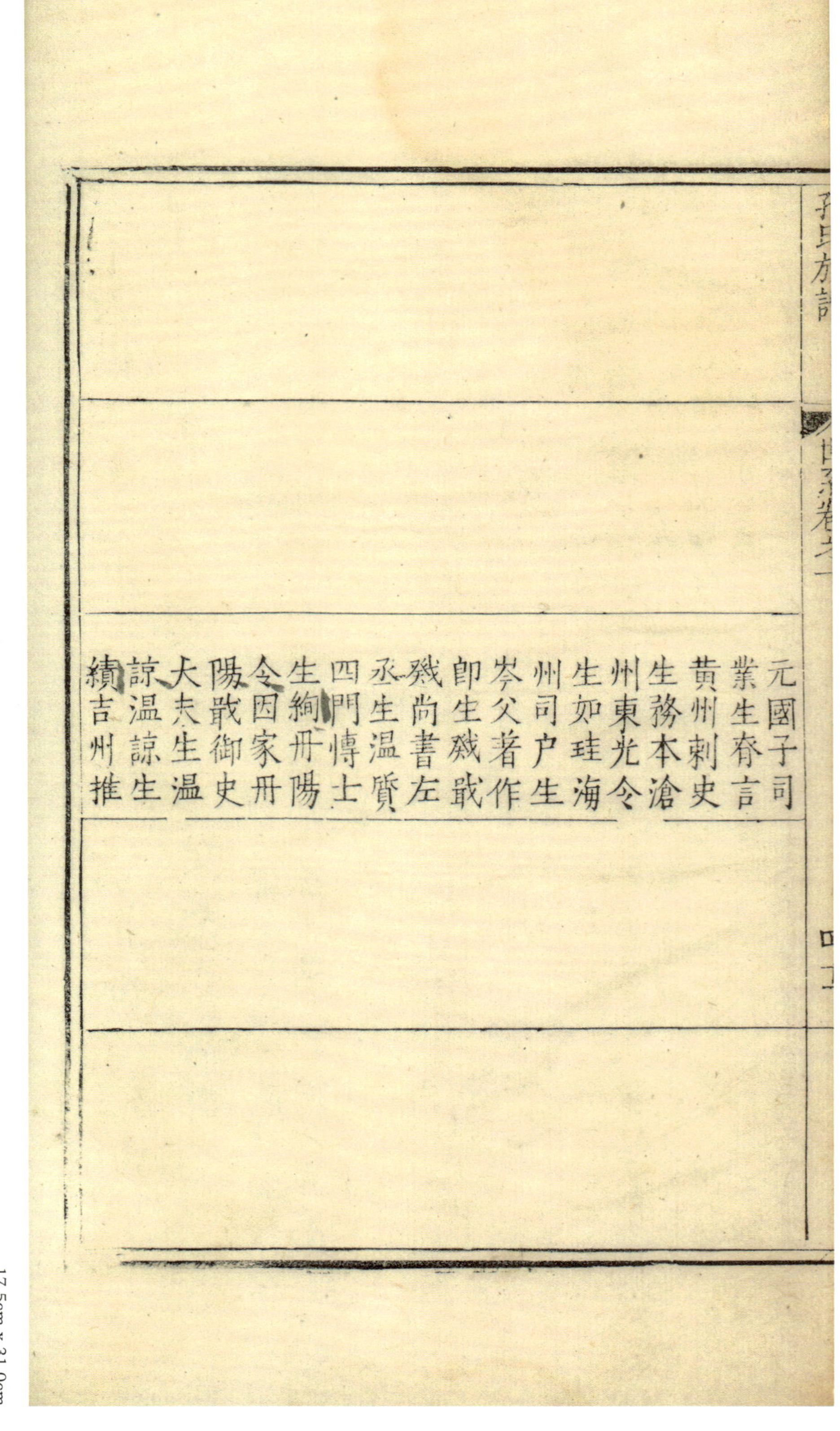
孔氏族譜　卷之一

元國子司業生脊言黄州刺史生務本滄州東光令生如珪海州司户生岑父著作郎生戣戢戣尚書左丞生温質四門博士生絢册陽令因家册陽戢御史大夫生温諒温諒生續吉州推

17.5cm x 31.0cm

三十一世	長孫	襲封鄒國公子嗣悊	
三十二世	嗣悊	隋文帝時襲封鄒國公煬帝改封紹聖侯子德倫	
三十三世	德倫	唐武德九年改封襃聖侯貞觀十年坒孔子為先聖十一年尊	官因家新塗自先聖至絢及績凡四十世崇聖大夫秉至是凡十四世
三十四世	崇基	嗣聖十二年襲封襃聖侯子璲之	
三十五世	璲之	開元五年襲封襃聖侯二十七年改封文宣公是年追謚孔子	

17.5cm x 31.0cm

孔氏族譜　世系卷之一

孔子為宣父乾封元年追謚孔子為太師天授元年封孔子為隆道公子崇基
為文宣王子萱

三十六世
萱
襲封文宣公子齊卿

三十七世
齊卿
建中三年襲封文宣公二子惟晊文整

三十八世
惟晊
元和十三年襲封文宣公子策

三十九世
策
襲封文宣公二子振郁

四十世
振
襲封文宣公子昭儉

17.5cm x 31.0cm

孔子博物館藏

嘉靖三十五年十月

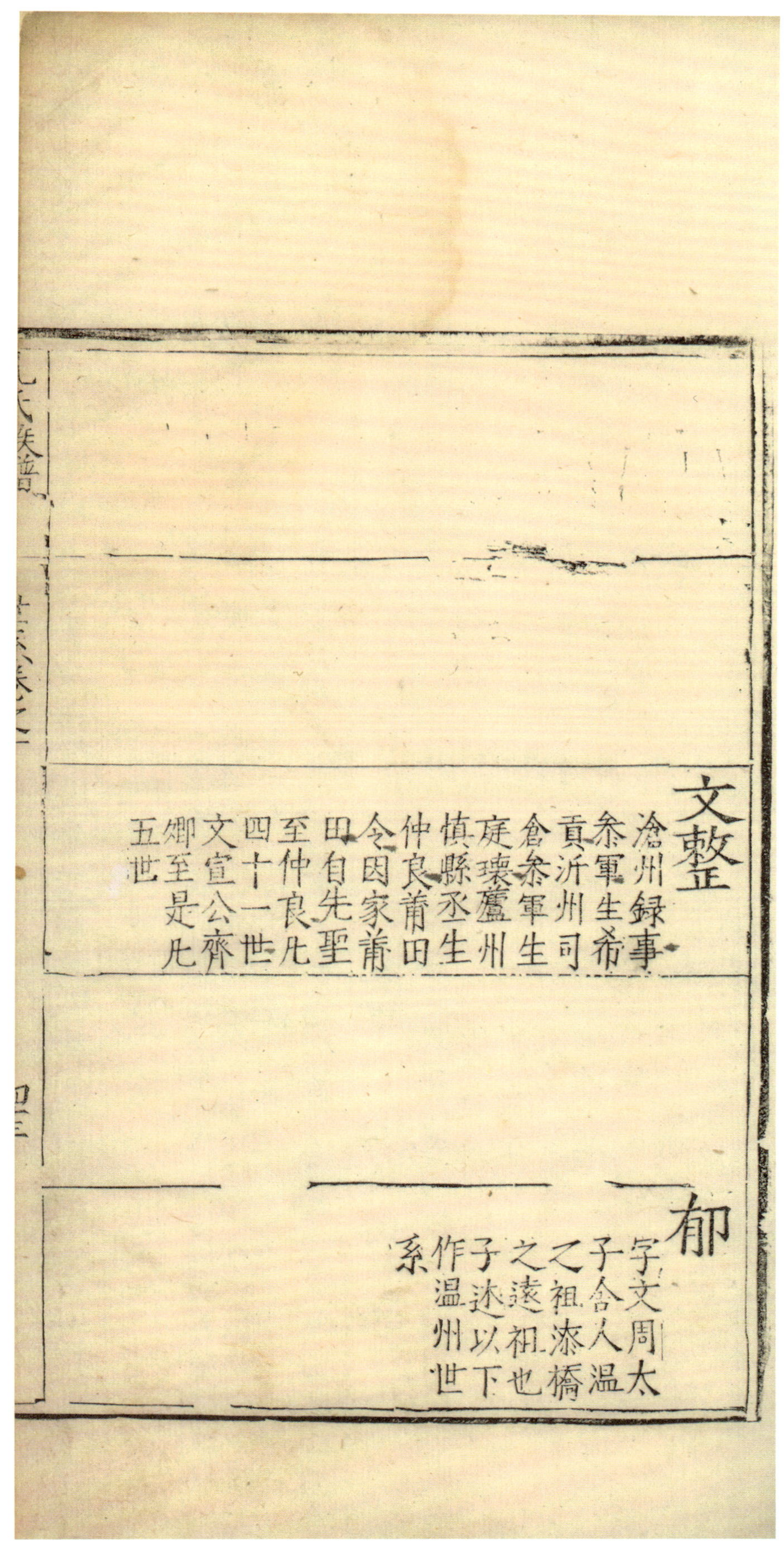

文整

滄州録事叅軍生希貢沂州司倉叅軍生庭瓌盧州慎縣丞生仲良蒲田令因家蒲田自先聖至仲良凡四十一世文宣公齊卿至是凡五世

郁

字文周太子舍人温之子溱橋之祖也之遠祖以下作述世子系温州

17.5cm x 31.0cm

四十一世

昭儉
龍封文宣公子光嗣

四十二世

光嗣
天祐二年授泗水令陵廟主為陵戶孔末所害子仁玉

四十三世

仁玉
後唐龍封文宣公號中興祖子宜勗

四十四世

宜
龍封文宣公二子延世延澤延澤生宗愿

勗
吏部尚書生道輔御史中丞生舜亮特進少師生若谷若升傳若谷相州司戶參軍

四十五世

延世
龍封文宣公子聖祐

17.5cm x 31.0cm

以弟若升子端朝為後特差黟縣令知臨江軍因家嵗歙今籍績溪傳一名若古京東路轉運使管勾文字建炎三年與四十八世襲封衍聖公端友扈從高宗南渡寓居衢州今孔氏在衢

17.5cm x 31.0cm

嘉靖三十五年十月

哲皆傳之後也自先聖至傳凡四十七世襲封衍聖公仁玉至是凡五世

温州世系

述　字彰聖太子舍人郁之子襲封文宣公策之孫世居闕里子檜

檜　值五季之亂後唐同光元年辟地渡江家温州之平陽温州有

奕　字晦堂子琢

琢　字賫齊子實

實　字廷範號朴齊子會

17.5cm x 31.0cm

嘉靖三十五年十月

四十六世	四十七世	四十八世	四十九世	五十世
	孔氏自茲始吳越王累徵不就卒塟瑞安凈水山有墓碣子奕			
聖佑 大中祥符元年加謚孔子為玄聖文宣王五年改封孔子為至聖文宣王天禧五年				

17.5cm x 31.0cm

以聖佑襲封文宣王卒無嗣以親叔延澤子宗愿襲封

宗愿

延澤子襲封文宣公改封衍聖公三子若蒙若虛若愚若愚生端立端立生琥琥生拂拂生元孝元用元

若蒙

襲封衍聖公改封奉聖公二子端友端操蒙坐事廢以弟若虛承襲卒朝廷以子端友承襲其後端操承

端友

封衍聖公建炎三年扈從高宗南渡寓三衢終知郴州子玠

端操

金權襲封衍聖公於魯子璠

玠

紹興二年襲封衍聖公於衢子搢

璠

襲封衍聖公於魯二子拯摠

搢

紹興二十四年襲封衍聖公於衢子文遠

拯

金皇統二年襲封衍

嘉靖三十五年十月

孝生之孚元用生之全繼元措丶襲封

金封二爵並時云

聖公卒無嗣弟揔承襲

揔

金大定三年襲封衍聖公子元措

温州世系

會

實子左從事郎處州麗水縣令子亚

平

字矩堂子逵

逵

字迪子公志

公志

子師古

師古

宋迪功郎處州司户參軍子炳

17.5cm x 31.0cm

嘉靖三十五年十月

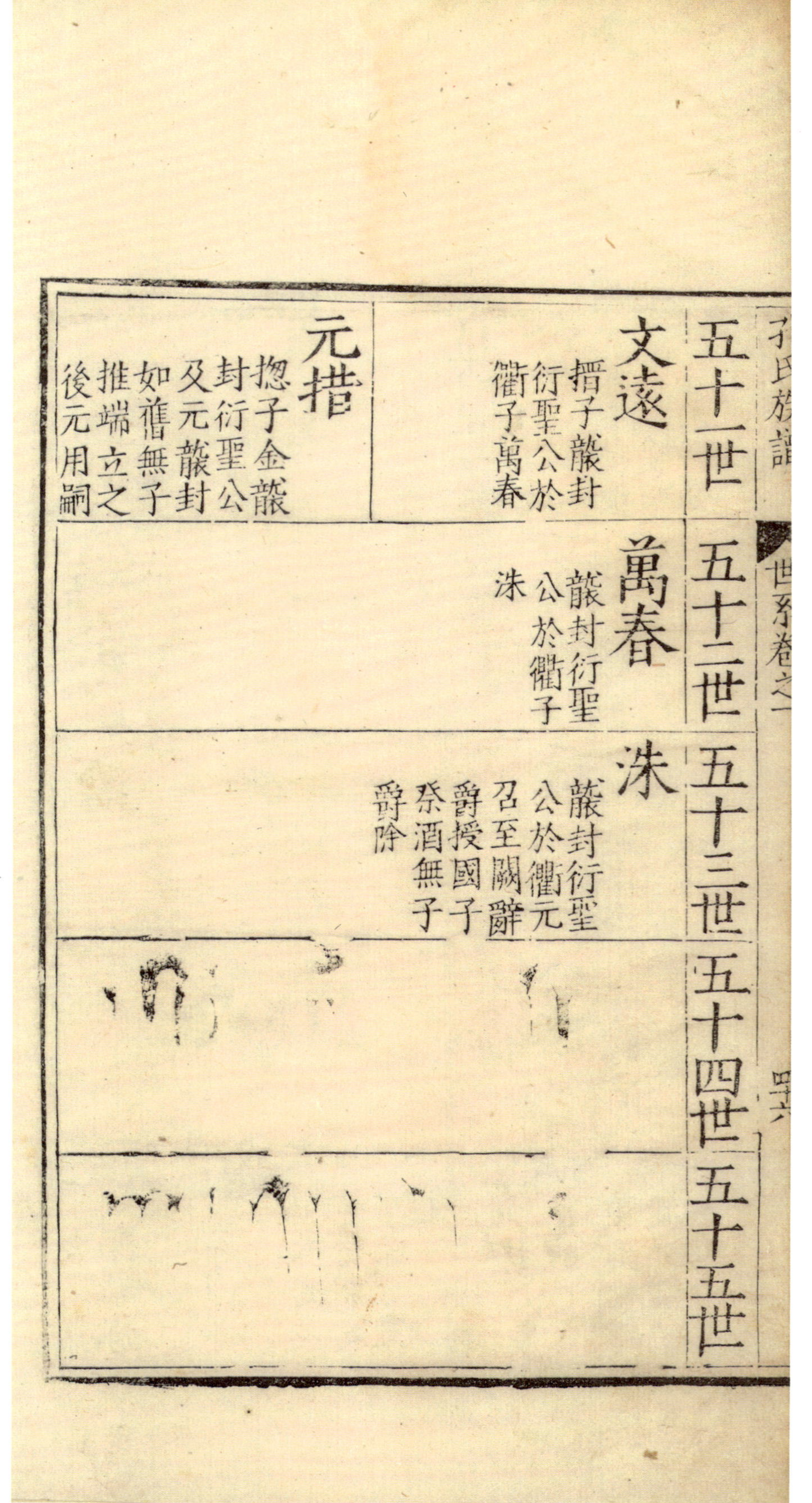
孔氏族譜
世系卷之一

五十一世
文遠
揩子龢封衍聖公於衢子萬春
元措
揔子金龢封衍聖公及元龢封如舊無子推端立之後元用嗣

五十二世
萬春
龢封衍聖公於衢子洙

五十三世
洙
龢封衍聖公於衢元召至闕辭爵授國子祭酒無子爵除

五十四世

五十五世

17.5cm x 31.0cm

嘉靖三十五年十月

元用
元孝弟元措無嗣推元用權襲封子之全

之全
權襲封衍聖公子治

之厚
元孝子贈魯郡侯子浣

治
特授襲封子思誠爵除大德十一年加封孔子為大成至聖文宣王

浣
追封魯郡侯子思晦

思晦
元襲封衍聖公子克堅

克堅
襲封衍聖公子希學

17.5cm x 31.0cm

嘉靖三十五年十月

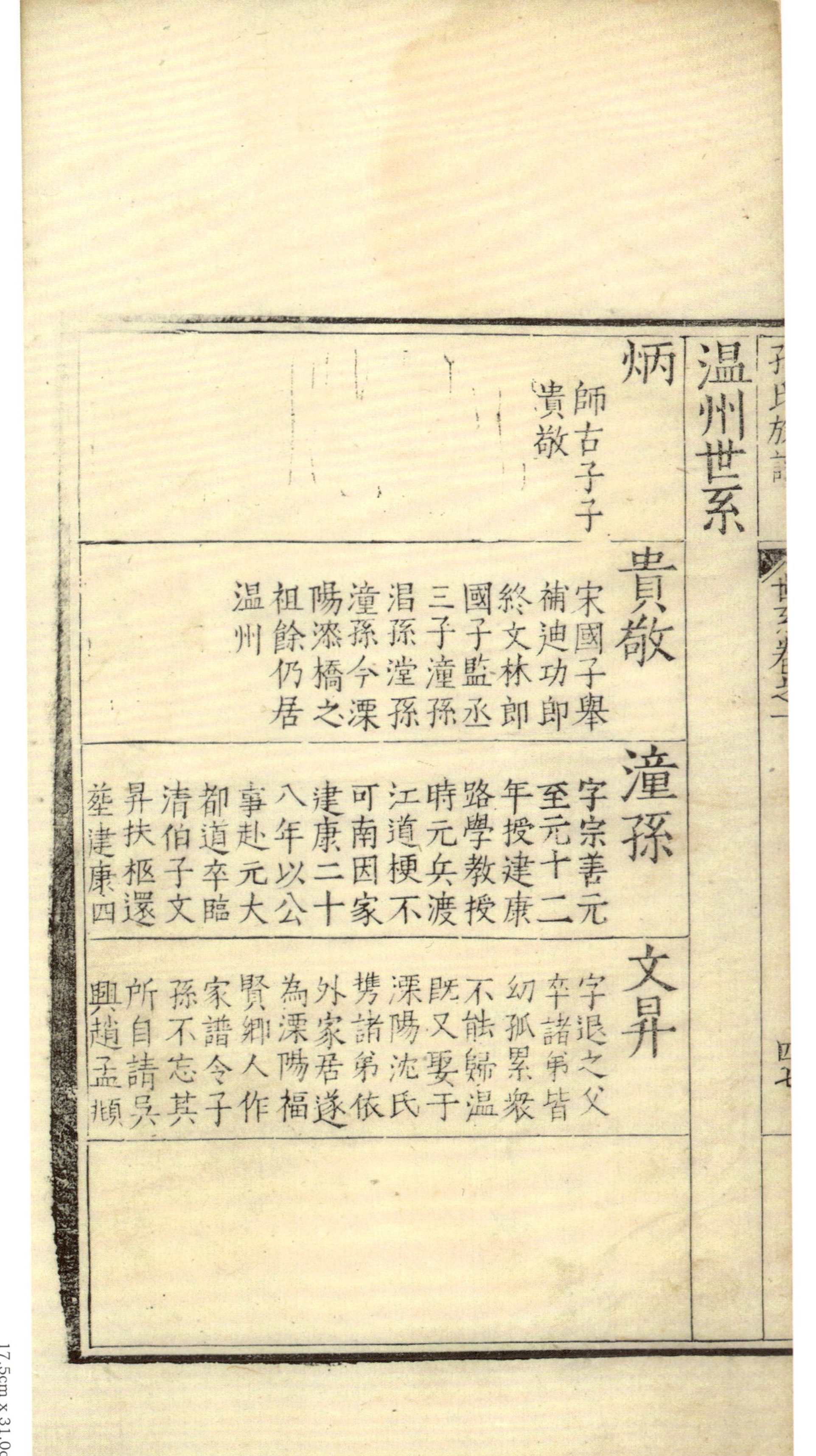

孔氏族譜

世系卷之一

四七

温州世系

炳 師古子子貴敬

貴敬 宋國子舉補迪功郎終文林郎國子監丞三子潼孫淐孫漎孫潼孫今溧陽漆橋之祖餘仍居温州

潼孫 字宗善元至元十二年授建康路學教授時元兵渡江道梗不可南因家建康二十八年以公事赴元大都道卒臨清伯子文昇扶柩還葬建康四

文昇 字退之父卒諸弟皆幼孤累衆不能歸温既又娶于溧陽沈氏携諸弟依外家居遂為溧陽福賢鄉人作家譜令子孫不忘其所自請吳興趙孟頫

17.5cm x 31.0cm

嘉靖三十五年十月

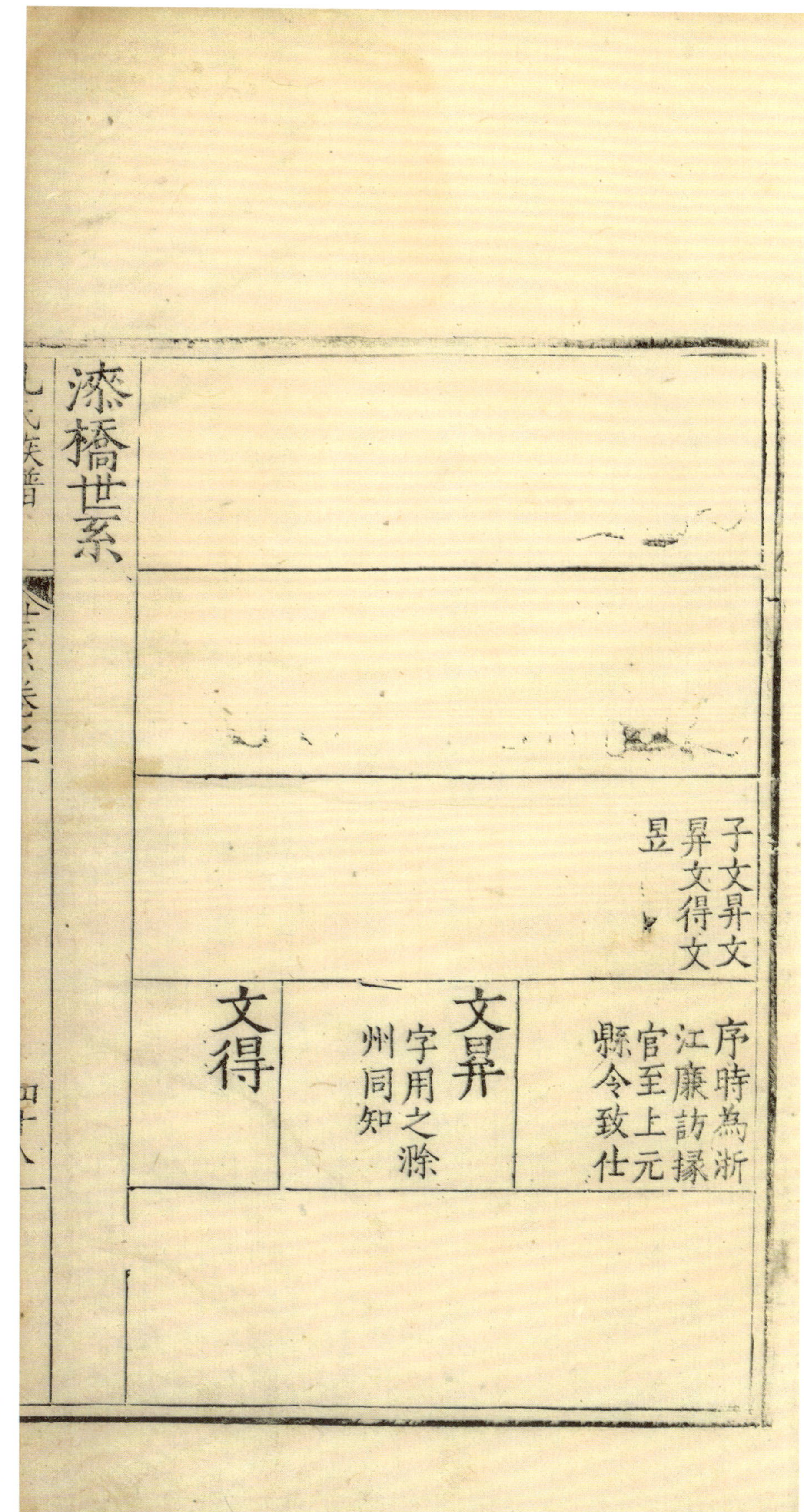

漆橋世系

孔氏族譜

子文昇文昇文得文昱

序時為浙江廉訪掾官至上元縣令致仕

文昇 字用之滁州同知

文得

17.5cm x 31.0cm

嘉靖三十五年十月

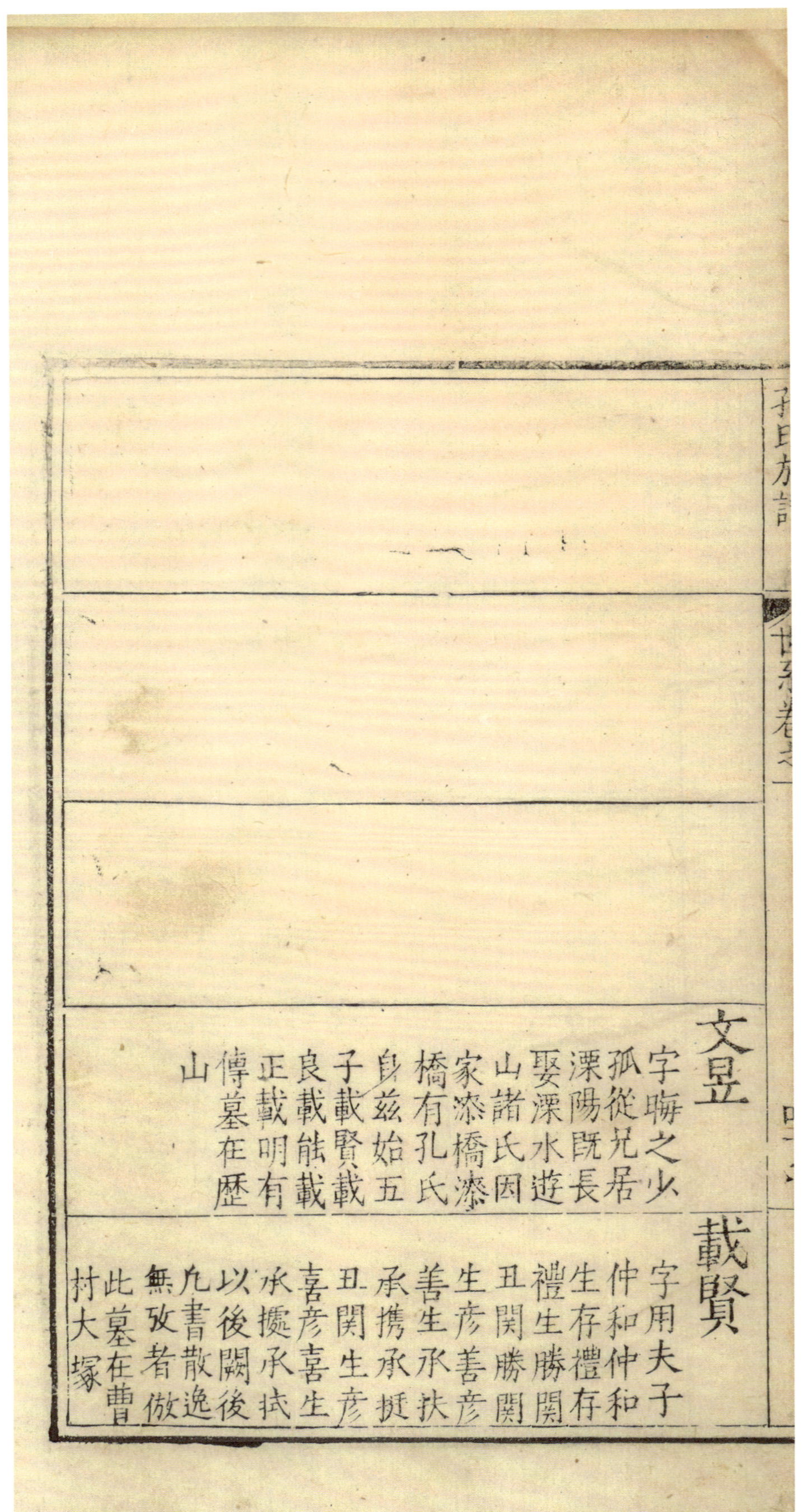

孔氏族譜　世系卷之一

文昱　字晦之少孤從兄居溧陽既長娶溧水遊山諸氏因家溱橋溱橋有孔氏身茲始五子載賢載良載能載正載明有傳墓在歷山

載賢　字用夫子仲和仲和生存禮存禮生勝閑丑閑勝閑生彥善彥善生承扶承携承挺丑閑生彥喜彥喜生承攄承抵以後闕後凡書散逸無攷者做此墓在曹村大塚

17.5cm x 31.0cm

嘉靖三十五年十月

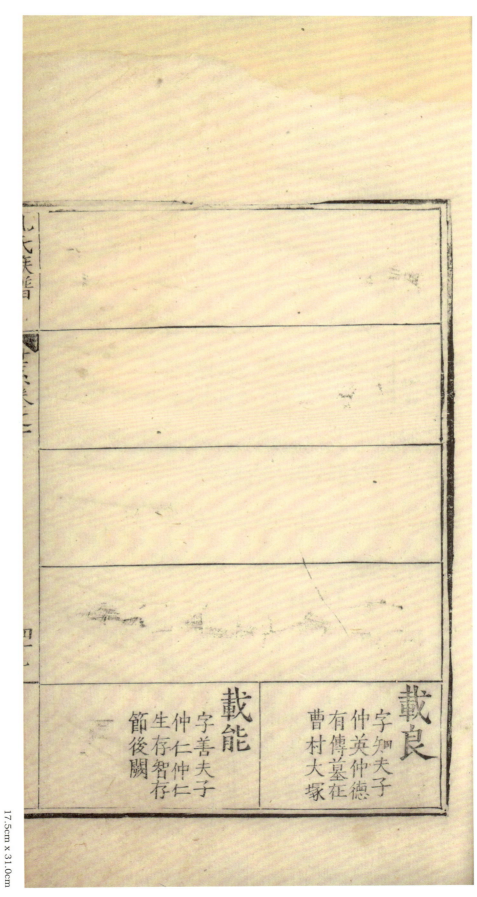

17.5cm x 31.0cm

嘉靖三十五年十月

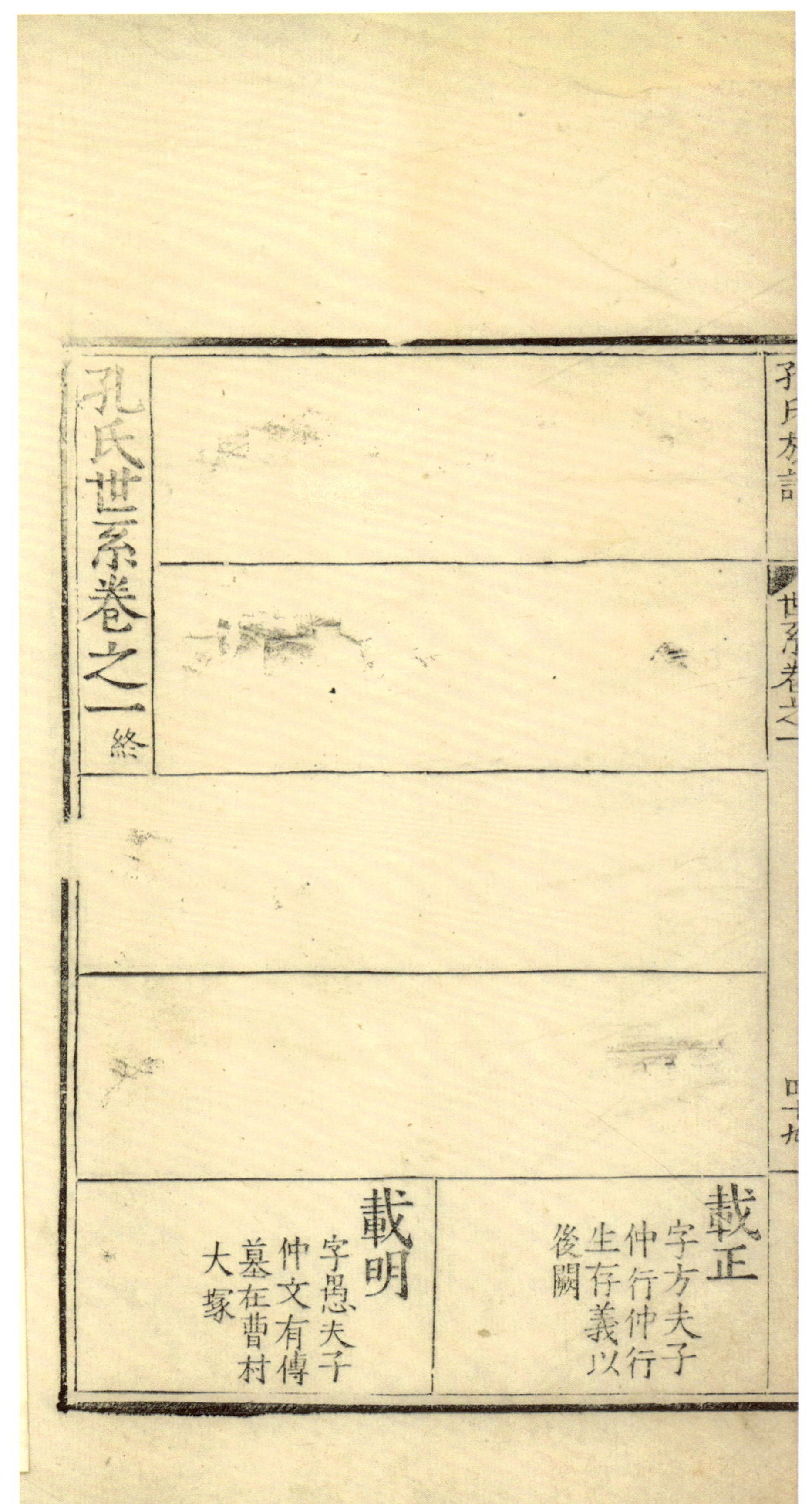

孔氏族譜

世系卷之一

孔氏世系卷之一終

載正
字方夫子
仲行仲行
生存義以
後闕

載明
字愚夫子
仲文有傳
墓在曹村
大塚

17.5cm x 31.0cm

考證表

機關代號第　　號

保管單位第　　號

本案卷内共有壹本張已編號之文件。五十一頁

保管單位缺點的説明。

附註

檔案工作人員的職務（簽名）

公元一九六二年　　月　　日